북한의 경제 위기와 체제 변화

북한의 경제 위기와 체제 변화

초판 1쇄 발행 2009년 7월 25일

지은이 | 이태섭
펴낸이 | 윤관백
펴낸곳 |

편 집 | 이경남 · 장인자 · 김민희
교정교열 | 김은혜 · 이수정
표 지 | 정안태
제 작 | 김지학
영 업 | 이주하

인 쇄 | 한성인쇄
제 본 | 바다제책

등록 | 제5-77호(1998. 11. 4)
주소 | 서울시 마포구 마포동 324-1 곶마루 B/D 1층
전화 | 02)718-6252 / 6257   팩스 | 02)718-6253
E-mail | sunin72@chol.com
Homepage | www.suninbook.com

정가 22,000원
ISBN 978-89-5933-191-8   93300

· 잘못된 책은 바꿔 드립니다.

북한의 경제 위기와 체제 변화

이 태 섭

저자 서문

"진정한 자유는 타자를 있는 그대로의 모습으로 보려하고, 자유를 부정하는 이론들조차도 이해하려 하며, 이해하기 전에 판단하는 것을 허용하지 않는다." 사회과학에 있어 이른바 '이해의 방법'(the method of understanding)으로서, 프랑스의 현상학자 메를로 퐁티(M. Merleau-Ponty)의 말이다.

하지만 타자를 있는 그대로의 모습으로 본다는 것은 그리 쉬운 일이 아니다. 아집과 편견, 독선과 같이 자기 중심성이 강할수록 그것은 더욱 어려워지며, 심지어 타자의 존재 자체를 부정하기까지 한다. 이러한 병리는 일터와 배움터 등 우리들의 삶터 곳곳에 자리잡고 있으며, 이를 토양 삼아 오늘날과 같은 암울한 정치사회가 구성된다. 게다가 그 타자가 북한이라면 더 말할 나위도 없을 것이다. 그만큼 북한 사회를 있는 그대로의 모습으로 본다는 것은 쉽지 않은 일이다. 필자 역시 이로부터 자유로울 수 없을 것이다. 그런 한계를 성찰하며 계속 노력하고 정진할 따름이다.

그렇다면 북한 사회를 과연 어떻게 볼 것인가? 특히 북한의 독특한 사회 시스템인 이른바 수령 체제와 선군 체제를 과연 어떻게 이해할 것인가? 이 문제와 관련하여, 이 책은 북한의 수령 체제와 선군 체제의 사회 정치적 형성 배경을 분석하는 데 초점이 맞춰져 있다. 과연 얼마큼 성공했는지 자신하기 어렵지만, 미진한 부분은 다음 과제로 남겨두기로 했다. 기약하기 어렵지만, 또 그렇게 세월은 흘러 북한은 또 다른 모습으로 다가올 것이다. "역사는 현재와 과거와의 끊임없는 대화"라고 한 E.H Carr의 지적대로.

돌아보면 참 먼 길을 돌아온 느낌이다. 북한 통일 문제 연구로 시작해 연구소와 대학으로 이어진 지난 20여 년의 삶. 한영애의 표현을 빌면, 그 덧없는 세월 속에 눈물겹도록 지난날의 꿈이 그리웠다. 사실 북한 통일 문제는 ―적어도 필자에게는― 사실(fact)의 문제, 지식과 정보의 문제라기보다 해석과 평가의 문제, 관점의 문제였으며, 그것은 곧 가치와 태도의 문제, 삶의 문제였다. 사는 만큼 보고, 보는 만큼 사는 게 아닐까? 통일의 꿈은 삶의 꿈이어야 했고, 그것은 통일의 가치를 삶의 중심 가치로 삼는 통일지향적인 삶이어야 했다. 그렇다면 통일의 가치란 무엇일까? 여기서 평화 통일에 대해 다시 한번 생각해 보게 되며, 특히 평화의 가치에 대해 다시 한번 생각해 보게 된다. 그리고 다시 꿈을 꾼다. 모든 굴레에서 벗어나……

물론 이 여정에는 많은 분들의 도움이 있었다. 김성연 선생님을 비롯한 '부산어린이어깨동무'의 여러 선생님들, 이광호 선생님과 정승천 선생님을 비롯한 '동아시아 평화를 위한 어린이희망학교'의 여러 선생님들, 김준우 선생을 비롯한 '어린이를 위한 평화봉사단'의 여러 청년 대학생들, 서명덕과 변수잔을 비롯한 인제대학교의 여러 제자들, 그리고 최기엽 선생을 비롯해 곧 구성될 평화교육연구소의 여러 멤버들. 이 자리를 빌어 이 모든 분들에게 존경의 마음을 담아 깊이 감사드린다. 아울러 어려운 출판 환경 속에서도 이 책을 기꺼이 출간해 주신 도서출판 선인의 윤관백 대표를 비롯해 김지학 팀장 등 편집부 식구들에게도 깊이 감사드린다.

2009년 6월
이 태 섭

차례

제1장 머리말

북한의 경제 위기와 체제 변화, 그 역사적 패턴   11

제2장 1950년대 경제 위기와 당적 지도 체제의 확립

제1절 축적 위기와 사회 정치 갈등   17
  1. 중공업 우선 노선과 경공업의 희생   17
  2. 농업 협동화 운동과 당내 갈등   23
  3. '8월 종파 사건'과 위기의 심화   28

제2절 행정 관료적 지도 체계와 당-정 갈등   34
  1. 생산자들의 조직 이기주의와 외연적 성장 전략   34
  2. 김일성의 리더십 위기: 당-정 갈등과 대중운동   38
  3. 행정 관료적 지도 체계와 당-정 관계   43

제3절 천리마운동과 당적 지도 체계의 확립   55
  1. 반관료주의투쟁과 군중노선: 당-정 관계의 재편성   55
  2. 사상적 통일 단결과 당적 사상 체계의 확립   70
  3. 조직적 통일 단결과 당적 지도 체계의 확립   76

제4절 천리마작업반운동과 김일성 주체 노선의 확립   100
  1. 천리마운동과 물질적 유인   100
  2. 개인주의 대(對) 집단주의   107
  3. 천리마작업반운동과 김일성 주체 노선의 확립   112
  4. 김일성 주체 노선의 제도화와 당의 역할 강화   124

제3장 1960년대 경제 위기와 수령 체제의 확립

제1절 외연적 성장 전략과 내포적 성장 전략   133
  1. 외연적 성장의 한계와 경제 효율성 저하   134
  2. 내포적 성장의 한계와 경제 성장률 둔화   137

제2절 국제 공산주의 운동의 갈등과 경제 위기   143
  1. 북한의 반제 투쟁과 자주 노선   143
  2. 북한의 자립·자위 노선과 경제 희생   152

제3절 행동의 통일성과 국가의 중앙집권적 통제 강화   163
  1. 계획의 유일성과 경제 조직성 강화   163
  2. 북한의 주체 노선과 통일 단결   171
  3. 행동의 통일성 강화와 지도의 유일성 강화   189

제4절 실용주의 노선의 대두와 수령 체제의 확립   200
  1. 위기 심화와 통일 단결의 절대화   200
  2. 실용주의 노선의 대두와 갑산파의 도전   204
  3. 당적 지도 체계의 한계와 수령 체제의 확립   213
  4. 당 조직과 최고 지도자의 위상과 역할 재조정   218
  5. 유일 사상 체계의 확립과 조직 사회주의로의 이행   224

제4장 1970년대 김정일 후계 체제의 확립과 수령 체제

제1절 수령 체제와 김정일 후계 체제   243
제2절 김정일의 당권 장악과 온 사회의 주체사상화 방침   253
제3절 김정일의 당권 장악과 유일 지도 체계의 확립   262
제4절 김정일의 정권 장악과 대중 운동   271
제5절 김정일의 군권 장악과 후계자의 군대   281
제6절 수령 체제의 제도적 완성과 조직 사회주의   286

제5장 1990년대 경제 위기와 선군(先軍) 체제의 확립

　제1절 경제난과 북한 체제의 전반적 위기　　　　　　　　　　291
　제2절 당내 정책 갈등:
　　　　실용주의적 개혁 노선 대(對) 이데올로기 보수 노선　　299
　　1. 주체사상의 해석을 둘러싼 이데올로기 갈등　　　　　　　300
　　2. 정책 갈등의 몇 가지 주요 쟁점　　　　　　　　　　　　　306

　제3절 김정일의 선군 정치와 선군 체제의 확립　　　　　　　321
　　1. 선군 정치와 사회주의 강성대국론　　　　　　　　　　　　321
　　2. 선군 정치와 반제 자주의 정치　　　　　　　　　　　　　324
　　3. 선군 정치와 계급투쟁의 정치　　　　　　　　　　　　　　327
　　4. 선군 정치와 일심단결의 정치　　　　　　　　　　　　　　329
　　5. 선군 정치와 사회 경제 발전　　　　　　　　　　　　　　335
　　6. 선군 정치의 제도화와 선군 체제의 확립　　　　　　　　339

　제4절 북한의 경제 재건 전략:
　　　　사회주의 원칙과 실리주의 원칙의 결합　　　　　　　　343
　　1. 혁명적 경제 전략에서 혁명적 경제 정책으로의 전환　　343
　　2. 당-정 관계 재편과 당 조직의 기능 복원　　　　　　　　349
　　3. 내각 중심제: 국가 통제 시스템과 계획 경제 시스템의 복원　354
　　4. 계획 경제의 합리화: 계획-이데올로기 경제에서 계획-합리성 경제로　358

제6장 맺음말
　수령 체제와 선군 체제-그 가능성과 한계　　　　　　　　　373

참고문헌　　　　　　　　　　　　　　　　　　　　　　　　　381

제1장 머리말

북한의 경제 위기와 체제 변화, 그 역사적 패턴

제1장 머리말: 북한의 경제 위기와 체제 변화, 그 역사적 패턴

북한의 경제 위기와 체제 변화, 그 역사적 패턴

　역사적으로 볼 때, 북한은 지금까지 3번의 경제 위기를 경험하였다. 제1차 경제 위기는 한국전쟁 이후 1950년대 중반에, 제2차 경제 위기는 1960년대 중후반에, 제3차 경제 위기는 1990년대에 각각 표출되었다. 1970년대 중후반에서 1980년대 중반까지 북한 경제는 이전에 비해 다소 침체되었지만 위기 수준으로 평가되지는 않는다. 그리고 1950년대와 1960년대 북한의 경제 위기는 그 대응(위기 해소) 방안을 둘러싼 당 내 정책 갈등을 야기하였다. 정책 갈등의 기본 축은 실용주의적 개혁 노선 대(對) 이데올로기적(혁명주의적) 보수 노선이었다.
　이러한 경제 위기와 정치 갈등은 곧 체제 변화를 동반하는 것이었다. 북한에서 경제 위기에 따른 체제 변화는 정치 갈등에서 헤게모니를 장악한 김일성과 김정일의 노선과 정책이 관철, 제도화되는 과정이었다. 경제 위기 → 정치 갈등 → 체제 변화로 이어지는 이와 같은 역사적 패턴은 1950년대와 1960년대뿐만 아니라, 1990년대에도 유사하게 나타났던 것으로 분석된다. 역사적으로 볼 때, 1950년대 중반과 1960년대 중후반의 경제 위기는 당·정의 실용주의화 경향을 조장하였는데, 1990년대도 예외가 아니었던 것으로 판단된다.
　그렇다면 경제 위기와 정치 갈등에 따른 북한의 체제 변화는 역사적으로 과연 어떻게 전개되어 왔는가? 사회 경제적 측면에서 보면, 한국전쟁 이후 북한은 국가 행정 관료 체계를 기축으로 하여 경제 발전을 추구하였다. 행정화된 사회였다. 그러나 북한은 1950년대 중반 경제 위

기를 거치면서 당적 지도 체계를 우위에 두는 새로운 시스템을 구축하였다. 정치화된 사회였다. 그리고 1960년대 중후반 다시 위기에 직면하여 북한은 기존의 당-국가 시스템 위에 수령을 올려 놓은 새로운 시스템을 구축하였다. 수령의 유일 영도 체계로서 조직화된 사회였다. 또 북한은 1990년대 경제 위기를 극복해 가는 과정에서 기존의 수령 체제 위에 선군(先軍) 체제라는 새로운 시스템을 구축하였다. 김정일의 선군 정치가 그것으로서 군사화된 사회였다. 이것은 1990년대 북한의 가장 중요한 체제적 특성 변화로 평가된다.

이 책의 연구 목적은 이와 같은 1950년대와 1960년대, 그리고 1990년대 있은 북한의 경제 위기로부터 북한의 정치 갈등을 분석하고, 그 귀결로서 북한의 사회 제도 변화를 설명하는 방법으로 수령 체제와 선군 체제 형성의 사회 정치적 배경과 그 성격, 특히 그 사회 경제적 배경과 그 성격을 분석하는 데 있다. 물론 지금까지 북한의 수령 체제와 선군 체제의 사회 경제적 배경과 그 성격에 대해서는 이미 많은 학자들에 의해 연구되어 왔다.

하지만 그것은 대부분 정치·이데올로기적 접근 방법, 특히 권력 중심적 접근 방법에 지나치게 경도되어 있는 한계를 보여주고 있다. 정치와 경제를 상호 연관짓는 경우에도 정치와 경제를 상호 인과적으로 분석하지 못하고 그것을 단순히 병렬적으로 나열하고 있을 따름이다. 그 결과 기존의 대부분의 연구들은 수령 체제와 선군 체제의 사회 경제적 기능과 역할에 대해서는 거의 주목하지 못하는 한계를 보여 주고 있다. 그러나 본 연구는 수령 체제와 선군 체제의 체제 발전 기능, 사회 경제적 기능과 역할에 주목해 보고자 한다. 다시 말해 이 책은 수령 체제와 선군 체제 형성의 사회 경제적 요인에 주목함으로써, 수령 체체와 선군 체제의 성립 원인 및 그 성격 규명과 관련하여 기존의 정치·이데올로기 중심의 인식 지평을 사회 경제적 측면까지 확장해 보고자 한다.[1]

먼저 제2장에서는 1950년대 북한의 경제 위기와 행정 관료적 지도 체계의 한계를 분석하고 당적 지도 체계가 확립되는 과정을 분석한다. 제3장에서는 1960년대 북한의 경제 위기와 당적 지도 체계의 한계를 분석하고 수령의 유일 영도 체계, 즉 수령 체제가 확립되는 과정을 분석한다. 그런데 1967년 당시 북한의 수령 체제는 기본 골격만 형성되었을 뿐, 제도적으로 완성된 것은 아니었다. 수령 체제의 제도적 완성 과정은 후계자 김정일의 등장과 아울러 1970년대 김정일 후계 체제의 확립 과정과 궤를 같이하고 있다.

이에 따라 제4장에서는 수령 체제와 후계 체제의 상호 연관성을 분석하고, 이어 당·정·군 등 사회 전반에 걸친 김정일 후계 체제의 구축 과정을 이데올로기·조직·권력 등의 측면에서 북한 사회 체계의 변화 양상과 관련지어 개괄적으로 분석한다. 제5장에서 1990년대 북한의 경제 위기와 정책 갈등의 양상을 분석하고, 그 귀결로서 선군 체제의 성립 배경과 그 성격을 분석한다.

그러나 2002년 7·1경제관리개선 조치 이후 북한 체제의 변화 발전 과정은 이 책의 연구 대상에서 제외되어 있다. 특히 선군 체제와 포스트 김정일 체제의 상관성 역시 이 책의 연구 대상에서 제외되어 있다. 하지만 이 주제는 매우 중요한 연구 대상이며, 향후 연구 과제가 될 것이다. 아울러 이 책은 북한의 공간(公刊) 자료의 한계를 인정하면서도 불가피하게 북한의 문헌 조사 방법에 주로 의존하고 있음을 부기해 둔다.

---

1) 북한의 수령 체제와 선군 체제는 단순히 권력 현상이나 정치 현상이 아니라, 정치, 경제, 문화, 그리고 권력, 조직, 이데올로기, 리더십을 포괄하는 하나의 사회적(societal) 현상으로 파악되어야 할 것이다.

제2장
1950년대 경제 위기와 당적 지도 체제의 확립

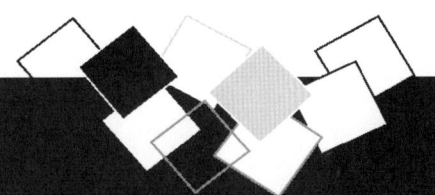

제1절 축적 위기와 사회 정치 갈등

한국전쟁 이후 북한의 최대 과제는 안보 문제와 아울러, 전쟁으로 파괴된 인민 경제를 복구하고 피폐된 인민 생활을 향상시키는 것이었다. 과연 어떻게 할 것인가? 이 문제를 둘러싸고 1953년 8월에 개최된 당 중앙위원회 제6차 전원회의에서 당내 정책 갈등이 전개되었으며, 이것은 1956년 8월 전원회의까지 계속되었다. 당시 당내 정책 갈등의 핵심 쟁점은 투자의 우선순위 등 전후 경제 발전 전략을 둘러싼 것이었다.

김일성 계열은 중공업 우선 노선과 급속한 농업 협동화 정책을 추구하였다. 이에 비해 소련파와 연안파는 전쟁으로 피폐한 인민생활의 향상에 주안점을 두고 경공업의 우선적 발전을 주장하며 김일성의 급속한 농업 협동화 정책에 반대하였다. 그러나 계속되는 당내 정책 갈등 속에서 국가 정책은 대체로 김일성의 노선과 정책이 관철되는 것으로 나타났다. 하지만 그것은 곧 경제 위기(축적 위기)와 새로운 사회 정치 갈등을 잉태하는 과정이었다.

1. 중공업 우선 노선과 경공업의 희생

1950년대 북한은 속도를 강조하는 김일성의 중공업 우선 노선에 따라 국가 주도의 급속한 사회주의 공업화 정책을 추구하는 한편, 농업 협동화 등 근본적인 사회 변화를 추구하였다. 그러나 당시 북한의 경제 발전 전략은 경제적 합리성이나 실용주의적 목표보다 정치·군사 우선주의와 같은 이데올로기적 목표에 의해 규정된 것이었다.
　예컨대 중공업 우선 노선은 농업과 경공업을 위한 중공업이라기보다 중공업 자체를 위한 중공업, 즉 자립 경제와 자주 국방을 위한 것이었다. 그리고 자본집약형 산업인 중공업의 우선적 발전을 통한 급속한 공업화를 위해서는 무엇보다 축적 증대와 중공업에 대한 투자 집중이 필요했다. 이것은 소비와 농업·경공업의 상대적 저발전을 전제로 하는 것이었다. 축적과 소비의 불균형 성장, 공업과 농업의 불균형 성장, 중공업과 경공업의 불균형 성장이었다.
　문제는 중공업 우선 노선을 실현할 수 있는 막대한 자금이었다. 이 자금을 과연 어떻게 확보할 것인가?
　전후 복구 발전 3개년 계획 기간(1954~1956) 동안 북한의 가장 중요한 축적 원천은 소련 등 사회주의 국가의 대외 경제 원조였다. 그러나 북한의 국가 예산 수입에서 대외 원조 수입이 차지하는 비중은 1954년 34.0%, 1955년 21.7%, 1956년 16.5%에서,[1] 1957년 12.2%, 1958년 4.2%, 1959년 2.7%, 1960년 2%로 감소되었다.[2] 공업화를 위한 자본 축적에서 대외 원조가 차지하는 비중이 연차적으로 축소되었던 것이다. 이것은 곧 북한 자체의 내부 축적의 중요성을 증대시켰다. 그렇다면 북한 내부의 축적은 과연 어떻게 가능할 것인가? 여기서 북한 내부의 자본 축적에 가장 중요한 역할을 수행한 것이 바로 경공업과 농업이었다.
　북한에서 투자는 은행(금융)이 아니라 대부분 국가 예산(재정)에 의존하며, 따라서 자본 축적에서 국가 예산 수입은 대단히 중요하다. 중공업의 경우에는 더욱 그러하다. 대외 원조 수입을 제외할 경우, 북한의 국가 예산 수입은 대부분 사회주의 경리로부터 수입되는 거래수입

---

[1] 최고인민회의 제1기 제13차 회의(1957. 3), 제2기 제2차 회의(1958. 2) 예산 보고.
[2] 1959년 수치는 김상학, 「사회주의 공업화를 위한 우리 당의 경제 정책」, 『근로자』 1960년 제1호, 29쪽 참조. 그 외는 최고인민회의 제2기 제7차 회의(1960. 2) 예산 보고.

금과 국가기업이익금으로 구성되며, 기타 조세 수입이 있다. 그런데 북한의 국가 예산 수입에서 조세(소득세, 현물세 등 직접세) 수입이 차지하는 비중은 1954년 13.4%,[3] 1955년 9.2%,[4] 1956년 8.8%, 1957년 5.6%, 1958년 2.3% 등 연차적으로 감소되었다.[5] 대외 원조 수입과 마찬가지로, 자본 축적에서 조세가 차지하는 역할도 연차적으로 축소되었던 것이다.

거래수입금(거래세)은 1957년 4월 이후 주로 소비재의 소매 가격에 부가되었으며, 그 규모는 주로 경공업 제품의 생산량과 판매량에 의존하였다. 거래수입금은 국가 예산으로 집중된다. 국가기업이익금(이익공제금)은 기업 이윤 중에서 기업 자체 기금으로 유보되는 이윤을 제외하고 국가 예산에 집중되는 이윤을 말하며, 중공업과 경공업 모두 부과 대상이다. 국가기업이익금은 기업 이윤에 의존하며, 이윤은 수익성 즉 원가 절감과 생산성 향상에 의존한다.

그렇다면 당시 북한의 국가 예산 수입 전체에서 거래수입금과 국가기업이익금이 차지하는 비중은 과연 어느 정도였을까? 예산 '결산'(실행) 기준으로 거래수입금이 국가 예산 수입에서 차지하는 비중을 살펴보면, 1955년 20.8%, 1956년 27.0%, 1957년 46.8% 수준이었다.[6] 한편, 예산 '계획' 기준으로 거래수입금이 국가 예산 수입에서 차지하는 비중은 1958년 59.9%, 1959년 61.2%, 1960년 57.3%, 1961년 53.8% 수준이었다.[7]

---

[3] 전석담, 「조선노동당의 영도 하에 전후 사회주의 건설에서 조선 인민이 달성한 성과와 그 의의」, 과학원 역사연구소 근세 및 최근세사 연구실, 『역사논문집 4(사회주의건설편)』(평양: 과학원출판사, 1960), 23쪽.
[4] 최고인민회의 제1기 제13차 회의(1957. 3) 예산 보고.
[5] 최고인민회의 제2기 제7차 회의(1960. 2) 예산 보고. 1958년을 제외하면, 나머지 수치는 모두 협동 단체 소득세가 제외되어 있다.
[6] 최고인민회의 제2기 제2차 회의(1958. 2), 제2기 제5차 회의(1959. 2) 예산 보고.
[7] 최고인민회의 제2기 제2차 회의(1958. 2), 제2기 제5차 회의(1959. 2), 제2기 제7차 회의(1960. 2), 제2기 제10차 회의(1962. 4) 예산 보고.

이것은 1957년 이후 북한의 자본 축적에서 가장 중요한 역할을 수행한 것은 거래수입금이며, 그 다음이 국가기업이익금임을 보여준다. 국가 예산 수입에서 차지하는 거래수입금의 비중 증대는 자본 축적에서 경공업의 역할 증대를 의미한다. 사회주의 사회에서 국가 예산 수입의 많은 부분이 거래수입금에 의존하고 있기 때문에 소비재 소매 가격에 흔히 높은 거래세를 부가하는 경향이 있다. 게다가 경공업 역시 중공업과 마찬가지로 국가기업이익금을 국가 예산에 납부해야 했다.

이렇게 볼 때, 북한 내부의 자본 축적에서 경공업의 역할은 연차적으로 증대되었던 것으로 평가된다. 때문에 소비재 생산의 증가는 "국가 축적과 중공업에 대한 투자를 강화하는데 기여"하는 것으로 평가되었다.[8] 그러나 경공업이 자본 축적에서 매우 중요한 역할을 담당하고 있다고 해서, 경공업에 대한 투자가 우선하는 것은 아니었다. 축적 자금이 부족한 상태에서 국가적 투자는 중공업에 집중되고 경공업에 대한 국가적 투자는 최소화되었다.

전후 복구 발전 3개년 계획 기간(1954~1956) 동안 공업 부문에 대한 국가 기본 건설 투자 총액 가운데 중공업과 경공업이 차지하는 비중은 각각 81.1%와 18.9%였다. 그리고 제1차 5개년 계획 기간(1957~1960) 동안 공업에 대한 국가 기본 건설 투자 총액 가운데 중공업과 경공업이 차지하는 비중은 각각 82.6%와 17.4%로서, 1954~1956년에 비해 오히려 중공업에 대한 투자 비중이 1.5% 포인트 증가하였다.[9] 투자 배분에 있어 불균형의 증대였다.

한편 경공업과 아울러, 1950년대 북한의 사회주의 공업화를 위한 내부 축적의 가장 중요한 원천의 하나는 농업이었다. 농업 국가에서 공업화를 추진할 경우, 그 주된 자금 원천을 농업에서 구하지 않을 수 없

---

[8] 최고인민회의 제2기 제5차 회의(1959. 2) 예산 보고.
[9] 김태근, 「기본 건설에서 당 정책 관철을 위한 몇 가지 문제」, 『근로자』 1962년 8월(하) 제13호, 32쪽.

었을 것이다. 김일성 역시 "우리는 농업을 비롯하여 인민 경제의 다른 부문에서 축적을 늘여 그것을 중공업 건설에 우선적으로 돌렸다"고 술회한 바 있다.10) 농업에서 공업으로의 경제 잉여 유출은 우선, 조세 징수 특히 농업 현물세를 통해 이루어졌다.

그런데 수확고의 평균 25%이던 농업 현물세는 한국전쟁 이후 평균 20.1%로 감소되었으며, 농업 협동화가 완료된 1959년에는 다시 8.4%로 감소되었다.11) 농업 현물세는 1964년부터 1966년에 걸쳐 단계적으로 완전 폐지되었다. 북한의 국가 예산 수입에서 농업 현물세 수입이 차지하는 비중 역시 연차적으로 감소되었던 것이다. 농업 현물세는 농업 협동화에 의해 사실상 그 의미가 상실된 것으로 평가된다.

농업에서 공업으로의 경제 잉여 유출을 위한 보다 중요한 기제는 농산물과 공산물의 부등가 교환으로서 이른바 '협상가격차'였다. 1956년 당시까지 가격 기구를 통한 농민들의 부담으로서, '현저한' 협상가격차가 존재하였음이 분명하다.12) 그렇다면 1957년 이후에는 어떠했을까? 북한의 경제 전문지 『경제건설』 1957년 11월에 발표된 한 논문은, "1957년 6월경 곡물 수매 가격을 내렸"으며, "수매 가격을 가치보다 낮게 설정할 수 있다"며, "금년도(1957년)의 농산물 수매 가격이 작년도(1956년)보다 낮게 정해질 것은 의심할 수 없다"고 밝히고 있다.13) 또 같은 『경제건설』 1957년 10월호의 한 논문은 "현 단계에서 수매 가격은 가치 이하로 제정되어 농민이 생산한 순소득의 일부가 공업 발전을 위해 끌어들

---

10) 김일성, 「사회주의 농촌 문제 해결에서 나서는 몇 가지 문제에 대하여」(1963. 12. 23), 『김일성저작집 17』(평양: 조선노동당출판사, 1982), 527쪽.
11) 김일성, 「우리나라 사회주의 농촌 문제에 관한 테제」(1964. 2. 25), 『김일성저작선집 4』(평양: 조선노동당출판사, 1968), 72쪽.
12) 안광즙, 「사회주의 공업화를 위한 자금 원천」, 『근로자』 1957년 제9호, 44쪽 참조.
13) 남춘화, 「현시기에 있어서 농산물 수매 가격 제정과 관련된 몇 가지 문제」, 『경제건설』 1957년 제11호, 72~75쪽.

여겨야만 한다"고 쓰고 있다.14)

하지만 1957년 이후부터 1960년대 초반까지 공산품의 가격 인하는 그리 크지 않았으며, 1957~1960년 기간 동안 공업 부문의 노동생산성은 40% 향상되었다.15) 이것은 1950년대 후반기에 협상가격차가 더욱 벌어졌음을 의미한다. 농업에서 공업으로의 경제 잉여 유출 규모는 1950년대 전반기보다 1950년대 후반기에 더 컸을 것으로 추론된다. 농업 부문에 대한 공산품(농업용 생산 수단 포함) 공급을 통해 자본을 축적하고 이것이 국가 예산을 통해 중공업에 투자되는 것이었다.

농업에서 공업으로의 경제 잉여 유출과 관련하여 또 하나의 중요한 기제는 농산물에 대한 국가의 통일적 수매와 판매였다. 농산물에 대한 국가의 독점적 장악과 유통은 가치 이하의 가격으로서 저농산물 가격에 의해 지지되었으며, 1958년에 완료된 농업의 협동화와 개인 상공업의 사회주의적 개조는 이를 담보하는 제도적 기반이 되었다.

농업 협동화는 협동농장을 단위로 하여 농업을 국가의 중앙집권적인 계획 경제 체계 속에 통합시켜, 개인농 때와는 달리 농산물의 생산량과 분배량, 유통량 등 협동 농장의 경영 및 재정 상태를 국가가 통일적으로 장악·관리함으로써 국가에 의한 농산물 확보를 용이하게 하는 것이었다. 자본주의적 상공업의 사회주의적 개조 역시 개인상업을 없앰으로써 개인상업으로의 농산물 유출을 없애고 농산물에 대한 국가의 독점적 확보를 용이하게 하는 것이었다.16) 다시 말해 농업 협동화와 개인 상공업의 사회주의적 개조는 사적 부문으로의 자원 유출을 차단하고 국가에 의한 독점적 자원 추출 능력을 강화함으로써 그것을 중공업

---

14) 정태식, 「계획 가격 형성과 관련된 몇 가지 문제」, 『경제건설』 1957년 10호, 81쪽.
15) 편집국, 「도처에서 요구되는 것은 새로운 기술이다」, 『근로자』 1962년 7월(하), 제11호, 3쪽.
16) 김일성, 「강서군당 사업 지도에서 얻은 교훈에 대하여」(1960. 2. 23), 『김일성 저작선집 2』(평양: 조선노동당출판사, 1968), 539쪽 참조.

과 같은 투자 우선 순위에 집중 동원하기 위한 것, 즉 자본 축적과 중공업 중심의 급속한 공업화를 위한 것이었다.

2. 농업 협동화 운동과 당내 갈등

1950년대 초·중반 북한의 공업화를 위한 자본 축적과 관련하여, 보다 중요하고 심각한 문제는 농업 생산력 문제였다. 축적 증대를 위해서는 축적의 원천 증대, 즉 농업 생산력 증대가 무엇보다 필요했지만, 북한의 곡물 생산량은 1953~1955년 기간 동안 230만 톤 수준에서 대체로 정체되어 있었다. 농업 생산의 정체는 결국 자본 축적에 부정적인 영향을 미치는 것이었다. 이 문제를 과연 어떻게 해결할 것인가? 김일성은, 소련파와 연안파의 반발에도 불구하고, 급속한 농업 협동화 정책에서 그 답을 찾았다.

1950년대 북한은 가히 사회 혁명의 시대였다. 이 시기 북한은 농업 협동화와 개인 수공업 및 자본주의적 상공업의 협동화를 통해 생산 수단에 대한 사적 소유를 완전 철폐하고 생산 수단에 대한 사회적 소유에 기초한 사회주의적 생산 관계를 전면적으로 확립하는 등 사회 전반에 걸쳐 급진적인 사회 변화를 추구하였다. 1954년부터 본격화된 생산 관계의 사회주의적 개조는 1958년 8월 완료되었다. 농업 협동화는 농촌에서 개인농과 계급적 차이를 없앰으로써 농촌에서 계급 구조와 사회 구조의 근본적인 변화를 가져왔다.

한국전쟁 이후 북한 농촌의 계급 구성은 빈농이 전체의 약 40%를 차지하고 부농은 0.6%밖에 되지 않았다. 나머지는 중농이었다. 토지 개혁 당시와 마찬가지로 농업 협동화의 주요 지지 세력은 빈농이었다. 1946년 당시 토지 개혁에서 계급투쟁의 주요 대상은 지주였으며 부농은 고립 대상이었으나, 이제 농업 협동화 운동에서 계급투쟁의 주요 대상은 부농이었다. 때문에 농업 협동화에 대한 부농의 반발은 억압될

수밖에 없었다. "부농은 농업 협동화 운동을 가장 반대하는 계층"이었다.17)

문제는 59.4%의 중농이었다. 극소수의 부농을 제외하면, 당시 농촌에서 그나마 일정한 여유 곡물을 보유하고 있던 계층은 중농이었을 것이며, 토지에 대한 중농들의 소유 관념도 매우 강했을 것이다. 따라서 농업 협동화의 주요 대상과 목표는 중농의 협동화였을 것이며, 농업 협동화의 성패 역시 중농의 협동화에 달려 있었을 것이다. 그러나 농업 협동화에 대해 "동요하는 광범한 중농들"이라는 표현에서 보듯,18) 당시 농업 협동화에 대한 중농의 입장과 태도는 대체로 부정적이었던 것으로 평가된다.19) 농업 협동화는 대체로 빈농에게 유리하고 중농에게 불리한 것이었다.

이런 상황에서 북한의 농업 협동화 운동은 3단계에 걸쳐 완성되었다. 첫 번째 단계는 1954년 10월까지의 경험적 단계로서, 이 단계에서 농업 협동화의 주요 대상은 빈농이었다. 이 단계에서 이루어진 농업 협동화 비율은 1953년 12월 총 농가 호수의 1.2%, 1954년 6월 2.0%, 1954년 10월 21.5% 등이었다.20) 1954년 상반기까지 북한의 농업 협동화 운동은 완만한 속도로 추진되었던 것이다. 당시 북한의 곡물 생산량은 1953년

---

17) 홍윤백, 「계급투쟁에 관한 맑스 레닌주의 원칙의 빛나는 실현」, 『근로자』 1962년 제4호, 67쪽.
18) 홍윤백, 위의 글(1962. 4), 67쪽.
19) 김일성에 따르면, 당시 중농의 다수는 1946년의 토지 개혁 이후 중농화된 농민들이며, 이들 신중농의 대부분은 빈농과 마찬가지로 처음부터 협동화를 지지하였다고 한다. 그러나 나머지 중농들은 동요하고 주저하면서 좀더 두고 보자는 태도였으며, 부농들은 협동화를 외면하거나 반대하는 입장에 있었다고 한다. 김일성, 「우리나라에서 사회주의적 농업 협동화의 승리와 농촌 경리의 금후 발전에 대하여」(1959. 1. 5), 『김일성선집 6』(평양: 조선노동당출판사, 1960), 176쪽.
20) 김일성, 「농촌 경리의 금후 발전을 위한 우리 당의 정책에 관하여」(1954. 11. 3), 『김일성선집 4』(평양: 조선노동당출판사, 1960), 177쪽 ; 조선노동당출판사, 『상급학습반 참고 자료 3』(평양: 조선노동당출판사, 1958), 94쪽.

233만 톤, 1954년 230만 톤 수준으로 정체되어 있었다.[21] 이러한 상황에서 북한의 농업 협동화 운동은 1954년 11월 3일 개최된 당 중앙위원회 전원회의를 계기로 하여 두 번째 단계인 대중적 단계로 발전하게 된다.

이 단계에서 이루어진 농업 협동화 비율은 1954년 12월 총농가 호수의 31.8%, 1955년 6월 44.7% 등이었다.[22] 이것은 1954년 가을부터 1955년 봄 사이에 농업 협동화가 매우 급진적으로 추진되었음을 보여준다. 이것은 농민들의 반발을 불러일으켰다.[23] 중농들이 반발하였을 것이다. 농업 협동화 운동의 위기였다. 농업 생산이 정체된 상태에서 무리하게 추진된 곡물 수매 사업은 농민들의 불만을 더욱 가중시켰다. 이러한 상황 전개는 경제 발전 전략을 둘러싸고 한국전쟁 이후 계속되어 온 당내 정책 갈등을 증폭시켰을 것이다.

대체적으로 보아, 김일성의 노선은 군부와 빈농에게 유리하고, 중농과 부농에게 불리한 것이었다. 때문에 군부와 빈농은 김일성의 노선을 지지하였을 것이며, 부농과 중농은 소련파와 연안파의 노선을 지지하였을 것이다. 또 소비보다 축적을 우선시하고, 경공업보다 중공업을 우선시하는 김일성의 노선은 도시 근로자들에게 불리한 것이었다.

1956년 당시 공업 부문의 노동생산성은 1949년에 비해 52% 증가되

---

[21] 『노동신문』, 1957년 2월 24일, 「전후 복구 발전 3개년 계획 실행 총화에 관한 중앙통계국 보도」, 고려대 아세아문제연구소, 『북한연구자료집 제3집』(1978), 46쪽 ; 김일성, 「사회주의 혁명의 현 계단에 있어서 당 및 국가사업의 몇 가지 문제들에 대하여」(1955. 4. 4), 『김일성선집 4』, 282쪽 ; 『조선중앙연감』(1958), 27쪽. 당시 북한의 곡물 생산량 통계는 여러 차례 변동되었는데, 이에 대해서는 서동만, 「50년대 북한의 곡물생산량 통계에 관한 연구」, 『통일경제』 1996년 2호, 69~88쪽 참조.
[22] 『조선중앙연감』(1959), 193·330쪽 ; 조선노동당출판사, 『상급학습반 참고 자료 3』, 94쪽.
[23] 농업 협동화에 대한 농민들의 반발에 대해서는 김연철, 「북한의 산업화 과정과 공장 관리의 정치(1953~1970)」(성균관대 박사학위논문, 1996), 89~97쪽 참조.

었으나,24) 1956년 소위 '8월 종파 사건' 당시 근로자들의 실질 임금은 1949년 수준을 회복하지 못하고 있었다. 한국전쟁에서 입은 막대한 재산상의 피해를 고려하면, 당시 근로자들의 생활수준은 1949년 수준에 크게 못 미쳤을 것이다. 중공업의 우선적 발전 노선은 소비보다 축적을 우선시하며 인민 생활의 일정한 희생을 전제로 하는 것이었다. 때문에 근로자들 속에서도 김일성의 노선에 일정한 불만이 있었던 것으로 보아야 할 것이며, 소련파와 연안파의 주장은 김일성의 노선에 대한 이러한 불만 세력의 입장을 어느 정도 대변하고 있었다고 보아야 할 것이다.

하지만 농업 협동화에 대한 농민들의 반발과 당내 저항에도 불구하고 농업 협동화에 대한 김일성의 기본 입장에는 전혀 변화가 없었다. 김일성의 입장은 확고했다. 1955년 4월 1일 당 중앙위원회 전원회의에서 발표된 "우리 혁명의 성격과 과업에 관한 테제"에서 김일성은 개인농이 농업 생산력 발전에 결정적인 장애가 되고 있다며, 농업 생산력 발전을 위한 농업 협동화는 "사회 경제 발전의 필연적 요구"라고 선언하였다.25)

1955년 4월 전원회의는 당내 반대 세력을 제압하고, 중공업 우선 노선에 기초한 급속한 공업화 정책과 농업 협동화 등 김일성의 노선과 정책을 북한의 사회주의 경제 건설의 기본 방향으로 명확히 규정하였다. 때문에 "4월 테제"는 김일성의 노선과 정책의 사실상의 승리를 의미했다.

물론 농민들의 반발을 무마하기 위해 일련의 유화 조치도 취해졌다. 먼저 농민들의 반발에 직면하여, 곡물 수매는 후퇴하지 않을 수 없었

---

24) 최고인민회의 제1기 제13차 회의(1957. 3) 예산 보고.
25) 김일성, 「우리 혁명의 성격과 과업에 관한 테제: 모든 힘을 조국의 통일 독립과 공화국 북반부에서의 사회주의 건설을 위하여」(1955. 4), 『김일성선집 4』, 196~213쪽 참조.

다.[26] 또 주요 생필품의 국정 소매 가격을 인하하고, 일부 농산물에 대한 국가 수매 가격을 인상하는 조치가 취해졌다.[27] 1955년 12월 최고인민회의 제1기 제10차 회의는 농업 현물세법을 개정하여 협동경리에 대해 개인경리보다 그 세율을 5% 인하하는 조치를 취하였다.[28] 그리고 협동 농장에 대한 국가의 많은 경제적 지원이 이루어졌다. 농민들의 반발로 인해 농업 협동화의 추진 속도 역시 완화되었다.

이러한 일련의 노력에 힘입어 1955년에 있은 농업 협동화 위기가 어느 정도 진정되자, 그동안 일시 소강 상태에 있던 농업 협동화 운동은 1956년 초부터 다시 더 급진적으로 추진되었다. 농업 협동화 비율은 1956년 2월 총농가 호수의 65.6%, 1956년 6월 70.5%, 1956년 12월 80.9% 등이었다.[29] 1956년 초, 두 달 사이에 농업 협동화 비율이 무려 16.5% 포인트 증가하는 등 엄청난 속도였다.

이제 농업 협동화의 운명은 1956년도 농업 생산 결과에 달려 있게 되었다. 북한은 농민들의 반발을 무마하고 생산 의욕을 고취하기 위해, 1956년도에는 "양곡 수매를 아주 적게 실시"할 것이라고 밝히는 한편, 양곡 수매 가격을 다시 인상하고 공산품의 소매 가격을 인하하였다.[30] 그리고 농업에 대한 투자도 증가되었다. 1954~1956년 기간 동안 농업 부문에 대한 국가 투자 총액 74억 원[31] 가운데 51.4%인 38억 원이 1956년에 투자되었다.[32] 농업 협동화를 위한 국가의 적극적인 재정 지원이 있었던 것이다.

---

[26] 서동만, 앞의 글(1996. 2), 73쪽.
[27] 최고인민회의 제1기 제11차 회의(1956. 3) 예산 보고.
[28] 김석빈, 『우리나라 농촌 문제 해결의 역사적 경험』(평양: 사회과학출판사, 1988), 247~250쪽 참조.
[29] 김일성, 「평안북도 당 단체들의 과업」(1956. 4. 7), 『김일성선집 4』, 399쪽 ; 조선노동당출판사, 『상급학습반 참고 자료 3』, 94쪽.
[30] 최고인민회의 제1기 제11차 회의(1956. 3), 제1기 13차 회의(1957. 3) 예산 보고.
[31] 전석담, 앞의 글, 21쪽.
[32] 최고인민회의 제2기 제2차 회의(1958. 2) 예산 보고.

3. '8월 종파 사건'과 위기의 심화

하지만 당시 북한의 급진적인 농업 협동화 운동은 새로운 위기, 즉 자본 축적의 위기를 잉태하는 과정이었다. 중공업 우선의 급속한 공업화 정책은 전후 복구 발전 3개년 계획 기간(1954~1956) 동안 공업 생산액 성장률이 연평균 41.7%에 이르는 등 비교적 성공적으로 추진되었다. 그러나 중공업 중심의 급속한 공업화 정책은 1957년부터 시작되는 제1차 5개년 계획(1957~1961)에서 심각한 위기에 직면하게 된다. 그것은 무엇보다 자본 축적의 위기였다. 제1차 5개년 계획의 기본 방향을 논의한 1956년 4월 조선노동당 제3차 대회에서 김일성은, 기본 건설에 투자를 집중하여 공업을 "더욱 급속한 템포로 장성"시킬 것을 역설하였다.

높은 속도는 투자 증대를 요구하며, 이것은 국가 예산 수입 증대를 요구하는 것이었다. 그러나 1956년 3월에 발표된 북한의 1956년도 국가 예산 수입 계획은 1955년 예산 수입에 비해 무려 17.2% 감소 편성되었다.[33] 1956년 초, 이미 축적 증대에 한계가 있음이 드러난 것이다. 이런 상황에서 제1차 5개년 계획의 성공적인 추진을 위해서는 외국의 원조가 절실히 필요했다.

김일성은 제1차 5개년 계획 수행에 필요한 외국의 원조를 얻기 위해 1956년 6월 1일부터 7월 19일까지 소련 및 동유럽 국가들을 순방하였다. 소련은 4억 7천만 루블(이 중 3억 루블은 무상 원조)의 원조를 약속하였다.[34] 이것은 3개년 계획 기간 동안 소련이 북한에 제공한 10억 루블의 무상 원조에 비해 크게 감소된 것이었다. 당시 북한의 중공업 우선 노선에 대한 소련의 압력과 간섭이 계속되고 있는 상황에서 원조 감소는 거의 불가피한 것이었다.[35] 게다가 1956년 국가 예산 수입의

---

[33] 최고인민회의 제1기 제11차 회의(1956. 3) 예산 보고.
[34] 김연철, 앞의 글, 59쪽.

감소에서 보듯, 당시 북한 자체의 내부 축적 역시 한계에 봉착해 있었다. 축적 위기였다.

그렇다면 당시 북한의 국가 예산 수입은 어떻게 해서 감소되었을까? 그것은 무엇보다 소비 기금 증대에 기인하는 것이었다. 앞에서 보았듯이, 농업 협동화에 대한 농민들의 반발을 무마하고 생산 의욕을 고취하기 위해 농업 협동화에 대한 국가의 적극적인 재정 지원이 있었으며, 공산품 소매 가격이 인하되고 농산물 수매 가격은 인상되었다. 현상 형태로 보면, 농업 협동화 운동과 그에 따른 농민들의 반발이 1956년도 국가 예산 수입과 자본 축적에 부정적인 영향을 미쳤던 것이다.

또 당시 곡물 생산량의 정체 현상은 축적의 원천 자체를 동결시키고 소비재 생산의 성장을 저해함으로써 결과적으로 축적 증대에 부정적인 영향을 미쳤다. 경공업 원료로 사용되는 농산물의 수매 가격 인상 역시 공산품의 원가 인상을 통해 이윤 감소, 즉 국가 예산 수입의 감소를 가져오는 것이었다. 게다가 한국전쟁 이후 당내 정책 갈등이 계속되는 과정에서, 도시 근로자들의 소비 생활 향상을 위해 임금 인상도 계속되었는데, 이 역시 국가 예산 수입을 감소시켰다.

당시 김일성은 노동자·농민의 불만과 당내 정책 갈등이 계속되는 상황에서, 정책 승리와 대중적 지지 확보를 위해 일정한 소비 기금 증대를 통한 인민 생활 향상에 관심을 기울이지 않을 수 없었으며,[36] 이

---

[35] 당시 소련은 북한의 제1차 5개년 계획에 대해 "과대 망상적인 것이며 실현 가능성이 없다", "구체적 가능성에 기초하지 않고 근거 없이 작성되었다", "돈도 없고 기술도 없으면서 어떻게 하자는 것인가" 하면서 계획을 대폭 축소할 것을 요구하였으며, 여기에 소련파와 연안파가 맞장구를 치며 합세했다고 한다. 사회과학출판사, 『조선노동당의 반수정주의 투쟁 경험』(평양: 사회과학출판사, 1995), 85쪽.

[36] 이러한 배경 속에서 김일성의 노선은 중공업의 우선적 발전과 경공업·농업의 동시 발전 노선으로 정식화된 듯하며, 이것은 1955년 12월 최고인민회의 제1기 제10차 회의에서 내각 부수상 겸 농업상 김일에 의해 공식화되었다. 김일, 「농촌 경리를 더욱 발전시킬 데 대한 보고」(최고인민회의 제1기 제10차 회의,

것이 결국 국가 예산 수입의 감소를 통해 축적 위기로 연결되었던 것이다. 1957년 3월 최고인민회의 제1기 제13차 회의에서 북한의 재정상 이주연 역시 임금 인상과 물가 인하로 인해 1956년도 국가 예산 수입에 적지 않은 재정적 부담이 있었다고 보고하였다.[37]

1956년 8월 북한 최대의 역사적 사건이라 할 수 있는 이른바 '8월 종파 사건'은 이와 같은 축적 위기 속에서 발생한 것이었다. 중공업 우선 노선에 따라 그동안 축적 자금은 중공업에 집중 투자되었다. 그러나 1956년 축적 위기가 발생하였다. 이것은 그간의 중공업 우선 노선이 축적 증대에 기여한 바가 그리 크지 않았음을 보여준다.[38] 중공업 우선 노선에 의문이 제기될 만한 상황이었다. 자본 축적과 관련하여 경제적 합리성의 측면에서 보면 소련파와 연안파의 경공업 우선 노선은 설득력이 있는 것이었다. 또 소련파와 연안파는 이윤 및 수익성과 같은 실용주의적 합리성의 관점에서, 기계 제작 공업을 중심으로 한 김일성의 자립 경제 노선에 반대하였다.[39] 수익성의 측면에서 볼 때, 자

1955. 12), 국토통일원, 『북한 최고인민회의 자료집 제1집』(1988), 731쪽. 그리고 이 노선은 1956년 4월 조선노동당 제3차 대회에서 당의 공식 노선으로 재확인되었다.

[37] 최고인민회의 제1기 제13차 회의(1957. 3) 예산 보고.

[38] 중공업 우선의 불균형 성장을 주장한 바 있는 소련의 프레오브라젠스키는 공업 내부의 축적 한계로 인해 국유 대공업이 자체의 힘으로 발전할 수 있다는 생각을 "반동적 소시민적 몽상"이라고 표현했다. 소련에서 중공업은 초기에 대부분 이익 없이 가동됨으로써 추가적인 자본 형성을 방해하였으며, 경공업은 자본 회전이 빠르기 때문에 축적 증대에 기여하였다고 한다. 리하르트 로렌쯔, 윤근식·박형중 역, 『소련사회사 I: 1917~1945』(성균관대학교 출판부, 1987), 133~140쪽 참조.

[39] 한국전쟁 이후 북한이 자립 경제의 핵심 부문인 기계 제작 공업을 창설할 당시, "일부 분자들은 〈원가가 높다〉느니, 〈국제 분업에 의거하여 외국에서 사오는 것이 유리하다〉느니 하면서 당의 기계 제작 공업 창설 노선을 반대하여 나섰다"고 한다. 박정규, 「기본 건설 투자의 경제적 효과성 제고에 대한 몇 가지 문제」, 『근로자』 1962년 11월(하) 제19호, 36쪽. 소련파와 연안파를 지칭하는 이들은 실용주의적 합리성의 관점에 서 있었던 것이다.

립 경제 노선은 실용성이 없는 것이었다.

그러나 이들의 주장이 자립 경제와 국방력 강화를 추구하는 김일성의 중공업 우선 노선을 변경시킬 수는 없는 것이었다. 김일성은 실용주의적 합리성보다 자립 경제와 국방력 강화라는 이데올로기적 목표에 정향되어 있었다. 소련파와 연안파의 몰락으로 귀결된 1956년 소위 '8월 종파 사건'은 한국전쟁 이후 계속되어온 실용주의적 목표와 이데올로기적 목표간의 당내 갈등과 투쟁에서 실용주의적 목표에 비해 이데올로기적 목표를 확고히 우위에 서게 만들었다.

그러나 1950년대 북한의 보다 심각한 축적 위기는 '8월 종파 사건' 이후에 나타났다. 그것은 1957년 국가 예산 편성에서 여실히 드러나고 있다. 1956년에 이어 1957년에도 국가 예산 수입이 감소 편성(계획)되었던 것이다. 왜 감소했을까? 이 역시 소비 기금 증대에 따른 것이었다.

북한은 1956년 '8월 종파 사건' 이후 대중적 지지 확보를 위해 근로자들의 임금을 평균 35% 대폭 인상하고, 곡물 수매 가격도 대폭 인상하였다. 임금 인상과 종업원 수 증가에 의해 1957년에는 임금 기금이 1956년에 비해 약 100억 원 더 증가되고, 곡물 수매 가격 인상과 식량 배급 기준량 증가 등으로 1957년 곡물 수매 자금은 1956년에 비해 80억 원이 더 증가될 것으로 예견되었다.[40] 참고로 1956년도 북한의 국가 예산 수입은 총 1,000억 원 수준이었으며, 1957년도 곡물 수매 계획이 계획대로 실행되었다면 북한 농가의 평균 수입은 거의 2배로 증가될 것이다. 엄청난 인상 계획이다.

물론 1957년 곡물 수매 가격이 계획대로 실행된 것은 아니지만, 현재의 논의에서 중요한 것은 '계획'이다. 1957년 계획에서 임금과 곡물 수매 가격 인상 총액 180억 원은 1956년도 북한의 대외 원조 수입 총

---

[40] 백금락,「엄격한 절약제의 확립을 위하여」,『근로자』1957년 제6호, 52쪽.

액 164억 원보다 많은 것이다. 축적 위기 속에서도 소비 기금이 대폭 증가되었던 것인데, 이것은 결국 축적 위기를 더욱 가중시키는 것이었다. 축적 위기 속에서 대폭적인 소비 기금 증대는 경제 논리에서 보면 대단히 비정상적이다. 이것은 역으로 당시 김일성의 노선과 정책에 대한 노동자·농민 등 대중적 불만이 그만큼 적지 않았음을 보여준다.[41]

요컨대 한국전쟁 이후 노동자·농민의 불만과 당내 정책 갈등이 계속되는 가운데 소비 기금의 지속적인 증가에 따라 1956년 축적 위기가 발생하고, 이러한 축적 위기 속에서 이른바 '8월 종파 사건'과 같은 당내 권력 투쟁이 발생하였으며, 이러한 당내 정치 갈등은 다시 노동자·농민의 소비 기금을 대폭적으로 증대시킴으로써 1957년 경제 계획에서 축적 위기를 더욱 가중시켰던 것이다. 다시 말해 사회 분열과 갈등 속에서 당내 정치 갈등과 경제 위기가 상호 상승 작용을 일으키며 위기를 가중시켰던 것이다. 김일성이 당과 대중의 통일 단결을 주창할 만한 충분한 이유가 있었던 것이다. 당과 대중의 통일 단결은 사회 정치 분열과 갈등에 따른 정치 비용을 최소화하고 자본 축적을 위한 정치적 요구였던 것이다.

아무튼 1957년도 북한의 국가 예산 수입 계획은 1956년에 비해 다시 1.8% 감소 편성(계획)되었다.[42] 그리고 투자 효율성이 일정할 경우 이와 같은 축적 감소는 경제 성장률의 둔화를 가져올 것이며, 정상적인 경우라면 1957년도 경제 성장 목표를 하향 조정해야 할 것이다. 정책 목표를 달성하는 데 필요한 수단과 자원이 현실적으로 조달 불가능하다면, 정책과 계획을 수정하는 편이 옳을 것이다. 그러나 1956년 12월

---

[41] '8월 종파 사건' 이후 곡물 수매 가격이 대폭 인상되었으나, 1957년 하반기를 지나면서 곡물 수매 가격은 다시 인하되었다. 이것은 1956년 당시 곡물 수매 가격 인상이 경제 논리에 따라 정상적으로 이루어진 것이 아니라, 농민들의 불만과 당내 정치 갈등 속에서 대중적 지지 확보를 위해 정치 논리에 따라 비정상적으로 이루어졌음을 보여준다.
[42] 최고인민회의 제1기 제13차 회의(1957. 3) 예산 보고.

당 중앙위원회 전원회의는 국가 예산 수입과 축적 자금이 감소되는 상황에서도 1957년도 공업 생산액 성장 목표를 22%로 매우 높게 잡았다. 축적 위기 속에서도 김일성은 성장 속도를 늦추지 않았으며 중공업 우선 노선을 그대로 밀고 나갔던 것이다. '저투자 고성장' 정책이었다.

김일성으로서는 속도를 늦출 수도 없었을 것이며, 정책을 변경시킬 수도 없었을 것이다. '8월 종파 사건'으로 김일성의 리더십이 도전받고 있는 상황에서, 속도 완화와 정책 변경은 김일성의 정책 실패와 리더십 약화로 이어질 것이다. 김일성은 자신의 노선과 정책을 계속 유지하는 가운데 축적 위기를 극복함으로써 자신의 노선과 정책의 정당성을 확인하고 리더십 위기를 극복해야 했다. 그러나 높은 성장 속도를 위해서는 축적 증대가 요구되었지만, 축적 자금은 감소되었다. 결국 1957년의 경제 위기는 축적 자금 감소와 높은 성장 목표 사이의 모순이었다. 그렇다면 이 위기를 과연 어떻게 극복할 것인가?

제2절 행정 관료적 지도 체계와 당-정 갈등

1. 생산자들의 조직 이기주의와 외연적 성장 전략

북한과 같은 사회주의 계획 경제에서 개별 생산 단위의 1차적 과업은 자신에게 할당된 국가 계획 과제를 달성하는 데 있다. 개별 생산 단위는 자신에게 할당된 국가 계획 과제를 달성한 정도에 따라 평가되고 분배된다. 그리고 할당된 계획 과제를 달성함에 있어 효율성과 수익성을 증대시키기 위해 대부분의 국영 기업소(관리국 포함)는 독립채산제로 운영된다. 물론 생산자들의 1차적 임무는 계획 과제 달성이며, 여기에 2차적 임무로서 효율성과 수익성이 결합된 것이었다.

그렇다면 이러한 상황에서 생산자들은 과연 어떻게 행동할 것인가? 여기서 개별 생산자들은, 국가적 요구와는 달리, 무엇보다 자신의 제1차적 과업인 국가 계획 과제를 달성하는 데 가장 합리적이며 이기적인 행위 선택을 하게 되는데, 그것은 국가로부터 계획 과제는 될수록 적게 받고, 설비·원료·자재·자금·에너지·노동력 등 생산 자원은 될수록 많이 받는 것이었다. 최소 산출 과제와 최대 자원 투입으로서 외연적 성장 방식의 추구가 그것이며, 이것은 사회주의 계획 경제에서 개별 생산자들의 보편적인 행위 양태이다.

그렇다면 당시 개별 생산 단위에 의한 외연적 성장 방식은 구체적으로 과연 어떻게 나타났는가? 1954년 3월 당 중앙위원회 전원회의에서 한 김일성의 연설을 통해 살펴보면, 그것은 다음과 같다.[43] 먼저 개별 생산자들의 합리적이며 이기적인 행위 선택은 계획 수립에서 자신의 실제 생산 능력에 비해 계획 과제를 될수록 적게 받는 것으로 나타났다. 예컨대 중공업성의 경우 석탄을 더 많이 생산할 수 있음에도 불구하고, 덮어놓고 증산 불능을 주장하며 생산 과제를 적게 수립하였다. 또 계획을 수립할 때 기업소가 보유하고 있는 기계 설비를 고의적으로 누락시키는 경우도 허다했다. 기업소의 생산 능력을 허위 보고함으로써 계획 과제를 낮추는 방법이다. 기계 설비의 사장과 가동 중단 등 인위적으로 설비 가동률을 낮추는 것이다.

때문에 김일성은 통계 작성 기관마다 통계 보고가 서로 다른 부정확한 통계 보고를 비판하면서 정확한 통계 보고를 요구하였지만, 이 역시 개별 생산단위의 조직 이기주의, 북한식으로 표현하자면 기관 본위주의에 의해 제대로 실행되기 어려운 것이었다. 조직 이기주의는 허위 보고 등 정보 왜곡의 가장 중요한 원인의 하나이며, 허위 보고 등으로 왜곡된 부정확하고 불완전한 정보에 기초하여 수립된 국가 경제 계획은 현실성을 결여할 수밖에 없다.

이와 같은 생산자들의 기관 본위주의와 관련하여 김일성은 성, 관리국에 대해 기계 설비를 비롯한 생산 자원의 보유 상태 등 산하 기업소의 실정을 정확히 요해하고, 국가적 입장에서 산하 기업소에 대한 검열과 통제를 강화할 것을 요구하였다. 하지만 성, 관리국 스스로 기관 본위주의에 함몰되어 있는 상황에서 국가적 요구는 제대로 실행되기 어려운 것이었다. 하위 단위에서 상급 단위로 이어지는 중층적인 조직 이기주의는 조직 내적 통제를 사실상 불가능하게 만드는 것이었다.

---

[43] 김일성, 「산업 운수 부문에서의 제 결함들과 그를 시정하기 위한 당, 국가 및 경제 기관들과 그 일군들의 당면 과업」(1954. 3. 21), 고려대 아세아문제연구소, 『북한연구자료총서 제2집』(1974), 465~496쪽. 1954년 3월 21일 당 중앙위원회 전원회의에서 김일성은 당시 북한 경제가 안고 있던 제반 문제점들을 전반적으로 예시하고 있는 바, 이하에서 논의하고 있는 당시 북한 경제의 문제점은 별도의 언급이 없는 한, 모두 김일성의 이 연설에서 인용한 것이다.

또 개별 생산 단위의 기관 본위주의는 실제 소요량보다 항상 더 많은 생산 자원을 국가에 요구하는 것으로 나타났다. 국가는 독립채산제에 기초하여 개별 기업에 대해 원가 저하와 이윤 증대, 수익성 증대를 요구하였지만, 개별 기업들은 그에 무관심했다. 개별 생산 단위의 확장 능력은 이윤이나 수익성이 아니라, 국가 예산에서 얼마나 많은 자원을 할당받는가에 달려 있었던 것이다. 때문에 개별 생산자들은 원료와 자재 지출의 기준을 높이며 제품의 단위당 노동량의 지수를 높이는 등의 방법으로 생산물의 원가 계획에 "의도적으로 예비"를 조성하고자 했다. 노동력, 원자재, 설비 능력에 "지나친 예비"를 남겨둠으로써 사업을 쉽게 하려는 경향이었다. 개별 생산 단위에 의한 자원 비축 현상, 즉 노동력 비축, 원자재 비축, 설비 비축 현상이었다.

계획 수립만이 아니라 계획 집행도 문제였다. 성, 관리국, 기업소에서는 계획 과제 달성에 급급하여 현물 지표가 아니라 금액 지표로 계획 과제를 달성하고자 하였다. 즉 계획과는 달리 가격이 높고 만들기 쉬운 품종을 필요 이상으로 생산하여 체화(滯貨), 사장(死藏)시킴으로서 다른 기업에서 정작 필요한 것은 부족하고, 필요 없는 것은 남아도는 등 결과적으로 자원을 낭비하고 수익성을 보장하지 못하였다. 계획 지표의 자의적인 수정과 변경이었다.

게다가 성, 관리국, 기업소 지배인들은 기계화 등 기술 혁신과 생산 조직 혁신에 무관심하고, 노동력 절감과 노동 생산성 향상, 효율성 증대에 무관심하였으며, 오직 노동력의 절대수 증가를 통해서만 계획 과제를 수행하고자 하였다. 이들은 기계화할 수 있는 부분까지도 수공업적 방법으로 일하고자 함으로써 노동력을 낭비하였다. 예컨대 한 명의 노동자가 하루에 할 일을 20명의 노동자가 반나절에 다했다며 시간을 단축했다며 만세를 불렀으며, 밀차 한 대면 될 일을 수십 명의 노동자들이 등짐으로 운반했다. 또 생산성이 증대되면 계획을 수립할 때 노동 기준량(노동정량)을 증대시켜 반영해야 하지만, 기업 관리자들은 노동

기준량의 개정(증가)에 매우 소극적이었다. 노동 기준량의 증가는 개별 기업의 노동력 감소를 의미하기 때문이었다. 기업 관리자들은 낮은 노동 기준량에 의존함으로써 더 많은 노동력을 확보하고자 하였다.

특히 성, 관리국, 기업소 관리자들은 기술 혁신을 통한 효율성 증대에 대체로 무관심했다. 사회주의 계획 경제에서 기술 혁신에 대한 개별 기업의 동기 유인은 매우 제한적이다. 한 기업의 기술 혁신이 다른 기업의 생존을 위협할 가능성이 전혀 없는 상태에서, 게다가 기업 활동에 대한 1차적 평가 기준이 이윤이나 효율성(efficiency)이 아니라 계획 과제 달성 여부(효과성 effectiveness)에 있는 상태에서, 기술 혁신을 위한 연구 개발에 필요한 자원 전용이 당면한 계획 과제 달성을 위협할 수도 있고 또 그것이 성공하여 생산성이 향상될 경우 계획 과제가 상향 조정될 수 있기 때문이다.[44] 기술 혁신에 성공하든 실패하든 생산자들에게는 부담이 아닐 수 없다. 이로 인해 위험을 기피하는 소극적이며 보수적인 경영이 일반화된다. 이 역시 생산자들의 조직 이기주의에 기인한다. 생산 조직 혁신도 이와 동일하다.

요컨대 국가는 최소 투입-최대 산출이라는 효율성 증대(내포적 성장)를 추구하며, 개별 기업에 대해 기술 혁신과 생산 조직 혁신을 통한 원가 저하와 이윤 증대, 수익성 증대를 요구하였으며, 이를 위해 물질적 유인 체계로서 독립채산제를 강화하였다. 그러나 개별 기업은 최소 과제-최대 투입이라는 효과성을 추구하며, 생산 자원을 과다 비축하고 자원 투입량의 증대(외연적 성장)를 통해 계획 과제를 달성하고자 함으로써, 생산 조직 혁신과 기술 혁신(효율성), 원가 저하와 이윤 증대, 수익성 증대에 무관심하였다. 그 결과 많은 기업들의 경영이 국가 보조금에 의해 유지되었다. 이것은 많은 기업들이 수익이 아니라 손실

---

[44] Peter Bernholz, 「사회주의에 있어서 합리적인 경제적 계산」, Svetozar Pejovich eds., 정성철 역, 『사회주의: 제도적・철학적・경제적 이슈』(박영사, 1990), 211~215쪽.

을 내고 있음을 의미한다.

2. 김일성의 리더십 위기: 당-정 갈등과 대중운동

그렇다면 이러한 상황에서 축적 위기를 과연 어떻게 극복할 것인가? 그것은 정면 돌파, 즉 최소 자원 투입(절약)으로 최대 산출(증산)을 추구하는 것으로서, 개별 기업이 조직 이기주의에 따라 노동력, 원자재, 설비 등 그동안 비축해 놓은 내부 예비를 최대한 적발 동원하여 증산 과제를 달성하는 것이었다. 1956년 12월 당 중앙위원회 전원회의는 바로 이와 같은 방향에서 축적 위기를 해소하기 위한 대책을 모색한 중요한 회의였다. 1956년 12월 전원회의의 가장 중요한 결정 사항은 "내부 예비 동원" 바로 그것이었다. 이것은 축적 자금이 부족한 상황에서 국가의 추가적 투자 없이 또는 극히 적게 하고, 기업의 내부 원천과 생산 예비를 최대한 동원 이용하여 증산 과제를 달성한다는 방침이었다.[45]

1956년 12월 전원회의는 내부 예비 동원을 위해 "증산하고 절약하자"는 구호를 제시하고 생산자들에게 증산과 절약을 호소했다. 당시 절약과 증산을 위한 가장 중요한 방법은 설비 가동률의 제고, 즉 현존 설비를 최대한 이용하는 것이었다. 당시 개별 기업들은 계획 과제를 될수록 적게 받기 위해 생산 능력(공칭 능력)을 과소 보고하는 등 설비의 생산 능력을 최대한 이용하지 않고 '예비'를 비축해 두고 있었던 것이다.

그러나 김일성의 이러한 내부 예비 동원 정책은 즉각 국가 행정 관료와 관리 기술자들의 반발에 직면하였다. 즉 1956년 12월 전원회의 결정 채택과 그 집행 과정에서 성, 관리국, 기업소 지도 일군들은 1957년 계획 과제가 지나치게 방대하다고 주장하며 그 실행을 주저하였다.[46]

---

[45] 백금락, 앞의 글, 51쪽.
[46] 서을현, 「반관료주의 투쟁에서 제기되는 몇 가지 문제」, 『근로자』 1957년 제5호, 44쪽.

그들은 1956년 12월 전원회의의 결정에 대해 의심하고 동요하였으며,[47] 1957년도 계획 과제가 비현실적인 것으로 생각했다.[48] 일부 관리자들은 22%라는 1957년도 공업 생산액 성장 목표에 대해, "절대로 실행할 수 없는 것이라고 주장하였다."[49] 또 그들은 증산을 위해 설비와 노력의 추가적 보장을 요구했다.

국가 행정 관료와 관리 기술자들의 입장은 증산을 위해서는 투자 증대가 필요하며, 투자 증대 없이 증산은 불가능하다는 것이었다. 국가 행정 관료와 관리 기술자들은 축적 자금이 부족한 물질 기술적 조건을 강조하며 김일성의 속도에 반발하였던 것이다. 당-정 갈등이었다. '8월 종파 사건'에 이어 김일성의 리더십이 또 한번 도전에 직면하였던 것이다.

그렇다면 기업에 비축되어 있는 내부 예비 자원을 과연 어떻게 적발 동원해 낼 것인가? 행정 경제 관료와 관리 기술자들이 반발하고, 또 성-관리국-기업소로 이어지는 조직 이기주의가 만연되어 있는 상황에서, 종래와 같은 방법으로 성-관리국을 통해 1956년 12월 전원회의의 결정을 기계적으로 하부에 시달하고 증산을 요구한다면 도저히 성과를 거둘 수 없을 것이다.[50]

여기서 중앙당 지도부는 절약과 증산 및 내부 예비 동원 방도를 생산자 대중과 직접 토의해 보기로 하였다. 기업 내부 사정을 누구보다 잘 알고 있는 생산자 대중을 동원하는 것이었다. 이것은 주효하였다. 당 지도부의 정책적 호소에 열성 노동자들이 적극적으로 호응해 나섰던 것이다. 이들 열성 노동자들은 관리 기술자들을 비판하며 내부 예비 자원을 적극 동원해 내었다. 국가 행정 관료와 관리 기술자들의 반발

---

[47] 김일, 「당의 영도는 우리 혁명 승리의 기초」, 『근로자』 1958년 제4호, 17쪽.
[48] 김기남, 「우리 당 경제 정책의 과학적 기초」, 『근로자』 1957년 제4호, 37쪽.
[49] 「사회주의 건설의 대고조」, 『근로자』 1958년 제8호, 권두언 11쪽.
[50] 김기남, 앞의 글, 38쪽.

에 직면하여, 대중 동원을 통한 축적 위기의 돌파였다. 이 한편의 드라마가 1957년도 인민 경제 계획을 논의한 1956년 12월 당 중앙위원회 상무위원회와 전원회의, 그리고 1956년 12월 28일 강선제강소에 대한 김일성의 현지 지도에서 연출되었다. 드라마의 줄거리는 대략 이러하다.

당시 국가계획위원회(위원장 리종옥)는 선철 19만 톤 생산 계획을 당 중앙위원회 상무위원회에 제기했다. 상무위원회는 19만 톤으로는 부족하니 23만 톤을 요구하였다. 그러나 국가계획위원회 간부들과 기술자들은 공칭 능력(설비 생산 능력)으로 보아 23만 톤은 불가능하다고 주장했다. 금속공업성(금속공업상 강영창) 역시 기술적으로 도저히 불가능하다고 주장했다. 그래서 김일성은 이 문제를 당 중앙위원회 전원회의에서 논의해 보기로 하고, 김책제철소의 공장 지배인과 기사장을 불러 놓고 당 중앙위원회 전원회의를 진행하였다. 지배인과 기사장 역시 23만 톤 생산은 불가능하다고 주장했다. 리종옥과 강영창은 김일성 계열이었다.

여기서 김일성은 전원회의는 전원회의대로 결정(국가 계획)을 채택하고,51) 이 결정을 가지고 직접 생산 노동자들과 논의해 보기로 하였

---

51) 북한과 중국에서 대중 운동이 촉발되는 과정에는 일정한 차이가 있다. 중국의 경우 모택동은 1955년 7월 31일 중국공산당 성, 시, 구 위원회 서기 회의를 소집하여, 전날(1955. 7. 30) 폐막된 전국인민대표대회 제1기 제2차 회의의 방침을 번복하고 급속한 농업 협동화 운동을 역설하였으며, 이후 중국은 농업 협동화 운동을 급진적으로 추진하였다. 모택동은 공식적인 정책 결정 과정과 그 절차를 무시하고 지방 당 간부에게 직접 호소함으로써 자신의 노선과 정책을 관철시켰던 것이다. 이에 대해서는 고지마 도모유끼(小島朋之), 백완승·장미희 역, 『중국 정치와 대중 노선』(논장, 1989), 143~186쪽 참조. 또 1965년 9~10월의 당 중앙공작회의에서 자신의 의견을 실현할 수 없다고 느낀 모택동은 급거 북경을 벗어나 상해에서 북경의 당 중앙을 쳐부수기 위한 문화대혁명의 봉화를 올렸다. 한광수 편역, 『현대 중국의 정치 구조』(온누리, 1988), 55~57쪽. 이에 비해 북한의 김일성은 1956년 12월 당시 공식적인 정책 결정 과정과 그 절차를 준수하였으며, 강선제강소에 대한 김일성의 현지지도 역시 최고 정책 결정 기구인 당 중앙위원회 상무위원회의 위임에 따라 이루어졌다.

다. 당 중앙위원회 상무위원들이 직접 김책제철소에 내려가 노동자들을 소집해 놓고 당 중앙위원회의 의도를 노동자들에게 해설 설득시켰다. 그러자 노동자들은 당 지도부의 정책적 호소에 적극 호응해 나섰다. 노동자들은 지배인과 기사장을 비판하며, 25만 톤 생산(증산 계획)을 결의하였다. 결국 노동자들은 1957년도에 27만 톤의 선철을 생산하였다.

김책제철소 뿐만 아니라, 강선제강소에서도 똑같은 일이 일어났다. 강선제강소는 공칭 능력에 따라 6만 톤의 강재 생산을 계획하였다. 이에 1956년 12월 28일 당 중앙위원회 상무위원회의 위임을 받아 김일성이 직접 강선제강소에 내려가 노동자들을 소집해 놓고 당 정책을 호소하였다. 그러자 노동자들은 9만 톤의 강재 생산을 결의하였고, 결국 12만 톤의 강재를 생산하였다.[52] 국가 행정 관료와 관리 기술자들이 주장해 오던 물질 기술적 조건, 공칭 능력(설비 생산 능력)이 순식간에 날아갔다.

이에 고무된 당 중앙위원회는 대중들의 창의 창발성을 고도로 발양시키기 위해 경제 건설의 중요한 환절에 대한 중앙당 집중 지도 사업과 현지 군중 토의를 조직 지도함으로써 전인민적인 사상 동원 사업을 전개하였다. 김일성을 비롯하여 당 중앙위원회 상무위원들과 중요 지도 일군들이 직접 생산 직장과 현지에 내려가 근로자들의 집회를 조직 지도하였으며 계획 과제를 대중과 직접 토의하며 근로자들을 고무 격려하였다. 당 중앙위원회가 호소한 증산과 절약의 구호에 따라 노동자, 농민들은 각종 직장 대회와 대중 집회 등을 통해 1957년도 국가 계획 과제를 훨씬 넘는 증산 과제(증산 계획)를 결의하고 나섰다.[53]

---

[52] 김일성, 「시, 군 인민위원회의 당면한 몇 가지 과업에 대하여」(1958. 8. 9), 『김일성선집 6』, 3~5쪽.
[53] 편집국, 「12월 전원회의의 거대한 생활력」, 『근로자』 1957년 제12호, 45~47쪽. '국가 계획'과 '증산 계획'은 구별된다. 공식적인 행정 관료 조직을 통해 '국가

당적 지도와 대중의 결합을 통해, 북한의 역사에서 가장 비약적인 경제 성장을 가져온 이른바 '천리마운동'이 시작된 것이다.[54] 북한의 발표에 따르면, 제1차 5개년 계획 기간 동안 북한의 공업 총생산액은 1957년 44%, 1958년 42%, 1959년 53% 성장하였으며[55] 제1차 5개년 계획은 2년 반 앞당겨 1959년 6월에 완료되었다. 1957년에서 1960년까지 공업 생산액 성장률은 연평균 36.6%였으며, 1957~1959년 기간 동안의 공업 생산액 성장률은 전후 복구 발전 3개년 계획 기간(1954~1956) 동안의 공업 생산액 성장률보다 높은 것이었다. 천리마운동은 북한 경제가 "가장 어려운 때에 혁명에서 일대 고조의 시기 - 천리마 시대를 열어 놓았다."[56]

북한의 역사에서 하나의 신화가 창조된 것이었다.[57] 이 신화는 1957년 이후 북한 사회의 변화 발전을 규정하는 원형이 되었다. 즉 1957년 이후 북한 사회는 대중 운동을 통해 축적 위기를 극복해 나가는 과정에서 기존의 사회 체계와는 전혀 성격을 달리하며 근본적으로 재편성되는데, 가장 중요한 변화는 당-정 관계 변화였다. 이 변화를 살펴보

계획'은 국가 계획대로 채택하고, 이에 기반하여 대중적 증산 결의를 통해 '증산 계획'이 채택되는 방식이었다.

[54] 1956년 12월 당시 대중 운동은 '천리마운동'으로 명명되지 않고 종래와 같이 '대중적 증산 경쟁 운동'으로 명명되었다. 북한에서 '천리마'라는 용어가 처음 등장하는 것은 1958년 6월 최고인민회의 제2기 제3차 회의에서 한 김일성의 연설을 통해서였다. 김일성, 「모든 것을 조국의 륭성 발전을 위하여」(1958. 6), 『북한 최고인민회의 자료집 II』(국토통일원, 1988), 276쪽 참조. 김연철은 '천리마'라는 용어가 언제 처음 사용되었는가 하는 것은 중요한 문제가 아니며, 1956년 12월 전원회의 이후 나타난 대중운동이 "사후적으로" 천리마운동으로 규정된 것으로 평가하고, 천리마운동의 개시 시점을 1956년 12월 전원회의 직후로 잡고 있다. 김연철, 앞의 글, 206~207쪽 참조.

[55] 리종옥, 「인민 경제 발전 제1차 5개년 계획 실행 총화에 대하여」(1960. 11), 국토통일원, 『북한 최고인민회 자료집 제2집』(1988), 797쪽.

[56] 편집국, 「공산주의자와 혁명적 낙관주의」, 『근로자』 1963년 3월(하) 제6호, 6쪽.

[57] 천리마운동은 1961년 9월 조선노동당 제4차 대회에서 당의 총노선으로 규정되었다.

기 전에, 우선 1957년 천리마운동 이전 시기까지 경제 관리 시스템을 중심으로 1950년대 초중반 북한의 당-정 관계를 살펴보기로 한다.

3. 행정 관료적 지도 체계와 당-정 관계

1) 행정 관료적 지도와 당적 지도의 결합

1950년대 중반까지 북한에서 경제 발전의 주도 세력은 국가 행정 관료 조직과 기술 관료였으며, 그 핵심 기제는 유일관리제였다. 상(相)-관리국장-기업소 지배인으로 이어지는 유일관리제는 각 기관의 유일관리자에게 해당 기관의 관리 운영에 대한 전권을 부여하고, 해당 기관의 모든 성원들을 유일관리자의 유일 의지에 복종시키는 것이었다. 즉 유일관리제는 상(相)-국장-지배인으로 이어지는 단일 명령의 위계적인 행정 관료 조직을 통해 중앙에서부터 기업소에 이르기까지 국가의 중앙집권적 지도를 보장하기 위한 것이었으며, 기업소 역시 위계적 행정 관료 조직에 편입된 국가 기관의 일부로서 기능했다.

당시 유일관리제는 중앙집권적인 생산 부문별 경제 관리 체계와 밀접히 결합되어 있었는데,[58] 이것은 중공업 발전에 노력을 집중할 수 있게 하는 것으로 평가되었다.[59] 이렇듯 당시 북한은 스탈린식 모델에 따라 당 조직이 아니라, 생산 부문별 경제 관리 체계와 유일관리제에 기초한 중앙집권적인 국가 행정 관료 조직을 통해 중공업 우선의 급속한 공업화 정책을 추진하였던 것이다.

---

[58] 당시 북한은 지역별 경제 관리 체계를 배제하였다. 일반적으로 부문별 경제 관리 체계가 중앙 정부의 권력 집중과 연결되어 있다면, 지역별 경제 관리 체계는 지방 정부의 권한 강화와 연결되어 있다. 북한은 1959년 이후 지역별 경제 관리 체계를 도입하였다.
[59] 김정일, 「경제 건설에서의 인민 정권의 조직적 및 지도적 기능」, 『근로자』 1957년 제6호, 35쪽.

유일관리제는 행정 경제 사업에 있어 행정 경제 관료와 관리 기술자들의 권한과 역할 증대를 가져왔다. 기술 전문성의 추구였다. 기업소의 경우, 지배인 유일 관리제는 성-관리국으로 이어지는 부문별 중앙기관의 중앙집권적 지도하에 전문성을 갖춘 관리 기술자에게 기업 관리를 맡겨 기업을 단일한 의지 아래 효율적으로 관리 운영하기 위한 제도였다.[60]

물론 유일관리제는 행정 경제 사업에 대한 당적 지도와 결합되어 있는 것이었다. 경제 사업과 정치 사업의 결합, 행정·경제 기술적 지도와 당적·정치적 지도의 결합이었다. 1954년 3월 전원회의는 이 양자 결합을 경제 관리 사업에서 구현해야 할 기본 원칙으로 명확히 규정하였다. 문제는 이 양자의 결합 방식이다. 과연 어느 것이 우위에 있는가? 1950년대 중반까지 양자간의 관계에서, 국가의 행정·경제 기술적 지도 즉 유일관리제가 당의 정치적 지도보다 우위에 있었다. 제도적으로 양자의 결합 방식은 다음과 같다.

즉 유일관리자는 전권을 쥐고 해당 기관을 유일적으로 관리 운영하되, 관리자의 관료주의적 주관과 독단을 배제하고 사업에서 결함을 방지하며 관리 운영 수준을 제고하기 위해 관리자가 사업을 단독으로 처리하지 말고 당 조직에 '의거'하여 사업하도록 요청되었다. 반면 당 조직은 행정 경제 관료와 관리 기술자들의 관료주의적 주관과 독단을 배제하고 사업상 결함을 퇴치하며 관리 운영 수준을 제고하기 위해 행정 경제 사업에 대한 당적 지도와 통제를 강화하되, 유일관리제의 철저한 집행을 보장하기 위해 강하게 투쟁할 것이 요청되었다.[61]

당시 북한의 경제 관리 체계는 유일관리제 즉 국가의 행정·경제 기술적 지도를 우위에 두고 여기에 당의 정치적 지도가 보완적으로 결합

---

[60] 高昇孝, 이태섭 역, 『현대 북한 경제 입문』(대동, 1993), 190쪽.
[61] 김일성, 앞의 글(1954. 3. 21), 473쪽.

되어 있었던 것이다. 행정 경제 사업에 대한 당적 지도와 통제는 유일관리제를 더욱 엄격히 확립하기 위한 보완적 역할을 수행하였던 것이다. 때문에 김일성은 1954년 3월 전원회의에서 경제 사업에 대한 당적 지도와 통제를 더욱 강화할 것을 요구하면서도, 유일관리제의 강화 특히 관리국과 지배인의 역할을 높이는 문제를 보다 중요하고 긴급한 과제로 제기하였던 것이다.62) 유일관리제하에서 행정 경제 사업에 대한 당적 지도와 통제란 제도적으로 일정한 한계가 있을 수밖에 없는 것이었다.

먼저 중앙 기관인 성, 관리국 수준부터 살펴보자. 행정 경제 기관에 대한 당적 지도와 통제는 해당 기관 내에 조직되어 있는 초급 당 단체에 의한 지도와 통제(내적 당 통제), 그리고 행정 경제 기관과 병렬적·수평적으로 조직되어 있는 지역 당위원회에 의한 지도와 통제(외적 당 통제)를 통해 이루어진다. 따라서 성, 관리국은 해당 기관 내 초급 당 단체의 지도와 통제를 받으며, 당 중앙위원회와 지역당위원회(평양시당위원회와 구역당위원회)의 지도와 통제를 받는다. 하지만 1950년대 중반까지 성, 관리국, 중앙 기관 내에 조직되어 있는 초급 당 단체를 비롯하여 행정 사무 기관 내 초급 당 단체들에게는 "행정 사업에 대한 통제권"이 부여되어 있지 않았으며, 단지 해당 기관 내 당원들의 "당 생활에 대한 통제권"만 부여되어 있었다.63) 따라서 성, 관리국의 행정 경제 사업, 즉 성, 관리국에서 당 정책 집행 과정에 대한 초급 당 조직의 당적 지도와 통제란 제도적으로 불가능했다.

행정 경제 사업과 관련하여 성, 관리국의 초급 당 조직에 주어진 제도적 권한은 매우 제한적이었다. 행정 경제 사업과 관련된 성, 관리국

---

62) 김일성, 위의 글(1954. 3. 21), 470~472쪽.
63) 홍진삼,「당원들의 당 생활에 대한 일상적 통제」,『근로자』1957년 제2호, 49쪽 ; 리장수,「성 기관 내 초급 당 단체들의 사업에 대한 몇 가지 문제」,『근로자』1957년 제4호, 56쪽.

내 초급 당 단체의 역할은 당의 노선과 정책을 해당 기관 내에 침투(인식)시키고 그 집행을 보장하고 고무 추동하는 데 있었다. 이에 따라 성, 관리국 내 초급 당 단체들은 해당 기관 내에 당의 노선과 정책을 침투(인식)시키는 과정에서 제기된 문제들의 성격에 따라, 당위원회 또는 당 총회와 열성자 회의에서 토의를 통해 구체적인 실천 방도를 강구하여 해당 "의견"을 제기할 수 있었다. 이것은 당 조직에서 토의된 "의견"을 성 기관의 지도부에 제기하는 형태로 이루어졌다.[64] 그러나 당 조직의 "의견"이 상(相)과 관리국장 등 유일관리자를 구속할 수는 없는 것이었다.

만약 "당 생활에 대한 통제권" 개념을 최대한 확대 해석한다면, 초급 당 단체들은 간부들의 "당 생활에 대한 통제권"에 기초하여, 행정 관리 사업에서 나타나는 간부들의 결함에 대해 비판과 충고를 주고 시정을 요구할 수 있었다.[65] 그러나 이것은 '8월 종파 사건' 이후 "당 생활에 대한 통제권"의 개념을 확대 해석하여 적용한 것에 불과했다. 이러한 해석은 곧 "행정 사업에 대한 통제권"을 의미하는 것으로서 지나친 확대 해석이다. 그렇기 때문에 당시 일부 행정 경제 지도 일군들은 당원 대중의 비판과 충고를 행정 경제 사업에 대한 간섭이라며 억제하였던 것이다.[66] 요컨대 성, 관리국의 행정 경제 사업에 대한 초급 당 단체의 당적 지도와 통제는 근본적으로 한계가 있었던 것이다.

한편, 성, 관리국의 행정 경제 사업에 대해서는 당 중앙위원회가 당적 지도와 통제를 수행하도록 되어 있었으며, 성, 관리국의 책임자는 해당 기관의 행정 경제 사업에 대해 당 중앙위원회 앞에 책임지게 되어 있었다.[67] 그러나 이 역시 한계가 있었다. 성, 관리국에 대한 당 중

---

[64] 리장수, 위의 글, 55~57쪽.
[65] 홍진삼, 앞의 글, 48~51쪽.
[66] 홍진삼, 위의 글, 53쪽.
[67] 리장수, 앞의 글, 55쪽.

앙위원회 해당 부서의 당적 지도와 통제 역시 당의 노선과 정책을 해당 기관 내에 침투(인식)시키며 정책 집행과 관련된 의견을 제시하고 정책 집행 과정에서 나타나는 결함을 시정하는 수준이었다.

게다가 일부 국가 및 경제, 문화 기관 일군들은 기술 전문성을 내세워 당의 지도와 통제를 달가와 하지 않고 허심하게 받아들이려 하지 않았으며, 그 결과 일부 인민 경제 부문들에서는 당 중앙위원회의 의도가 제대로 침투되지 못하였으며, 당 정책이 정확히 관철되지 못하였다.[68] 다시 말해 대부분의 경제 전문가와 기술자들이 성, 관리국에 포진되어 있는 상황에서, 당 조직은 기술 전문성 부족으로 인해 성, 관리국의 행정 경제 사업을 제대로 지도 통제할 수 없었으며, 성, 관리국은 기술 전문성을 내세워 당적 지도와 통제를 거부하였던 것이다.

앞에서 보았듯이, 1956년 12월 전원회의에서 국가계획위원회, 금속공업성 간부들과 기술자, 그리고 김책제철소 지배인과 기사장이 공칭 능력(설비 생산 능력)을 앞세워 당 중앙위원회 상무위원회의 정책 결정에 반발할 수 있었던 것도 이러한 배경 속에서였다. 이렇듯 성, 관리국의 행정 경제 사업에 대한 당 중앙위원회의 당적 지도와 통제 역시 근본적으로 한계가 있었던 것이며, 이러한 배경 속에서 1956년 12월 당-정 갈등이 발생했던 것이다.[69]

---

[68] 김영남, 「국가 기관 및 경제 문화 기관들에 대한 당의 영도와 통제」, 『근로자』 1960년 제2호, 17쪽.
[69] 1956년 4월 조선노동당 제3차 대회에서 개정된 당 규약에 따르면, 성, 관리국의 행정 경제 사업에 대한 당 중앙위원회의 당적 지도와 통제는 성, 관리국 내에 있는 당 조직을 통해서 하도록 되어 있었다(1956년 당 규약 제37조). 당 규약상으로는 당 중앙위원회가 성, 관리국의 행정 경제 사업을 직접적으로 지도·통제할 수 있는 것이 아니었다. 성, 관리국의 행정 경제 사업에 대한 당 중앙위원회의 직접적인 지도와 통제가 공식화되는 것은 적어도 1957년 이후의 일이었다. 1980년 10월 조선노동당 제6차 대회에서 개정된 당 규약은 당 중앙위원회가 부, 위원회 또는 성, 관리국 등 정부 중앙 부처의 행정 경제 사업을 직접적으로 지도·통제할 수 있도록 규정하였다(1980년 당 규약 제23조).

한편, 공장 기업소 수준에서는 행정 경제 사업에 대한 당적 지도와 통제가 성, 관리국보다 더 강하게 요구되었다. 이에 따라 성, 관리국과 달리, 공장 기업소 수준에서는 행정 경제 사업에 대한 통제권이 당 조직에 부여되었다. 물론 그것은 공장 내 초급 당 조직이 아니라 지역 당 조직에 부여된 것이었다. 그러나 이 역시 일정한 제도적 한계가 있었다. 기업소의 경제 사업에 대한 통제권이 지역 당 조직에 부여되었다고 해서, 지역 당 조직이 기업소의 생산 및 경영 관리 사업을 직접적으로 지도 통제할 수 있는 것은 결코 아니었다. 당시 행정 경제 사업에 있어 지역 당 조직의 역할은 기업소 지배인의 사업을 지원하고 그 결함을 시정하는 데 중점이 놓여 있었다.

기업소 내 초급 당 조직도 해당 기업소의 경제 관리 운영 사업에 대한 당적 통제권을 부여받지 못했다. 물론 지배인의 주관과 독단을 배제하고 운영 관리 수준을 제고하기 위해 지배인은 공장당위원회에 '의거'하여 사업할 것이 요구되었다. 그러나 공장당위원회의 역할 역시 일정한 한계가 있었다. 기껏해야 공장당위원회는 지배인의 보고를 청취하고 해당한 결정서를 채택하며 사업 개선을 위한 대책 수립을 지배인에게 "권고"할 수 있었다.[70]

게다가 공장당위원회의 결정이 지배인을 구속할 수도 없었으며, 공장당위원회가 생산 및 경영 관리 사업을 직접 지도할 수도 없었다. 지배인이 전권을 쥐고 생산 및 경영 관리 사업을 직접 지도하였으며, 지배인이 결정권과 집행권을 행사하였던 것이다. 그렇기 때문에 1958년 1월 당시까지도 일부 공장당위원장들은 공장 관리 운영에 대해서는 몰라도 상관없는 것으로 생각하는 경향이 있었다.[71] 기업소의 경제 사업에 대한 도, 시, 군당위원회와 기업소 내 초급 당 조직의 직접적인 지

---

[70] 강심, 「정치 사업과 경제 사업의 올바른 결부는 당사업 성과의 기초」, 『근로자』 1954년 제5호, 75쪽.
[71] 김일성, 「경공업의 금후 발전을 위하여」(1958. 1. 20), 『김일성선집 5』, 304쪽.

도와 통제가 공식화되는 것은 적어도 1957년 이후의 일이었다.[72]

2) 전문성과 당성의 결합

그렇다면 1950년대 중반까지 북한의 간부 정책은 과연 어떠했을까? 공산 체계에서 리더십 유형은 크게 홍(紅)과 전(專)으로 구별되는데, 당 간부(홍)가 이데올로기를 추구한다면, 국가 행정 관료, 관리자, 기술자(전)는 기술 전문성을 추구한다.[73] 역사적으로 볼 때, 스탈린은 국가 행정 관료와 관리자, 기술자들에 의존하여 급속한 경제 발전을 추구하였다. 스탈린에 의해 도입된 유일관리제는 당과 내각을 분리시키고 기술 전문성을 중시하며, 당의 역할을 약화시키는 것이었다. 또 물질적 인센티브는 기업 관리자에게 더 큰 권력을 부여하며, 기업 당위원회의 권력에 제한을 가져오는 것이었다.[74]

특히 스탈린은 노동 계급 및 농민 출신의 새로운 소비에트형 인텔리겐차의 육성에 바탕하여, 경제 발전을 목표로 당의 사회적 구성을 근본적으로 변화시키기 위해 1930년대 후반 대숙청을 단행하고, 1939년 소련공산당 제18차 대회에서 관리자와 기술자들에게 당의 문호를 넓게 개방하였다. 이러한 스탈린의 대숙청은 당 조직의 약화를 가져왔으며,

---

[72] 1980년 10월 조선노동당 제6차 대회에서 개정된 당 규약은 도, 시, 군당위원회와 기업소 내 당 조직이 기업소의 경제 사업을 직접적으로 지도·통제할 수 있도록 규정하였다(1980년 당 규약 제33조·제38조·제45조).

[73] Franz Schurmann은 공산 체계의 리더십을 정부 행정을 담당하는 관료, 기업 운영을 담당하는 관리자, 그리고 간부(cadre)로 구분하고, 관료를 다시 전통 관료와 근대 관료로 구분하였다. 여기서 간부란 조직에서 공식적으로 지도적 위치를 차지하고 있는 사람을 가리키며, 중국에서는 조직에서 지도적 역할을 수행하는 '당원'을 의미한다. 또 Franz Schurmann은 간부를 이데올로기의 지배자, 인텔리를 기술의 지배자로 파악하였다. Franz Schurmann, op. cit., p.8·94·162, pp.166~167. 이에 따르면 리더십은 결국 이데올로기를 추구하는 당간부(홍)와 기술 전문성을 추구하는 행정 관료, 관리자, 기술자 등 인테리(전)로 구별된다.

[74] Ibid., p.206·265·273·278.

지역 당 수준에서 특히 그러하였다. 중국 역시 1950년대 중반까지 소련의 경험을 그대로 도입하여 간부 충원에서 기술 전문성을 중시하였으며, 당간부보다 국가 행정 관료, 관리자, 기술자들에게 더 큰 권한을 부여하였다. 물론 이들의 대부분은 공산주의 혁명 이전부터 내려오던 기술 전문가들이었다. 그리고 중국은 1956년 중국공산당 제8차 대회에서 입당 기준으로서 계급적 기원에 따른 차별을 폐지하는 당 규약을 채택하고, 1939년의 소련과 같이 前부르조아 인텔리들에게도 당의 문호를 개방하였다.75)

소련보다 중국에서 당이 보다 중요한 역할을 수행하였지만, 1950년대 중반까지 중국에서 당의 역할은 도덕적 리더십에 제한되어 있었다. 이렇듯 1950년대 중반까지 중국은 소련의 경험에 따라 기업 관리자에게 정책과 경영의 완전한 권위를 부여하였으며, 당은 이데올로기와 노동자 규율을 담당하였던 것이다.76) 중국과 마찬가지로 북한 역시 1950년대 중반까지 소련의 경험을 그대로 도입하였다.77) 지금까지 보았듯이 1950년대 중반 북한은 당 조직보다 국가 행정 관료 조직에 의존하여 급속한 경제 발전을 추구하였으며, 그에 따라 행정 경제 부문의 간부 선발과 배치에서도 기술 전문성과 능력(전)이 무엇보다 강조되었다. 북한 역시 중국과 같이 1945년 권력 장악 이후 관리자와 기술자 부족

---

75) Richard Lowenthal, "Development vs. Utopia in Communist Policy", Charlmers Johnson, eds., *Change in Communist Systems* (Stanford University Press, 1970), pp.57~63.
76) Franz Schurmann, op. cit., p.256・293. 1949년 중국은 권력 장악 이후 관리자 부족 현상에 직면하여, 북경에 충성을 표시하면 기존의 관리자들을 잔류시켰다.
77) 북한에서 간부(cadre)란 "당 및 국가기관, 사회단체 등의 일정한 책임적 지위에서 사업하는 핵심 일군"으로서, "당의 골간 역량이며 당 정책을 조직 집행하는 혁명의 지휘 성원이며 대중의 교양자"를 의미한다. 사회과학출판사, 『조선말 대사전 1』(평양: 사회과학출판사, 1992), 64쪽. 북한에서 공장 기업소의 "관리 간부"라는 용어가 사용되고 있는 것으로 보아, 행정 관료와 관리자도 간부의 범주에 속하는 것이다.

현상에 직면하여, 당에 충성을 표시하면 기존의 관리자와 기술자들을 잔류시켰다.

즉 북한은 1945년 이후 능력과 전문성을 갖춘 '친일파, 민족반역자'에 대해서도 관대한 규정을 내리고 그들을 계속 간부로 충원하였으며, 기술자들은 "사무원" 성분으로 전환시켜 간부로 충원하였다. 당시 김일성은 계급적 배경이나 출신 성분과 무관하게 누구든지 당원이 될 수 있도록 문호를 개방해야 한다고 주장하였다. 그 결과 북한의 조선노동당은 노동 계급의 취약성을 보완하기 위해 빈농을 흡수하여 프롤레타리아로 삼고, 사무원 범주를 탄력적으로 적용하여 과거 지주, 자본가 계급을 당원으로 등록한 후 산업 부문에 배치하였다. 해방 직후 상당수에 달했던 북한의 지주, 자본가 계급 출신들은 북한의 경제 발전에서 중요한 역할을 수행하였다.[78] 김일성의 지적대로, 해방 이후 북한의 사회주의 건설에 적극 참여한 "오랜 인텔리들은 거의 다 유산 계급의 출신이며 그 전에는 제국주의자들과 착취 계급에게 복무하였다."[79]

당에 대한 충성심과 아울러 개인적 능력도 매우 중요했던 것이다. 이것은 한국전쟁 이후에도 계속되었다. 1956년 이른바 '8월 종파 사건' 당시 연안파 윤공흠(상업상)이 인텔리 출신은 친일파인데 이들을 등용하는 것은 잘못된 것이라며 당의 간부 정책을 비판한 것도 이러한 배경 속에서였다.[80]

요컨대 1950년대 중반 경제 관리 사업에서 무엇보다 기술 전문성과 실무 능력을 갖춘 지도 간부가 요구되었다. 물론 당시 실무 능력을 갖춘 기술 전문가가 절대적으로 부족하였기 때문에, 불가피하게 정치적

---

78) 김광운, 「북한 권력 구조의 형성과 간부 충원: 1945.8~1947.3」(한양대 박사학위 논문, 1999), 183 · 225~226쪽.
79) 김일성, 「조선민주주의인민공화국에서의 사회주의 건설과 남조선 혁명에 대하여」(1965. 4. 14), 『김일성저작선집 4』, 216쪽.
80) 조선노동당출판사, 『위대한 수령 김일성 동지의 불멸의 혁명 업적 7』(평양: 조선노동당출판사, 1988), 325쪽.

기준에 따라 간부들을 선발하지 않을 수 없었다. 이에 따라 당과 국가의 절대 다수의 간부들이 노동자, 농민 출신으로 구성되었지만, 이들에게도 역시 기술 전문성을 습득할 것이 요구되었다.[81]

1955년 3월 북한의 당 기관지『근로자』는 권두언에서 1954년 3월 전원회의의 결정이 경제 관리 사업에서 견지해야 할 "강령적 지침"이라고 전제한 뒤, 경제 관리 사업에서 "다만 열성과 조직성만으로는 도저히 성과를 달성할 수 없다"는 1954년 3월 전원회의의 결정을 다시 한번 강조하면서 다음과 같이 주장하고 있다. "특히 오늘 우리 앞에 제기된 중대하고도 복잡한 과업……은 경제 발전 법칙과 이론으로 무장되고 경제 건설에 대한 풍부한 지식과 경험을 소유한 그러한 일군을 요구하고 있으며 신축성 있고 실무적이며 분석적인 산 지도를 줄 줄 알며 사업을 재빠르게 문화적으로 처리할 줄 아는 그러한 일군을 요구하고 있다."[82] 이러한 인식은 당시 북한 지도부의 공통된 인식이었다.

당시 간부 선발에서 가장 중요한 문제로 부각된 것은 친우, 친척, 동향 관계, 아첨쟁이 등 가족주의, 지방주의에 따른 정실 인사 문제였다. 이러한 정실 인사는 사업에서 결함을 서로 감싸고 돌며 아첨하고 국가 재산을 탐오 낭비하는 환경을 조성하는 것이었다. 김일성은 이러한 정실 인사의 병폐를 집중적으로 비판하면서, 1954년 3월 전원회의에서 간부 선발의 기준으로 정치적 기준(홍)과 실무적 기준(전)을 제시하였다.[83] 그러나 1956년 당시까지 김일성은 정치적 기준과 실무적 기준을 다같이 강조했을 뿐, 정치적 기준을 간부 선발의 1차적 기준으로 명확히 규정하지는 않았다. 오히려 1956년까지 적어도 행정 경제 관리 사

---

[81] 김일성,「모든 것은 전후 인민 경제 복구 발전을 위하여」(1953. 8. 5), 고려대 아세아문제연구소,『북한연구자료총서 제2집』(1974), 386쪽.
[82]「당 중앙위원회 3월 전원회의의 결정은 경제 건설 지도의 강령적 지침」,『근로자』 1955년 제3호, 권두언 3~10쪽, 고려대 아세아문제연구소,『북한연구자료총서 제2집』, 576~582쪽에서 재인용.
[83] 김일성, 앞의 글(1954. 3. 21), 477쪽.

업에서는 실무 능력이 간부 선발의 가장 중요한 기준이었던 것으로 평가된다. 스탈린 모델이었다.

이러한 현상은 1957년 이후 소위 '반종파 투쟁'이 전개되면서 간부 선발의 제1차적 기준으로 당성 즉 정치적 기준(홍)이 무엇보다 강조되고 있는 상황에서도 나타났다. 1956년 말과 1957년 초에 걸쳐 초급 당 단체의 조직 개편 사업과 당증 교환 사업이 진행되었다. 그런데 당증 교환 사업 기간에 요해된 바에 의하면, 핵심 선발에서 적지 않은 당 단체들이 정치적 자질을 과소 평가하고 실무적인 면에 치우쳐 있었다.[84]

'8월 종파 사건' 이후, 그것도 당 조직의 핵심 선발에서 정치적 기준(홍)이 과소 평가되고 실무적 기준(전)이 보다 중요한 기준으로 적용되고 있었던 것이다. 이것은 행정 경제 간부들의 경우, 정치적 기준이 더욱 과소 평가되고 실무적 기준이 더욱 중요하게 고려되었음을 시사한다. 1957년에도 상황이 이러했다면, 1956년까지는 더욱 그러했을 것이다. 1958년 3월 제1차 당대표자회 문헌 역시 "지난 시기에 일부 당 단체들에서 나타난 바와 같이 경제 사업 부문이나 기술 부문의 간부들에게는 그 부문 사업의 특성으로부터 출발하여 당성이나 정치적 순결성 여부를 크게 고려할 필요가 없다는 듯이 주장한 일부 일군들의 그릇된 인식을 철저히 시정"할 것을 요구하였다.[85]

심지어 1961년 당시에도 "간부들을 등용 배치함에 있어서 무원칙하게 기술 일면에만 치중하면서 당성이 강하고 실지 사업에서 단련된 노동자 출신 간부들에 응당한 주의를 돌리지 않는 그릇된 관점이 청산되지 못하고 있"었다.[86] 이러한 제반 사실들은 —정치적 기준을 우선시

---

[84] 허일훈, 「개별적 당원들에 대한 당 단체의 지도」, 『근로자』 1957년 제9호, 37쪽.
[85] 조선노동당출판사, 『조선노동당 제1차 대표자회 문헌: 학습 참고 자료 1』(평양: 조선노동당출판사, 1958), 114~115쪽.
[86] 염상기, 「사람들과의 사업에서 중요한 것은 간부들과의 사업이다」, 『근로자』 1961년 제3호, 18쪽.

하는 김일성의 의도와는 관계없이 현실적으로— 적어도 1956년까지 행정 경제 간부의 선발과 배치에서는 능력과 전문성 즉 실무적 기준(전)이 정치적 기준(홍)보다 중요한 기준이었음을 보여준다. 정치적 기준이 행정 경제 간부를 포함한 모든 간부 선발의 제1차적 기준으로 규정된 것은 1956년 '8월 종파 사건' 이후의 일이었다.

제3절 천리마운동과 당적 지도 체계의 확립

1. 반관료주의투쟁과 군중노선: 당-정 관계의 재편성

1950년대 중반 북한의 경제 관리 시스템은 부문별 경제 관리 체계와 유일관리제에 기초하여 성-관리국-기업소 지배인으로 이어지는 국가 행정 관료 조직의 수직적인 행정·경제 기술적 지도 체계를 우위에 두고, 여기에 중앙당-지역당-기층당으로 이어지는 당 조직의 수평적인 당적·정치적 지도 체계를 보완적으로 결합시킨 구조였다. 여기서 당적 지도는 행정 관료적 지도의 결함을 시정하는 데 중점이 있었다.

따라서 적어도 행정 경제 사업에 있어서는 제도적으로나 현실적으로 당 조직보다 국가 행정 관료 조직이 우위에 있고, 당 간부보다 행정 관료, 관리자, 기술 전문가들이 우위에 있고, 당적·정치적 지도보다 행정·경제 기술적 지도가 우위에 있고, 당 정치·사상 사업보다 행정·경제 기술 사업이 우위에 있었다. 간부 선발과 배치에서도 당성과 이데올로기(홍)보다 능력과 전문성(전)이 우위에 있고, 대중 동원에서도 당의 이데올로기 교양보다 국가적 통제와 물질적 유인이 우위에 있었다.

이렇듯 1950년대 중반까지 김일성은 스탈린식 모델에 따라 국가 행정 관료 조직을 경제 발전의 가장 효율적인 조직으로 간주하고, 행정 관료 및 관리 기술자들에 의존하여 급속한 경제 발전을 추구하였던 것이다. 1950년대 중반 북한에서 유일관리제는 여러 결함에도 불구하고 점차 제도적 안정성을 획득해 나가고 있었던 것으로 평가된다. 그런데 바로 이들 국가 행정 관료 및 관리 기술자들이 1956년 12월 전원회의에서 김일성의 속도에 반발하는 사건이 발생했다.

여기서 김일성은 생산자 대중을 동원함으로써 국가 행정 관료 및 관리 기술자들의 반발을 무력화하며 축적 위기를 돌파해 보고자 하였다. 이것은 행정 관료 조직의 소극 보수 경영에 대한 정면 돌파였다. 바로 이 과정에서 당-정 관계는 근본적으로 재편되는데, 그것은 행정 경제 사업에 있어 국가 행정 관료적 지도보다 당적·정치적 지도가 우위에 서는 것으로 귀결되었다. 행정 경제 사업을 포함한 사회 전반에 걸쳐 전면적인 당적 지도 체계가 확립된 것이 그것이었다.

1) 관료주의와 대중운동

1957년 당시 대중 운동은 근로자 전체가 아니라 소수의 열성 근로자들에 의해 추동된 것이었다. 당시 기업 내에는 선진 노동자들이 적지 않게 있는 반면 수많은 낙후 노동자들이 있었다.[87] 행정 관료와 관리 기술자들 역시 마찬가지였다. 때문에 대중 운동 과정에서 관리 기술자 및 낙후 노동자와 열성 노동자 사이에 갈등이 발생하였으며, 선진 적극 분자에 대비되는 낙후 분자들은 소극성과 보수주의로 비판되었다. 당시 소극성과 보수주의는 대중 운동의 가장 큰 장애 요소로 규정되었으며, 이에 따라 1956년 12월 전원회의 이후 반소극 보수 투쟁이 전면적으로 전개되었다.[88]

당시 행정 경제 관료와 관리 기술자들의 소극성과 보수주의는 크게

---

[87] 박삼윤, 「사회주의 공업화와 대중적 증산 경쟁 운동」, 『근로자』 1957년 제3호, 40쪽.
[88] 김일성, 「시, 군 인민위원회의 당면한 몇 가지 과업에 대하여」(1958. 8. 9), 『김일성선집 6』, 2~3쪽.

두 가지 원인에 주로 기인하는 것으로 비판되었다. 첫째, 가장 중요한 원인은 관리자들이 당 정책을 사상적으로 접수하지 않고 형식적으로 대하며 당 정책에 충실하지 못한 데 있다. 따라서 소극성과 보수주의를 퇴치하기 위한 가장 선차적인 과제는 관리자들로 하여금 당 정책을 사상적으로 접수하도록 하는 것이었다. 둘째, 관리자들이 대중의 의견과 요구를 무시하고 자기의 주관과 독단을 내리 먹이며 명령하고 호령하는 관료주의에 기인한다. 따라서 소극성과 보수주의를 퇴치하기 위해 관리자들의 관료주의를 퇴치하고 군중 노선을 확립할 것이 요구되었다.[89] 먼저 관료주의와 군중노선부터 살펴보자.

사회주의 사회의 조직 원리는 민주주의적 중앙집권제 원칙에 기초하며, 이는 경제 관리에도 적용된다. 민주주의적 중앙집권제란 지도와 대중의 결합, 위로부터 국가의 중앙집권적 지도와 밑으로부터 대중의 창발성의 결합을 의미한다.[90] 여기서 지도의 기본 임무는 대중의 창발성과 적극성, 자각성을 촉진 발양시키는 것이다. 그러나 일부 행정 경제 지도 간부들은 대중의 창발성과 적극성, 자각성을 오히려 저해하였다. 대중 지도에서 관료주의였으며, 앞서 나가는 대중과 이를 가로막는 지도 사이의 모순과 갈등이었다.

먼저 열성 노동자들은 사회적·국가적 이익의 입장에서 최소 투입으로 최대 산출을 요구하는 당 중앙위원회의 정책적 호소에 호응하여 최대한의 증산과 절약 운동에 높은 열성을 갖고 적극적으로 참여하였다. 그들은 국가의 추가적 투자 없이 기존 설비의 이용률과 노동생산 능률의 제고에 의해, 그리고 원료, 기자재들의 소비 절약에 의해 중요 생산품들을 증산하며 제품 원가를 훨씬 저하시킬 것을 결의하였다.[91] 당시

---

[89] 「경제 건설에 대한 지도 수준을 제고하자」, 『근로자』 1957년 제3호, 권두언 15~16쪽.
[90] 김정일, 앞의 글, 29쪽.
[91] 편집국, 「12월 전원회의의 거대한 생활력」, 『근로자』 1957년 제12호, 45쪽.

대중 운동의 중심 과업은 설비 이용률의 제고였다.[92] 열성 노동자들은 설비 이용 및 자재 소비에서 낡은 기술 지표를 타파하고 새로운 기술 지표를 창조함으로써 자기들의 증산 결의를 실천에 옮겼다.[93] 새로운 기술 혁신과 창의 고안에 힘입어 1957년도 공업 부문 노동생산능률은 1956년에 비해 무려 24% 증가되었다.[94]

그러나 당 정책에 의심하고 동요하며 반발하던 관리 기술자들은 증산과 절약을 위한 열성 노동자들의 창조적 발기를 은밀히, 때로는 공개적으로 억제하고 그 도입을 저해하였다. 가령 평양정밀기계공장의 경우, 이것은 다음과 같은 형태로 나타났다. 첫째, 관리자들은 무원칙하게 예비를 조성하고 일을 쉽게 하려는 보수주의적 경향을 드러냈다. 예컨대 관리자들은 노동력과 설비에 대한 예비 조성을 위해, 노동력 절감에 대한 열성 노동자들의 창발적 의견을 "만약 1개월분 계획을 짧은 기간에 다하면 노력 예비가 있다는 것이 간부들에게 알려진다"며 묵살하였다. 기관 본위주의의 발로였다. 둘째, 관리자들은 노동자들의 창발적 발기의 대담한 도입을 주저하며 그것을 억제하는 경향을 드러냈다. 예컨대 관리자들은 노동자들의 창발적 발기에 대해, 노동력 절약으로 1957년도 계획을 완수하지 못할 경우 그에 대해 책임을 지겠는가 하며 억제하고, 그 기술적 논거와 과학적 수자를 따지며 억제하였다.[95]

관리자들은 대중 속에서 새로운 창조적 의견이 나오면 그것을 생산에 적극 도입하는 것이 아니라 "기술 문제는 기술자가 하는 일이오. 당신들은 일이나 하오" 하거나 혹은 "그것은 불가능하오", "실패하면 책임

---

[92] 박삼윤, 앞의 글, 39쪽.
[93] 백금락, 앞의 글, 50쪽.
[94] 전정산, 「노동 생산 능률의 부단한 제고는 제1차 5개년 계획 수행의 중심 문제」, 『근로자』 1958년 제8호, 40쪽. 한편 『근로자』 1958년 제1호의 권두언, 「새해의 전투적 과업」, 17쪽에서는 20.1%가 증가되었다고 쓰고 있다.
[95] 박종덕, 「증산 계획 완수를 위한 투쟁에서의 노동 대중의 창발성」, 『근로자』 1957년 제2호, 85~86쪽.

질 수 있는가"라고 따지면서 억제하거나 형식적으로 접수하여 묵살해 버렸다.96) 모험을 기피하고 안전을 추구하는 보수 경영이었다. 또 관리자들은 대중의 증산 결의에 대해 자재 균형 문제를 제기하며 계획 실행이 곤란하다고 하는 등 보수적 경향을 보여주었다.97) 열성 노동자들은 내부 예비 동원을 통해 증산과 절약을 추구하였으나, 관리자들은 증산을 위해 설비 확장 등 추가적인 국가 투자를 요구하였다.98)

이러한 상황에서 1957년 이후 노동자 대중들은 지도 간부들의 부정적 현상에 대해 비판하며 상부에 신소를 제기했다. 관리자들에 대한 밑으로부터의 대중적 비판이었다. 그러나 이 역시 관리자들의 반발에 부딪쳤다. 간부들은 대중의 비판과 신소를 관료주의적으로 억압하였다. 어떤 일군들은 대중의 제의와 신소가 제기되면 "간부를 중상한다", "부당하다"고 하면서 "간부를 불신임하는 자유주의 분자" 혹은 "불평 분자"라는 감투를 씌워 억압하였다. 간부들은 비판과 자기 비판을 호소하면서도 실제에 있어서는 비판을 달가워하지 않고 제대로 접수하지 않았던 것이다.99)

요컨대 관료주의는 대중의 힘과 지혜를 믿지 않고 대중을 무시하며 대중에게서 배우려 하지 않고, 대중보다 뒤떨어져 대중의 의견과 창발성을 오히려 묵살 억압하며 대중의 혁명적 열의와 적극성을 가로막으면서 앞서 나가는 대중의 전진과 혁신 운동을 방해하였으며, 이것이 당 정책 집행에서 소극성과 보수주의로 나타났던 것이다. 이에 따라 1957년 이후 대중 운동이 고양되는 가운데, 그것을 저해하는 경제 지도 간부

---

96) 신리범, 「밑으로부터의 요구에 대한 민첩한 대응은 대중과의 연계 강화의 기본」, 『근로자』 1957년 제1호, 56쪽.
97) 박삼윤, 앞의 글, 40쪽.
98) 「경제 건설에 대한 지도 수준을 제고하자」, 『근로자』 1957년 제3호, 권두언 15쪽.
99) 신리범, 「밑으로부터의 요구에 대한 민첩한 대응은 대중과의 연계 강화의 기본」, 『근로자』 1957년 제1호, 57쪽.

들의 소극성과 보수주의, 관료주의에 대한 전례없는 비판이 가해졌다.

관료주의 문제는 당시 국제 공산주의 운동이 공통적으로 직면했던 문제였다. 스탈린식 발전 모델은 정책 결정의 과도한 중앙집중화로 국가 행정 관료 조직의 '관료화'를 조장하는 것이었다. 관료화의 결과는 일상화와 안정화로서 조직에서 활력을 빼앗고, 당 정책의 집행을 방해하는 것이었다. 최고 지도자의 명령이 중간층의 복잡한 관료 장치에 매몰되어 하부에서 행동으로 전환되지 못하였던 것이다. 이것은 소련과 중국 모두의 공통적 현상으로서, 정책 결정권자에 대한 이와 같은 관료적 제약은 '지방주의'로 비판되었다. 지방주의란 상부의 의도보다 자기가 소속된 개별 조직의 이익에 일차적으로 헌신하는 것을 의미했다. 조직 이기주의에 기초한 관료적 이익의 추구였다. 여기서 소련과 중국은 행정 관료를 당 정책의 방해자로 간주하고 관료들을 숙청하는 방향으로 나아갔다. 즉 1930년대 중반 스탈린은 유일관리제를 존속시키면서, 중간 관료층을 숙청하고 그동안 육성해 놓은 젊은 기술 엘리트들로 그 자리를 대체하였다.[100]

스탈린 사후 1950년대 후반 흐루시초프는 국가 행정 관료 조직에 대한 당적 통제를 증대시키면서 분권화의 방향으로 나아갔다. 이와 달리 중국은 1956년 제8차 당대회에서 소련식 모델인 유일관리제(일장제)를 당위원회 지도하의 관리자 책임제로 전환하였다. 이에 따라 관리자는 일상적 업무에서 자율성을 유지하지만, 모든 정책 문제에서 당위원회에 복종해야 했다. 관료와 관리자에 대한 당의 우선권이 확립된 것이었다. 이것은 1958년 대약진운동을 위한 발판이 되었다.[101]

중국의 대약진운동은 조직의 중간층을 제거하고 상층과 하층의 직접적인 결합을 추구하는 것이었으며, 이 과정에서 중간 행정 관료와

---

[100] Franz Schurmann, op. cit., pp.238~239.
[101] Richard Lowenthal, op. cit., p.63.

관리 기술자들은 생산 현장으로 하방되거나 숙청되었다. 중국의 대약진운동은 행정 관료와 관리자를 당 간부로 대체하였으며, 소련과 달리 국가 관료 조직 자체를 공격하는 방향으로 나아갔다. 중국에서 당 조직은 행정 관료 조직의 관료화와 일상화를 방지하는 역할을 수행하였으며, 여기서 이데올로기는 당 간부가 조직의 관료화 경향과 맞서 싸우는 도구였다. 경제 발전에 있어 소련이 기술 전문성에 바탕한 관료와 관리자에게 계속 의존하였다면, 중국의 대약진운동은 정치적으로 훈련된 당 간부에게 의존하였던 것이다. 대약진 기간 동안(1958~1960) '관리'란 존재하지 않았으며, 극단적인 분권화 조치가 취해졌다.[102]

그러나 대약진운동이 실패로 귀결됨에 따라 중국은 관료와 관리자 없이는 조직이 기능할 수 없음을 깨닫게 되고, 이에 따라 관료와 관리자에게 다시 독립적인 권위가 부여되었다. 과거로의 회귀였다. 이에 모택동은 1962년부터 다시 이데올로기의 부활을 시도하지만, 그것은 국가 행정 관료와 관리 기술자들의 저항에 직면하였으며, 특히 1950년대와 달리 많은 당 기구(특히 전후 세대)가 관리 기술자들의 발전적 현실주의를 지지하고 있었다.[103] 국가 관료 조직에 이은 당 조직 자체의 관료화, 실용주의화 경향이었다. 여기서 모택동은 문화대혁명을 통해 국가 관료 조직뿐만 아니라 당 조직 자체를 공격하는 방향으로 나아가게 된다.

---

[102] Franz Schurmann, op. cit., p.71·98·107~108·127·239·279·297. 한편 Franz Schurmann에 따르면, 중국이 유일관리제를 채택하지 못한 것은 소련과 달리 낡은 인텔리(관료)를 대체할 새로운 기술 엘리트가 부족했기 때문이며, 그 결과 홍 간부에게 더 많은 권한을 부여하게 되었다고 한다. pp.283~ 284. 그러나 이 설명은 설득력이 없어 보인다.

[103] Richard Lowenthal, op. cit., pp.64~65. 대약진 기간의 분권화는 중앙의 경제 계획 수행에 차질을 빚고 비효율적인 것으로 드러남에 따라, 대약진 운동의 실패 이후 문화대혁명에 의해 다시 분권화가 추진될 때까지 중앙집권화가 재추진되었다. James C. F. Wang, 이문규 역, 『현대 중국 정치론』(인간사랑, 1988), 131쪽.

2) 反관료주의 투쟁과 군중 노선

그렇다면 북한에서 반관료주의 투쟁은 어떻게 전개되었는가? 김일성에 따르면, 관료주의란 당과 대중을 이탈시키는 반인민적 사업 작풍을 총칭하며, 인민을 위한 진정한 복무와 대립되는 개념이다.[104] 따라서 反인민적인 것은 모두 관료주의로 규정된다. 그러나 인민 대중을 위한다는 구실 밑에, 개별 생산 단위에 속한 개별 대중들의 이익을 위해 기업소에서 생산 계획을 적게 세우려 하거나 협동농장에서 농산물 수확고를 의도적으로 적게 보고하는 등의 기관 본위주의, 지방 본위주의 역시 반인민적인 것으로 비판되었다. 경제 사업에서 내부 예비를 사장시키는 것도 관료주의로 비판되었다.[105]

여기서 인민의 이익을 옹호하며 인민에게 복무한다는 것은 인민의 개별적 사람이나 개별적 지방 주민 및 기관, 기업소가 아니라 우선 전인민의 이익을 첫 자리에 내세우고 그것을 옹호하는 것을 의미했다.[106] 사회적 공동 이익을 저해하며 개별적 이익을 우선시하는 기관 본위주의, 지방 본위주의도 관료주의로 규정된 것이다. 때문에 1955년 4월 전원회의에서 김일성은 관료주의를 아직 잔존하는 "자본주의적 요소"와 "낡은 사상 잔재"의 표현으로 보고, 그 사상적 근원을 "혁명과 당의 이익이 자기의 이익보다 높다는 것을 모르고" 있는 "개인 이기주의, 출세주의"에서 찾았다.[107] 다시 말해 김일성은 소극성과 보수주의, 관료주의의 근본 원인을 개인 이기주의, 조직 이기주의에서 찾았던 것이다.

이렇듯 김일성은 관료주의 문제를 지도 간부들의 의식과 행태의 문제로 파악하고, 중앙집권화된 관료 조직의 문제로 파악하지는 않았다.

---

[104] 김일성, 「관료주의를 퇴치할 데 대하여」(1955. 4. 1), 『김일성선집 4』, 239~241쪽.
[105] 김정환, 「당의 통일 단결의 가일층의 강화를 위한 투쟁은 당원들의 선차적 과업」, 『근로자』 1957년 제1호, 14쪽.
[106] 김영식, 「군중 공작에서의 지도 일군들의 복무성」, 『근로자』 1957년 제3호, 30쪽.
[107] 김일성, 앞의 글(1955. 4. 1), 246쪽.

북한은 사회주의 계획 경제에서 중앙집권적인 국가적 지도는 불가피한 것으로 보고, 경제 관리에서 분권화에 반대하였다.[108] 북한은 "전체 인민의 이익을 위해 중앙집권적으로 경제를 건설하는 것"이 필요하다고 인식하고, 경제 관리권을 생산자들에게 맡기는 것은 경제를 부르주아적 자연발생성에 맡기는 것을 의미한다고 보고 분권화에 반대하였다.[109]

또 분권화는 자유주의를 조장하는 수정주의로 비판되었다.[110] 북한은 관료주의보다 자유주의를 더 심각한 문제로 인식했던 것이다. 게다가 북한은 관료주의 문제를 중앙집권화냐 분권화냐 하는 문제가 아니라, 중앙집권적 지도에 있어 민주주의냐 관료주의냐 하는 문제, 즉 민주주의적 중앙집권제냐 관료주의적 중앙집권제냐 하는 문제로 파악하고, 대중 지도에서 관료주의를 퇴치하고 민주주의와 중앙집권제의 결합을 추구하였다. 다시 말해 중앙집권적인 지도하에서 대중의 창조적 적극성과 지방의 창발성을 발양시킨다는 것이었다.[111] 이것이 바로 군중노선에 기초한 위로부터의 지도와 밑으로부터의 대중적 자발성의 상호 결합이었다.

이에 따라 1957년 북한의 반관료주의 투쟁은, 중국과 달리 중앙집권화된 행정 관료 조직과 행정 관료 및 관리 기술자들을 타파하는 반엘리트적이고 반지식인적이며 반전문적인 방향으로 전개되지 않고, 대중 지도에서 간부들의 관료주의적 사고 방식과 지도 방법을 퇴치하고 지도 수준을 민주주의적 방향으로 개선 향상시키는 형태로 전개되었다. 또 소련과 달리 북한은 ―'8월 종파 사건' 연루자를 예외로 하면― 행정 관료들을 숙청하지도 않았다. 북한의 목표는 지도 간부들의 관료주

---

[108] 김영식, 앞의 글, 33쪽.
[109] 김정일, 앞의 글, 30~33쪽.
[110] 김화종, 「공화국 정권은 최대한 민주주의를 구현하고 있다」, 『근로자』 1963년 9월(상) 제17호, 18쪽.
[111] 김정일, 앞의 글, 31~34쪽.

의적 의식과 행태를 변화시켜 지도와 대중을 더욱 밀접히 결합시키는 것이었으며, 그 핵심 수단은 이데올로기(사상 교양)와 군중 노선, 그리고 당적 통제였다.

물론 행정 관료 조직에 대한 당적 통제를 강화하였다는 점에서 김일성의 전략은 1950년대의 흐루시초프나 모택동과 유사점이 있다. 그러나 1957년 이후 김일성의 전략은 행정 관료 조직을 타파하지 않으면서 이데올로기와 결합된 당 조직을 기축으로 하여 경제 발전을 추구하는 것이었다. 이 점에서 김일성의 전략은 1930년대의 대숙청을 통해 이데올로기와 당 조직을 약화시키고 국가 관료 조직을 통해 경제 발전을 추구한 스탈린식 모델과도 큰 차이가 있으며, 또 이데올로기와 대중 운동을 통해 국가 관료 조직을 공격한 모택동의 전략과도 큰 차이가 있는 것이었다.

또 레닌의 엘리트 노선이 농촌과 대중에 대한 일정한 불신감을 보여주며 위로부터의 지도에 강조점을 두었다면, 모택동의 대중 노선은 도시와 인테리에 대한 일정한 불신감을 보여주며 밑으로부터의 대중 운동에 강조점을 두었다. 반면 북한의 군중노선은 위로부터의 지도를 우위에 두고 여기에 밑으로부터의 대중 운동을 결합시키는 것이었다. 일종의 절충주의였다. 모택동과 달리 북한의 사상 개조 운동과 대중 운동에는 결코 위로부터의 지도를 배제한 대중의 자발성이 허용되지 않았으며, 경제 건설과의 분리·대립도 허용되지 않았다.112) 북한의 사상 개조 운동과 대중운동은 위로부터의 지도와 결합되어야 했으며 경제 건설과 결합되어야 했다.113)

때문에 중국의 모택동과 달리 북한에서는 밑으로부터의 대중 운동

---

112) 장달중, 「북한의 정책 결정 구조와 과정」, 서울대 사회과학연구소, 『사회 과학과 정책 연구』 제15권 제2호(1993. 6), 8쪽.
113) 모택동의 대중 운동이 계급투쟁과 결합되어 있었다면, 김일성의 대중 운동은 생산투쟁과 결합되어 있었다.

이 발전할수록 지도의 중요성이 더욱 부각되었다. 이렇듯 북한은 중앙 집권적인 관료 조직의 타파, 행정 관료와 관리 기술자들의 타파가 아니라 지도 간부들의 관료주의적 의식과 행태 변화를 통해, 다시 말해 관료 조직의 구조적 경직성을 관료들의 기능적 유연성을 통해 관료주의 문제를 극복해 보고자 하였다. 이에 따라 관료주의를 퇴치하고 군중 노선을 확립하기 위한 북한의 투쟁은 하나의 "사상 개조 운동"으로 전개되었다.[114] 하지만 1956년 당시까지 경제 관리에서 군중노선은 하나의 개념과 노선으로 명확히 정립되어 있지 않았다.

경제 관리에서 군중노선이 하나의 노선과 개념으로 명확히 정립되는 것은 1956년 12월 전원회의 이후였으며, 그 직접적인 계기는 대중 운동을 촉발시킨 김일성의 강선제강소 현지 지도였다. 때문에 1956년 12월 전원회의 결정은 "당 사업 방법에서 일대 전변"을 일으킨 것으로 평가되었으며,[115] 1957년 대중 운동의 "가장 큰 총화 가운데 하나는" "경제 건설의 사회주의적 방식과 그에 대한 인민적 지도 사업의 새로운 전형을 창조하였다는 데 있다"고 평가되었다.[116]

경제 지도에 있어 "일대 전변"을 일으킨 "새로운 전형"이란 바로 군중 노선의 확립이었다.[117] 1957년의 경제적 성과는 중앙 간부들이 직접 현지에 내려가 생산 노동자들과 함께 토론하고 그들의 의견을 적극 수용한데 있는바, 과거에는 그렇게 하지 못하였던 것이다.[118] 당시 경제 관리에 있어 군중노선은 경제에 대한 지도 간부의 능숙한 지도와 대중의 자각성과 창발성을 결합시키는 것을 의미했다.

---

[114] 정영술, 「사무를 간소화하기 위하여 비법적 통계 보고를 없애자」, 『근로자』 1957년 제4호, 115쪽.
[115] 김일, 앞의 글(1958. 4), 17쪽.
[116] 편집국, 「12월 전원회의 거대한 생활력」, 『근로자』 1957년 제12호, 48쪽.
[117] 하앙천, 「우리나라에서 문화 혁명의 가일층의 촉진을 위하여 제기되는 몇 가지 문제」, 『근로자』 1958년 제10호, 35쪽.
[118] 김일성, 「경공업의 금후 발전을 위하여」(1958. 1. 20), 『김일성선집 5』, 289쪽.

1957년 이후 군중 노선이 확립되는 과정에서 특히 강조된 것은 지도 간부들이 대중에게서 배워야 한다는 것이었다. 다시 말해 소극 보수성에 사로잡힌 지도 간부가 앞서 가는 열성 노동자에게서 배워야 한다는 것이었다. 이를 위해 성, 관리국, 기업소 지도 간부들은 노동자 속으로 들어갈 것이 요구되었다. 특히 1957년 이후 반관료주의 투쟁과 아울러 군중 노선이 확립되는 과정에서 노동자 대중의 역할은 전례없이 강조되었다. 즉 "세상에서 가장 힘있는 자도 노동자 농민들이고 가장 지혜가 있는 자도 노동자 농민"이며,[119] 대중의 창조적 노력과 창발성만이 인민 경제 내부의 모든 예비들을 생산에 가장 효과적으로 동원 이용할 수 있는 가능성을 열어주는 것으로 평가되었다.[120] 이것은 최소 산출 과제-최대 자원 투입을 추구하며 내부 예비를 비축하고자 하는 관리 기술자들의 소극 보수성에 대한 강한 비판이었다.

행정 관료와 관리 기술자들이 자신의 소극성과 보수주의를 옹호하기 위한 방어용 무기로 활용한 것은 "기술 신비주의", 즉 기술 전문성이었다. 때문에 기술 신비주의 역시 1958년 이후 집중적으로 비판되었다. 기술신비주의는 과학 기술과 물질 기술적 조건을 우상화하는 것으로, 소극성과 보수주의는 과학과 기술을 신비화하고 과학과 기술을 과학자와 기술자들이나 하는 것으로 생각하는 것으로 비판되었다.

반면 노동자들은 과학자, 기술자들이 해결하지 못한 것도 능히 해결하는 힘있는 존재로 높이 평가되었다.[121] 김일성의 지적대로, 당시 공장 기업소들에서 기적을 일으킨 새로운 기술 발명과 창의 고안들도 대부분 노동자들이 한 것이었다.[122] 기술 혁신에서 과학 기술자들이 한

---

[119] 황영종, 「보수주의와 투쟁하자」, 『근로자』 1958년 제9호, 106쪽.
[120] 서을현, 앞의 글, 45쪽.
[121] 김경현, 「노동자들은 기술신비주의를 어떻게 분쇄하고 있는가」, 『근로자』 1958년 제10호, 69쪽 ; 황영종, 앞의 글, 105~106쪽.
[122] 김일성, 앞의 글(1958. 8. 9), 5쪽.

역할이란 매우 미약했던 것이다. 특히 기술자들은 과거의 낡은 실적(기준량)에 얽메여 과거의 낡은 기준량에 기초한 생산량은 계산할 줄 알았지만, 노동자들의 혁명적 사상과 혁명적 열정을 계산할 줄 몰랐다고 비판되었다.[123] 특히 대중의 창발성은 "경제 발전의 결정적 요인"으로 평가되었다.[124] 물질 기술적 조건이나 기술 전문성(전)보다 사상, 이데올로기(홍)가 더 강조되기에 이른 것이다.

그러나 군중 노선에서 대중에게 배운다 하여 대중 추수주의, 대중 추미주의는 결코 허용되지 않았다. 대중은 열성 노동자와 일반 노동자로 구성된다. 즉 대중 가운데는 선진 분자와 적극 분자가 있고 낙후 분자와 소극 분자가 있다. 북한의 설명에 따르면, 당은 정책을 수립할 때 전인민적 이익을 첫 자리에 내세우는 데로부터 출발하지만, 일반적으로 대중은 목전의 협소한 이해관계에 치중하는 경향을 가지고 있다. 때문에 당 정책으로 대중을 설득한다는 것은 쉬운 일이 아니다. 따라서 대중을 설복하기 위해서는 군중 속에서 그 선진 분자들에 의거하여 우선 당 정책 실현을 지체없이 조직하여 경험을 창조함으로써 낙후한 분자들에게 당 정책이 옳음을 실천을 통하여 알게 하는 것이 극히 중요한 것으로 평가되었다.[125]

여기서 열성 분자, 선진 적극 분자란 당 정책과 사회적 공동 이익을 실현하기 위해 적극적으로 노력하는 사람을 의미한다. 때문에 군중 노선에서 낙후 분자의 목소리를 대중의 진정한 목소리와 혼동하지 말 것이 요구되었다. 즉 핵심 노동자, 열성 노동자, 혁신 노동자들에 튼튼히 의거해서 대중의 목소리를 요해할 것이 요구되었다.[126] 무엇보다 기본

---

[123] 윤창순, 「낡은 실적에 메달린 사람들은 무엇을 보지 못했는가」, 『근로자』 1958년 제10호, 71쪽.
[124] 「새해의 전투적 과업」, 『근로자』 1958년 제1호, 권두언 16쪽.
[125] 서을현, 앞의 글, 46쪽.
[126] 신리범, 앞의 글, 56쪽.

군중에 튼튼히 의거하고, 기본 군중에서도 열성적 핵심을 육성 장악하여 그들의 적극적 역할을 부단히 높이도록 하는 것이 중요했다.[127]

여기서 기본 군중이란 과거 노동자와 빈·고농 출신을 의미한다. 군중 노선의 계급적 기초, "여론의 계급적 기초"는 명확했던 것이다. 김일성 역시 어려운 시기에는 동요하는 사람도 많이 나온다며, "결코 동요 분자들의 여론에 의거할 것이 아니라, 농촌에서는 빈농들과 고용농들의 말을 들어야 하며, 도시에서는 (과거) 노동자들의 말을 들어야 한다"고 역설하였다.[128] 소련파와 연안파와 같이 동요 불만 세력의 입장을 대변하는 것은 더이상 허용되지 않았던 것이다.

이렇듯 1957년 이후 대중 운동과 반관료주의 투쟁이 전개되는 과정에서 노동자 대중, 특히 열성 노동자의 위상과 역할은 전례없이 제고되었으며, 행정 관료 및 관리 기술자들의 위상과 역할은 상대적으로 약화되었다. 이것은 유일관리제의 강화 방침에 따라 행정 관료 및 관리 기술자들의 권한과 책임을 강조하던 1956년까지의 상황과는 전혀 다른 것이었다. 1957년 이후 사회 분위기가 완전히 변화되었던 것이다. 그동안 기업은 유일관리자로서 전권을 행사하는 지배인을 비롯하여 관리 기술 전문가들에 의해 관리 운영되어 왔으며, 노동자 대중은 행정 관료적 통제와 지도의 대상으로서 수동적인 존재에 불과했다. 기업의 관리 운영에 대한 노동자 대중의 참여는 미약하였으며, 기업 내 기층 당 조직 역시 이와 마찬가지였다.

하지만 1957년 이후 기업 내 관리 기술자와 노동자의 관계는 근본적으로 재편성되었다. 행정 관료적 지도의 한계 속에서, 중앙당의 군중 노선과 결합되어 노동자 대중이 기업 관리의 능동적인 주체로 부상한 것이었다. 중앙당 지도부는 직접 생산 현장에 내려가 노동자 대중과 함

---

[127] 김영식, 앞의 글, 33쪽.
[128] 김일성,「사회주의 경제 건설에서 제기되는 당면한 몇 가지 과업에 대하여」(1959. 12. 4),『김일성선집 6』, 519쪽.

께 1957년도 계획 과제를 토의하였다. 북한 역사에서 노동자 대중이 계획 과제를 실질적으로 토의 결의한 것은 처음 있는 일이었다.[129] 그 전까지만 해도 계획 과제는 관리자들에 의해 작성되었으며, 노동자 대중은 관리자들로부터 계획 과제를 할당받았을 뿐이었다.

물론 앞에서 보았듯이, 기업 내에서 노동자 대중의 지위와 역할이 증대되는 과정은 결코 순탄하지 않았다. 관리 기술자들의 소극성과 보수주의, 관료주의에 따른 기업 내 다양한 갈등이 있었던 것이다. 관리 기술자와 열성 노동자의 갈등, 열성 노동자와 일반 노동자의 갈등이 그것이다. 여기서 열성 노동자들을 적극적으로 지지하고 나선 것이 바로 기업 내 기층 당 조직, 즉 공장당위원회였다.

공장당위원회는 관리 기술자들의 그릇된 견해와 태도를 비판하고 열성 노동자들의 새로운 발기를 적극 지지 옹호하며 대중의 "선두"에 나섰다. 공장당위원회는 대중 "동원의 지도부"였다.[130] 예컨대 구성방직공장에서 노동자들의 창조적 발기를 일부 지도 간부들이 관료주의적으로 묵살하자, 공장 당 조직은 당회의를 통해 지도 간부들을 신랄하게 비판하고 노동자들의 창조적 발기를 적극 지지하였다.[131]

열성 노동자들의 창조적 적극성을 제고시키며 새 발기들을 조장 발전시킴에 있어 당 조직이 무엇보다 중요한 역할을 수행하였던 것이다.[132] 실로 "당 단체의 지도 없이는 혁신 운동을 발전시킬 수 없"는 것이었다.[133] 당 중앙위원회 역시 열성 노동자들을 적극 지지하였다. 당 중앙위원회는 중앙당 집중 지도 사업과 현지 군중 토의 사업, 그리

---

[129] 김기남, 앞의 글, 38쪽.
[130] 박종덕, 앞의 글, 85~86쪽.
[131] 김정삼, 「새 발기에 대한 적극적지지―이것은 생산 혁신의 기본 요인」, 『근로자』 1958년 제8호, 73쪽.
[132] 김정삼, 위의 글, 75쪽.
[133] 김영걸, 「당 단체의 지도 없이는 혁신 운동을 발전시킬 수 없다」, 『근로자』 1958년 제10호, 62~66쪽.

고 각종 대중 집회를 통해 열성 노동자들을 고무 격려하였다. 당중앙위원회－기층 당 조직－열성 노동자로 이어지는 결합 관계였다. 이렇듯 행정 관료 및 관리 기술자들의 소극 보수성에 대한 반동으로서의 대중 운동, 그것은 기업 내 초급 당 조직과 중앙당을 비롯한 각급 당 조직의 위상과 역할 강화와 밀접히 결합되어 있었던 것이다. 당－정 관계와 기업 내 권력 관계의 전면적인 재편성이었다. 이것은 1957년 이후 당 정책 및 당 중앙위원회의 절대화와 함께 행정 경제 사업에 대한 당적 통제 강화, 즉 당적 사상 체계와 당적 지도 체계의 확립으로 구체화되었다.

2. 사상적 통일 단결과 당적 사상 체계의 확립

1956~1957년 당시 김일성은 정책 집행에서 두 가지 제약 요인에 직면해 있었다. 이미 보았듯이 그것은 첫째, 국가 행정 관료 조직 내에서 일부 행정 관료 및 관리 기술자들의 소극성과 보수주의, 관료주의가 그것이다. 이들은 당 정책에 의심하고 동요하며 반발하였다. 둘째, '8월 종파 사건'과 같은 당의 조직 사상적 분열과 갈등이 그것이다.

헤게모니 투쟁, 권력 투쟁을 의미하는 파벌 투쟁은 한국 공산주의 운동의 고질적인 악습이었다. 북한의 권력 구조는 해방 이전 활동 지역을 중심으로 하여 각기 분파화 되어 있던 여러 정파간에 일종의 파벌 연합 정치 형태를 취하면서 출발하였다. 그 주요 정파는 김일성 중심의 빨치산파, 박헌영 중심의 남로당 계열(남한), 오기섭 등 국내파(북한), 김두봉·최창익 중심의 연안파, 허가이·박창옥 중심의 소련파 등이었다. 이들은 1946년 8월 북조선공산당과 조선신민당의 합당에 의한 북조선노동당 창립, 그리고 1949년 6월 북조선노동당과 남조선노동당의 합당에 의한 조선노동당의 창립으로 단일 조직에 편입되었다. 상호 이질적인 여러 정파들이 하나의 단일 조직에 편입됨에 따라 권력 장악,

헤게모니 장악을 위한 각 정파간의 파벌 투쟁은 더욱 치열하고 복잡한 양상으로 전개되었다. 당내 파벌 투쟁은 어느 한 정파가 완전한 승리를 거둘 때까지 이합집산을 거듭하며 계속될 것이다.

먼저 토착 세력과 해외 세력(빨치산파, 연안파, 소련파) 사이에 당내 갈등 구조가 형성되고, 토착 세력이 몰락하였다. 한국전쟁 이전에 이미 국내파(북한)가 몰락하고, 한국전쟁을 거치면서 남로당 계열(남한)이 몰락하여, 한국전쟁이 끝났을 때 주요 정파는 빨치산파, 연안파, 소련파로 구성되어 있었다. 이제 당내 권력 투쟁은 이들 해외파 사이에 전개되었다.

해외파 사이의 권력 갈등은 한국전쟁 이후 북한의 경제 발전 노선을 둘러싸고 본격화되었다. 그것은 농업 협동화 문제, 그리고 중공업과 경공업의 투자 우선 순위를 둘러싼 빨치산파와 소련파·연안파간의 당내 정책 갈등이었다. 이러한 당내 정책 갈등은 1955년 농업 협동화 위기를 거치면서 빨치산파의 승리로 귀결되었다. 1956년 4월 조선노동당 제3차 대회는 중공업의 우선적 발전과 급속한 농업 협동화 정책으로 표현되는 김일성의 노선을 당의 공식 노선으로 확정하였다. 정책 투쟁에서 김일성의 승리였다.

하지만 정책 결정에서 패배한 소련파와 연안파는 결정된 당 정책의 집행 과정에서 계속 반발, 저항하고 있었다. 북한의 설명에 따르면, 성, 관리국 내에서 소련파와 연안파는 당 중앙위원회를 중상 모해하며 당의 노선과 정책을 왜곡 비방하고 그 집행을 고의적으로 지연 파탄시켰다고 한다.[134] 소위 '종파 분자'로 지목된 최창익(내각 부수상), 김승화(건설성), 리필규(건재공업국), 육축운(석탄공업성), 윤공흠(상업성), 박창옥(기계공업성) 등이 소속되어 있던 행정 관료 조직에서 특히 그러하였다.

---

[134] 홍진삼, 앞의 글, 48~49쪽 ; 리장수, 앞의 글, 56쪽.

당시 연안파와 소련파는 당과 정부의 중간 간부 수준에서 상당한 추종 세력을 갖고 있었던 것으로 파악된다.135) 이런 상태에서 당 정책 집행은 제약받지 않을 수 없었을 것이다. 사실 어느 사회에서든지 정책 집행자는 정책 결정자의 목표를 좌절시키기 위해 정책 집행 과정에서 정책을 왜곡, 변경, 지연, 파탄시킬 수 있다. 미국에서도 정책 결정자로서 대통령이 정책 집행 과정에서 겪는 좌절감은 대단히 큰 것이다. 정책 집행 과정에서 최고 지도자의 리더십이 제약될 수 있다는 것이다.136)

여기서 김일성의 정책 집행의 위기와 리더십 위기를 극복하는 데 결정적으로 기여한 것이 바로 대중 운동이었다. 그 논리는 간단했다. 생산 현지에서 김일성은 대중들에게 당 정책을 해설 침투시켰다. 그러자 대중들은 당 정책을 "사상적으로" 접수하고 당 정책의 집행을 위해 자각적 열성을 갖고 적극적으로 동원됨으로써 정책 집행에서 높은 성과를 가져왔다. 김일성의 현지 지도, 즉 군중 노선에 기초하여 당 정책과 대중의 사상이 결합됨으로써 대중 운동이 이루어졌던 것이다. 이러한 "대중 운동은 종파 분자들의 주장과는 정반대로 당의 경제 정책을 비롯한 모든 정책이 옳았음을 보여"주는 것으로 평가되었다.137) 이것은 당 정책에 대해 의심하고 동요하며 반발하던 행정 관료 및 관리 기술자들의 소극성과 보수주의에 대한 강한 비판이기도 하다.

요컨대 1957년의 대중 운동은 김일성에 대한 대중적 지지를 재확인해 주고, 특히 김일성이 제시한 당의 노선과 정책의 정당성을 재확인해 주었다. 바로 이 지점에서 당 정책의 집행력을 약화시키는 당내 갈등과 당-정 갈등을 근본적으로 해소하고, 당 정책의 집행력을 강화하

---

135) 김일성은 소위 '종파 분자들'이 도당위원장과 도인민위원장 등 각 도의 책임적 지위에 있을 때, 당 정책을 제대로 집행하지 않았다고 비판하였다. 김일성, 「함경남도 앞에 나서는 몇 가지 과업에 대하여」(1960. 9. 2), 『김일성저작집 14』(평양: 조선노동당출판사, 1981), 314~315쪽.
136) 정정길, 『정책학 원론』(대명출판사, 1997), 554쪽.
137) 김정환, 앞의 글, 12쪽.

기 위해 마침내 당 정책은 사상적 통일 단결의 중심으로 절대화되기에 이른다.

여기서 당 정책에 대한 두 가지 태도가 대비되었다. 그 초점은 '사상'(이데올로기)과 물질 기술적 조건이었다. 첫째, 당 정책을 사상적으로 접수한 일군들은 기술 실무적 난관을 극복하고 당 정책을 관철시켰다.[138] 기술 혁신, 생산 조직 합리화, 창의 고안들을 새로 도입하며 기술 경제적 애로와 난관을 극복하기 위한 투쟁에서 발휘된 이들의 노력적 열성은 당 정책 관철에서 정치 사상적 입장에 튼튼히 서서 당성을 끝까지 고수한 데서 이루어진 것으로 평가되었다.[139] 북한의 대중 운동(천리마운동)은 노력 동원 운동이 아니라 사상 동원 운동이었던 것이다. 이에 반해 둘째, 당 정책을 사상적으로 접수하지 않은 일군들은 기술 실무적 난관을 구실로 하여 보수주의적 태도를 보여주었다.[140] 이들은 경제 실무적 입장에 서서 당 정책을 피동적이고 소극적이며 불성실하고 형식적으로 대하며, 정책 집행 대책을 깊이 있게 연구하지 않고 난관 앞에 물러서며 덮어놓고 실행이 불가능하다고 주장하고, 심지어 정책을 자의적으로 변경하거나 왜곡하는 것으로 비판되었다.[141]

결국 문제는 당 정책을 관철하려는 일군들의 사상적 태도와 노력 여하에 달려 있는 것으로 규정되었다.[142] 물론 그 논거는 대중 운동이었다. 즉 "근로 대중의 사상적 동원은 어떠한 곤난이라도 그를 능히 극복 타개할 수 있다는 것을 실증"해 주는 것으로 평가되었으며,[143] 정치 사

---

[138] 김국훈, 「현 시기 당내 사상 투쟁에서의 몇 가지 문제」, 『근로자』 1957년 제11호, 69쪽.
[139] 전윤필, 「당 경제 정책 집행에서 당성을 제고하자」, 『근로자』 1957년 제10호, 103쪽.
[140] 김국훈, 앞의 글, 69쪽.
[141] 전윤필, 앞의 글, 104쪽.
[142] 김국훈, 앞의 글, 69쪽.
[143] 리종옥, 「제1차 5개년 계획의 기본 방향과 전망」, 『근로자』 1957년 제6호, 17쪽.

상적 문제를 해결하면 기술 경제적 요인도 해결될 수 있는 것으로 평가되었다.[144] 공칭 능력과 같은 기술 경제적 입장이 아니라 정치 사상적 입장에서 당 정책에 대한 무조건적인 접수와 철저한 집행이 요구되었던 것이다. 그 결과 더이상 기술 경제적 조건을 이유로 당 정책에 의심하고 반발할 수 없게 되었다. 기술 경제적 조건과 이데올로기(사상)에 대한 인식의 전환으로서, 기술 전문성이나 기술 경제적 요인보다 사상(이데올로기)과 정치의 우위성이 확립된 것이었다.

이러한 인식 전환에 바탕하여 북한은 당 정책에 의심하고 동요하며 반발하던 소극 보수주의를 퇴치하고, 특히 '종파주의 문제'를 북한의 역사와 현실에서 완전히 뿌리 뽑는 방향으로 나아갔다. 투쟁의 주요 방향은 '반종파 투쟁'이었으나, 이것은 행정 관료 및 관리 기술자들의 소극 보수성에 대한 강력한 비판이기도 했다. 여기서 북한의 '반종파 투쟁'과 반소극 보수 투쟁은 당 정책의 집행력 강화를 위해, 당 정책을 중심으로 당내 갈등과 당-정 갈등을 해소하고 당의 통일 단결을 강화하는 방향으로 전개되었다. '반종파', 그것은 곧 당과 대중의 통일 단결, 그리고 그 사상적 중심으로서 당 정책의 절대화를 의미했다.

즉 북한의 설명에 따르면, "종파 잔재와의 투쟁에 있어서 가장 중요한 것은 당 정책을 지지 옹호하며 그를 관철하기 위한 투쟁"이며, "당의 통일은 우선 무엇보다도 정당한 당 정책에 대한 전당의 일치한 지지 및 그의 철저한 관철에서 표현된다."[145] 그리고 "당 정책을 절대적으로 지지하며 그를 옹호 관철하는 것은 당적 의무 수행의 최고 규준으로" 되며,[146] 당성 역시 "당 정책을 절대적으로 지지하고 옹호하며 그것을 철저히 집행하는 것"을 의미했다.[147]

---

[144] 박원근, 「경제 사업에 대한 당적 지도의 몇 가지 문제」, 『근로자』 1958년 제7호, 34쪽.
[145] 김정환, 앞의 글, 13쪽.
[146] 김일삼, 「당 규율의 강화는 당의 공고화의 담보」, 『근로자』 1957년 제6호, 13쪽.

이렇듯 1957년 이후 당 정책이 절대화됨에 따라 사상 교양 사업에서도 특히 당 정책 교양이 강화되었다. 당 정책은 "북한의 구체적, 역사적 현실에 창조적으로 적용된 맑스레닌주의"로 평가되었다.148) 맑스레닌주의가 "세계관"으로서 순수 이데올로기였다면, 당 정책은 "행동의 지침"으로서149) 실천 이데올로기로 규정되었던 것이다. 때문에 김일성은 사상에서 주체를 세우는 데서 가장 중요한 것은 당의 노선과 정책으로 튼튼히 무장하는 것이라고 역설하였다.150) 물론 당 정책 교양의 목표는 당 정책에 대해 "당 중앙으로부터 초급 당 단체에 이르기까지 일치한 이해와 해석으로 관통되게 하며 그리하여 전당이 하나의 사상으로 일관되게 하여 당의 통일과 단결을 더욱 강화"하기 위한 것이었다.151)

물론 그렇다고 해서 의견의 자유, 표현의 자유가 완전히 박탈된 것은 아니었다. 북한의 설명에 따르면, 당원들은 당 사업의 모든 기본 문제를 결정함에 있어 자기의 의견을 충분히 토론할 수 있으며, 당적 원칙에 선 정당한 토론과 의견, 창발성은 당의 적극적인 지지와 장려를 받는다. 그러나 그 어떠한 당원도 일단 작성된 당 정책에 대해서는 반대할 권리가 없다. 결정된 당 정책을 집행하며 한걸음 더 전진시키기 위한 토론은 적극 지지 장려되지만, 결정된 당 정책을 반대하거나 그를 비방 왜곡하는 '토론의 자유'는 어느 때에도 허용되지 않는다. 결정된 "당 정책에 대한 일치된 견해는 당의 사상 의지적 통일의 필수 조건"이었다.152) 다시 말해 정책 결정 과정과 결정된 당 정책의 집행을

---

147) 전윤필, 앞의 글, 102쪽.
148) 김일, 앞의 글(1958. 4), 16쪽.
149) 「당적 사상 체계의 더욱 튼튼한 확립을 위하여」, 『근로자』 1959년 제5호, 권두언 7쪽.
150) 김일성, 앞의 글(1965. 4. 14), 222쪽.
151) 「당 사상 교양 사업의 개선 강화를 위하여」, 『근로자』 1957년 제6호, 권두언 3~7쪽.
152) 김일삼, 앞의 글, 11~14쪽.

위한 토론의 자유는 허용되지만, 결정된 당 정책을 반대하는 토론의 자유는 허용되지 않았던 것이다.

이렇듯 북한에서 소위 '반종파 투쟁'과 반소극 보수 투쟁을 통해 당내 갈등과 당-정 갈등을 해소하고 당의 조직 사상적 통일과 단결이 강화되는 과정은 곧 당 정책이 하나의 이데올로기적 수준에서 절대화되는 과정이었다. 당 정책을 중심으로 한 사상적 통일 단결로서, 당적 사상 체계의 확립이었다.

3. 조직적 통일 단결과 당적 지도 체계의 확립

1) 기층 당 조직의 재편성과 지도 간부의 재구성

한편, 1956년 12월 대중 운동을 촉발시킨 중앙당 지도부의 현지 지도(군중 노선)는 당 정책과 아울러 당적 지도의 정당성을 재확인해 주었으며, 특히 당 중앙위원회의 중앙집권적 지도의 정당성을 재확인해 주었다. 즉 당의 정확한 '정책'과 '지도'는 천리마 대고조를 가져온 "결정적 요인"으로 평가되었으며,[153] "당 중앙위원회의 정확한 영도와 대중의 적극적 창발성과의 확고한 결합"은 "오늘의 고조를 일으킨 원동력"으로 평가되었다.[154] 이것은 당 정책의 절대화와 아울러 사회 내 모든 조직에 대한 당적 지도와 통제 강화, 특히 당 중앙위원회의 리더십을 절대화하는 것으로 귀결되었다.[155] 이것은 물론 당 정책의 집행력을 제

---

[153] 「사회주의 건설의 대고조」, 『근로자』 1958년 제8호, 권두언 9쪽.
[154] 하앙천, 「사회주의 건설의 고조와 인테리들의 과업」, 『근로자』 1959년 제3호, 29쪽.
[155] 김일성에 따르면, 북한에서 '령도'(지도)의 개념이나 '통제'의 개념은 "내용에서 큰 차이가 없다." 김일성, 「사회주의 경제 건설에서 제기되는 당면한 몇 가지 과업에 대하여」(1959. 12. 4), 편집국, 「당 사업 방법을 개선할 데 대한 김일성 동지의 교시」, 『근로자』 1960년 제5호, 2쪽에서 재인용.

고하기 위한 것이었다.

그런데 사회 내 모든 조직에 대한 당적 지도와 통제를 강화하기 위해서는 당 중앙위원회로부터 지역 당 조직을 거쳐 초급 당 조직에 이르기까지 보다 질서 정연한 조직 지도 체계가 확립되어 있어야 했다. 하지만 당시 당의 조직 지도 체계는 제대로 확립되어 있지 않았다. 당 중앙위원회의 리더십이 기층 당 조직까지 제대로 침투되지 못하고 있었으며, 기층 당 조직에는 규율과 질서가 없었다. 이러한 상태에서 당 정책의 철저한 집행과 사회 내 모든 조직에 대한 당적 통제는 제대로 실현될 수 없는 것이었다. 여기서 북한은 무엇보다 우선 기층 당 조직을 재편·강화하는 데 기초하여 전체 당 조직을 전면적으로 재편·강화하는 방향으로 나아갔다.

초급 당 조직을 재편, 강화하는 사업은 두 방향으로 전개되었다. 첫째, 모든 간부들의 당 생활에 대한 일상적인 당적·대중적 통제가 강화되었다. 이것은 종파적 요소들이 자라나며 활동할 가능성을 주지 않도록 하기 위한 것이었다.[156] '반종파 투쟁'은 사상 투쟁의 방법으로 종파주의 여독을 완전히 청산하는 방향으로 전개되었으며, 종파의 해독성을 철저히 인식시키기 위해 '종파 분자'들에 대해 "최대의 저주와 멸시를 퍼부"었다.[157] 특히 종파 발생의 지반을 제거하기 위한 적극적인 대책으로서 '소부르주아적 요소'를 퇴치하기 위한 당내 사상 투쟁(비판과 자기 비판)이 강화되었다.

종파의 사상적 기초이자 그 온상으로 지목된 소부르주아적 요소는 관료주의, 자유주의, 개인 이기주의, 개인 영웅주의, 공명주의, 출세주의 등을 의미했다.[158] 이 가운데서도 출세주의와 같이 윗자리만 바라보며 직위 불만, 대우 불만으로 표현되는 소부르주아적 경향이 "특히

---

[156] 김정환, 앞의 글, 13쪽.
[157] 김국훈, 앞의 글, 70쪽.
[158] 김정환, 앞의 글, 10~13쪽.

위험한 것"으로 비판되었다. 이러한 소부르주아적 경향은 당의 사상 체계와 조직 규율을 약화시키며, 사업에서 무책임성과 공명주의, 아첨을 초래하고 당의 통일 단결과 당 정책 관철을 저해하는 것으로 비판되었다.159) 그리고 소부르주아적 경향을 퇴치하기 위한 강력한 수단의 하나로, 지도 간부들의 사업상 결함에 대해 융화 묵과하거나 타협하지 말고, 비타협적으로 투쟁할 것이 요구되었다.160) 간부들의 결함에 대한 초급 당 조직의 일상적 통제를 강화하기 위해, 특히 간부들에 대한 밑으로부터의 대중적 비판과 통제가 강화되었다.161)

둘째, 초급 당 조직의 핵심 당원들을 당성이 강한 열성 당원으로 재구성하는 것이었다. 새로운 핵심 당원의 육성 발굴을 통한 초급 당 조직의 강화 방침이었다. 물론 그것은 반종파투쟁 및 대중운동과 밀접히 결합되어 추진되었으며, 그 과정에서 당 중앙위원회의 정책적 요구에 자각적 열성을 갖고 적극적으로 호응해 나선 수많은 열성 노동자들이 새로운 핵심 당원으로 초급 당 조직의 재편성에서 중심 축이 되었다. 당 정책의 집행 과정에서 당 생활(당내 사상 투쟁)과 실천(생산) 활동을 통해 검열된 당원들로 새로운 핵심 대열이 육성된 것이었다.162) 이들

---

159) 김정환, 위의 글, 14쪽. 공산주의 혁명은 지위를 추구하는 것이 아니라 역할 즉 리더십을 추구하는 것이었지만, 권력 장악 이후 그것은 지위와 출세의 도구로 변질되었다. 북한의 경우, 직위나 출세를 위해 개인(개별 간부)에게 순종하고 아첨하는 사람들이 핵심 당원으로 구성되어 있는 조직에서는 당 정책 집행을 왜곡 태만하며 국가와 인민의 이익을 배반하고 공동 재산을 탐오 낭비 절취하며 결함을 서로 융화 묵과하게 되는 것으로 비판되었다. 김원풍, 「농촌 핵심 당원들의 육성 훈련 사업의 개선 강화를 위하여」, 『근로자』 1957년 제8호, 93쪽. 출세주의에 대한 김일성의 비판은 이미 1955년 4월 전원회의에서부터 본격적으로 제기되었으며, 특히 1956년 '8월 종파 사건' 이후 출세주의는 관료주의, 자유주의, 개인 이기주의 등과 함께 북한에서 가장 경멸스러운 것으로 취급되었다.
160) 김정환, 위의 글, 15쪽.
161) 서을현, 앞의 글, 47쪽 참조.
162) 대중 운동을 통해 천리마 기수, 노력 혁신자들이 새로 입당하였다. 전체 당원 수에서 노동자 당원 수가 차지하는 비중은 1956년 제3차 당대회 당시 17.3%

핵심 당원은 모든 단위에서 당 정책 관철을 보장하는 "믿음직한 담보"로서, 당 중앙위원회와 당의 통일 단결을 옹호하는 지주(支柱)가 되었다.163) 새로 육성 발굴된 각급 단위의 핵심 당원들을 기축으로 하여 당 중앙위원회의 지도력이 기층 당 조직에까지 보다 철저히 침투되도록 한 것이었다.

역사적으로 볼 때, 북한에서 핵심 당원의 구체적인 기준은 혁명 과업에 따라 변화되었으며, 그에 따라 핵심 당원도 혁명 발전 단계에 따라 부단히 재편, 강화되었다. 1945년 해방 이후 조선노동당은 대중 정당으로 출범하였다. 당시 조선노동당의 조직 노선은 "노동 계급을 핵심으로 하여 그의 이데올로기와 영도권을 견결히 보전하는 원칙에서, 각계각층 인민의 진정한 애국적 선진 분자들을 부단히 당 대열에 인입"한다는 것이었다.164) 선 입당 후 교양과 훈련을 통해 당성을 강화하며, 실천을 통해 검열하면서 당적 요구성을 점차 강화해 나간다는 방침이었다. 이에 따라 북한은 오랜 인텔리를 포함해서, 혁명을 하겠다는 각오와 열의가 있는 사람이면 모두 포섭하는 방침을 견지하였다.165)

때문에 조선노동당이 대중 정당으로 발족한 초기 단계에서는 공산주의 사상을 갖지 못한 사람들도 당원이 되었으며, 또 당시 노동 계급보다 농민이 많았기 때문에 그만큼 당내에도 소부르주아적 요소가 많았다. 1948년 1월 당시 당원 수 75만여 명 가운데 80% 이상이 비프롤

에서 1961년 제4차 당대회 당시 30%로 증가되었다. 또 당, 정권 기관에서 노동자 출신 간부들이 차지하는 비중은 1956년 제3차 당대회 당시 24%에서 1961년 제4차 당대회 당시 31%로 증가되었다. 김일성, 「조선노동당 제4차 대회에서 한 중앙위원회 사업 총화 보고」(1961. 9. 11), 『김일성저작선집 3』, 156~158쪽.

163) 김국훈, 「우리 당 건설에서의 당 핵심의 역할」, 『근로자』 1958년 제6호, 68쪽.
164) 리상훈·김영걸, 「당 핵심 육성에 대한 우리 당의 방침과 그의 빛나는 결실」, 『근로자』 1961년 제7호, 32쪽.
165) 류정억, 「우리 당의 간부 육성 정책의 빛나는 결실」, 『근로자』 1965년 8월(하) 제16호, 21쪽.

레타리아 성분으로 구성되어 있었다.166) 이런 상태에서 북한은 전체 당원을 한꺼번에 공산주의 의식으로 무장시키기는 어렵다고 보고, 우선 핵심을 육성 장악하는 데 중점을 두고 이를 통해 일반 당원의 수준을 끌어올린다는 당 조직 노선을 전개하였다.167)

즉 오랜 혁명 투쟁에서 단련된 혁명 투사들을 골간으로 하여 당내 핵심을 육성 확대하고 이를 통해 전체 당원들을 혁명가로 키우며, 당원들을 핵심으로 하여 노동자, 고농, 빈농 등 견실한 기본 군중으로 혁명의 주력군과 당의 계급적 진지를 튼튼히 구축하고 이를 통해 각계각층의 전체 인민을 공산주의 사상으로 무장시키고 당 중앙위원회를 중심으로 단결시켜 나간다는 것이었다.168) 핵심을 통한 전당의 강화 노선이었다.

이에 따라 북한은 당 생활과 실천 활동을 통해 당성이 검열된 당원들로써 핵심 대열을 부단히 확대 공고화하는 데 주력하였다. 핵심 육성 발굴에서 북한의 기본 방침은 오랜 혁명 투쟁을 통해 단련된 혁명가들을 '골간'으로 하여 해방 후 혁명과 새사회 건설의 실천 투쟁에서 검열된 노동 계급 출신 일군들로 '핵심' 진지를 튼튼히 꾸리고 노동자 농민 출신의 새로운 '간부'들을 대대적으로 육성한다는 것이었다.169) 노동 계급 출신 중에서는 기간 공업의 중심 지대에서 오랫동안 일한 노동자들을 많이 등용한다는 방침이었다.170) 간부는 핵심 중의 핵심으로서, 핵심에서 선발된다. 요컨대 영도 핵심(골간) – 지도 핵심 – 지도

---

166) 김국훈, 앞의 글(1958. 6), 66쪽.
167) 김일성, 「사상 사업에서 교조주의와 형식주의를 퇴치하고 주체를 확립할 데 대하여」(1955. 12. 28), 『김일성선집 4』, 345쪽.
168) 박한정, 「혁명 역량의 확대 강화는 우리 혁명 승리의 결정적 담보」, 『근로자』 1966년 1월(상) 제1호, 23~24쪽.
169) 류정억, 앞의 글, 22쪽 ; 김국훈, 「당의 조직 사상적 공고화를 위한 투쟁」, 『근로자』 1965년 10월(상) 제19호, 53쪽.
170) 김일성, 「함경북도 당 단체들의 과업」(1959. 3. 23), 『김일성선집 6』, 333쪽.

간부-핵심 당원-일반 당원-대중(근로 단체)으로 이어지는 동심원적이며 성층화된 조직 구조였다.[171]

1957년 이후 새로운 당 핵심은 항일 빨치산을 비롯하여 한국전쟁 당시 피살자 가족, 전사자 가족 등 애국 열사 유가족, 인민군 후방 가족, 제대 군인, 그리고 과거 노동자, 빈·고농 출신들 속에서 선발 육성하는 방침이 견지되었다.[172] 당시 김일성의 적극적인 지지 세력은 바로 이들이었다. 1957년 이후 개인의 사회적 지위와 역할을 규정함에 있어 당성(이데올로기, 홍)과 아울러 출신 성분이 무엇보다 중요하게 고려되었던 것이다.

특히 '반종파 투쟁'을 거치면서 항일 빨치산과 그 유가족들이 새로운 핵심으로 부각되었다. 그 전까지만 해도 항일 빨치산 투쟁에 참가한 일부 혁명가들과 그 유가족들이 핵심에 포함되지 못하였다. 그러나 1958년 이후 이러한 현상은 근절되었다. 김일성은 인민의 해방을 위해 희생적으로 싸운 혁명가들을 존중하지 않는다면 대중을 혁명적으로 교양할 수 없다며, 혁명가들과 그 유가족들을 소홀히 취급하지 않도록 하였다.[173] 1958년 이후 북한에서 빨치산 혈통은 최상의 출신 성분이 되었다.

새로운 핵심 당원을 중심으로 초급 당 조직이 재편, 강화되면서 '반종파 투쟁'도 더욱 고조되어 갔다. '반종파 분자'들에 대한 구체적인 처

---

[171] Bruce Cummings는 북한 사회의 동심원적 조직 구조의 특성이 북한의 정치 문화, 특히 유교적 전통에 기인하는 것으로 보고, 그것을 가족주의와 연결시키고 있다. 그러나 북한 사회의 동심원적 조직 구조는 사회 성원들 사이에 공산주의 사상이 불균등하게 분포되어 있는 상황에서, 당성(이데올로기, 홍)을 기준으로 하여 리더십 체계를 성층화한 북한의 정치 조직 노선의 귀결이라 할 수 있다.
[172] 리상훈·김영걸, 앞의 글, 33쪽.
[173] 김일성, 「량강도 당 단체들의 과업」(1958. 5. 11), 『김일성선집 5』, 507~508쪽. 김일성에 따르면, 그동안 많은 혁명가들과 그 유가족들을 잘 돌보지 않고 천대하며 아무렇게나 내버려두었다고 한다.

벌은 1957년 11월 모스크바에서 열린 사회주의 공산당 및 노동자당 대표자 회의에 김일성이 참석하여 소련 및 중국의 당 수뇌부와 회동하고 귀국한 이후 이루어졌다. 1958년까지 '반종파 투쟁'의 주요 표적은 연안파였으며, 1959년 이후 소련파가 주요 표적이 되었다.174) 1957년 10월 당시 당원 수는 110만여 명으로 발표되었으나,175) 1958년 3월 당시에는 당원 수가 100만여 명인 것으로 발표되었다.176) 1957년 12월부터 1958년 2월 사이에 대대적인 숙청이 있었던 것이다.

'반종파 투쟁'을 통해 당·정·군에서 연안파와 소련파가 숙청되고 생긴 공백은 항일 빨치산파와 빨치산 2세, 과거의 노동자, 빈·고농 출신, 한국전쟁 당시 피살자 가족, 전사자 가족 등 애국 열사 유가족, 인민군 후방 가족, 제대 군인, 그리고 소련 유학파와 전문 기술 관료들에 의해 채워졌다. 이것은 당의 핵심 진지가 튼튼히 구축되고, 당 단체들과 국가 경제 문화 기관들이 당에 무한히 충실한 일군들로 꾸려진 것으로 평가되었다.177)

예컨대 황해북도의 경우 리당위원회 위원, 당세포위원장, 당 분조장,

---

174) 1957년 8월 29일 최고인민회의 선거가 실시되고, 1957년 9월 18일 최고인민회의 제2기 제1차 회의가 개최되었다. 최창익과 박창옥 등 당시까지 이미 많은 '종파 분자'들이 제거된 상태였지만, 대의원 명단에 김두봉, 육축운, 장평산 등 연안파 일부와 박의완, 최종학 등 소련파 일부가 포함되어 있었다. 그러나 이들 역시 1957년 12월부터 1958년 2월 사이에 대부분 숙청되었다. 이 기간 동안 소련파 일부도 숙청되었지만, 주된 표적은 연안파였다. 군부에 대한 숙청도 진행되었다. 1958년 1월 인민군 총정치국장 최종학(소련파)이 숙청되고 이어 인민군 총정치국 부국장 김을규(연안파)와 제4군단장 장평산(연안파)이 숙청되었다.
175) 김익선, 「레닌적 당 생활 규범에 충실한 우리 당의 통일 단결은 조선 혁명 승리의 기초」, 『근로자』 1957년 제10호, 56쪽.
176) 박금철, 「당의 통일과 단결을 더욱 강화할 데 대하여」(조선노동당 제1차 대표자회에서 한 보고, 1958. 3), 『근로자』 1958년 제3호, 32쪽 ; 「당의 공고화를 위한 당 단체들의 전투적 과업」, 『근로자』 1958년 제4호, 권두언 11쪽.
177) 「당 사업 체계와 방법을 결정적으로 개선하자」, 『근로자』 1960년 제3호, 권두언 15쪽.

농업협동조합관리위원장과 관리위원회 위원, 작업반장, 민청, 여맹, 기타 초급 조직들의 간부 구성에서 유가족, 제대 군인, 후방 가족들의 비중이 급격히 증가하였다. 1962년 8월 당시 황해북도 내 초급 당 단체 지도 기관, 즉 리당위원회, 당세포 집행위원회 등에서 피살자 가족, 전사자 가족, 인민군 후방 가족, 제대 군인들이 차지하는 비중은 약 50%였다.[178] 과거 빈·고농 출신까지 합하면 그 비중은 더욱 증대될 것이다.

'8월 종파 사건'은 간부 사업의 중요성을 더욱 부각시켰으며, 특히 "간부 대열의 순결성과 그의 통일 단결은 당의 전반적 공고화에 있어서 결정적 의의"를 가지는 것으로 평가되었다.[179] 김일성 역시 "모든 사업의 성과는 간부들에 의해 결정된다"는 인식에 따라, "간부가 모든 것을 결정한다"며 간부 사업의 중요성을 역설하였다.[180] 간부의 선발 배치에서 가장 중요한 측면은 정치적 표징이었다.[181] 실무 기술적 능력에 편중함으로써 정치적 표징을 과소 평가하는 것은 허용되지 않았다.[182] 김일성은 "간부의 첫째가는 표징은 그가 당에 대하여 얼마나 충실한가 하는 것이요, 다음으로는 그의 능력"이라고 명확히 규정하였다.[183] '반종파 투쟁'과 특히 대중 운동을 통해 기술 전문성(전)이나 기술 경제적 요인보다 사상(이데올로기)과 정치의 우위성이 확립되고, 당성(홍)이 간부 선발의 제1차적 기준으로 명확히 정립되었던 것이다.

---

[178] 리재영, 「농촌 핵심 진지의 강화를 위하여」, 『근로자』 1962년 8월(상) 제12호, 11쪽. 당시 농촌에서 당 분세포는 작업반 단위로 조직되어 있었다.
[179] 김익선, 앞의 글, 58쪽.
[180] 김일성, 「당 사업을 개선할 데 대하여」(1958. 3. 7), 『김일성선집 5』, 399~401쪽.
[181] 김익선, 앞의 글, 59쪽.
[182] 「당의 공고화를 위한 투쟁에 있어서 당 지도 기관들의 역할」, 『근로자』 1958년 제2호, 권두언 9쪽.
[183] 김일성, 앞의 글(1959. 3. 23), 328쪽.

2) 당 정책과 당 중앙위원회의 절대화

1958년 3월 조선노동당 제1차 대표자회 이후 '반종파 투쟁'에서[184] "가장 중심적인 문제"로 부각된 것은 종파의 "온상으로 되는 지방주의, 가족주의를 청산하는 문제"였다.[185] 가족주의, 지방주의는 친척 친우 관계, 동창 동향 관계, 사제 관계, 선후배 관계, 직위 관계 등 개인적인 안면 정실 관계를 당적 원칙과 당적 이익보다 앞세우는 것을 의미했다.[186] 다시 말해 가족주의, 지방주의는 당적·국가적 이익보다 개별 집단과 지역의 개별적 이익을 우선시하는 것을 의미했다.[187] 지방주의와 가족주의의 척결은 1958년 생산관계의 사회주의적 개조가 완료되어 농업을 비롯한 인민 경제 전체가 계획 경제의 틀 속에 포괄됨에 따라

---

[184] 1958년 연안파의 여독과 잔재가 완전히 제거되자, 1959년부터는 소련파가 주된 표적이 되었다. 소련파에 대한 숙청은 1962년까지 계속되었다. 이 과정에서 소련 국적을 유지하고 있던 대부분의 소련파는 소련으로 귀환하였다. 소련파의 소련 귀환은 1962년까지 계속되었다. 안드레이 란코프 저, 김광린 역, 『북한 현대 정치사』(오름, 1995), 127쪽.

[185] 편집국, 「조선 공산주의 운동의 통일 실현에 있어서의 획기적 사변」, 『근로자』 1963년 3월(상) 제5호, 3~4쪽.

[186] 김국훈, 앞의 글(1957. 11) 71~72쪽.

[187] Geert Hofstede에 따르면 개인적 특성에 따라 타인과 구별되는 개인주의 사회와 달리, 소속 집단에 따라 타인과 구별되는 집단주의 사회에서 사람들은 내 집단 구성원과 마치 가족과 같은 유대 관계를 형성하고, 집단 귀속성 즉 내집단과 외집단을 구별하는 경향이 있다. 이러한 집단주의 사회에서는 가족적 유대 관계와 같은 인간적 관계, 개인적 관계가 무엇보다 중요하다. 또 집단주의 사회에서는 직장도 하나의 내집단으로 기능하며, 사업에서도 일 관계 그 자체보다 인간적 관계가 무엇보다 중요하다. Geert Hofstede, *Cultures and Organizations: Software of the mind* (Institute for Research on Intercultural Cooperation: University of Limburg at Maastricht, The Netherlands, 1991), 차재호·나은역 역, 『세계의 문화와 조직』(학지사, 1995), 83~115쪽. 그리고 집단 귀속성이 강해질수록 외집단에 대한 배타성, 구획짓기는 더욱 강화되며, 집단적 귀속성과 집단적 배타성의 극단적 형태가 바로 가족주의이다. 정호근, 「집단주의와 개인주의의 이중성」, 『사회비평』 1999년 겨울호 제22호, 38~41쪽. 북한의 집단주의는 가족주의와 같은 이러한 소집단주의를 배격하는 것으로서, 사회 전체를 하나의 집단으로 보는 대집단주의라 할만하다.

더욱 중요한 과제로 제기되었다. 토지의 사적 소유는 지역 체계의 중요한 물적 기반이었으며, 농업 협동화의 완성은 지역 체계와 지방주의를 타파하고 중앙 집권 체계를 구축하는 것이었다.

그런데 1950년대 중반 당시, 북한에서도 국가 재산의 착복과 낭비, 수뢰 현상이 만연해 있었다. 예컨대 소비조합에서 1953년 상반기 동안 낭비, 착복된 액수는 약 2억 3천만 원 수준에 달했는데, 같은 기간 소비조합의 총 수익이 4억 3천만이었음에 비추어볼 때 문제는 심각한 것이었다. 또 1955년 4월 당 중앙위원회 전원회의는 전 국영 및 협동조합 부문 재산의 약 3분의 1이 착복되었거나 낭비되었다는 결론을 내렸다.[188]

당시 국가 재산의 착복, 절취 현상에 대한 북한의 기본 인식은 다음과 같다. "국가 재산의 탐오 낭비와 횡취, 부화방탕 등의 반국가적 현상들도 많은 경우에 가족주의에 기초하면서 발생한다. 오늘 국가 기관, 협동 단체들에서 국가 재산, 공동 재산의 횡취와 낭비는 순전히 단독으로는 거의 불가능하며 많은 경우에 몇몇 분자들이 결탁하거나 또는 호상 묵과하는 분위기 속에서 진행된다."[189] 이러한 가족주의와 지방

---

[188] 백준기, 「정전 후 1950년대 북한의 정치 변동과 권력 재편」, 경남대 북한대학원, 『현대 북한 연구』 제2권 제2호, 1999, 21쪽. 당시 개인 상공업의 사회주의적 개조 운동은 개인 상공업과 연결된 국가 재산에 대한 착복, 절취, 수뢰 현상을 근절하는 효과가 있었다. 때문에 당시 국가 재산에 대한 착복, 절취, 수뢰 현상의 만연은 1950년대 초중반의 당내 정책 갈등에서 농업 협동화와 개인 상공업의 사회주의적 개조를 추구하는 김일성의 노선과 정책에 더욱 명분을 실어 주었을 것으로 평가된다. 그러나 국가 재산에 대한 탐오 낭비 현상은 비록 감소되었다 하더라도 1960년대 이후까지 계속되었으며, 심지어 의사들은 사망자 또는 퇴원자의 이름으로 처방전을 내고 약을 타서 팔아먹는 행위까지 있었다. 김일성, 「국가 재산을 애호 절약하며 수산업을 더욱 발전시킬데 대하여」(1969. 6. 30), 『김일성저작집 24』, 14쪽. 소련의 경우, 1960년대에 단행된 실용주의적 경제 개혁은 사적 소유의 재출현과 함께 횡령·뇌물 수수 등 부정부패를 더욱 증대시키는 작용을 하였다. J. Wilczynski, *The Economics of Socialism* (London: George Allen & Unwin, 1970), 배연수 역, 『사회주의 경제학』(영남대 출판부, 1986), 177쪽.

[189] 김시중, 「지방주의와 가족주의의 해독성」, 『근로자』 1958년 제4호, 50쪽.

주의는 개인 이기주의에서 출발하며, 개인간의 정실 관계는 가족주의를 발생시키는 시초였다.[190]

"기관 본위주의도 많은 경우에 가족주의와 연결되어 있다. 기관 본위주의는 결국 자기 직장이나 자기 부서를 전반적, 당적 또는 국가적 견지와 대치시키는 경향이며 이는 기관이나 부서를 본위로 하는 가족주의의 표현인 것이다. 기관 본위주의가 지배하는 곳에서는 기관 또는 그 부서 내부에 있는 부정적 경향, 심지어는 비당적 경향까지도 융화 묵과되며 동시에 이 부정적 현상들이 상부와의 관계에서는 비밀로 되어 있는 경우가 많다." 그 결과 국가적 견지에서 많은 인적 및 물적 예비가 원만하게 동원 이용되지 못하는 결과를 가져왔다.[191]

간부 사업에서도 지방주의, 가족주의 경향이 없어지지 않고 동향 관계 등 개인적인 안면 정실 관계에 따라 간부 사업을 하는 편향이 지속되고 있었다.[192] 요컨대 부정 부패와 같이 사회적·국가적 이익을 침해하며 개별적 이익을 추구하는 개인 이기주의와 조직 이기주의는 개인간의 안면 정실 관계에 기초한 가족주의, 지방주의와 연결되어 있다는 것이다. 이에 따라 개인간의 안면 정실 관계와 무원칙한 결합, 부정적인 현상과 결함에 대해 상호 융화 묵과하는 태도가 배격되고, 부정적 현상과 결함에 대한 엄격한 상호 비판과 통제, 그리고 그에 기초한 원칙적인 단결이 요구되었다.

부정적 현상과 결함에 대한 호인적 태도, 보신주의적 태도, 비원칙적인 태도, 관대한 태도, 비겁한 태도 등 "부정적 현상과 결함에 대한 융화 묵과의 태도, 호상 비판을 꺼리는 태도는 본질상 가족주의와 통하는 것"으로 비판되었다.[193] 당적 원칙, 계급적 원칙을 벗어나 착복, 절

---

[190] 편집국, 「당적 사상 체계를 철저히 확립하자」, 『근로자』 1959년 제11호, 34쪽.
[191] 김시중, 앞의 글, 50쪽.
[192] 조선노동당출판사, 앞의 책(1988), 335쪽.
[193] 김시중, 앞의 글, 51쪽.

취, 수뢰와 같은 부정 부패를 포함해 부정적인 현상과 결함을 서로 융화 묵과하는 '인간적' 관계, '개인적' 관계, '인격적' 관계가 배격되었던 것이다. 여기서 당적 원칙이란 당과 인민과 혁명의 근본적 이익의 관점을 의미하며, 이러한 당적 원칙에 기초한 동지적 관계, 동지적 단결이 요구되었다.[194] 북한이 추구하는 동지적 협조와 단결, 동지적 관계란 사회적 공동 이익을 저해하며 개별적 이익을 추구하는 개인적인 안면 정실 관계를 배격하는 것이었다.

여기서 개인간의 무원칙한 결합과 개인적인 안면 정실 관계에 기초한 가족주의, 지방주의를 퇴치하기 위해 제시된 대책이 바로 당 중앙위원회를 중심으로 한 통일 단결이었다.[195] 즉 지방주의, 가족주의를 비롯해 "종파주의를 반대하는 투쟁에서 제일 중요한 것은 당의 단결을 고수하기 위해서 당 중앙을 옹호하는 것"이었으며, 이를 위해 개인은 당 조직에 복종하고 모든 당 조직은 당 중앙에 복종하는 민주주의적 중앙집권제 원칙이 강조되었다.[196]

당 중앙위원회를 중심으로 한 통일 단결은 그 "어떠한 분자도 종파로서 존재할 수 없으며 더욱이 자기의 세력을 가질 수 없"게 하는 것일 뿐만 아니라,[197] 사회적·국가적 이익을 침해하며 자신의 개별적 이익을 추구하는 가족주의와 지방주의에 대한 반동으로서 사회적·국가적 이익의 우위성을 추구하는 것이었다. 당 정책의 절대화 역시 사회적·국가적 이익의 우위성을 추구하는 것이었으며, 가족주의와 지방주의,

---

[194] 김국훈, 앞의 글(1957. 11), 72쪽.
[195] 김시중, 앞의 글, 51쪽.
[196] 김일성, 「제1차 5개년 계획의 성과적 수행을 위하여」(1958. 3. 6), 『김일성선집 5』, 393쪽. 김일성은 "지방주의, 가족주의도 그 본질에 있어서는 역시 종파주의"라고 규정하고, 종파주의, 가족주의, 지방주의, 기관 본위주의를 극복하기 위해 전당이 당 중앙의 영도에 복종할 것을 요구하였으며, 당의 이익과 당의 통일 단결을 위해 개인의 희생을 요구하였다. 김일성, 같은 글, 383~393쪽.
[197] 김정환, 앞의 글, 12쪽.

기관 본위주의는 당 정책과 당 중앙위원회의 지도에서 벗어나 자신의 개별적 이익을 추구하는 것이었다.

요컨대 1950년대 북한에서 당과 대중의 통일 단결, 즉 사상적 통일 단결의 중심으로서 당 정책의 절대화와 조직적 통일 단결의 중심으로서 당 중앙위원회의 절대화는 각 개인과 개별 집단의 개별적 이익 행동에 대한 사회적·국가적 이익의 우위성을 추구하는 것이었으며, 결국 당 정책 집행에서 행동의 통일성을 추구하는 것이었다. 북한에서 당 정책과 당 중앙위원회는 개인적인 안면 정실 관계 등에 기초하여 개별적 이익을 추구하는 개인주의, 가족주의, 지방주의, 기관 본위주의에 대한 반명제였던 것이다.

북한의 반지방주의·반가족주의 투쟁은 1958년 3월 제1차 당대표자회 이후 전당적 차원에서 광범하게 전개되었으며, 이것은 지방 당 조직에 대한 중앙당의 집중 지도 사업을 통해 이루어졌다. 당시 지방 당 조직에 대한 중앙당의 집중 지도 사업은 당의 노선과 정책을 받아들이지 않고 각 지방에서 제멋대로 행동하던 지방주의, 가족주의에 결정적인 타격을 가하고 당 중앙의 통일적 지도가 하부 말단에까지 제때에 정확히 미치게 하고 당의 통일 단결을 강화하는 데 큰 의의가 있었던 것으로 평가되었다.[198] 각급 당 조직에 대한 당 중앙위원회의 중앙집권적 지도 체계의 확립이었다.

특히 1959년 3월 김일성이 직접 지도한 함경북도에 대한 중앙당 집중 지도 사업은 반지방주의, 반가족주의 투쟁을 본격화하는 중요한 전환점이 되었다. 당시 지방의 당-정 간부들은 중앙의 명령을 무시하고 각자 자신의 지방적 이익을 추구하는 경향이 있었는데, 1958년 이후에 있은 일련의 지역 분권화 조치는 이러한 지방주의적 경향을 더욱 조장하는 것이었다. 당시 중앙당의 지도로부터 벗어나는 지방주의, 가족주

---

[198] 조선노동당출판사, 앞의 책(1988), 336쪽.

의 경향이 가장 심하게 남아 있던 곳은 바로 함경남북도였다.

예컨대 함경북도 내의 많은 당 단체들에서는 당 중앙위원회의 결정과 지시가 내려가면 지도 간부들이 한번 훑어보고는 다른 사람들에게 알려줄 생각은 하지 않고 철궤에다 넣고 자물쇠를 채워버렸다. 그 결과 함경북도 내의 많은 당, 정권 기관 일군들은 당 정책과 당 결정을 잘 모르고 있었으며, 당 정책과 중앙당의 결정이 제대로 집행되지 않고 있었다. 이에 1959년 3월 함경북도 당위원회 확대 전원회의에서 김일성은 지방주의와 가족주의를 청산하는 것을 함경북도 당 사업의 가장 중요한 과업으로 제시하고, 당 정책에 기초하여 "당 중앙위원회 위원장으로부터 리당 위원장에 이르기까지 나아가서 100만 당원이 모두 숨을 쉬어도 같은 숨을 쉬고 말을 하여도 같은 말을 하고 일치하게 행동"할 것을 역설하였다.[199] '당적 사상 체계'의 확립이었다.

'당적 사상 체계'란 김일성을 수반으로 하는 당 중앙위원회를 적극적으로 지지 옹호하고 그의 의도대로 사고하고 말하며 행동하는 것을 의미했다.[200] 당 정책과 당 중앙위원회를 중심으로 한 反지방주의·反가족주의 투쟁이었다. 여기서 "당 정책을 옹호하는 것은 당의 지도부를 옹호하는 것과 분리될 수 없"는 것이었다. 당 정책에 대한 '종파 분자'들의 비방과 중상 역시 당의 지도부를 비방 중상하는 것과 결합되어 있었다는 인식에 따라, "김일성 동지를 선두로 한 당 중앙위원회를 견결히 옹호하며 그를 비방하거나 반대하는 경향에 대하여는 아무리 사소한 것이라도 용서하지 말고 결정적으로 또 제때에 배격하며 투쟁"할 것이 요구되었다.[201]

---

[199] 김일성, 앞의 글(1959. 3. 23), 319~342쪽. 함경남도 역시 도의 일부 일군들과 시, 군 및 공장 기업소의 일부 일군들은 당 정책이 내려와도 그것을 제대로 집행하지 않았다. 김일성, 앞의 글(1960. 9. 2), 『김일성저작집 14』, 318쪽.

[200] 「당적 사상 체계의 더욱 튼튼한 확립을 위하여」, 『근로자』 1959년 제5호, 권두언 2~7쪽.

[201] 김국훈, 앞의 글(1957. 11), 74쪽.

이것은 당 정책을 포함해 내각 수상 김일성의 지시마저 제대로 집행되지 않는 현상과도 관련이 있는 것이었다. 예컨대 1957년 당 중앙위원회 조직위원회는 해당 부문 기술자들과 토의를 거쳐 황해제철소의 용광로 복구 공사를 1958년 5.1절까지 끝내기로 결정하였으나, 금속공업성 부상은 8.15까지 하라고 다른 지시를 내려 보냈으며, 황해제철소의 당 조직원과 송림시 당위원장까지도 이렇게 당 결정을 제멋대로 변경하는 것을 묵인하고 투쟁하지 않았다. 당 정책을 제멋대로 수정 변경하는 이러한 현상은 당시 도처에서 발견되었다.202)

심지어 1958년 5월 양강도의 농업과 축산 부문에 대한 김일성의 현지 지시마저 제대로 집행되지 않았다.203) 김일성의 현지 지시를 제대로 집행하지 않기는 당 조직도 마찬가지였다. 함경북도 산하 일부 당 조직에 대한 김일성의 농업 부문 현지 지시가 제대로 집행되지 않았으며, 강원도 일부 수산 부문 당 조직에 대한 김일성의 현지 지시가 제대로 집행되지 않았다.204) 이러한 현상에 대해 북한은 당 정책 및 당 중앙위원회와 아울러 김일성의 교시를 절대화하는 것으로 대응했다. 1959년을 경과하면서 김일성의 교시에 대한 무조건적인 관철이 요구되었던 것이다.205) 당 정책과 김일성의 교시에 대한 무조건적인 관철을 요구하는 것은 그것이 제대로 집행되지 않고 있음을 반증하는 것이었다.

---

202) 김일성,「당 단체를 튼튼히 꾸리며 당의 경제 정책을 관철할 데 대하여」(1957. 7. 5),『김일성선집 5』, 106쪽.
203) 리택근,「당적 사상 체계 확립을 위한 량강도 당단체들의 투쟁」,『근로자』 1959년 제6호, 46~47쪽.
204)「사회주의 경제 건설에 대한 당 단체들의 조직 지도적 역할을 더욱 제고하자」,『근로자』 1959년 제8호, 권두언 4쪽.
205)「당적 사상 체계의 더욱 튼튼한 확립을 위하여」,『근로자』 1959년 제5호, 권두언 8쪽.

3) 사회 전반에 대한 당적 지도 체계의 확립

이렇듯 1957년 이후 북한은 초급 당 조직을 재편·강화하고 각급 당 조직의 지도 기관을 재구성하는 기반 위에서 각급 당 조직에 대한 당 중앙위원회의 중앙집권적인 조직 지도 체계를 구축해나가는 한편, 국가 기관, 경제 문화 기관, 군대, 대중 단체 등 사회 내 모든 조직에 대한 전면적인 당적 지도 체계를 구축해 나갔다. 역사적으로 볼 때, 북한에서 사회 내 모든 조직에 대한 당적 지도와 통제는 한국전쟁과 '반종파 투쟁'을 거치면서 단계적으로 강화되었다.

북한의 인민정권은 1948년 그 출범 당시, 비록 조선노동당이 집권당으로서 실질적인 최고 지도 조직이었지만, 노농 동맹을 핵심으로 하는 통일 전선 조직인 '조국통일민주주의전선'에 기초하고 있었다. 인민군도 마찬가지였다. 때문에 인민 정권의 계급적 본질은 비록 프롤레타리아 독재 정권으로 규정되었지만, 한국전쟁 이전까지 조선노동당은 정권과 군대, 경제 문화 기관, 사회 단체(근로 단체) 등에 대한 최고 지도자 또는 최고 지도체를 의미하는 "인민의 정치적 수령"으로 규정될 수 없었다.

예컨대 인민군은 실질적으로 조선노동당에 의해 창건되고 조선노동당이 군권을 실질적으로 장악 행사하고 있었지만, 한국전쟁 이전까지 인민군은 당의 군대가 아니라 여전히 조국전선의 군대, 즉 통일 전선의 군대였다. 때문에 인민군 내에는 문화 사업을 하는 문화부가 설치되어 있었을 뿐이며, 어느 당도 군대 내에 당 조직을 가질 수 없었다. 다시 말해 한국전쟁 이전까지 조선노동당은 사회 내 모든 조직에 대한 직접적인 최고 지도체가 될 수 없었던 것이다.

그러나 한국전쟁을 거치면서 조선노동당은 "인민의 정치적 수령"으로 점차 전환되기에 이르렀다. 1950년 10월 당 중앙위원회 정치위원회의 결정에 따라 인민군대 내 문화부를 정치부로 개편하고 군대 내에서 정치 사업을 전개하는 한편, 군대 내에 전면적으로 조선노동당의 당 조직을 설치하였다. 또 당 군사 정책의 정확한 관철을 위해 군대 내에 군사위원 제도를 수립하고, 군대 내 정치 기관 및 당 조직들은 당 중앙위원회의 직접적인 지도하에 사업을 전개하도록 하였다. 이에 따라 중대 단위까지 당 조직이 설치되었으며, 독립 여단까지 군사위원이 파견되었다.206) 인민군 내에는 오직 조선노동당 조직만 있을 뿐, 다른 당 조직의 존재는 절대 허용되지 않았다. 조선인민군은 오직 조선노동당의 군대였던 것이다.207)

한국전쟁을 거치면서 '인민의 정치적 수령'으로서 당의 위상과 역할 강화는 군대뿐만 아니라 사회 전반에 걸쳐 폭넓게 나타났다. 한국전쟁 이후 사회 내 모든 조직에 대한 당적 통제가 단계적으로 강화되어 나갔던 것이다. 특히 1956년 4월 평안북도 당대표회에서 한 연설에서 김일성은 아직도 일부 당 기관들에서 정권 기관과 경제 문화 기관에 대한 당적 지도를 등한히 하고 있는 현상을 재차 비판하며, 당은 "인민의 정치적 수령"이라고 명확히 규정한 뒤, 정권 기관과 경제 문화 기관, 사회 단체 등은 모두 당의 영도 밑에 당의 노선과 정책을 집행한다며 이들 기관과 단체에 대한 당적 지도를 더욱 강화할 것을 역설하였다.208)

그런데 사회 내 모든 조직에 대한 당적 통제 강화는 당 조직으로의 권력 집중, 특히 당 중앙위원회로의 권력 집중을 의미하며, 이것은 결국 당 중앙위원회 위원장으로서 당권을 장악하고 있던 김일성의 권력

---

206) 그리고 전쟁 기간 중에 무려 14만 명의 군인들이 조선노동당에 입당하였으며, 당시 군대 내에서의 당 정치 사업에 있어 가장 중요한 내용은 김일성을 수반으로 한 항일 유격대의 혁명 전통 교양이었다. 엄기현, 「조국 해방 전쟁 시기 인민 무력 강화를 위한 우리 당의 투쟁」, 『근로자』 1958년 제10호, 98~99쪽.
207) 김일성, 「조선인민군은 항일 무장 투쟁의 계승자이다」(1958. 2. 8), 『김일성선집 5』, 318~319쪽.
208) 김일성, 앞의 글(1956. 4. 7), 388~389쪽. 물론 당시 행정 경제 기관에 대한 당적 통제의 강화는 유일관리제를 전제로 하는 것이었으며, 그런 만큼 당시 행정 경제 기관에 대한 당적 통제는 일정한 한계가 있는 것이었다.

제2장 1950년대 경제 위기와 당적 지도 체제의 확립 | 93

강화(집중)를 의미하는 것이었다. 당시 북한의 권력 구조는 정파간 파벌 연합 정치 형태를 취하면서 소련파, 연안파, 빨치산파 등 각 정파들이 사회 내 조직에 대한 통제권을 각기 분할 점유하고 있었다는 점에서, 한국전쟁 이후 사회 내 모든 조직에 대한 당적 통제 강화는 결국 소련파와 연안파의 권력 약화를 의미하는 것이었다.

이런 상황에서 한국전쟁 이후 계속되어온 당내 정책 갈등에서 김일성의 최종적 승리는 김일성의 권력을 더욱 강화시켜 주었다. 1956년 4월 조선노동당 제3차 대회에서 소련파와 연안파는 권력의 중심에서 배제되어 있었다.209) 여기서 연안파와 소련파는 정책 투쟁을 통한 권력 장악이 어렵게 되자 노골적으로 권력 장악을 시도하게 되는 데, 이른바 1956년 '8월 종파 사건'이 그것이다. 그간의 정책 투쟁을 통해 권력 핵심에서 배제되어 가던 소련파와 연안파가 연합하여 김일성을 권좌에서 축출하기 위해 김일성을 직접적으로 공격하고 나섰던 것이다. 이 투쟁을 주도한 세력은 연안파였다.210)

하지만 1956년 8월 30일 당중앙위원회 전원회의가 개최되었으나, 김

---

209) 1956년 4월 조선노동당 제3차 대회에서 새로 조직된 지도부 구성을 살펴보면, 당 중앙위원회 위원장에 김일성이 선출되고 부위원장에 최용건, 박정애, 박금철, 정일룡, 김창만이 선출되었다. 그리고 상무위원회에는 김일성, 김두봉, 최용건, 박정애, 김일, 박금철, 임해, 최창익, 정일룡, 김광협, 남일이 선출되었으며, 후보위원에는 김창만, 리종옥, 이효순, 박의완이 선출되었다. 조직위원회에는 김일성, 박정애, 박금철, 정일룡, 김창만, 한상두가 선출되었다. 이들 중 연안파 김두봉과 최창익, 소련파 박의완을 제외하면 모두 김일성 계열의 사람들이었다. 당내 정책 갈등 과정에서 소련파와 연안파가 권력에서 배제되고 김일성 계열이 권력을 확고히 장악하게 되었던 것이다.
210) 당시 연안파는 공업화 노선 및 협동화 방침, 간부 정책, 건설 정책, 상업 정책 등 당의 노선과 정책에 반대했다고 한다. 제일 먼저 연단에 오른 윤공흠(상업상)은 인민 생활 문제를 지적하며 당의 경제 노선을 비판하였으며, 또 노동자 출신 간부는 무식하고 인테리 출신 간부는 친일파이며 노간부는 아첨쟁이인데, 이들을 등용하는 것은 잘못된 것이라며 당의 간부 정책을 비판하였다고 한다. 또 최창익은 당내 민주주의와 토론의 자유를 보장해야 한다고 주장하였다. 조선노동당출판사, 앞의 책(1988), 324~326쪽.

일성에 대한 연안파의 공격은 실패하고 말았다. 대부분의 당 중앙위원들이 김일성을 지지하고 나선 것이다. 심지어 소련파마저 대세에 따라 연안파에 등을 돌렸다. 당시 김일성에 대한 연안파의 정면 도전은 스탈린의 개인 숭배를 비판한 소련 공산당 제20차 대회에 의해 크게 고무된 것이었다. 당시 소련파와 연안파는 당 지도부가 소련공산당 제20차 대회의 결정을 받아들이지 않은 데 대해 문제삼았다고 한다.211)

김일성에 대한 개인 숭배는 '수령'이라는 호칭212)과 결부되어 빨치산파가 대거 포진하고 있던 군부 내에서부터 시작되어 한국전쟁을 거치면서 당내로 확산되어 갔다. 김일성은 해방 직후 지도 간부가 전반적으로 부족했음에도 불구하고 빨치산들의 "대다수를 군대 창건 사업에 파견하여 그들이 핵심이 되고 골간이 되어 군대를 꾸려나가도록 지도하였다."213) 김일성은 허가이에게 당을 맡기는 등 당권은 다른 파에게 위임한 적이 있으나, 군권은 다른 파에게 결코 위임한 적이 없다.214) 김일성의 실질적인 최고의 권력 기반은 군대였던 것이다.

---

211) 사회과학출판사, 『조선노동당의 반수정주의 투쟁 경험』(평양: 사회과학출판사, 1995), 70쪽. 또 당시 연안파와 소련파는 "우리나라에서는 뽀즈난 사건이 없을 줄 아는가"라는 등으로 공격했으며(한상두, 「제3차 당대회의 결정을 실행하기 위한 투쟁을 일층 강화하기 위하여」, 『근로자』 1957년 제4호, 23쪽), "일부 지역에서 당과 정부를 반대하는 시위와 폭동을 비밀리에 조직"하였다고 한다(박금철, 앞의 글, 32쪽).
212) 1966년까지 북한에서 '수령'의 호칭은 제도화된 지위가 아니라 최고 지도자에 대한 존경의 의미를 갖는 존칭어였을 뿐이며, 당시까지 김일성에 대한 일반적이고 공식적인 호칭은 수령이나 당위원장이 아니라 '내각 수상'이었다. 그러나 1967년 5월 당 중앙위원회 제4기 제15차 전원회의에서 수령 체계의 확립이 공식 선언된 이후 '수령'의 호칭은 제도화된 지위로서 최고 지도자를 의미하게 되었으며, 이에 따라 김일성에 대한 공식적인 호칭 역시 '수령'으로 변화되었다.
213) 한익수, 「조선인민군은 항일무장투쟁의 혁명 전통을 계승한 당의 군대, 혁명의 군대」, 『근로자』 1968년 제2호, 14쪽.
214) 1953년 휴전 협정 당시 소련파로서 김일성 추종자였던 남일이 잠시 참모장을 역임한 적이 있으나, 그것은 휴전 협정을 위한 협상용으로서 실질적인 의미를 갖지 못했다.

때문에 김일성은 "인민군대의 혁명적 골간"은 "인민군대의 핵심"이자 "당의 귀중한 핵심"으로 평가하였던 것이다.215) 한국전쟁 이후 이들 빨치산 출신들이 군에서 나와 점차 당·정 부문으로 진출하였음에 비추어 볼 때, 1950년대 김일성의 개인 숭배는 군부를 중심으로 한 이들 빨치산파에 의해 주도되었다고 볼 수 있다. 국방 건설과 밀접한 연관 속에서 추진된 김일성의 중공업 우선 노선은 이들 빨치산을 중심으로 한 군부의 절대적 지지를 받았을 것이며, 그들에 의한 김일성 개인 숭배는 다시 김일성의 노선과 정책에 힘을 실어 주고 당 조직으로의 권력 집중과 김일성의 권력 강화에 기여하였을 것이다.216)

이렇게 볼 때, 당시 연안파와 소련파가 김일성의 개인 숭배를 비판하고 집단 지도 원칙을 강조한 것은 사회 내 각 조직에 대한 통제권 분할에 기초하여, 당 조직으로의 권력 집중과 김일성의 권력 강화를 저지하고 자신들의 권력을 재강화하기 위한 것으로 평가된다.217) 최고 권력자인 김일성이 조직에 대한 통제권 집중을 추구한 반면, 권력의 핵심

---

215) 김일성, 「조선인민군 창건 20주년 경축 연회에서 한 연설」(1968. 2. 8), 『근로자』 1968년 제2호, 4쪽에서 인용.

216) 1956년 '8월 종파 사건' 당시 인민군대는 "김일성 동지를 수반으로 하는 당 중앙위원회를 목숨으로 사수하자"는 구호를 높이 추켜들고 '종파'들의 책동에 단호한 반격을 가하였다고 한다. 편집국, 「김일성 동지께서 창건하시고 육성하신 조선인민군은 필승 불패이다」, 『근로자』 1968년 제2호, 10쪽.

217) V. 자슬라프스키에 따르면, 공산 국가에서 당 조직의 절대 권력은 당의 의지를 집행하는 최고 지도자의 개인 권력 속에서 구체적으로 표현되기 때문에, 개인숭배는 당 조직의 절대적 지위와 권력을 확립하기 위한 자연스런 귀결이며, 개인숭배에 대한 비판은 당 조직의 권력 독점에 대한 도전 이상의 의미는 없다고 한다. V. 자슬라프스키, 최숭 편역, 『소비에트 사회론』(슬라브연구사, 1986), 17~20쪽. 한편, 모리스 마이스너는 중국의 경우 모택동 개인과 당 조직의 갈등 관계로 개인숭배 현상을 분석하면서, 모택동의 정치적 지도력에 도전하는 제도적(조직적) 저항을 제압하려는 목적에서 모택동 개인숭배가 나타난 것으로 설명하고 있다. 모리스 마이스너, 김광린·이원웅 역, 『모택동 사상과 마르크스주의』(소나무, 1988), 241~255쪽. 북한의 김일성 개인숭배는 사회 내 모든 조직에 대한 당 조직의 지도력 확대와 당 조직에 대한 김일성 개인의 지도력 확대라는 두 가지 측면이 다 있었던 것으로 평가된다.

에서 배제된 소련파와 연안파는 조직에 대한 통제권 분할을 추구하였던 것이다. 연안파와 소련파의 입장을 정확히 파악할 수는 없지만, 김일성의 발언을 근거로 하여 그들의 입장을 재구성해 보면 대략 다음과 같다.

먼저 당과 국가의 관계에서 최고인민회의 상임위원회 위원장 김두봉은 상임위원회가 당보다 높다며 당의 지도를 거부하였다. 당과 군의 관계에서 인민군 총정치국 부국장 김을규는 인민군대가 당의 군대가 아니라 통일전선의 군대라며 당의 지도를 거부하였다. 당과 대중 단체의 관계에서 직업총동맹 중앙위원장 서휘는 직맹의 정치적 독립성을 주장하고 당의 지도를 거부하였다.[218] 또 인민군 총정치국장 최종학은 당의 지도를 접수하지 않았으며,[219] 최고재판소 소장 황세연도 당의 지도를 거부하였다.[220] 기계공업상 박창옥은 인민위원회와 직업총동맹이 당과는 별도로 중요한 역할을 수행해야 한다고 주장하며[221] 당의 지도를 사실상 거부하였다. 1958년 3월 당시까지도 일부 성들과 인민위원회들에서는 행정 사업에 대한 당의 지도를 거부하는 경향이 있었다.[222]

요컨대 한국전쟁을 거치면서 사회 내 모든 조직에 대한 당적 지도와 통제가 강화됨에 따라 소련파와 연안파의 권력 기반이 약화되자, 소련파와 연안파는 자신들의 권력 재강화를 위해 사회 내 각 조직에 대한 통제권 분할을 주장하며 국가(입법, 사법), 군대, 대중 단체에 대한 당의 지도와 통제를 거부하였으며, 심지어 내각(행정)에서도 당의 지도와 통제가 제대로 관철되지 않았던 것이다. 연안파와 소련파는 정권기관

---

[218] 김일성, 앞의 글(1958. 3. 6), 389쪽.
[219] 김일성, 앞의 글(1958. 2. 8), 344~345쪽.
[220] 김일성, 「우리 당 사법 정책의 관철을 위하여」(1958. 4. 29), 『김일성선집 5』, 451쪽.
[221] 스칼라피노·이정식 공저, 한홍구 역, 『한국 공산주의 운동사 Ⅲ』(돌베개, 1987), 639쪽.
[222] 김일성, 앞의 글(1958. 3. 6), 389~390쪽.

일군들에게 "당신들은 정책을 집행하는 사람이 아니라 정책을 수립하는 사람"이라는 사상을 주입시켜 당 정책과 당적 지도에 대한 반당적 태도를 고쳐시켰다고 한다.[223]

그러나 김일성의 입장은 명확했다. 프롤레타리아 독재 체계하에서 조직에 대한 통제권 분할이란 있을 수 없는 것이며, 사회 내 모든 조직에 대한 당 중앙위원회의 통일적인 지도가 있을 뿐이었다. 즉 당은 "인민의 정치적 수령"이며,[224] 당 중앙위원회는 "당의 뇌수"라는[225] 당의 조직 노선, 정치 노선에는 전혀 변함이 없었으며, 오히려 '반종파 투쟁' 과정에서 이 노선은 더욱 철저히 관철되었다. 근로단체 등 모든 조직의 활동을 "혁명의 유일한 목적에로 통일 집중시키며 향도하는 것은 당"이며, 모든 조직은 "당 정책의 집행자"로 규정되었다.[226]

특히 김일성은 1958년 4월 전국 사법 검찰 부문 일군 회의에서 "당은 인민의 정치적 수령"이라고 재차 강조하고, "당은 노동 계급의 모든 조직들 가운데서 최고의 조직 형태이기 때문에 모든 조직이 다 당의 영도를 받아야 한다는 것은 움직일 수 없는 원칙"이라고 역설하였다.[227] 또 김일성은 "당의 영도를 거부하는 것은 곧 혁명을 거부하는 것이며 자본주의에 대한 투항을 의미하는 것"이며,[228] 당의 영도를 양보하면 "자유주의가 생기고 나쁜 놈들이 당을 가로 타는 일이 일어날 수 있다"고 주장하였다.[229] 당적 지도의 절대화였다. 소련파와 연안파

---

[223] 원형국, 「당의 군중 노선의 관철과 일군들의 군중 관점」, 『근로자』 1958년 제2호, 37쪽.
[224] 신리범, 앞의 글, 54쪽.
[225] 한상두, 앞의 글, 18쪽.
[226] 박상홍, 「직업동맹 사업에서 제기되는 몇 가지 문제」, 『근로자』 1957년 제7호, 40쪽.
[227] 김일성, 「우리 당 사법 정책의 관철을 위하여」(1958. 4. 29), 『김일성선집 5』, 452쪽.
[228] 김일성, 앞의 글(1958. 3. 6), 390쪽.
[229] 김일성, 「당 사업 방법에 대하여」(1959. 2. 26), 『김일성선집 6』, 279쪽.

는 당의 영도적 역할을 부인하고 프롤레타리아 독재 사상을 거부하며 민주주의 중앙집권제 원칙에 반대했다고 비난받았다.[230]

1957년 9월 최고인민회의 제2기 제1차 회의에서 김두봉 대신 최용건이 최고인민회의 상임위원장에 임명됨으로써, 최고인민회의 역시 당 중앙위원회의 통제하에 놓여졌다. 이에 앞서 1957년 6월 당 중앙위원회 상무위원회는 '직업총동맹 사업에 관한 결정'을 채택하고 직맹에 대한 당적 통제를 강화하였다. 또 1958년 3월 8일 당 중앙위원회 전원회의 이후에는 민족보위성에서부터 연대 단위까지 인민군대 안에 각급 당위원회가 조직되어 군대에 대한 당적 통제가 더욱 강화되었다.[231] 1958년 이후 사법 검찰 기관과 과학 교육 기관, 문화 예술 기관에 대해서도 당적 통제가 더욱 강화되었다.

이렇게 해서 사회 내 모든 조직에 대한 통제권이 당 중앙위원회에 집중되고, 사회 전반에 대한 당 중앙위원회의 중앙집권적이며 통일적인 지도 통제 체계가 확립되었다. "당적 사상 체계"의 확립과 아울러 마침내 사회 전반에 대한 "당적 지도 체계"가 확립된 것이었다. 이것은 사회 내 모든 조직이 하나와 같이 움직이는 행동의 높은 통일성을 추구하기 위한 것이었다. 때문에 "각급 당위원회들의 영도적 역할과 통제적 기능이 강화된 결과 전당은 하나의 의지로 통일 단결되었으며 전체 당원들과 대중은 당의 의지대로 일치하게 움직이게 되었다"고 평가되었다.[232]

이렇듯 북한에서 1957년 이후 당과 대중의 "통일 단결이 이룩되는 행정은 전 사회에 당적 사상 체계가 확립되는 행정이었으며, 당의 영도

---

[230] 「당의 공고화를 위한 당 단체들의 전투적 과업」, 『근로자』 1958년 제4호, 권두언 14쪽.
[231] 김일성, 앞의 글(1958. 2. 8), 346쪽.
[232] 김창모·김영찬, 「사회주의 건설의 모든 부문에서의 당의 영도적 역할의 제고」, 『근로자』 1961년 제8호, 19쪽.

가 전면적으로 확립되는 행정이었다."233) 다시 말해 1950년대 후반 북한에서 당과 대중의 조직 사상적 통일과 단결이 실현되는 과정은 각급 당 조직을 포함하여 사회 내 모든 조직에 대한 당 중앙위원회의 중앙집권적인 지도 체계가 확고히 구축되는 과정이었으며, "인민의 정치적 수령"으로서 당의 위상과 역할, 그리고 "당의 뇌수"로서 당 중앙위원회의 위상과 역할이 사회 전반에 걸쳐 제도화되는 과정이었다.

여기서 통일 단결의 조직적 중심은 당 중앙위원회, 통일 단결의 사상적 중심은 당 정책이었으며, 당 중앙위원회의 통일적 지도 밑에 전당과 대중이 모두 일치되게 말하고 일치되게 행동할 것이 요구되었다. 이것은 1950년대 초중반의 축적 위기와 사회 갈등, 당내 갈등과 당-정 갈등, 그리고 개인주의와 조직 이기주의에 기초한 각 개인과 개별 집단의 개별적 이익 행동과 이익 갈등, 소극 보수 경영과 같은 행정 관료적 지도 체계의 한계 등에 대한 김일성의 대응책으로서, 사회 내 모든 조직에 대한 당적 사상 체계와 당적 지도 체계의 확립을 통한 사상(의식)과 행동의 높은 통일성을 추구하는 것이었다.

---

233) 편집국, 「우리 사회의 정치 도덕적 통일을 더욱 강화하기 위하여」, 『근로자』 1966년 제9호, 3쪽.

제4절 천리마작업반운동과 김일성 주체 노선의 확립

1. 천리마운동과 물질적 유인

한편, 1957년 당시 천리마운동은 정치 도덕적 인센티브(사상, 이데올로기)에 기초한 것이었지만, 그것은 무엇보다 물질적 인센티브 강화와 밀접히 결합되어 있는 것이었다. 즉 당시 천리마운동은 "근로자들의 물질적 관심성의 원칙이 옳게 준수되는 조건하에서만 진실로 대중적인 운동으로 될 수 있는 것"으로 평가되었다. 그리고 "노동자들의 노동 결과에 대한 물질적 관심을 더욱 제고시키기 위해서는……노동의 양과 질을 세밀하게 타산한 노임을 지불하는 것이 필요"했다. 이에 따라 북한은 화폐 임금의 역할 제고를 위해 노임 제도의 현저한 개편을 실시하고 근로자들의 물질적 관심성의 제고를 위해 효과적인 대책들을 강구하였다.[234]

1956년 11월 근로자들의 화폐 임금이 평균 35% 인상되었으며, 새로운 임금 체계가 도입되었다. 그 주요 내용은 과거의 균일적인 노동자 임금표 대신에 각 산업 부문들의 특성을 고려한 각이한 등급을 가진 부문별 임금표 작성, 과거에 허용되었던 동일 직종의 동일 기능 등급에 대한 차별적 보수 폐지, 최저 임금 인상 등이었다.[235] 과거에 비해,

---

[234] 리석심, 「우리나라에서의 근로자들의 사회적 이익과 개인적 이익의 결합에 대하여」, 『근로자』 1957년 제2호, 75~79쪽.
[235] 김기남, 「우리 당 경제 정책의 과학적 기초」, 『근로자』 1957년 제4호, 36쪽.

노동의 차이에 따른 보다 차별화된 임금 체계가 도입되었던 것이다.

1960년 2월에는 농업 부문에서 작업반 우대제가 전면적으로 도입되었는데, 작업반 우대제는 "농민들의 물질적 관심을 더욱 적극적으로 자극하는 매우 중요한 대책"으로 평가되었다.[236] 또 협동농장 관리 일군들에게는 상금제가 도입되었으며, 노력일 평가 사업에 보다 엄격한 기준이 적용되었다. 농기계 작업소 일군들도 자기가 담당하는 협동농장의 작업반 우대제에 포함시킴으로써 이들에 대한 물질적 자극도 강화되었으며, 국영 농목장에도 작업반 독립채산제가 도입되고[237] 공장 기업소에도 작업반 도급제가 도입되었다. 1960년대 초반 북한의 정책적 목표는 가능한 모든 작업들에서 개인 도급제, 집단 도급제 등 각종 도급제를 광범하게 도입하고 적용하는 것이었다.[238]

또 1957년 당시 배급 제도는 평균주의적 경향을 '산생'시킬 수 있으며, 사회적 이익과 개인적 이익의 올바른 결합을 위해 불리한 조건을 조성하는 것으로 평가되었다.[239] 때문에 1956년 4월 조선노동당 제3차 대회에서 김일성은 제1차 5개년 계획 기간에 배급 제도를 폐지할 것을 예견하였다.[240] 국가계획위원장 리종옥은 "배급 제도의 폐지는 인민들의 생활 향상에 있어서의 획기적인 전환점으로 될 것"이며, "노력에 대한 사회주의적 보수 원칙을 더욱 철저히 실시하며 노동 생산 능률 제고와 기업소 수익성 제고를 위한 투쟁에 더 강한 자극을 줄 수 있게 될 것"이라고 평가하였다.[241]

---

[236] 리석록, 「농업 생산 발전에서 작업반 우대제가 가지는 의의」, 『근로자』 1961년 제5호, 28쪽.
[237] 홍윤백·신진균, 「청산리 교시에서 구현된 물질적 자극과 사회 도덕적 자극의 결합」, 『근로자』 1961년 제2호, 24쪽.
[238] 강희원, 「직물 고지 점령에서 제기되는 몇 가지 문제」, 『근로자』 1962년 7월 (상) 제10호, 30~31쪽.
[239] 리석심, 앞의 글, 79쪽.
[240] 김일성, 「조선노동당 제3차 대회에서 한 중앙위원회 사업 총결 보고」(1956. 4. 23), 『김일성선집 4』, 506쪽.

화폐 임금 등 물질적 인센티브를 강화하기 위해 배급 제도는 폐지되어야 할 정책적 목표였던 것이다. 이에 따라 1957년 이후 배급 대상 품목의 범위가 축소되었으며, 1958년부터는 그동안 배급제로 공급되던 공업 소비품을 각종 상업망을 통해 유일 국정 소매 가격으로 공급하였다.[242] 식량은 여전히 배급 제도가 유지되었으나, 공업 소비품에서는 배급 제도가 폐지된 것으로 평가되었다.[243] 비록 그것은 매우 제한적인 조치였지만, 상품 공급에서 평균주의의 일정한 배격으로[244] 물질적 인센티브를 보다 효과적으로 만들었다.

한편, 1950년대 후반 북한 노동자들의 임금 동향을 살펴보면, 1956년 11월부터 1957년까지 근로자들의 임금은 모두 43% 인상되었다.[245] 1958년 1월부터 근로자들의 임금은 다시 10% 인상되었으며, 1958년 8월에는 일부 상품들에 대한 국정 소매 가격이 인하(평균 6.2% 인하)되고 1958년 9월에는 전후 3번째로 특별 상금이 지급되었다. 그리고 1959년 1월부터 근로자들의 임금은 다시 40% 인상되었다.[246] 이것은 1956년 11월부터 1959년 1월까지 근 2년 사이에 근로자들의 임금이 무려 2.2배 증가되었음을 의미한다. 북한 역사에서 가장 비약적인 임금 인상이었다. 1960년 근로자들의 화폐 임금은 1959년에 비해 6% 인상되었다.[247]

1957년 이후 소비재 생산 역시 크게 증가되었다. 1957년 소비재 생산은 1956년에 비해 무려 40% 이상 증가되었으며,[248] 1957년에서 1960년

---

241) 리종옥,「조선노동당 3차 대회에서 한 토론」(1956. 4. 24), 국토통일원,『조선노동당대회 자료집 제1집』(1988), 390쪽.
242) 최고인민회의 제2기 제2차 회의(1958. 2) 예산 보고.
243) 리종옥, 앞의 글(1960. 11), 827쪽.
244) 김일성,「군인민위원회의 임무와 역할에 대하여」(1962. 1. 22),『김일성저작집 16』(평양: 조선노동당출판사, 1982), 43쪽.
245) 최고인민회의 제2기 제2차 회의(1958. 2) 예산 보고.
246) 최고인민회의 제2기 제5차 회의(1959. 2) 예산 보고.
247) 최고인민회의 제2기 제9차 회의(1961. 4) 예산 보고.
248) 신영빈,「자립적인 사회주의 공업 창설을 위한 투쟁에서의 획기적 성과」,『근

까지 소비재 생산은 3.3배 증가되었다. 이와 같은 임금 인상과 소비재 생산 증가, 공업 소비품의 배급제 폐지 등은 물질적 유인 체계를 매우 효과적인 것으로 만들었다. 때문에 "인민들의 수요의 급속한 장성은 생산 발전에 대하여 극히 거대한 자극을 주고 있"는 것으로 평가되었으며,249) 근로자들의 임금 상승과 구매력 상승은 "생산 발전에 강한 원동력"으로 평가되었다.250) 다시 말해 물질적 인센티브의 강화는 1950년대 후반 북한의 경제 발전의 강한 원동력으로 평가되었으며, 천리마운동은 이와 같은 물질적 인센티브의 강화와 밀접히 결합되어 추진되었던 것이다.251) 바로 이 시기에 북한은 자신의 역사에서 가장 비약적인 경제 성장을 이룩하였다.

그런데 1957년 당시 천리마운동에서 물질적 유인은 집단적 유인이 아니라 개인적 유인이었다. 1957년 당시 북한의 정책적 목표는 "세밀하게 타산한" 차별화된 임금 체계에 기초하여, 개인의 가장 이기적인 동기를 자극하는 도급 임금제를 인민 경제 전 분야에 실현하는 것이었다. 특히 노동의 양과 질에 의한 "사회주의적 분배 원칙은 오늘 우리나라에서 자기 노동 결과에 대한 매 개인의 물질적 관심을 강력히 자극하여 노동생산능률을 제고하는 가장 중요한 공간"이 된다고 평가되었다.252) 요컨대 1957년 당시 천리마운동은 개인적인 물질적 유인을 기축으로 하여 여기에 이데올로기가 결합되어 있는 것이었다. 이 결합 구조가 바뀌는 것은 1959년 '천리마작업반운동'을 통해서였다.

로자』1958년 제9호, 71쪽.
249) 김덕진, 「경제 건설에서의 우리 당의 새로운 발기」, 『근로자』 1958년 제9호, 108쪽.
250) 리종옥, 앞의 글(1960. 11), 828쪽.
251) 1957년 당시 천리마운동은 물질적 유인을 기축으로 하여 여기에 정치 도덕적 유인이 결합되어 있는 것이었다. 이 결합 구조가 바뀌는 것(즉 정치 도덕적 유인을 우위에 두고 여기에 물질적 유인이 결합되는 것)은 1959년 '천리마작업반운동'을 거치면서였다.
252) 전정산, 앞의 글, 44쪽.

1957년 당시 천리마운동이 개인적인 물질적 유인에 기초하고 있었다는 것은, 천리마운동이 소련의 스타하노프 운동과 매우 유사함을 의미한다. 스탈린에 의해 1935년 8월에 시작된 스타하노프 운동은 개인적인 물질적 유인 체계에 기초하여, 집단적 경쟁이 아니라 개인적 경쟁을 통해 근로자 개인에게 할당된 작업량을 초과 달성함으로써 낡은 기술에 의거한 낡은 생산 기준량을 타파하고 새로운 기술에 의거한 새로운 생산 기준량을 창조하기 위한 대중 운동이었다. 개인적인 기술 혁신, 개인적인 기록(생산 기준량) 혁신 운동이었던 것이다.[253] 천리마운동 역시 이와 다를 바 없었다.

그러나 이것은 다양한 모순을 야기하였다. 기업 내에서 열성 노동자, 선진 노동자들은 선진 기술과 선진 작업 방법을 도입하여 새로운 기준량을 창조하고 계획 과제를 초과 완수하였다. 그러나 다수의 일반 노동자들은 계획 과제를 실행하지 못함으로써 작업반과 직장에 할당된 국가 계획 과제를 미달하게 되었다.[254] 대중 운동이 혁신 노동자와 일반 노동자 사이의 작업 량과 작업 속도의 차이를 증대시켰던 것이다. 때문에 같은 작업반 내에서도 혁신 노동자와 일반 노동자 사이의 갈등과 작업 공정간 불균형이 증대되었으며, 그 결과 작업반의 계획 과제는 제대로 달성될 수 없었다. 이것은 나아가 직장 내 분업 혼란, 기업 내 분업 혼란, 그리고 국가 경제 전체적으로 사회적 분업의 혼란을 증대시켜 국가 계획 과제 달성에 차질을 주게 되었다.

이렇듯 대중 운동은 분업 차질, 계획 차질을 통해 생산의 파동성을 더욱 증대시키는 요인으로 작용하였던 것이다. 생산의 파동성은 생산

---

[253] 개인적인 물질적 유인을 강화한 스타하노프운동에 따라 소련 노동 계급 내부의 소득 불평등의 폭은 10~20배까지 벌어지면서 자본주의 공업 국가의 그것보다 컸으며, 이는 소련 노동 계급 내에서 개인주의적 경향을 발전시켰다. 리하르트 로렌쯔, 앞의 책, 201~202쪽.

[254] 박삼윤, 앞의 글, 40쪽.

공정간의 불균형뿐만 아니라, 설비 불균형, 노력 조직의 불합리성, 원자재의 불충분한 보장 등과 같은 여러 가지 요인에 의해 초래되었다. 이로 인해 생산이 정상적으로 진행되지 못하고 월초나 분기 초에는 휴식하고 월말이나 분기말에 가서 돌격하는 '돌격식 사업'을 초래하였으며, 이것은 기계 설비와 노동자를 혹사하고 원자재 및 노력을 낭비하고 불량품을 증가시키며 품질을 저하시키고 계획 미달을 초래하였다.[255]

특히 당시 증산 경쟁 운동은 개념 그대로 양적 증산에 치중함으로써 절약과 품질의 문제를 소홀히 취급하였다. 즉 "인민 경제의 많은 부분들에서는 생산물의 양적 증대에만 치중하는 나머지 그의 질을 제고하지 못함으로써 생산물의 사용가치를 저하시키며 오작 손실의 비중이 증대되고 원가 계획을 완수하지 못하고 있(었)다."[256] 증산 경쟁 운동에 따른 품질 저하와 불량품 비율 증대는 생산량만 고려하고 품질을 무시하면서 적용되고 있는 도급제에 의해 더욱 조장되었다.[257]

이러한 문제 상황 속에서 대중 운동은 1958년 이후 "개별적인 혁신자 운동으로부터 새롭고 한층 높은 단계인 집단적 혁신 운동으로 전환"되었다.[258] 그러나 1958년 당시 "집단적 혁신"의 개념은 1959년 천리마작업반운동에서의 "집단적 혁신"의 개념과는 구별되는 것이었다. 1957년 당시 천리마운동이 일반화(보급)의 가능성과 관계없이 개인의 작업 기준량 증대(증산)에 주안점을 둔 개별적 혁신 운동이었다면, 1958년 당시 집단적 혁신의 개념은 그것이 개별적으로 이루어지든 집체적으로 이루어지든 대중적인 범위에서 광범하게 전개되는 기술 혁신과 그 보

---

[255] 박삼윤, 위의 글, 43쪽 ; 백금락, 앞의 글, 55쪽.
[256] 백금락, 앞의 글, 54쪽.
[257] 리동신, 「선진 작업 방법의 도입 일반화는 설비 이용률 제고의 주요 고리」, 『근로자』 1957년 제2호, 70쪽.
[258] 전정산, 앞의 글, 44쪽.

급(일반화)을 의미했다. 때문에 1958년 당시 집단적 혁신의 척도는 창의 고안과 발명 및 합리화 건수였다.

그러나 1958년의 새로운 집단적 혁신 운동 역시 심각한 도전에 직면해 있었다. 앞에서 보았듯이, 그것은 바로 기술 혁신에 무관심한 생산자들의 소극성과 보수주의, 기관 본위주의 등에 기인하는 것이었다. 일부 기업소 관리자들과 기술자들은 노동자들의 창발적 제의를 묵살하고, 다른 기업소에서 창조된 우수한 경험과 선진 작업 방법을 신속히 도입하려 하지 않았다. 혁신자들이 달성한 선진 기술과 선진 작업 방법이 동일 산업 부문, 동일 직종 내에서 광범히 도입 보급되지 않고, 심지어는 동일 기업소 내에서조차 도입 보급되지 않고 있는 경우가 적지 않았다.[259] 사회주의 계획 경제에서 개별 기업들은 선진 기술과 경험·방법을 도입하는 데 도무지 관심이 없었던 것이다.

또 집단적 혁신 운동이 전개되면서 이 운동의 가일층의 발전을 위해 "노동 조직의 발전된 형태"로서 '종합작업반'이 새로 조직되었다.[260] 이 종합작업반은 노력에 대한 보수가 작업반 전체의 생산 실적에 의거하게 됨으로 작업반 성원들 상호간의 동지적 협조가 강화되며 따라서 집단주의 사상을 배양하는 데 좋은 영향을 줄 것으로 기대되었다.[261] 종합작업반은 개인적인 물질적 유인이 아니라 집단적인 물질적 유인에 기초하고 있었던 것이다. 이것은 매우 중요한 변화였다.

하지만 그렇다고 해서 문제가 해결되는 것은 아니었다. 홀동광산의 종합작업반의 경우 착암공은 운광공이 오기만 기다렸고, 지주공은 착암공이 분주히 일하는 데 그것은 자기가 할 일이 아니라고 그냥 보고만

---

[259] 한상두, 「사회주의 건설을 촉진시키기 위한 집단적 혁신 운동의 발전을 위하여」, 『근로자』 1958년 제6호, 58~59쪽.
[260] 전정산, 앞의 글, 44쪽. 당시 종합작업반의 도입과 보급은 새 기술 공정과 선진 작업 방법의 도입 및 발전에 의해 가능하게 된 것으로 평가되었다.
[261] 한상두, 앞의 글(1958. 6), 61쪽.

있었다. 또 해주세멘트 공장에서는 일부 고급 기능공들이 단순히 목전의 이익에만 급급하여 임금이 낮아진다고 종합작업반의 조직을 반대하였다.[262]

개인 이기주의로 인해, 집단적인 물질적 이해 관계가 적용되는 동일 작업반 내에서도 노동자들간의 상호 동지적 협조와 단결이 결여되어 있었던 것이다. 집단적인 물질적 유인에 기초하고 있는 선진적 노동 조직인 종합작업반에서도 사정이 이러하다면, 개인적인 물질적 유인에 기초하고 있는 다른 대다수의 일반 작업반에서는 더더욱 그러하였을 것이다.

2. 개인주의 대(對) 집단주의

문제는 개인 이기주의, 조직 이기주의였다. 이것은 사회주의 계획 경제의 가장 근본적인 문제였다. 개인주의에 기초한 천리마운동은 바로 이 문제에 대한 해결책을 모색해 나가는 과정에서 마침내 1959년 집단주의에 기초한 천리마작업반운동으로 발전하게 된다. 이것은 1958년 하반기부터 예비되기 시작하였다. 집단주의에 대한 유례없는 강조가 그것이다. 북한에서 집단주의 문제는 1958년 8월 농업 협동화 등 생산관계의 사회주의적 개조가 완료되면서 전면적으로 제기되었다. 새로운 사회주의적 생산관계는 집단주의를 요구하였지만, 근로자들의 의식과 행위는 여전히 개인주의에 의해 지배되고 있었던 것이다.

북한의 설명에 따르면, 당시 개인 이기주의는 다음과 같은 형태로 표출되었다. 첫째, 국가 재산과 사회 공동 재산을 탐오 낭비한다. 둘째, 노동에 대한 불성실한 태도로서, 자기 사업을 형식적으로 대하며 열성을 내지 않고 창발성을 발휘하지 않는다. 오직 자기 일만 생각하고 집

---

[262] 박동만, 「집단적 혁신 운동의 공고 발전은 사회주의 경제 건설 속도 촉진의 기본 고리」, 『경제건설』 1958년 제10호, 10쪽.

단의 이익, 사회의 이익을 무시한다. 셋째, 국가에 대한 의무를 충실히 수행하지 않으며, 농민들은 국가 수매 사업에 잘 응하지 않는다. 넷째, 일부 지도 간부들의 출세주의, 공명주의, 허풍 치기로서, 이는 대중의 창조적 열성과 적극성을 저해한다.[263] 개인주의, 이기주의는 농민들 속에 가장 뿌리깊게 잔존하였다. 농민들은 협동조합 전체 성원의 이해 관계보다 자기 개인의 이해 관계를 더 높이 내세우며, 공동 작업에서 이탈하여 작업 계획에 혼란을 초래하고, 공동 작업에 참가해서는 쉬운 일만 하려 하며, 일은 남보다 적게 하고도 남보다 많은 노력 점수를 받으려 하고, 공동 재산을 탐오 낭비하였다.[264]

또 농민들은 노력일을 더 많이 취득하기 위해 작업의 질보다 양에 치우쳤다. 예컨대 평안남도 숙천군 광천농업협동조합 농민들은 모내기 할 때 평당 120본의 모를 심을 대신 평당 96본의 모를 심었다. 이것은 적지 않은 농민들이 제가끔 더 많은 노력일을 취득하려고 평당 본수를 줄이면서까지 이양 면적을 확대하는 데만 몰두한 결과였다. 평안남도 숙천군 연풍농업협동조합에서는 농민들이 한포기에 2~3본씩 마구 모를 심었다. 이 조합에서 "이런 경향은 일반성을 띤 현상이었다." 또 조합의 이익보다 개인의 이익을 우선시 하고, 작업반 본위주의와 조합 본위주의로 인해 작업반간·조합간의 상호 협조와 협력이 결여되었으며, 개인적인 안면 정실 관계로 인해 부정적인 현상들에 대해 서로 융화 묵과하는 태도가 나타났다.[265]

이러한 개인주의, 이기주의는 노동 계급 속에서도 존재하였으며, 경제 지도 간부들 속에서도 존재하였다. 이러한 배경 속에서 북한은 1958년 생산관계의 사회주의적 개조가 완료되자, 사회주의적 사상과 도덕, 생활 관습을 확립하기 위한 '문화혁명'을 성숙한 당면 중요 과업으로

---

[263] 최정현, 「개인 이기주의에 반대하며」, 『근로자』 1960년 제2호, 22쪽.
[264] 김정환, 「현 시기 농민들 속에서의 계급 교양」, 『근로자』 1957년 제5호, 52~53쪽.
[265] 김봉섭, 「농민들 속에서의 집단주의 교양」, 『근로자』 1958년 제12호, 43~47쪽.

제기하였다.266) 하지만 1958년 당시 북한에서 가장 중요한 국가적 과제는 기술 혁명이었다. 때문에 1958년 당시 문화 혁명의 가장 중요한 과업은 근로자 대중의 일반 지식 수준과 기술 수준을 높이는 것이었으며,267) 공산주의 사상 교양은 문화 혁명의 중요 과업의 하나로 규정되었다.268)

이렇듯 1958년 당시 북한에서 혁명 과업의 우선 순위는 기술 혁명, 문화 혁명(기술 지식 보급), 사상 혁명의 순서로 이루어져 있었으며, 당시 사상 혁명은 문화 혁명의 개념 속에 포괄되어 있었다.269) 그러나 1958년 11월 "공산주의 교양에 대하여"라는 김일성의 연설을 통해 이 순서는 뒤바뀌게 된다. 개인주의, 이기주의를 근절하고 공산주의, 집단주의 사상으로 사람들을 무장시키는 "사상 혁명"이 마침내 북한의 가장 중요한 혁명 과업으로 규정되기에 이른 것이다.270)

당시 연설에서 김일성은 혁명 투쟁의 기본 내용을 새 것과 낡은 것의 투쟁, 진보와 보수의 투쟁, 적극과 소극의 투쟁, 집단주의와 개인주의의 투쟁, 총체적으로 사회주의와 자본주의의 투쟁으로 규정하고, 자본주의 사상의 여독인 "개인주의가 우리의 공동 위업을 좀먹고 있다"며, "낡은 자본주의 사상 잔재를 극복하고 전체 근로자들을 공산주의 사상으로 무장시키는 것이 가장 중요하다"고 역설하고, 이것을 모든 당

---

266) 편집국, 「인민 생활에서의 문화성 제고는 현시기 우리나라 문화 혁명의 중요 과업」, 『근로자』 1958년 제6호, 52쪽.
267) 하앙천, 앞의 글(1958. 10), 33~34쪽.
268) 유철목, 「현시기 농촌 문화 혁명의 촉진을 위하여」, 『근로자』 1958년 제7호, 24쪽 ; 「공산주의 교양을 강화하자」, 『근로자』 1958년 제12호, 권두언 18쪽.
269) 김일성, 「사회주의 건설에서 소극성과 보수주의를 반대하여」(1958. 9. 16), 『김일성선집 6』, 101쪽.
270) '사상 혁명'이라는 개념이 처음 등장하는 것은 『근로자』 1959년 제5호, 권두언 (3쪽)이다. 당시 사상 혁명의 주요 방법은 사상 교양, 사상 투쟁, 실천(노동) 활동, 사회주의적 분배 원칙 등이었으며, 이 가운데 보다 중요한 것은 실천(노동) 활동과 사상 교양이었다. 이에 대해서는 최정현, 앞의 글, 25~26쪽 참조.

원들 앞에 나서는 "현 시기의 중심 과업"으로 규정하였다.271)

　김일성에 따르면, 과도기의 기본 모순은 자본주의와 사회주의의 모순이었다. 하지만 북한에서 사회주의와 자본주의의 모순은 모택동과 달리 계급과 계급의 모순, 제도와 제도의 모순이 아니라,272) 사회주의 사회 제도와 개인의 사회적 의식 사이의 모순, 즉 집단주의적인 사회 제도와 개인주의적인 의식과 생활 태도의 모순이었다. 집단주의가 사회주의를 대표하며 새로운 사회 제도 속에 구현되어 있다면, 개인주의는 자본주의의 잔재로서 개인의 의식과 행위 속에 잔존하고 있었다.

　이러한 모순 속에서 북한은, 자본주의 제도에 비한 사회주의 제도의 우월성은 하나의 '가능성'일 뿐이며 이 가능성을 '현실성'으로 전화시키는 데 있어 "주관적 요인의 능동적, 의식적 활동이 결정적 역할"을 하는 것으로 평가하였다.273) 이것은 사회주의 사회 제도를 절대화하는 제도 중심론적 사고 방식으로서, 이러한 논리에 따르면 집단주의적인 사회 제도와 개인주의적인 행태 사이의 모순은 결국 개인의 의식과 행위의 빈곤에 기인하게 된다. 다시 말해 새로운 사회 제도에 문제가 있는 것이 아니라, 제도 반응적인 집단주의적 의식과 행동의 결핍에 문제가 있다는 것이다. 따라서 사회주의 사회 발전을 위한 결정적인 과제는 새로운 집단주의적 사회 제도에 부합되게 개인의 의식과 행위를 공산주의적으로, 집단주의적으로 변화시키는 것이 된다. 이것이 바로 북한의 사상론, 사상 결정론이다.

　Allen Kassof의 지적대로, 개인과 집단에 의한 개별적 이익 추구는 이익 일치에 대한 중앙의 요구에 역행하는 것으로서, 개인주의는 체제의

---

271) 김일성, 「공산주의 교양에 대하여」(1958. 11. 20), 『김일성선집 6』, 130~135쪽.
272) 모택동은 과도기의 모순을 이렇게 인식했기 때문에 하나의 계급이 다른 하나의 계급을 타도하는, 하나의 제도가 다른 하나의 제도를 타도하는 문화대혁명으로 나아가게 된다.
273) 「사회주의 건설의 대고조」, 『근로자』 1958년 제8호, 권두언 9쪽.

장기적 목표를 파탄시킬 수 있는 것이었다.274) 때문에 북한에서 개인주의와 이기주의, 소극성과 보수주의, 조직 이기주의 등은 사회주의 건설을 저해하는 "주되는 장애물"로 규정되었으며,275) 전체 근로자들을 공산주의 사상으로 철저히 무장시키는 것은 "가장 절박하고도 중요한 과업의 하나,"276) "모든 문제 해결의 기본 고리"로 규정되었다.277) 사상 개조를 통한 새로운 공산주의적 인간형의 창출이었다.

당시까지 일반 대중에게 요구된 것은 사회주의 사상이었으나, 김일성의 1958년 11월 연설을 통해 이제 일반 대중에게도 공산주의 사상이 요구되었다. 당시 당원들에게 가장 중요한 과업이 당적 사상 체계의 확립이었다면, 일반 대중에게 가장 중요한 과업은 공산주의 사상 교양이었다.278) 또 당시까지 보수를 타산하는 사회주의적 노동이 강조되었으나, 김일성의 1958년 11월 연설 이후에는 이제 보수를 타산하지 않는 공산주의적 노동이 요구되었다.279) 여기서 노동에 대한 공산주의적 태도란 국가와 집단의 이익을 위해 자각적이며 적극적으로 일하는 공산

---

274) Allen Kassof, "The Administered Society: Totalitarianism without Terror", *World Politics*, Vol. XVI, No. 4(July, 1964), pp.558~575.
275) 「공산주의 교양을 강화하자」, 『근로자』 1958년 제12호, 권두언 19쪽.
276) 위의 글, 18쪽.
277) 「당적 사상 체계의 더욱 튼튼한 확립을 위하여」, 『근로자』 1959년 제5호, 권두언 5쪽.
278) 위의 글, 2쪽. 북한은 혁명 발전 단계에 따라 실천 활동(생산)과 결부시켜 사상 교양 사업을 단계적으로 심화시켜 왔다. 예컨대 1946년 말부터 건국사상총동원운동이 전개되었는데, 이는 일제 사상 잔재를 청산하고 제국주의와 봉건주의를 반대하는 사상으로 무장시키기 위한 것이었다. 한국전쟁 이후 생산관계의 사회주의적 개조에 착수하면서 북한은 계급 교양과 주체 확립 투쟁을 강화하였으며, 1958년 8월 생산 관계의 사회주의적 개조가 완성된 이후에는 공산주의 교양을 전면적으로 강화하였다. 리능훈, 「공산주의 교양에서 혁명 전통 교양이 가지는 의의」, 『근로자』 1961년 제6호, 46~47쪽.
279) 레닌에 따르면, 공산주의적 노동이란 "사회를 위한 무상 노동"으로서, 그것은 "보수를 타산하지 않는, 보수를 조건으로 하지 않는 노동이다." 「공산주의 교양을 강화하자」, 『근로자』 1958년 제12호, 권두언 23쪽.

주의적 품성을 의미했다.280) 개인주의의 배격과 집단주의의 추구였다. 북한에서 "집단주의"란 공산주의 도덕의 기초로서, "개인의 이익을 사회적 이익에 자각적으로 복종시키는 동지적 협조와 단결의 사상"이었다.281)

3. 천리마작업반운동과 김일성 주체 노선의 확립

1) 정치 도덕적 유인을 우위에 둔 물질적 유인의 결합

이렇듯 1958년 하반기 이후 개인주의를 배격하고 집단주의를 확립하기 위한 공산주의 사상 교양 사업이 강화되어 가는 과정에서, 사상 교양과 실천(노동) 활동이 생산 과정에서 하나로 결합되어 마침내 1959년 3월 '천리마작업반운동'이 시작되었다. 천리마작업반운동은 1959년 2월 17일 강선제강소에 대한 김일성의 현지 지도가 있은 다음, 같은 해 3월 8일 강선제강소 제철직장의 진응원 작업반원들의 발기에 의해 시작되었다.

북한의 설명에 따르면, "천리마작업반운동은 천리마운동의 심화 발전된 형태"로서, 기존의 천리마운동과는 달리 생산 과정에서 근로자들의 집단적 혁신 운동을 공산주의적 인간 개조 사업과 밀접히 결합시킨 것이었다.282) 즉 천리마작업반운동은 기존의 천리마운동과는 달리 생산과 기술뿐만 아니라, 사상, 문화, 도덕 등 사회 생활의 모든 영역을 포괄하는 운동으로서, 생산과 기술에서 모든 성원의 집체적 지혜와 노력을 통해 집단적 혁신을 이룩하며, 사상, 문화, 도덕에서 집단의 교양과

---

280) 김봉섭, 앞의 글, 46쪽.
281) 리흥종, 「사회주의적 생활 태도에 대하여」, 『근로자』 1958년 제7호, 44~45쪽.
282) 로병훈, 「천리마 운동은 우리 인민의 혁명적 의지의 구현」, 『근로자』 1965년 10월(상) 제19호, 49~50쪽.

집단의 방조(지원)를 통해 모든 성원들을 새로운 공산주의적 인간으로 개조하는 대중 운동이었다.

이것은 개인주의와 이기주의를 배격하고 집단의 이익을 위해 공산주의적으로 노동하고 생활하는 집단주의의 실현이었다. 이에 따라 천리마작업반운동은 작업반에서 생산 활동과 공산주의 사상 교양, 자연 개조와 인간 개조를 의식적, 조직적으로 결합시킨 "위대한 공산주의 교양의 학교"로 평가되었다.[283] 이러한 천리마작업반운동은 "근로자들의 노동과 생활에서 일대 전변을 가져온 새로운 군중적 혁신 운동이며, 가장 높은 형태의 사회주의 경쟁 운동"으로 규정되었으며,[284] 또 기존의 천리마운동과는 달리 공업뿐만 아니라 농업, 건설, 운수, 상업, 보건, 과학, 문학, 예술 등 사회 생활의 모든 부분으로 확산되었다.

이와 같은 천리마작업반운동은 다음과 같은 두 가지 중요한 특성을 보여주고 있다. 첫째, 이데올로기의 재발견이었다. 기존의 천리마운동이 개인적인 물질적 이해 관계에 기초한 개인적 혁신 운동이었다면, 천리마작업반운동은 작업반을 단위로 하는 집단적인 물질적 이해 관계에 기초한 집단적 혁신 운동이었다. 또 기존의 천리마운동이 주로 개인을 단위로 하여 이루어졌다면, 천리마작업반운동은 작업반을 단위로 하여 이루어졌다.

그러나 기존의 천리마운동과는 달리 천리마작업반운동의 보다 중요한 특징은 이 운동이 물질적 유인보다 이데올로기를 우위에 두고 있다는 점이다. 즉 천리마작업반운동은 근로자들에 대한 공산주의 교양에

---

[283] 편집국, 「전당이 사람들을 교양 개조하는 사업에 들어섰다」, 『근로자』 1961년 제3호, 7쪽.
[284] 천리마작업반운동은 기존의 천리마운동과는 달리 "인민경제를 급속히 발전시키는 강력한 추동력"일 뿐만 아니라, "자각된 근로자들의 대중적 경제 운영의 훌륭한 방법"이며, "사람들을 새로운 공산주의적 인간으로 개조하는 훌륭한 대중적 교양의 방법"으로 평가되었다. 김일성, 「천리마 기수들은 우리 시대의 영웅이며 당의 붉은 전사이다」(1960. 8. 22), 『김일성저작집 14』, 256~259쪽.

제1차적 의의를 부여하고 사람들을 교양 개조하여 그들의 자각적 열성을 발동시키는 데서 생산에서의 집단적 혁신의 결정적 고리를 찾았다.285) 다시 말해 천리마작업반운동은 자연을 개조하는 노동 과정과 인간의 의식을 개변시키는 교양 과정을 하나로 통일시키고, 생산력 발전의 결정적 고리를 노동자들의 공산주의적 의식을 높이는 데서 찾았던 것이다.286)

이것은 생산관계의 사회주의적 개조 이후 생산력 발전에서 "결정적 역할을 노는 것은 생산자들의 의식"이라는 인식의 대전환에 따른 것이었으며, 이에 따라 북한은 물질적 유인보다 의식성의 역할, 정치 도덕적 자극의 역할에 보다 큰 의의를 부여하였다.287) 유인 체계의 근본적인 대전환이었다. 경제 발전을 추구함에 있어 정치 도덕적 자극(사상, 이데올로기)을 우위에 두고 여기에 물질적 자극을 밀접히 결합시키는 것이 그것이다.

물론 그렇다고 해서 물질적 유인이 약화된 것은 결코 아니었다. 비록 개인적인 물질적 유인에서 집단적인 물질적 유인으로 그 기본 성격에 일정한 변화가 있었지만, 적어도 1960년대 초까지는 물질적 유인 역시 꾸준히 확대되고 있었다. 이데올로기(사상)의 우위성은 상대적인 우위성이었던 것이다. 앞에서 보았듯이 1959년 1월 근로자들의 평균 임금이 40% 인상되는 등 당시 천리마작업반운동은 물질적 유인의 강화와 밀접히 결합되어 추진되었던 것이다. 그리고 1959년 2월 최고인민회의 제2기 제5차회의에서 종래 20.1%였던 농업현물세의 평균 부과율을 8.4%로 인하하는 법령이 채택되었으며, 1960년에는 농민들의 물질적

---

285) 김일성, 앞의 글(1961. 9. 11), 183쪽.
286) 리종수, 「사회주의 건설의 새 임무와 직맹 단체의 교양적 역할」, 『근로자』 1962년 제1호, 38쪽.
287) 홍윤백·신진균, 「청산리 교시에서 구현된 물질적 자극과 사회 도덕적 자극의 결합」, 『근로자』 1961년 제2호, 22쪽.

관심을 더욱 적극적으로 자극하기 위해 '작업반 우대제'가 전면 도입되었다.

작업반 우대제는 작업반을 작업 및 분배의 기본 단위로 하여, 집단의 이익 속에서 개인의 이익을 찾게 하는 집단주의적 원칙에 기초하고 있었다. 작업반 우대제는 작업반의 수입이 개인 수입에 직접적으로 영향을 주기 때문에 모든 개인이 작업반의 공동 노동에 주인의식을 갖고 자각적으로 참가하게 하고,[288] "집단주의 의식을 제고하게 될 것"으로 기대되었다.[289] 요컨대 1958~1959년 당시 북한에서 이데올로기(사상)의 결정적인 역할 강화는 물질적 유인의 강화와 함께 북한 역사상 가장 비약적인 경제 성장을 이룩하던 시기에 이루어졌던 것이다.

2) 공산주의적 인간 개조를 우위에 둔 경제 발전의 결합

그런데 천리마작업반운동의 보다 중요한 특징은 이 운동에서 사람들을 공산주의적으로 개조하는 사업이 단순히 경제 발전을 위한 수단적 가치로만 취급되지는 않았다는 점이다. 사람들을 공산주의적으로 개조하는 사업은 경제 발전을 위한 수단적 가치일 뿐만 아니라, 경제 발전과 구별되는 그 자체 하나의 독자적인 목적적 가치가 되었던 것이다. 천리마작업반운동은 생산에서 집단적 혁신을 위한 대중적인 사회주의 경쟁 운동일 뿐만 아니라, 동시에 동지적 협조와 집단주의에 기초한 공산주의 교양의 학교,[290] 즉 공산주의적 인간 개조 운동이었다. 경제 발전과 공산주의적 인간 개조의 동시적 추구였던 것이다. 이것은 생산과 생활의 기본 단위인 작업반에서 경제 발전이라는 기술적 목표

---

[288] 리석록, 앞의 글, 29~30쪽.
[289] 홍윤백·신진균, 앞의 글, 24쪽. 작업반 우대제가 도입되면서 기존의 작업반들은 자연 부락 단위의 작업반으로 재편성되었다. 같은 글, 20쪽.
[290] 림수웅 편, 『우리나라 사회주의 건설에서의 천리마작업반운동』(평양: 조선노동당출판사, 1961), 4~19쪽.

뿐만 아니라, 공산주의적 인간 형성이라는 인간적 목표를 함께 추구함을 의미한다.

여기서도 특히 주목되는 것은 천리마작업반운동이 경제 발전(기술적 목표) 그 자체보다 공산주의적 인간 개조(인간적 목표)에 선차적인 중요성을 부여하고 있다는 점이다. 이것이야말로 북한 역사에서 가장 중요한 인식의 대전환, 노선의 대전환이었다. 요컨대 천리마작업반운동은 물질, 기술, 경제 그 자체보다 의식(사상, 이데올로기), 인간, 정치에 선차적인 중요성을 부여하였던 것이다. 그렇기 때문에 1961년 1월 23일 평양시 승호구역 리현리 당 총회에서 김일성은, 사람을 공산주의적으로 개조하는 사업에서 얻은 성과는 "황금보다도, 몇 백만 톤의 쌀보다 더 귀중한 것이며 그 무엇과도 바꿀 수 없는 것"이라고 평가하였던 것이다.[291]

김일성에 따르면 "사회주의의 완전한 승리는 사람들의 의식을 사회주의적으로 개조해야만 보장될 수 있"으며,[292] "모든 사람들을 공산주의적으로 개조하지 않고서는 공산주의 사회를 건설할 수 없다"는 것이었다.[293] 때문에 1962년 11월 13일 평남도내 당 및 농촌 경리 부문 일군 협의회에서 김일성은, 사회주의 완전 승리, 즉 협동적 소유를 전인민적 소유로 전환하기 위해서는 농촌 경리를 전면적으로 기계화하고 공산주의 교양을 통해 농민들의 의식을 개조해야 한다고 지적하였다.[294]

공산주의적 인간 개조를 앞세워 여기에 경제 발전을 밀접히 결합시켜 양자를 동시적으로 추구함으로써 공산주의를 실현한다는 것, 바로

---

[291] 김일성, 「당 사업에서 주되는 것은 모든 사람을 교양하고 개조하며 단결시키는 것이다」(1961. 1. 23), 『김일성저작선집 3』, 8쪽.
[292] 김일성, 앞의 글(1958. 8. 9), 10~11쪽.
[293] 김일성, 「천리마 시대에 맞는 문학예술을 창조하자」(1960. 11. 27), 『김일성저작선집 2』, 583쪽.
[294] 김일성, 「군협동농장경영위원회를 더욱 강화 발전시킬 데 대하여」(1962. 11. 13), 『김일성저작선집 3』, 446쪽.

이것이야말로 김일성 '주체 노선'의 핵심이었으며 천리마운동, 특히 천리마작업반운동의 역사적 총결이었다. 이것은 이데올로기와 인간적 목표를 형해화하고 순수 기술적 목표에서 물질적 유인을 통해 경제 발전을 추구한 스탈린의 발전 모델과는 전혀 다른 것이었다.

스탈린은 제1차 5개년 계획(1928~1932) 시기부터 급속한 경제 발전을 위해 이데올로기의 역할을 쇠퇴시키면서 1930년대 중반 이후 식량 배급제를 폐지하고 스타하노프 운동을 시작하는 등 개인적인 물질적 유인을 갈수록 고도화시켰는데, 이것은 스탈린 사후에도 계승되어 그 후계자들에 의해 더욱 강화되었다.[295] 스탈린은 조직 내 개인의 의식을 변형시킬 필요성을 이해하지 못하였으며, 물질적 인센티브의 무제한 사용과 같이 모든 정책은 급속한 경제 발전에 대한 영향력으로 판단되고 공산주의의 실현은 경제 발전의 자동적인 부산물로 간주되었으며, 대중의 경제적 생활 수준의 향상은 대중의 사회주의 의식의 고양을 가져올 것으로 평가되었다.[296]

이것은 생산력이 생산 관계를 규정하고 토대가 상부 구조를 규정하며 사회적 존재가 사회적 의식을 규정한다는 맑스레닌주의에 의해 이데올로기적으로 정당화되었다. 사회 변화와 혁명의 이데올로기로서 맑스레닌주의가 그 본연의 기능과 역할을 상실하고 발전 이데올로기, 근대화 이데올로기, 정당화 이데올로기로 전락하였던 것이다.[297] 이와 같은 스탈린의 경제주의적 발전 전략은 스탈린 사후 그 후계자들에 의해 더욱 심화되었다.

스탈린 사후에도 소련 당국은 유물론에 바탕하여 사회 관계 변화는

---

[295] Richard Lowenthal, op. cit., pp.74~77.
[296] 폴 M. 스위지, 「사회주의로의 이행」, 박성규 편역, 『사회주의 이행 논쟁』(들녘, 1989), 122~131쪽.
[297] 이때 사회주의·공산주의 노선은 단순히 근대화 혹은 산업화 전략의 한 모델로 전락하게 된다. 다시 말해 사회 혁명을 위한 공산주의가 아니라, 산업화를 위한 공산주의적 발전 모델로 취급되는 것이다.

기본적으로 기술 변화에 의존한다고 강조하며, 인간 관계의 심각한 변화라는 희생을 무릅쓰고 경제 효율성을 추구하였던 것이다.[298] 적어도 브레즈네프 시대까지 소련에서 "스탈린 시대에 이루어진 정치·경제 체제가 본질적으로 변화된 것은 아무 것도 없(었)다."[299] 그러나 김일성의 발전 전략은 경제 발전 목표나 실용주의적 목표 그 자체보다 공산주의적 인간 개조라고 하는 이데올로기적 목표를 우위에 두는 것이었다. 요컨대 흐루시초프 이후 소련은 여전히 스탈린식 모델을 고수하였으나, 1959년 이후 북한은 소련으로부터 이탈하였을 뿐만 아니라 스탈린식 모델로부터도 이탈하고 있었다는 것이다.

물론 당시 김일성의 발전 전략은 모택동의 발전 전략과 일정한 유사점이 있다. 그러나 김일성은 모택동과 달리 이데올로기적 목표와 인간적 목표를 절대화하지 않고 실용주의적 목표와 기술적 목표를 결코 경시하지 않았다는 점에서 모택동과 큰 차이가 있다. 중국은 1970년대까지 유토피아 대 발전 사이를 계속 요동해 왔다. 대약진 운동과 문화대혁명을 제외하면, 중국은 소련과 같이 경제 발전 우위의 공산주의 건설 노선을 추구해 왔다.

이에 반해 대약진 운동과 문화대혁명은 경제 발전 우선의 소련식 발전 모델에 대한 반동으로서 급진적인 유토피아 노선을 추구하는 것이었다. 소련식 발전 모델은 모택동주의자들에게 자본주의의 복원으로 비쳐졌다.[300] 스탈린식 발전 모델에 따라 추진된 중국의 제1차 5개년 계획(1953~1957, 중공업 우선)이 기술 합리적 관점에서 순수하게 경제 발전을 추구하였다면, 이에 대한 반동으로서 1958년 모택동에 의해 시

---

[298] 바질 께르블레, 최재현 역, 『오늘의 소련 사회』(창작과 비평사, 1988), 286~287쪽.
[299] V. 자슬라프스키, 앞의 책, 175쪽.
[300] 1971년 1월 13일자 『르몽드 위클리』에 따르면, 임표는 10월 혁명 제15차 기념식에서 "소련과 다른 일부 사회주의국가에서의 자본주의의 복원은 지난 50년 동안의 국제 공산주의 운동사에서 이끌어 낼 수 있는 가장 중요한 교훈이다"라고 말했다. 폴 M. 스위지, 앞의 글, 123~124쪽.

작된 대약진 운동은 경제 발전에 정치 발전과 사회 발전까지 고려한 이데올로기적 관점을 개입시키고 있다.[301] 이것은 북한의 천리마작업반운동과 유사하다. 하지만 북한과 달리, 중국의 대약진 운동은 이데올로기의 과잉이었다.

모택동은 인간의 의식이 경제 발전과 사회 변화를 위한 결정적인 요인이 될 수 있다는 신념에 기초하여, 대중의 의식과 물질적 조건을 고려하지 않고 생산력의 발전 단계를 단숨에 뛰어 넘어 공산주의로의 즉각적인 도약을 추구하였다. 사회주의 단계를 뛰어 넘어 농촌 콤뮨을 추구한 농촌인민공사화운동은 그 상징적인 표현이었다. 모택동은 대약진 운동에서 기층의 생산 관계를 변형시켜 경제 조직이자 생산자 대중의 정치 조직인 인민공사를 통해, 관료화된 국가 행정 관료 조직에 대항하면서 공산주의로의 이행이라는 유토피아 이데올로기를 실현해 보고자 하였던 것이다.

모택동은 대중의 각성(의식) 수준을 훨씬 벗어나 대중의 공산주의적 의식이 아직 부족함에도 불구하고 대중 동원의 방식으로 인민공사화 운동을 급진적으로 추진하였으며, 물질적 자극은 불필요할 뿐만 아니라 바람직하지도 않다고 주장하며[302] 극단적인 평균주의적 분배를 실시하였다. 이데올로기적 목표와 수단이 절대화되고, 실용주의적 목표와 수단이 배격되었던 것이다. 그러나 그 결과는 경제 발전의 침체와 혼란이었다. 결국 대약진 운동은 심각한 경제 위기와 함께 좌경적 오류로 비판되었다.[303] 모택동의 유토피아 이데올로기는 문화대혁명에서 더욱 극단적인 형태로 표출되었다.

---

[301] Franz Schurmann, op. cit., p.76.
[302] James C. F. Wang, 앞의 책, 36쪽. 당시 모택동은 인민공사의 실현을 곧 공산주의 사회의 실현으로 보고, 개인 텃밭마저 인민공사의 공동소유제로 전환시켰다.
[303] 중국공산당 중앙문헌연구실 편, 「중국공산당의 역사 문제에 관한 결의」, 허헌 역, 『정통 중국 현대사』(사계절, 1990), 298~322쪽.

그러나 김일성의 발전 전략은 물질적 조건과 의식(이데올로기), 경제 발전 목표와 이데올로기적 목표를 결코 대립시키지 않았으며, 물질적 조건과 의식, 경제 발전 목표와 이데올로기적 목표 가운데 그 어느 것도 절대화하지 않았다. 소련이나 중국과 달리, 김일성의 발전 전략은 인간의 의식과 이데올로기적 목표를 우위에 두고 여기에 물질적 조건과 경제 발전 목표를 밀접히 결합시키는 것이었다. 양 극단의 배제였다.

3) 빨치산 노선의 재발견과 생산에서 혁명 전통의 복원

천리마작업반운동의 중요한 특성은 둘째, 항일 빨치산 노선의 재발견이었다. 천리마작업반운동은 개인주의, 이기주의를 배격하고 생산과 생활에 있어 상호 동지적 협조와 단결에 기초한 집단주의를 추구하는 대중운동이었다. 이와 같은 집단주의적·공산주의적 인간형의 최고 모범은 항일 빨치산이었다. 때문에 천리마작업반운동은 항일 빨치산의 혁명 전통을 계승하고 배우는 것을 중요한 과업으로 제기하였다.[304]

항일 빨치산의 혁명 전통을 계승한다는 것은 항일 빨치산의 사상 체계와 사업 방법과 사업 작풍을 계승한다는 것을 의미했다. 당시 북한이 계승해야 할 "유일 전통"으로 규정된 항일 빨치산의 혁명 전통에서 무엇보다 강조된 것은 첫째, 친형제들보다 더 화목한 동지적 협조와 단결의 사상 둘째, 곤란을 극복하는 백절불굴의 혁명 정신이었다.[305] 북한의 설명에 따르면, 항일 빨치산은 지도와 대중간의 동지적 우애와 단결의 전통을 확립하였으며, 곤란 앞에서도 동요를 모르고 곤란을 극복하는 불요 불굴의 투쟁 정신의 전통을 확립하였던 것이다.[306]

---

[304] 『노동신문』, 1959년 3월 18일.
[305] 김일성, 앞의 글(1958. 2. 8), 310~316쪽.
[306] 김시중, 「우리 당이 계승한 빛나는 혁명 전통」, 『근로자』 1958년 제7호, 14~15쪽.

이와 같은 항일 빨치산의 혁명 전통 교양은 김일성을 수반으로 하는 당 중앙위원회를 견결히 보위하고 그 노선과 정책을 옹호 관철하기 위해 "헌신적"으로 투쟁하는 정신을 배양하기 위한 것이었으며,[307] 궁극적으로는 빨치산처럼 사고하고 행동하는 새로운 공산주의적 인간을 육성하기 위한 것이었다.[308] 북한에서 항일 빨치산은 집단을 위한 개인적 헌신의 '화신'이었던 것이다.

이러한 혁명 전통을 계승하여 집단주의적 헌신성을 유감없이 발휘한 가장 모범적인 사례는 길확실이었다. 평양제사공장 천리마작업반장 길확실은 자신의 작업반을 천리마작업반으로 만들어 놓은 다음, 자진하여 일도 몇 곱절 힘들고 수입도 훨씬 떨어지는 가장 낙후한 작업반으로 옮겨가서, 과거에 생산 계획을 70%밖에 수행하지 못하던 이 작업반을 140%의 생산 계획을 수행하는 천리마작업반으로 만들어 놓았다. 길확실의 모범은 집단을 위한 개인적 헌신의 대표적인 사례로서 대대적으로 선전되었다. 또 아오지탄광의 2중천리마작업반장 이승환은 항일 빨치산의 혁명 전통으로 청년들을 교양하여 한달에 5천 톤의 석탄을 생산하던 것을 1만 톤 이상으로 높이는 등 생산에서 획기적인 성과를 거두었다.[309]

천리마작업반운동을 통해 항일 빨치산의 혁명 전통이 공산주의 사상 교양에서 한걸음 더 나아가 마침내 생산 활동(실천)과 직접적으로 결합되어 물질적 힘으로 전화되었던 것이다.[310] 이에 따라 경제 발전에 있어 혁명 전통에 보다 적극적인 의미와 역할이 부여되었다. 생산 활동과 혁명 전통의 직접적인 결합이었다. 원래 빨치산 노선, 빨치산

---

[307] 리능훈, 앞의 글, 47쪽.
[308] 오제룡, 「혁명 전통 교양의 위대한 생활력」, 『근로자』 1961년 제3호, 11쪽.
[309] 김일성, 앞의 글(1960. 8. 22), 258~259쪽.
[310] 예컨대 개성시 당위원회가 혁명 전통과 생산 실천을 결합하여 경제적 성과를 달성한 경험에 대해서는 오제룡, 앞의 글, 9~16쪽 참조.

의 투쟁 정신과 투쟁 방법은 권력 장악을 위한 혁명 투쟁의 논리, 정치 투쟁의 논리였다. 때문에 혁명 세력이 권력을 장악했을 때, 그들은 국가를 관리 운영하고, 경제 발전과 사회 변화 등 새로운 사회 건설을 위해 필요한 수단과 방법을 갖고 있지 못했다.

때문에 김일성은 1945년 이후 새로운 사회 건설과 관련하여, 항일 빨치산의 노선을 버리고 스탈린식 발전 모델을 도입하였다. 1949년 이후 연안 시대의 노선을 버리고 스탈린식 발전 모델을 도입한 중국의 모택동도 마찬가지였다. 스탈린의 모델은 새로운 사회 건설과 경제 발전을 추진함에 있어, 당시 세계 유일의 모델이었다. 그러나 1956년 이후 북한과 중국은 기존의 스탈린 모델에서 이탈하여 점차 자신의 독자 노선을 모색하게 되는 데, 그것은 혁명 이전으로의 회귀, 즉 김일성은 빨치산 노선으로, 모택동은 연안 시대의 노선으로 회귀하는 것이었다. 이데올로기의 재발견에 기초한 빨치산 노선의 현재적 복원이었다.

이에 따라 혁명과 정치 투쟁의 논리가 혁명 이후 새로운 사회 건설과 경제 발전에 그대로 적용되었다. 빨치산의 투쟁 정신과 투쟁 방법으로 새로운 사회를 건설하고 경제 발전도 추진해 나간다는 것이 그것이었다. 이와 같은 혁명 전통의 현재적 복원으로서 혁명 전통 계승은 권력 장악을 위한 정치 투쟁의 방법과 권력 장악 이후 새로운 사회 경제 건설 방법의 합치를 의미했다. 그렇기 때문에 가령 김일성은, "군중 노선에 의거한 사업 방법, 다시 말해 정치 사업을 앞세워 군중을 동원하는 사업 방법은 혁명 투쟁에서나 경제 건설에서나 꼭같이 필요한 것"이라고 역설하였던 것이다.[311]

이에 따라 1959년 이후 빨치산과 군대식 사업 방법과 체계가 당 사업과 행정 경제 사업에 전면적으로 도입되었다. 정치 사업 우선 노선과 청산리 방법, 당위원회 제도와 대안의 사업 체계, 새로운 자재 공급

---

[311] 김일성, 「지도 일군들의 당성, 계급성, 인민성을 높이며 인민 경제의 관리 운영 사업을 개선할 데 대하여」(1964. 12. 19), 『김일성저작선집 4』, 167쪽.

체계, 기업 관리의 정규화 방침, 당 회의 방식과 조직 규율 강화 등이 모두 그러한 것이었다. 김일성은 생산을 지도하는 데서도 군대에서 하는 지도 방법을 본받을 필요가 있으며,312) 경제 기관과 경제 지도 일군들은 군대에서 배워야 한다고 역설하였다.313) 당 사업 역시 이와 마찬가지였다. 김일성은 모든 사업의 전범(典範)을 빨치산과 군대에서 찾았던 것이다. 항일 빨치산의 혁명 투쟁이 이데올로기(의식, 사상)와 정치에 의해 추동되며 상호 동지적 협조와 단결에 기초하고 있다는 점에서, 생산에서 혁명 전통의 복원은 생산에서 빨치산식 이데올로기(의식, 사상)와 정치의 복원이었으며, 빨치산식 집단주의의 복원이었다.314)

이렇듯 집단주의적 인간(의식) 개조와 이데올로기(사상)의 중요성이 부각됨에 따라, 공산주의 사상 교양 사업은 북한의 모든 주민들을 대상으로 하여 전사회적 차원에서 전면적으로 전개되었다. 이데올로기화된 사회, 정치화된 사회였다.

4. 김일성 주체 노선의 제도화와 당의 역할 강화

1) 정치 사업 우선과 당위원회 제도

김일성의 주체 노선은 천리마작업반운동과 더불어 1959년 하반기를

---

312) 김일성, 「국가 경제 기관들의 관료주의를 없애고 일군들의 당성, 계급성, 인민성을 더욱 높이자」(1965. 1. 3), 『김일성저작집 19』(평양: 조선노동당출판사, 1982), 31쪽.
313) 김일성, 「지도 일군들의 사업 방법을 개선하며 지도 수준을 더욱 높일 데 대하여」(1966. 4. 1), 『김일성저작집 20』(평양: 조선노동당출판사, 1982), 319쪽.
314) 혁명 전통 교양은 항일 빨치산의 최고 지도자 김일성의 권위를 절대화하고, 김일성에 대한 개인 숭배심을 조장하였을 것이다. 한국전쟁을 거치면서 항일 빨치산의 주도하에 군부를 중심으로 점차 당·정으로 확산되어간 김일성 개인숭배는 천리마작업반운동을 통해 생산과 혁명 전통이 결합됨으로써 생산 혁신자들에 의해 대중적으로 확산되어 나갔던 것이다.

지나면서 제도화되기 시작하였다. 정치 사업을 모든 사업에 선행시키며 당위원회 제도와 청산리 방법을 도입한 것 등이 그것이다. 이러한 제도 변화는 행정 경제 사업에 대한 당적 지도를 더욱 강화하며, 당 사업 체계와 방법을 개선함으로써 당의 지도 수준을 제고하기 위한 것이었다. 북한은 1957~1958년 기간 동안 당적 사상 체계와 당적 지도 체계를 확립하는 데 주력해 왔다면, 1959년 이후에는 당 사업 체계와 방법을 개선하는 데 주력하였다.

특히 북한은 당시 경제 건설을 더욱 촉진하는 기본 고리를 "경제 사업에 대한 당적 지도를 결정적으로 개선하는 데"서 찾았으며,315) 그에 따라 "생산의 모든 문제를 당적 통제 하에" 두고자 하였다.316) 먼저 1959년 8월 당 중앙위원회 상무위원회는 정치 사업을 모든 사업에 선행시킬 데 대한 결정을 채택하였다.317) 정치 사업의 선행이란 사람들을 공산주의 사상으로 교양 개조하여 당 정책 집행에 그들의 자각적 열성을 조직 동원하는 사업에 제1차적 중요성을 부여하는 것으로서, 이는 행정 경제 사업에 대한 당적 지도를 더욱 강화하는 것이었다.

나아가 1959년 12월에서 1960년 1월 사이에 행정 경제 사업 등 모든 부문에 대한 당적 통제를 결정적으로 강화하는 조치가 취해졌다. 먼저 1959년 12월 당 중앙위원회 확대 전원회의는 지배인이 아니라 공장당위원회를 공장 내 최고 지도 기관으로 규정하고, 생산과 관련된 모든 중요한 문제들을 공장당위원회에서 결정하고, 그 결정에 따라 공장당위원회의 지도하에 공장 지배인은 행정 경제 사업을 집행하고 공장 당위원장은 당 사업을 하도록 조치하였다.

---

315) 김초석, 「정치 사업과 경제 사업의 밀접한 결합을 위하여」, 『근로자』 1959년 제6호, 15쪽.
316) 김일성, 「조선노동당 중앙위원회 1959년 2월 전원회의에서 한 결론」(1959. 2. 25), 『김일성선집 6』, 258쪽.
317) 김창모·김영찬, 앞의 글, 17쪽.

공장 기업소의 경우, 이러한 당위원회 제도는 기업 내 정책 결정권을 당 조직에 부여하였다는 점에서 스탈린의 유일관리제와 구별되지만, 여전히 지배인 유일관리제가 유지되고 있다는 점에서 당위원회를 최고 지도 기관으로 하는 중국의 관리자(공장장) 책임제와 유사한 것이었다. 1956년에 도입된 중국의 이 제도는 당의 집단적 지도와 관리자의 개별적 책임을 결합시킨 것으로서, 당위원회가 정책을 집단적으로 결정하고 관리자가 그것을 집행하는 구조였다. 물론 일상적인 업무는 관리자의 책임이었다.

이것은 1959년 12월에 도입된 북한의 기업 관리 제도와 유사한 것이다. 그러나 중국의 경우 1958년 대약진운동이 추진되면서, 당 조직이 기업의 운영(집행) 권한까지 장악하여 당위원회가 정책을 결정하고 당 간부가 이끄는 생산팀에 의해 그것이 집행되는 체계로 전환되었다. 대약진 기간 동안 관리란 존재하지 않았다.[318] 이것은 관리를 배제하지 않았던 북한과 다른 점이며, 기사장의 기술적 지도를 더욱 강화한 북한의 대안의 사업 체계와도 전혀 다른 것이었다.

그리고 1960년 1월 15일 당 중앙위원회 상무위원회는 사회 전반에 대한 당적 통제를 더욱 강화하기 위한 결정을 채택하였는데, 국가 기관 및 경제, 문화 기관, 근로 단체 등 모든 기관과 단체들이 예외없이 해당 단위 당위원회의 통제 밑에서 사업하도록 한 것이 그것이었다.[319] 당위원회 제도는 인민군대에서 먼저 도입 실시된 것이었다. 당위원회 제도가 도입됨에 따라, 각급 당위원회들이 해당 단위의 최고 지도 기관으로서 모든 문제들을 당위원회에서 집체적으로 토의 결정하고 이 결정에 의거하여 모든 일군들이 자기 사업을 조직 집행하게 되었으며, 공장에서는 공장당위원회가 생산을 포함한 공장의 모든 사업에 대해

---

[318] Franz Schurmann, op. cit., p.225 · 285 · 293 · 297.
[319] 김영남, 앞의 글, 17~18쪽. 당위원회의 집체적 지도는 인민군대에서 먼저 도입 실시된 것이었다.

전적으로 책임지게 되었다.320) 이와 같이 각급 당위원회를 해당 단위의 최고 지도 기관으로 한 것은 군대, 국가, 경제, 문화, 근로 단체 등 모든 부문에 대한 당 중앙위원회의 통일적 지도를 강화하고, 당 정책을 철저히 관철하기 위한 것이었다.321)

이러한 과정을 거치면서 행정 경제 사업에 있어, 행정·경제 기술적 지도보다 당적·정치적 지도가 제도적으로 확고히 우위에 서게 되었다. 즉 국가의 행정·기술 사업보다 당 정치·사상 사업이 우위에 서고, 국가 행정 관료 조직보다 당 조직이 우위에 서고, 기술 관료보다 당 간부가 우위에 서게 되었던 것이다. 또 간부 선발과 배치에서도 능력과 전문성(전)보다 당성(홍)이 1차적 기준이 되었으며, 대중 동원에 있어서도 물질적 유인보다 정치 도덕적 유인(이데올로기)이 우위에 서게 되었다.

물질적 유인이 국가 관료 조직에 보다 많은 권한을 부여하는 것이라면, 정치 도덕적 유인(이데올로기)은 당 조직에 보다 많은 권한을 부여하는 것이었다. 당 조직을 통한 경제 발전의 추구로서, 당－정 관계의 근본적인 재편성이었다. 1957년 이후 핵심 당원을 기축으로 초급 당 조직과 각급 지도 기관을 재구성하고 기층 당 조직에 이르기까지 각급 당 조직에 대한 당 중앙위원회의 중앙집권적인 지도 통제 체계를 확고히 구축한 것은, 1959년 하반기 이후 당위원회 제도를 통해 행정 경제 사업 등 모든 사업에 대한 당적 지도 체계를 확고히 보장할 수 있는 조직적 기반이 되었으며, 당적 사상 체계는 그 사상적 기반이 되었다.

그런데 당시 당위원회 제도의 확립은 행정 경제 사업에 대한 당적 통제를 강화하는 것일 뿐만 아니라, 특히 당 정책 집행에서 집체적 지도를 강화함으로써 당위원장 등 어떤 개별적 당 일군들의 주관과 편

---

320) 김창모·김영찬, 앞의 글, 17쪽.
321) 장종엽, 「우리 당에 의한 레닌적 당 건설 원칙의 창조적 구현」, 『근로자』 1962년 제4호, 60쪽.

견, 독단과 전횡에 의해 당 정책이 왜곡되거나 그 집행이 저해되는 현상을 근절하기 위한 것이었다. 행정 경제 사업에 대한 당적 지도란 당 간부의 개별적 지도가 아니라 당위원회의 집단적 지도인 동시에 군중 노선에 입각한 대중적 통제였던 것이다.[322] 북한이 추구하는 리더십은 개인적·개별적 리더십이 아니라 집단적·조직적 리더십이었다.

2) 청산리 방법과 지방 분권화

하지만 당위원회 제도를 통해 행정 경제 사업에 대한 당적 통제는 강화되었지만, 당 조직의 지도 수준을 제고하는 문제는 결코 쉬운 일이 아니었다. 행정식 방법, 명령식 방법에 기초한 당 관료주의가 계속되었던 것이다. 당시 형식주의와 행정식 관료주의는 군당위원회와 군인민위원회 사업에서 집중적으로 드러났다.[323]

이에 따라 1960년 2월 김일성의 강서군 청산리 현지 지도를 계기로 하여, 관료주의와 형식주의를 극복하기 위한 새로운 당 사업 체계와 방법이 도입되었다. 이른바 '청산리 방법'이 그것이다. 당위원회 제도가 정치 사업 우선 노선의 제도화, 집체적 지도 원칙의 제도화였다면, 청산리 방법은 정치 사업 선행에 기초한 군중 노선의 제도화이자 빨치산식 사업 방법의 제도화로서 '아래로 내려가는 사업 체계'였다.

즉 청산리 방법이란 아래 사람들에게 관료주의적으로 내리 먹이는 것이 아니라 밑에 내려가 도와주며 걸린 문제를 해결해 주는 방법으로서,[324] 중앙이 도를, 도가 군을, 군이 리를 도와주며 지도를 하부에, 생

---

[322] 「사회주의 경제 건설에 대한 당 단체들의 조직 지도적 역할을 더욱 제고하자」, 『근로자』 1959년 제8호, 권두언 4~5쪽 ; 김초석, 앞의 글, 52쪽.
[323] 「당 사업 체계와 방법을 결정적으로 개선하자」, 『근로자』 1960년 제3호, 권두언 16~19쪽.
[324] 편집국, 「청산리 방법은 사회주의 건설을 촉진하는 위력한 무기이다」, 『근로자』 1963년 2월(상) 제3호, 11쪽.

산 현장에 접근시키고 일군들이 군중 속에 들어가게 하는 사업 체계였다.[325] 또 청산리 방법은 모든 지도 간부들이 하부에 내려가 대중 속에 들어가서 대중과 상론하고 대중의 의견을 지도에 적극 반영하며 하부 실정을 구체적으로 요해하고 대중을 당 정책 관철에로 조직 동원하는 것이었다.[326] 이러한 청산리 방법은 당의 사업 체계와 방법을 전면적으로 개선하고 그 지도 수준을 현저히 제고하는 결정적인 계기가 된 것으로 평가되었다.[327]

한편 행정 경제 사업에 대한 당적 통제가 강화됨에 따라 당-정 관계 뿐만 아니라, 중앙 정부와 지역 정부 사이의 권력 구조도 재편성되었다. 앞에서 보았듯이 1950년대 북한 경제는 유일관리제와 생산 부문별 경제 관리 체계에 기반한 중앙 집중적인 계획 경제 제도에 의해 운용되어 왔으며, 그 주도 세력은 국가 행정 관료 조직이었다. 이와 같은 중앙 집중적인 계획 경제 제도는 거시 경제와 미시 경영 등 인민 경제의 주요 의사 결정 권한을 중앙 계획 당국에 집중시킴으로써 국가의 자원 추출 능력을 강화하고 그것을 중공업과 같은 투자 우선 순위에 집중 동원하는 것을 가능하게 하는 제도적 장치로 평가된다.

그러나 1950년대 후반 천리마운동의 전개 과정에서 행정 경제 사업에 대한 당적 지도와 통제가 점차 강화되어 감에 따라 중앙 정부의 권한이 점차 약화되고 지방 당 조직과 지방 정부의 권한이 점차 강화되었다. 일종의 행정적인 지방 분권화 현상이었다. 이러한 행정적 분권화는 주로 공업 성 및 관리국들을 통합 간소화하고 지방 공업 관리 체계를 확립한 단계와 중공업 및 경공업 위원회와 도경제위원회를 조직하고 정비한 두 단계를 거쳐 진행되었다.[328]

---

[325] 신진균·리능훈, 「맑스 레닌주의적 당 사업 방법의 전면적 확립」, 『근로자』 1961년 제8호, 36쪽.
[326] 김창모·김영찬, 앞의 글, 19쪽.
[327] 신진균·리능훈, 앞의 글, 38쪽.

먼저 1958년 이후 종래 중앙 기관이 직접 관리하던 행정 경제 사업을 지방 정권 기관으로 이관하여 지방 정권 기관의 사업 범위와 권한을 확대하는 조치가 취해졌다.329) 특히 1959년 8월 당 중앙위원회 상무위원회 확대회의는 현존 공업 관리 체계를 개편하여 중앙 공업 체계와 함께 지방 공업 체계를 확립할 것을 결정하였다. 과거에는 주로 생산적 표식에 의한 부문별 관리 체계가 압도적으로 우세하였으나, 1959년 이후 지방 공업 체계가 도입됨에 따라 지역적 표식에 의한 관리 체계가 강화되었으며, 그 결과 중앙 공업 관리 체계와 지방 공업 관리 체계가 배합되게 되었다. 이에 따라 각 도에는 기계 설비, 철재, 건재, 연료 등을 자체로 해결할 수 있는 권한이 부여되었으며, 지방 공업에서 생산된 생산물을 기본적으로 지방적 수요에 충당하기 위하여 자체로 처분할 수 있는 권한이 부여되었다. 지방 공업에 대한 지방 정권 기관의 기능과 역할 강화였다.330)

그리고 1959년 8월 내각 전원회의 결정에 따라 노동성, 지방행정성, 사법성, 검열성이 폐지되고, 종래 노동성에서 수행하던 노동기준량과 임금 사정 작업 등 노동 행정 사업의 일부 기능이 직맹 중앙위원회로 이관되었다.331) 나아가 1959년 12월 당 중앙위원회 확대 전원회의는 지방 정권 기관들의 기능과 역할을 더욱 강화하는 조치를 취하였는데,332) 1960년 초에 조직된 도경제위원회와 중공업 및 경공업 위원회가 그것

---

328) 박영근, 「우리나라에서 공업 관리 체계의 개선 강화」, 『근로자』 1961년 제8호, 79쪽.
329) 김정기, 「지방 정권 기관들의 사업을 새 임무의 수준에로 제고하자」, 『근로자』 1959년 제2호, 90쪽.
330) 김상학・박영근, 「현 시기 공업 관리 체계 개편의 객관적 필연성과 그의 인민 경제적 의의」, 『근로자』 1959년 제9호, 27~32쪽.
331) 『노동신문』, 「공화국 내각에서 지방공업 체계를 확립하며 중앙 성(국)들의 기구와 관리체계를 개편할 데 대한 결정을 채택」, 1959년 9월 2일.
332) 윤종섭, 「사회주의 건설의 현 단계에 있어서 지방 정권 기관들의 기능과 역할」, 『근로자』 1959년 제12호, 21쪽.

이다. 먼저 1960년 4월 중앙 공업성들이 통합되어 중공업위원회와 경공업위원회가 조직됨에 따라 종전의 금속, 동력, 화학, 기계 및 경공업성들이 폐지되고 많은 관리국들이 통합 축소되었다.

한편, 도경제위원회가 조직됨에 따라 중앙 기관으로부터 많은 관리 및 기술 간부들과 일부 중앙 공업 기업소들이 도경제위원회 산하로 이관되었다. 경제 관리에 있어 각 도의 권한과 역할 강화였다. 이것은 중앙 공업 관리 체계와 지방 공업 관리 체계가 병존하던 체계로부터 이 양자에 대한 통일적 지도를 강화하는 체계로의 전환을 의미했으며, 생산 부문별 관리 체계와 지역별 관리 체계를 결합하는 것이었다.[333] 1950년대 후반에 이루어진 이와 같은 일련의 분권화 조치는 지방 공업을 중심으로 한 소비재 생산의 급속한 성장을 배경으로 하는 것이었으며, 다시 이러한 분권화 조치는 지방 공업을 비롯한 소비재 생산의 발전에 기여하는 것이었다. 1957년을 100으로 할 때 지방공업 생산액은 1958년 171, 1959년 340, 1960년 423, 1961년 500으로 성장하였다.[334]

---

[333] 김상학, 「인민 경제 발전에서 도경제위원회의 역할」, 『근로자』 1960년 제7호, 15~17쪽. 북한의 경제 관리 체계는 중앙집권적 지도를 전제로 하여 지방적 창발성이 추구되며, 생산적 표식(부문별 관리)을 기본으로 하여 여기에 지역적 표식이 결합된다. 이것은 전국적 견지에서 중심고리에 역량을 집중하고 부문 간 또는 기업소간 균형을 보장하기 위한 것이었다. 김종완·김정일, 「우리나라에서의 사회주의 건설과 경제 관리 체계」, 『근로자』 1963년 9월(상) 제17호, 40쪽. 북한은 지역별 균형보다 부문간·기업소간 균형을 우선시하고 있었던 것이다.

[334] 박룡성, 「지방 공업의 확고한 토대 축성과 새로운 발전 단계」, 『근로자』 1962년 9월(하) 제15호, 18쪽.

제3장

1960년대 경제 위기와 수령 체제의 확립

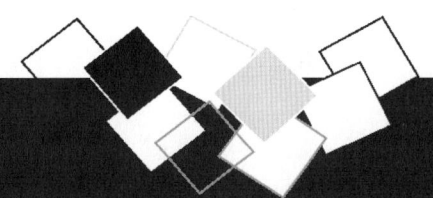

제1절 외연적 성장 전략과 내포적 성장 전략

일반적으로 사회주의 계획 경제의 성장 패턴은 국가의 자원 동원 능력에 힘입어 초기에 고도 성장을 이룩한 후 곧 제도적 비효율성으로 인해 성장의 둔화·침체 현상을 겪게 되는 것으로 알려져 있다. 북한 역시 예외가 아닌 듯하다. 북한 경제의 초기 고도 성장 후 성장의 둔화 현상은 1950년대를 거쳐 1960년대 들면서 표출되기 시작했다.

즉 북한은 전후 복구 발전 3개년 계획(1954~1956년)을 완수한 이후, 1957년부터 사회주의 공업화 전략을 추진하였는데, 그것은 2단계로 나누어 진행되었다. 1단계는 사회주의 공업화의 기초 축성 단계로서 제1차 5개년 계획(1957~1960년)이 그것이며, 2단계는 전면적 공업화 단계로서 제1차 7개년 계획(1961~1970년)이 그것이었다. 그런데 이러한 공업화 전략의 제1단계에서 북한은 비교적 높은 경제 성장률을 달성하였으나, 제2단계에서는 그 실행 기간이 3년간 연장되는 등 적지 않은 난관에 직면하였으며 경제 성장률도 크게 둔화되었다.

북한의 발표에 따르면, 제1차 5개년 계획 기간(1957~1960년) 동안 북한의 공업 생산액은 연평균 36.6%의 높은 성장률을 기록하였다. 제1차 5개년 계획은 1959년까지 계획에 예견된 기본 건설비의 70%밖에 투자하지 않았지만, 1959년에 이미 1961년까지의 5개년 계획 목표를 15% 초과 달성하였다. 특히 1959년 상반기 동안 북한의 공업 생산은 천리마작업반운동에 힘입어 1958년 같은 기간에 비해 무려 75% 성장하였다.[1] 이러한 성과는 농업(농민)의 일정한 희생을 바탕으로 한 투자와 고용 확대, 소비재 생산 증대와 물질적 인센티브에 기초한 대중 운동(천리마운동) 등에 의해 가능했던 것으로 평가된다. 그러나 1960년대 북한 경제는 1950년대와는 전혀 다른 상황에 직면하게 된다. 그동안 잠재되어 있던 사회주의 계획 경제의 내적 한계가 1960년대 들면서 점차 드러나기 시작한 것이다.

1. 외연적 성장의 한계와 경제 효율성 저하

북한 경제의 내적 한계는 1959년 하반기를 지나면서 이미 표출되기 시작했다. 그것은 무엇보다 외연적 성장 방식의 한계에 따른 투자 효율성 저하로 나타났다. 그 현상 형태로 볼 때, 1960년대 북한 경제의 가장 큰 문제점은 원자재 부족 현상의 심화였으며, 그에 따른 설비 가동률의 저하였다.

북한은 제1차 5개년 계획 기간(1957~1960) 동안 기계, 금속, 화학 공업을 중심으로 한 가공 공업의 생산(설비) 능력 확대에 주력하였다. 그러나 1959년 하반기를 지나면서 그간의 설비 능력 확대에 유동 자본 증가가 따라가지 못함으로써 설비 능력과 원자재 사이의 불균형, 채취 공업과 가공 공업 사이의 불균형(중공업 내에서 노동 수단과 노동 대상 사이의 불균형)이 심각하게 표출되었다. 증가된 원자재 수요에 비해, 원자재 공급 부족에 따른 설비 가동률 저하였다. 예컨대 1961년 5월에 완공된 함흥비날론공장은 연산 2만 톤의 생산 능력에도 불구하고, 1962년 당시 석탄 공급 부족으로 하루 5톤 정도의 비날론밖에 생산하지 못하였다.[2]

---

[1] 편집국, 「인민 경제 지도에서 중심 고리를 틀어잡을 데 대하여」, 『근로자』 1962년 9월(상) 제14호, 2~3쪽.
[2] 김일성, 「채취 공업을 더욱 발전시킬 데 대하여」(1962. 9. 24), 『김일성저작집 16』, 391쪽.

당시 원자재 공급 부족 현상은 자원 과소비형 산업 구조, 원자재 생산의 부족, 사회적 분업의 혼란과 계획 차질, 그에 따른 원자재 수급의 불균형, 원자재의 비효율적 이용과 낭비 등에 기인하는 것이었다. 예컨대 1961년 당시 강철 생산에 있어 북한은 선진 국가들보다 콕크스는 2배, 전력은 1.5배, 내화물은 3배나 더 쓰고 있었다.[3] 물론 사회적 분업의 혼란과 계획 차질, 원자재 수급의 불균형과 생산의 파동성, 자원 이용의 비효율성과 낭비 등은 이미 1950년대부터 계속되어 오던 것이었다. 이것은 미시 경영 차원에서 다음과 같은 개별 기업의 행위 양태에 의해 조장되었다.

당시 개별 기업들은 무엇보다 자신에게 할당된 국가 계획 과제를 달성하는 데 역점을 두고, 계획 수립에 있어 생산 능력을 허위(과소) 보고하는 등 국가로부터 계획 과제는 될수록 적게 받고, 자원 할당에서는 실제 소요량보다 항상 더 많은 자원을 요구하여 비축(예비)해 두고자 하였다. 최소 산출 과제와 최대 자원 투입의 추구였다. 계획 집행에 있어서도 개별 기업은 계획 과제 달성에 급급하여 가격이 높고 만들기 쉬운 제품에 주력하는 등 계획 지표를 자의적으로 수정, 변경함으로써 사회적 분업의 혼란과 계획 차질, 원자재 수급의 불균형과 생산의 파동성을 야기하였다. 게다가 개별 기업들은 기술 혁신과 생산 조직 혁신을 통한 효율성 증대에 무관심하였으며, 원가 절감과 수익성 증대에 무관심하였으며, 노동력 절감과 노동생산성 향상에 무관심하였다. 개별 기업들은 자원을 비축하고 자원 투입량의 증대를 통해 계획 과제를 달성하고자 하였던 것이다. 그 결과는 막대한 자원 낭비와 효율성 저하였다.[4]

---

[3] 김일성, 「모든 힘을 여섯 개 고지의 점령을 위하여」(1961. 12. 1), 『김일성저작집 15』(평양: 조선노동당출판사, 1981), 281·410쪽.
[4] 이와 같은 미시 경영의 비효율성과 낭비에 대해서는 김일성, 「산업 운수 부문에서의 제 결함들과 그를 시정하기 위한 당, 국가 및 경제 기관들과 그 일군

대중 운동에 따른 속도 경쟁 역시 자원의 비효율적 이용과 낭비를 더욱 조장하는 것이었다. 당시 증산 경쟁 운동은 말 그대로 양적 증산에 치중함으로써 절약(원가 절감)과 품질의 문제를 소홀히 취급하였다. 즉 대중 운동의 속도 경쟁에 따라 생산자들은 자신에게 할당된 계획 과제의 양적 증산에만 치중하고 질에 대해서는 무관심하였으며,5) 그 결과 인민 경제의 많은 부분들에서는 생산물의 사용가치를 저하시키고 불량품의 비중을 증대시키며 원가 계획을 완수하지 못하고 있었으며, 심지어 원가가 오히려 증가하는 기업도 있었다.6) 대중 운동은 목표 달성에 대한 과도한 집착(실적주의)으로 인해 생산자들의 외연적 성장 방식을 더욱 조장하는 것이었다. 증산 경쟁 운동에 따른 품질 저하와 불량품 비율 증대는 생산량만 고려하고 품질을 무시하면서 적용되고 있는 도급제에 의해 더욱 조장되었다.7)

하지만 1959년 상반기까지 문제는 아직 심각하게 표출되지 않았다. 미시 경영에서 자원의 비효율적 이용과 낭비가 있었지만, 경제 규모가 아직 비교적 작은 상태에서 자원 투입량의 증대를 통해 비교적 높은 경제 성장률을 달성할 수 있었던 것이다. 즉 1950년대 북한은 천리마 운동을 통해 기업소 내부에 아직 이용되지 않고 사장되어 있던 많은 예비(비축) 자원을 총동원하고, 실제 능력에 비해 낮은 수준을 유지하고 있던 기술 지표, 노동기준량, 설비 이용률을 증대시킴으로써 높은 경제 성장률을 달성할 수 있었던 것이다.8)

들의 당면 과업」(1954. 3. 21), 고려대 아세아문제연구소, 『북한연구자료총서 제2집』(1974), 465~496쪽 참조.
5) 「공업 생산품의 질을 결정적으로 제고하자」, 『근로자』 1959년 제3호, 권두언 21쪽.
6) 백금락, 「엄격한 절약제의 확립을 위하여」, 『근로자』 1957년 제6호, 54~58쪽.
7) 리동신, 「선진 작업 방법의 도입 일반화는 설비 이용률 제고의 주요 고리」, 『근로자』 1957년 제2호, 70쪽.
8) 한인호·김덕진, 「전면적 기술 혁신, 최대한의 증산과 절약」, 『근로자』 1961년 제2호, 33~34쪽 참조.

그러나 1959년 하반기를 지나 1960년대에 들면서 경제 규모는 더욱 커지고 1950년대와 같은 그러한 기업 내부의 예비 자원이 모두 동원, 고갈됨에 따라 상황은 근본적으로 달라지기 시작했다. 대중 운동(천리마운동, 천리마작업반운동)을 통해 그동안 비축되어 있던 기업의 내부 예비 자원이 모두 적발 동원되고 기술 지표와 노동 기준량이 증대된 상황에서, 자원 투입(공급)이 한계에 봉착할 경우 경제 성장률은 떨어질 수밖에 없는 것이었다. 1960년대 북한 경제는 바로 그와 같은 심각한 자원 공급 부족 현상에 직면하였으며, 그 결과 1960년대 북한의 경제 성장률은 마침내 크게 둔화되기 시작하였다.

2. 내포적 성장의 한계와 경제 성장률 둔화

이렇듯 북한은 1950년대까지 고용과 투자의 절대적 증가에 기초한 외연적 성장을 추구해 왔지만, 1960년대 들어 그것이 한계에 봉착함에 따라 노동과 자본의 생산성 향상에 기초한 내포적 성장을 추구해야 할 새로운 과제에 직면하게 되었다. 이에 따라 북한은 1960년대 들어 원자재 생산에 대한 투자 증대와 아울러, 자원의 효율적 이용을 위해 내포적 성장 전략의 일환으로서 기술 혁신과 생산 조직 혁신을 추구하였다. 먼저 생산 조직 혁신에 대한 북한의 관심은 1959년 하반기를 지나면서 본격화되었다. 1959년 하반기 이후의 상황 변화에 따라 대중 운동과 생산 조직(지도) 사업에 대한 북한의 인식도 변화되었다.

즉 북한의 설명에 따르면, "1957년, 1958년에 전개된 증산과 절약을 위한 전인민적 운동, 지방공업 기지 창설을 위한 군중적 투쟁 등은 5개년 계획 기간의 생산력 발전을 결정적으로 촉진시킨 중요한 요인이었다." 그러나 "1959년에 와서 이것은 더는 생산력 발전에서 주되는 요인으로 될 수 없었다. 새로운 현실적 조건에서 주되는 예비는 지도 일군들의 조직 사업에 있게 되었다."[9) 다시 말해 "오늘에 있어서 증산과 절약의 주되는 예비는 매개 기업소들에서 기계와 설비, 원료와 자재, 노력과 자금을 더욱 합리적으로 이용하는 데 있으며",10) "모든 것은 전적으로 지도 일군들의 조직 지도 사업 여하에 달려 있다"는 것이었다.11)

1959년 11월 북한의 당기관지 『근로자』 편집국 논설 역시 "1956~1957년 당시 근로자들의 노력적 열성만 높으면 많은 예비를 찾고 계획을 초과 실행할 수 있었으나, 지금은 그때와 사정이 달라졌다, 지금 예비를 동원하는 문제는 일군들이 생산을 어떻게 합리적으로 조직하고 지도하는가에 결정적으로 달려 있다"고 평가하였다.12) 이것은 근로대중의 창발성이 "경제 발전의 결정적 요인"13)이라고 한 1958년 당시의 인식과는 매우 대조적인 것이다.

이에 따라 1961년 12월 당 중앙위원회 제4기 제2차 확대 전원회의에서 기존의 경제 관리 체계를 전면적으로 재편성하는 조치가 취해졌다. 그 핵심은 생산에 대한 당적 지도와 통제를 결정적으로 강화하는 것이었다. 경제 관리에 대한 전면적인 당적 지도 체계의 확립이었다. 당시 이러한 조치는 기술 혁신, 설비 이용률 제고, 노동 조직 합리화, 절약 등 "경제 발전을 위한 모든 요인들을 최대한으로 동원 이용하게 하는 가장 현명한 대책"으로 평가되었다.14) 1956년 12월 전원회의가 대중 운동을 통해 이용되지 않고 사장되어 있는 설비와 자재를 찾아내어 설비 이용률을 높이는 데서 예비를 찾았다면, 1961년 12월 전원회의는 생산 조직 사업의 개선을 통해 원자재 공급 부족 현상을 타개하고 설비 이

---

9) 편집국, 「인민 경제 지도에서 중심 고리를 틀어잡을 데 대하여」, 『근로자』 1962년 9월(상) 제14호, 2~3쪽.
10) 한인호·김덕진, 앞의 글, 34쪽.
11) 「모든 부문에서 청산리 방법을 더욱 철저히 관철하자」, 『근로자』 1961년 제1호, 권두언 16쪽.
12) 편집국, 「당적 사상 체계를 철저히 확립하자」, 『근로자』 1959년 제11호, 35쪽.
13) 「새해의 전투적 과업」, 『근로자』 1958년 제1호, 권두언 16쪽.
14) 「사회주의 경리 운영의 획기적 개선을 위하여」, 『근로자』 1961년 제12호, 권두언 16쪽.

용률을 높이는 데서 예비를 찾는 것이었다. 당시 생산 조직 사업에서 가장 중요한 과제는 원자재의 정확한 공급이었다.

농업 관리 체계도 개편되고, 농업 생산에 대한 당의 지도적 역할도 더욱 강화되었다. 도농촌경리위원회와 군협동농장경영위원회의 조직이 그것이었다. 특히 공업 부문에서는 기존의 지배인 유일관리제가 폐지되고 공장당위원회를 최고 지도 기관으로 하는 집체적 지도 체계로서 대안의 사업체계가 전면적으로 도입되었다. 1961년 당시 대안전기공장의 설비 이용률은 66.2%였다. 설비 가동 중단의 가장 중요한 원인은 역시 원자재 공급 부족이었다.15) 이에 따라 당시 대안의 사업 체계는 첫째, 경제에 대한 계획적 지도를 강화하며 둘째, 사회적 생산의 합리적인 조직에 기초하여 자원을 가장 효과적으로 이용하며 셋째, 경제적 공간(槓杆)들을 정확히 이용함으로써 절약 제도를 강화하는 원칙을 구현하고 있었다고 한다.16)

이러한 대안의 사업 체계는 "당의 유일한 영도 밑에 모든 국가 경제 기관들이 일치하게 움직이는 영도 체계",17) "경제 관리에 대한 전면적인 당적 영도제"를 확립한 것으로서,18) "경제 전반의 관리 지도 문제를 완전히, 철저히 해결하는 역사적 사변"으로 절대화되었다.19)

대안의 사업체계는 자재 공급 체계에도 적용되었다. 즉 대안의 사업 체계가 도입됨에 따라 자재 공급을 위에서 책임지고 현물로 보장하는

---

15) 편집국, 「산업 부문에서 청산리 방법의 위대한 구현」, 『근로자』 1962년 제1호, 14~15쪽.
16) 신재호, 「대안 체계는 혁명적이며 과학적인 경제 관리 체계」, 『근로자』 1967년 제6호, 34쪽.
17) 김덕진, 「사회주의 경제의 지도 관리와 군중 노선」, 『근로자』 1965년 9월(상) 제17호, 8쪽.
18) 김종완·김정일, 「우리나라에서의 사회주의 건설과 경제 관리 체계」, 『근로자』 1963년 9월(상) 제17호, 44~45쪽.
19) 편집국, 「산업 부문에서 청산리 방법의 위대한 구현」, 『근로자』 1962년 제1호, 15쪽.

체계가 확립되었는데, 그것은 첫째, 중앙집권적인 세부 계획에 따라 위로부터 생산 현장으로 자재와 부속품을 통일적으로 내리 공급하고, 둘째, 자재 소비에 대한 국가적 통제를 강화하여 자재를 절약하며, 셋째, 기업소간 협동 생산(분업)을 정확히 보장함으로써 자재의 합리적인 배분과 이용을 추구하는 것이었다.[20] 자재 공급과 이용에 대한 중앙집권적인 통제 체계의 확립이었다.

그러나 대안의 사업 체계에도 불구하고 원자재 공급 부족 현상은 크게 개선되지 않았으며, 따라서 설비 이용률도 크게 개선되지 않았다. 예컨대 1962년 상반기 동안의 설비 이용률을 살펴보면, 대안의 사업 체계가 제일 먼저 도입된 대안전기공장의 경우에도 69.4%에 불과했으며, 평양전기공장은 그보다 더 낮았다. 또 낙원기계공장은 68.5%인데 라남기계공장은 50.4%밖에 되지 않았다.[21]

생산 조직 혁신과 아울러, 자원의 효율적 이용과 생산성 향상을 위한 또 하나의 중요한 방법은 기술 혁신이었다. 기술 혁명은 1960년대 북한 경제의 중심 과업이었다. 즉 1960년 8월 당 중앙위원회 확대전원회의는 기술 혁명을 전면적으로 전개할 데 대한 방침을 제시하였으며,[22] 1960년 12월 당 중앙위원회 확대 전원회의는 "전면적 기술 혁신, 최대한의 증산과 절약"을 제1차 7개년 계획의 기본 방향으로 규정하였다.[23] 그리고 1961년 9월 조선노동당 제4차 대회는 기술 혁명을 제1차 7개년 계획(1961~1967)의 가장 중심적인 문제로 제기하였다.[24] 당시 전

---

[20] 신재호, 앞의 글, 36쪽 ; 편집국,「대안의 사업 체계의 본질과 우월성」,『근로자』 1968년 제12호, 48쪽.
[21] 림수웅,「설비 이용률이란 무엇인가」,『근로자』 1962년 9월(상) 14호, 46쪽.
[22] 리종옥,「우리나라에서의 기술 혁명」,『근로자』 1962년 제4호, 19쪽.
[23] 「모든 부문에서 청산리 방법을 더욱 철저히 관철하자」,『근로자』 1961년 제1호, 권두언 15쪽.
[24] 오동욱,「현 시기 기술 혁명의 촉진을 위한 몇 가지 문제」,『근로자』 1963년 2월(상) 제3호, 27쪽.

면적 기술 혁신은 인민 경제의 높은 발전 속도를 계속 견지하기 위한 "결정적 담보"이며, 유휴 사장된 기자재의 동원, 유휴 노력의 '인입' 등과 같은 예비가 거의 없어진 현 시기에 있어 경제 발전의 높은 속도는 오직 선진 기술의 도입에 의한 노동 생산성 향상을 통해서만 보장될 수 있으며, 기술 혁신은 노동 생산성 향상의 "결정적 고리"로 평가되었다.[25]

1960년대 들어 원자재 공급 부족 현상과 아울러 노동력 공급 부족 현상도 더욱 심화되고 있었다. 그 수요에 비해 1960년대 북한의 노동력 공급 부족 현상은 매우 심각한 상태에 있는 것으로 평가되었으며, 그에 따라 노동 행정 사업은 당시 북한이 집중적으로 해결해야 할 가장 중요한 문제의 하나로 제기되었다.[26] 1950년대와 달리 1960년대 북한의 고용 확대 전략 역시 근본적인 한계에 직면해 있었던 것이다. 이에 따라 1960년대 기술 혁명의 중점 과제는 노동력 공급 부족에 따른 노동 생산성 향상과 원자재 공급 부족에 따른 자원의 효율적 이용에 두어졌다.

그러나 1960년대 북한의 기술 혁명의 성과는 매우 미진했던 것으로 평가된다. 1960년대 중반 김일성은 "노동 행정 사업을 잘하지 못하고 기술 혁신을 하지 않았기 때문에 지금 인구 한 사람당 생산액은 올라가지 못하고 있다"고 지적한 바 있다.[27] 1960년대를 지나면서 노동력 부족 현상은 더욱 심화되고 있었지만, 개별 기업들은 당면 생산에 급급하여 기술 혁신보다 여전히 노동력 증대를 통해 계획 과제를 달성하고자 하였던 것이다.[28] 때문에 공장, 기업소의 수많은 연구소들에서도 이

---

[25] 편집국, 「도처에서 요구되는 것은 새로운 기술이다」, 『근로자』 1962년 7월(하), 제11호, 2~4쪽.
[26] 김일성, 「신년사」(1963. 1. 1), 『근로자』 1963년 1월(상) 제1호, 6쪽.
[27] 김일성, 「7개년 계획의 강철 고지를 점령하기 위하여」(1965. 1. 30), 『김일성저작집 19』, 155쪽.
[28] 개별 기업에 의한 고용 확대 전략은 비숙련 노동자를 증가시키고, 숙련 노동자의 역할을 약화시키는 것으로서, 결국은 기술 혁신을 저해하는 것이다.

렇다할 연구 성과를 내놓은 데가 거의 없었다. 심지어 "밑에서 기술혁명을 하자고 제기하는 창발적 의견마저 받아주지 않고 도리어 기술 혁명을 시끄럽게 여기면서 방해하는 현상까지 나타"났다.29) 기술 혁신에 대한 국가적 요구와는 달리, 개별 생산자들은 여전히 기술 혁신에 무관심했던 것이다.

그 결과 1960년대 북한의 노동생산성은 1950년대에 비해 전반적으로 둔화되었다. 1957년에서 1959년까지 북한의 공업 부문 노동생산성 증가율은 32%로서,30) 이것은 당시 노동생산성이 연평균 9.7% 정도 증가되었음을 의미한다. 한편, 제1차 7개년 계획(1961~1967)은 공업 부문의 노동생산성을 연평균 12% 성장시키며, 기본 건설 부문에서는 연평균 7% 성장시킨다는 계획을 갖고 있었다.31) 그러나 1960년대 공업 부문 노동생산성 증가율은 1960년 6%, 1961년 8%, 1962년 4%, 1963년 4%, 1964년 12% 등 전반적으로 둔화되었다.32) 농업 부문의 경우 농장원 한 사람이 다루는 경지 면적은 1967년 당시 0.6정보로 종래보다 감소되었다고 한다.33) 북한의 노동생산성 증가율은 1965년 이후 더이상 발표되지 않았다. 1965년 이후 북한의 노동 생산성 증가율은 더욱 둔화되었을 것으로 추정된다.

---

29) 김일성, 「당면한 경제 사업에서 혁명적 대고조를 일으키며 노동 행정 사업을 개선 강화할 데 대하여」(1967. 7. 3), 『김일성저작선집 4』, 499~504쪽.
30) 통일원, 『북한경제통계집』(통일원, 1996), 338쪽.
31) 최중극, 「우리나라 인민 경제 발전에서의 속도와 균형」, 『근로자』 1963년 2월 (상) 제3호, 39쪽.
32) 통일원, 앞의 책, 338쪽.
33) 김일성, 앞의 글(1967. 7. 3), 503~504쪽.

제2절 국제 공산주의 운동의 갈등과 경제 위기

1. 북한의 반제 투쟁과 자주 노선

지금까지 보았듯이, 1960년대 북한 경제는 자원 공급 부족 현상이 심화됨에 따라 자원 투입량의 증대에 기초한 외연적 성장 방식이 한계에 봉착하고, 생산 조직 혁신과 기술 혁신을 통한 내포적 성장 역시 한계에 직면함으로써 생산의 파동성이 증대되고 설비 이용률이 저하되었으며, 그 결과 노동 생산성과 경제 성장률은 점차 둔화되기 시작하였다. 이러한 상황에서 1960년대 국제 공산주의 운동의 분열과 갈등, 특히 북한과 소련의 갈등은 북한의 자원 부족 현상을 더욱 심화시키는 것이었다. 북한과 소련의 갈등은 반제 투쟁의 문제를 둘러싸고 시작되었으며, 특히 그것은 소련이 평화공존론에 입각하여 북한에서도 반제 투쟁을 그만두도록 압력을 행사함으로써 비롯되었다. 그렇다면 소련이 북한에 압력을 행사한 것은 언제일까?

1961년 5월 남한에 군사 정권이 들어서자, 북한은 1961년 7월 소련 및 중국과 각각 '우호 협조 및 상호 원조에 관한 조약'을 체결하였으며, 또 1961년 9월 조선노동당 제4차 대회에서 김일성은 소련과 중국의 사회주의 건설의 성과를 높이 평가하였다.[34] 반제 투쟁의 문제를 둘러싼 국제 공산주의 운동의 갈등은 1956년 2월 소련공산당 제20차 대회에서

---

[34] 김일성, 「조선노동당 제4차 대회에서 한 중앙위원회 사업 총화 보고」(1961. 9. 11), 『김일성저작선집 3』, 186~187・199~201쪽 참조.

흐루시초프가 평화공존론을 주창하면서부터 제기된 것이지만, 적어도 1961년 9월까지 북한과 소련 사이에 갈등은 없어 보였다.35) 1961년 10월 계급투쟁과 프롤레타리아독재를 폐기하고 '전인민의 국가'를 선언한 소련공산당 제22차 대회가 있었다. 그리고 1961년 12월 1일 조선노동당 중앙위원회 제4기 제2차 확대 전원회의가 개최되었다. 이 회의에서 김일성은 다른 나라에 대한 의존심을 버리고 자기의 힘으로 일어서는 "자력갱생의 정신"을 특별히 강조하였다.36) 북한의 역사에서 마침내 자력갱생의 개념이 등장한 것이었다.

이어 1962년 3월 8일 당 중앙위원회 제4기 제3차 확대 전원회의가 개최되었다. 이 회의에서 김일성은 수정주의자들이 북한에 대해 반제 투쟁을 그만둘 것을 요구하고 있다고 공개한 다음, 하지만 분단 상태하에서 '조선 혁명'의 완수를 위해 반제 투쟁을 그만둘 수는 없으며, 따라서 수정주의를 하라는 요구는 절대로 받아들일 수 없다고 역설하였다. 그리고 김일성은 반제 투쟁을 위해 결국 반수정주의 투쟁을 하지 않을 수 없다며 반수정주의 투쟁을 강화할 것을 역설하였다.37) 1962년부터 소련의 수정주의에 대한 북한의 직접적인 비판이 가해졌던 것이다. 이렇게 볼 때, 평화공존론에 입각한 소련의 압력과 내정 간섭은 1961년 10월 소련공산당 제22차 대회를 전후하여 같은 해 11월 사이에 있었던 것으로 보인다. 1961년 12월 김일성이 자력갱생의 혁명 정신을 특별히

---

35) 평화공존론을 둘러싸고 1957년 11월 모스크바에서 열린 사회주의 공산당 및 노동자당 대표자회의에서 소련과 중국 사이에 의견 대립이 발생하였다. 그리고 1958년 7월 소련이 군사적으로 중국을 통제하고자 하는 시도에 중국이 거부하자, 1959년 6월 소련은 1957년 10월에 중국과 체결한 국방 신기술에 관한 협정을 일방적으로 파기하였다. 이어 1959년 9월에 발생한 중국과 인도간의 국경 분쟁에서 소련은 중립을 표방하며 사실상 인도를 지지하였다. 1960년대 들어 중소 분쟁은 더욱 심화되었다.
36) 김일성, 앞의 글(1961. 12. 1), 424~426쪽.
37) 김일성, 「당 조직 사업과 사상 사업을 개선 강화할 데 대하여」(1962. 3. 8), 『김일성저작선집 3』, 321~330쪽.

강조한 것은 소련의 압력에 대한 북한의 대응이었던 것이다.

물론 평화공존론에 입각한 소련의 압력은 1950년대 중반에도 있었던 일이다. 당시 그것은 반미 구호를 없애자는 것으로, 북한 내 소련파를 통해 이루어졌다. 당시 소련은 소련파 박영빈(당 조직부장)을 통해 반미 구호를 없애자고 하였으며,[38] 소련파 최종학(인민군 총정치국장)을 통해 군대 내에서 반미 구호를 없애자고 하였다.[39] 이들은 곧 숙청되었다. 당시 김일성은 '미제국주의'를 한반도의 평화와 통일의 기본 장애물로 규정하고, 평화와 통일을 위해 '미제국주의'를 축출해야 한다고 역설하였다.[40] 하지만 당시까지 북한은 소련을 직접적으로 비판하지는 않았다.

그러나 소련에 대한 북한의 태도는 1962년부터 변화되기 시작하였으며, 북한과 소련의 갈등은 1962년 하반기를 지나면서 더욱 심화되었다. 반제 투쟁의 문제에 이어, 사회주의권의 경제 통합 문제가 제기되었다. 1962년 여름 코메콘(COMECON) 총회에서 소련은 사회주의 국제 분업을 위해, 비교 우위에 입각한 '사회주의 국제 분업의 기본 원칙'을 채택하고 모든 사회주의 국가를 코메콘으로 통합하고자 하였다. 코메콘 경제 통합은 경제 협조라는 명분하에 소련이 각국의 경제 계획을 통제하려는 의도가 있었으며, 동구를 소련에 구조적으로 종속시킴으로써 소련의 동구 지배를 용이하게 하고 또 영속화시킬 수 있다는 정치적 의미를 내포하고 있었다.[41]

---

[38] 김일성, 「사상 사업에서 교조주의와 형식주의를 퇴치하고 주체를 확립할 데 대하여」(1955. 12. 28), 『김일성선집 4』, 333쪽.
[39] 김일성, 「인민군대 내에서 정치 사업을 강화할 데 대하여」(1960. 9. 8), 『김일성저작집 14』(평양: 조선노동당출판사, 1981), 377쪽.
[40] 김일성, 앞의 글(1961. 9. 11), 140~141·186~201쪽 참조.
[41] 김달중, 「동구의 대소 관계」, 김달중·정갑영·성백남 공저, 『동구의 정치 경제』(법문사, 1992), 135~136쪽. 김달중은 유고, 루마니아, 알바니아를 제외한 동구 각국은 경제적으로 코메콘 경제권에 편입되어 바라지 않던 일방적 국제 분업을 강요받음으로써 저성장을 체험하였다고 평가하고 있다. 같은 글, 150쪽.

소련은 코메콘 경제 통합에 북한도 가입할 것을 강요하였다. 그리고 1962년 10월 쿠바 사태가 발생하였다. 소련은 쿠바에서 미사일을 철수하는 것으로 사태를 매듭지었다. 이것은 북한의 눈에 소련이 제국주의에 투항한 것으로 비쳐졌다. 또 소련은 1962년 10월 중국과 인도 사이에 국경 분쟁이 재발하자 1959년과 마찬가지로 사실상 인도의 편에 서 있었다. 북한은 중국과 인도 사이의 국경 분쟁에 대해 '미제국주의'가 인도를 부추겨 분쟁이 발생한 것으로 인식하였으며, 소련에 대해서는 전쟁 공포증에 걸려 제국주의와 타협·투항한 것으로 비판하였다.[42] 당시 전쟁에 대한 김일성의 기본 입장은, 전쟁의 근원은 제국주의에 있으며, 따라서 제국주의에 반대하는 투쟁을 떠나서는 평화에 대해 생각할 수 없다는 것이었다.[43]

소련의 평화공존론, 코메콘 경제 통합 문제, 쿠바 사태, 중인 국경 분쟁 등 1962년에 발생한 일련의 사태 전개는 소련에 대한 북한의 불신을 증폭시키는 것이었다. 특히 쿠바 사태는 "나라 방위를 남에게 의존하는 것은 매우 위험하다는 것을 명백히 보여"준 것으로 평가되었다.[44] 여기서 북한은 마침내 독자 노선을 모색하게 되는데, 그것은 1962년 10월부터 가시화되었다. 즉 1955년 12월에 천명된 '주체'의 개념을 사회 각 분야에 보다 구체화하여 1962년 10월 경제에서 자립 노선, 1962년 12월 국방에서 자위 노선, 1963년 2월 정치에서 자주 노선을 천명한 것이 그것이다. 그리고 1962년 12월에는 '주체사상'의 개념이 처음 등장하였다.[45] 1950년대 사상에서 주체 노선이 1960년대 자립·자위 노

---

[42] 『노동신문』, 「전체 인민이 무장하여 온 나라를 요새로 만들자」, 1962년 12월 17일.
[43] 김일성, 「조선민주주의인민공화국 정부의 당면 과업에 대하여」(1962. 10. 23), 국토통일원, 『북한 최고인민회의 자료집 제2집』, 1173쪽.
[44] 사회과학출판사, 『조선노동당의 반수정주의 투쟁 경험』(평양: 사회과학출판사, 1995), 106쪽.
[45] 『노동신문』, 1962년 12월 19일.

선에 기초하여 대외적으로 자주 노선을 추구하는 것으로 나타났던 것이다. 김일성 주체 노선의 강화였다.

물론 북한에 대한 소련의 압력과 내정 간섭은 1950년대에도 있었던 것이다. 한국전쟁과 전후 복구 건설에 대한 소련과 중국의 막대한 경제 지원은 북한에 대한 소련과 중국의 영향력을 더욱 증대시키는 것이었다.[46] 이러한 영향력을 이용하여, 당시 소비재 중시 정책을 추구하던 소련은 김일성의 중공업 우선 노선에 반대하며 북한에 압력을 행사하였다.[47] 훗날 김일성은 대국주의자들이 북한의 중공업 우선 노선에 반대하며 내정 간섭과 압력을 가했다고 술회하였다.[48]

1950년대 중반 김일성에 대한 소련파와 연안파의 도전 역시 외세의 압력과 내정 간섭에 편승하고 있었으며, 특히 1956년 '8월 종파 사건'에서도 외세의 개입과 내정 간섭이 있었다. '8월 종파 사건' 당시 연안파와 소련파가 김일성을 축출하기 위해 반김일성 연합 세력을 형성할 때, 당시 북한 주재 소련 대사 이바노프가 개입하였다고 한다.[49] 김일성은

---

[46] 김일성은 전후 복구 건설 시기에 형제국들로부터 약 5억 5천만 달러의 경제 기술적 원조를 받았다고 하였다. 김일성, 「조선민주주의인민공화국에서의 사회주의 건설과 남조선 혁명에 대하여」(1965. 4. 14), 『김일성저작선집 4』, 223쪽.
[47] 스탈린의 공식 후계자인 말렌코프는 소비재 중시 정책을 채택하였다. 그러나 그의 소비재 증가 계획은 지나치게 야심적이었으며, 그가 실각된 후 포기되었다. 하지만 알렉 노브에 따르면, 흐루시초프의 야심적인 농업 프로그램에서 보듯 흐루시초프가 소비재 생산의 증가에 반대했다고 평가하는 것은 잘못이다. 알렉 노브, 김남섭 역, 『소련경제사』(창작과 비평사, 1998), 365~374쪽. 1956년 2월 소련공산당 제20차 대회에서 흐루시초프는 "생산수단과 소비재 생산 모두를 급속히 증가시켜야 할 시점에 서 있다"고 보고하였다. M. Dobb, 임휘철 역, 『소련경제사』(형성사, 1989), 370쪽. 말렌코프가 경공업을 강조하였다면, 흐루시초프는 농업을 강조하였던 것이다.
[48] 김일성, 「사회주의 건설의 위대한 추동력인 천리마작업반운동을 더욱 심화 발전시키자」(1968. 5. 11), 『김일성저작선집 5』, 48쪽.
[49] 이종석, 『조선노동당연구』(역사비평사, 1995), 276쪽. 북한은 1956년 '8월 종파 사건'과 관련하여, 소련이 '종파 분자'들을 부추겨 당에 도전하게 하였으며, '종파 분자들과 결탁하여 당 지도부를 전복시키고자 한 것으로 평가하고 있다. 사회과학출판사, 앞의 책, 91~95쪽.

'8월 종파 사건'에 대해 연안파와 소련파가 "다 큰 나라를 하나씩 업고 우리 당을 반대하여 나섰"으며,50) "외세를 등에 업고 우리 당에 달려든 것"이라고 술회하였다.51) 그리고 이 사건의 처리 과정에서도 소련과 중국의 개입과 내정 간섭이 있었다.

1956년 8월 당 중앙위원회 전원회의에서 윤공흠, 서휘, 이필규를 출당시키고 최창익과 박창옥의 당 중앙위원직을 박탈하는 결정서가 채택되었으며, 내각에서도 최창익, 박창옥, 윤공흠을 해임하는 조치가 취해졌다.52) 그러자 소련과 중국은 미코얀 부수상과 팽덕회 국방부장을 북한에 파견하여 8월 전원회의 결정을 취소할 것을 요구하였다. 이에 김일성이 굴복하여, 1956년 9월 23일 개최된 당 중앙위원회 전원회의에서 최창익과 박창옥의 당 중앙위원직 복직과 윤공흠, 서휘, 이필규의 출당을 취소하는 결정을 채택하였다.53) 북한으로서는 아마 굴욕적이었을 것이다.

하지만 소련파와 연안파는 1957년 이후 '반종파 투쟁'을 통해 모두 숙청되었다. '반종파 투쟁'을 통해 소련파와 연안파가 모두 숙청됨으로써, 소련과 중국 등 외세의 내정 간섭을 안으로 유인하거나 안에서 호응함으로써 김일성의 자주 노선을 내부로부터 방해할 수 있는 정치 세력은 모두 제거되었다. 특히 1950년대에 이룩된 당과 대중의 통일 단결 강화는 1960년대 북한의 반수정주의 투쟁, 반대국주의 투쟁을 위한 정치적 기반이 되었다. 그리고 1950년대 북한의 경제 발전에서 이룩된 높은 성과는 경제적으로 김일성에게 일정한 자신감을 안겨주었다. 김일성은 이와 같은 자신감을 바탕으로 하여 1963년 2월 정치에서 자주

---

50) 김일성, 「우리의 인민군대는 노동 계급의 군대, 혁명의 군대이다. 계급적 정치 교양 사업을 계속 강화하여야 한다」(1963. 2. 8), 『김일성저작선집 3』, 489쪽.
51) 김일성, 「조선노동당 창건 스무돐에 즈음하여」(1965. 10. 10), 『김일성저작선집 4』, 296쪽.
52) 『노동신문』, 1956년 9월 5일.
53) 『노동신문』, 1956년 9월 29일.

노선을 공식 천명하게 된다.

즉 1963년 2월 8일 인민군부대 정치부연대장 이상 간부들 앞에서 한 연설에서 김일성은, 모든 분야에서 주체를 확립함에 있어 특히 정치적 자주성과 경제적 자립성이 가장 중요하다고 강조하고, 정치적 자주성을 위해 수정주의, 교조주의, 사대주의, 투항주의를 배격하고, 남이 하자는 대로 따라 해서는 안된다고 역설하였다.54) 1963년 2월 북한의 당기관지 『근로자』는 "모든 형제당들은 자주적이고 평등하며", "그렇기 때문에 어떤 당이 다른 형제당들의 내부 문제에 간섭하거나 다른 당에 압력을 가하며 자기의 일방적인 의사를 강요하거나 그를 음해하는 일이 있어서는 안된다"고 주장하였다.55)

그리고 1963년 10월 28일 『노동신문』 사설은 그동안 있은 소련의 내정 간섭과 경제적 압력에 대해 전면적으로 강도 높게 비판하는 한편, 주체성과 독자성, 자주성을 역설하고 그 기초로서 자립 경제 노선을 강조하며 코메콘 경제 통합을 비난하였다.56) 북한의 눈에, 소련에 대한 경제적·정치적 종속을 의미하는 코메콘 통합 경제 가입은 결국 반제 투쟁을 그만둘 것을 요구하는 소련 수정주의 노선의 수용을 의미했다. 때문에 1964년 9월 7일 『노동신문』 사설은, 자립적 민족 경제를 건설하지 않고서는 반제 투쟁을 단호하게 할 수 없고 나라의 자주성을 견지할 수 없다고 역설하였다.57) 북한에서 경제적 자립성은 반수정주의 투쟁과 반대국주의 투쟁, 그리고 궁극적으로는 반제 투쟁과 민족적 자주성을 위한 물질적 기초였던 것이다.

북한과 소련과의 갈등에 이어,58) 1960년대 중반을 지나면서 이번에

---

54) 김일성, 앞의 글(1963. 2. 8), 487~488쪽.
55) 편집국, 「사회주의 진영의 통일을 수호하며 국제 공산주의 운동의 단결을 강화하자」, 『근로자』 1963년 2월(상) 제3호, 6쪽.
56) 『노동신문』, 「사회주의 진영을 옹호하자」, 1963년 10월 28일.
57) 『노동신문』, 「왜 평양 경제 토론회의 성과를 중상하려 드는가」, 1964년 9월 7일.
58) 북한과 소련의 갈등은 1964년 10월 흐루시초프의 실각을 계기로 하여, 그해 11

는 북한과 중국 사이에 갈등이 발생하였다. 갈등의 발단은 역시 반제 투쟁의 문제였다. 1960년대 중반 미국은 베트남 전쟁을 확대하고 남한은 베트남전쟁에 국군의 파병을 결정하였다. 북한은 "월남에서의 전쟁의 불길이 북한에도 번져 올 수 있다"고 인식하였다.[59] 1960년대 중반 이후 한반도의 긴장 상태는 그 어느 때보다 고조되었으며, 그에 따라 북한의 위기의식도 그 어느 때보다 고조되었다. 북한으로서는 반제 투쟁을 위한 사회주의 진영의 국제 공조가 그 어느 때보다 절실히 요구되었다.

소련은 베트남 전쟁에 대처하기 위해 사회주의 진영의 공동 대응을 제의하였다. 하지만 중국은 1965년 10월, 소련의 수정주의 노선을 문제 삼아 베트남에서의 반제 공동 투쟁을 거부하고,[60] 오히려 북한에 대해 압력을 행사하였다. 이에 따라 중국의 교조주의에 대한 북한의 불신도 더욱 증폭되었다. 북한과 중국의 갈등은 1966년 중국의 문화대혁명이 시작되면서 더욱 격렬하게 전개되었다. 북한은 중국의 압력과 내정 간섭을 단호히 비판하며 자주 노선을 재천명하였다. 즉 1966년 8월 북한은 사회주의 진영의 단결을 위한 기초로서 반제 공동 투쟁을 가장 선차적이며 절박한 과제로 규정하는 한편, 반제 공동 투쟁은 더 적극적으로 수정주의를 반대하여 투쟁하는 것이라며 중국의 교조주의를 비

월 김일 부수상을 단장으로 하는 북한 대표단이 소련을 방문하고, 이어 1965년 2월 코시긴 수상을 단장으로 하는 소련 대표단이 북한을 방문하여 내정 불간섭과 제국주의에 대한 반대 등에 입장을 같이 함으로써 일단락되었다. 『노동신문』, 「조선민주주의인민공화국 대표단과 소비에트사회주의공화국연맹 대표단간의 공동 성명」(1965. 2. 14), 1965년 2월 15일 참조. 그러나 이후 소련은 북한에 대해 노골적으로 내정 간섭은 하지 못하였으나 압력은 음으로 양으로 계속 되었다고 한다. 예컨대 1980년대 중반 고르바초프는 북한을 개혁, 개방으로 유도하기 위해 일련의 정치적 압력을 행사하였다고 한다. 사회과학출판사, 앞의 책, 95쪽.

[59] 김일성, 「농민을 혁명화하며 농업 부문에서 당 대표자회 결정을 철저히 관철할 데 대하여」(1967. 2. 2), 『김일성저작선집 4』, 464쪽.
[60] 정진위, 『북방삼각관계』(법문사, 1985), 136쪽.

판하고, 국제 공산주의 운동의 분열은 주체를 더욱 철저히 확립할 것을 요구하고 있다며 자주 노선을 재천명하였다.[61]

한편, 1960년대 민족 자주성을 위한 북한의 반대국주의 투쟁은, 대내적으로는 반사대주의 투쟁을 통해 민족 자주 의식, 민족 주체성을 확립하는 것으로 나타났다. "사대주의는 망국 사상이며 혁명과 건설을 망쳐먹는 독소"로 규정되었으며, "사대주의를 뿌리 뽑는 것은 혁명과 건설의 승리적 전진을 위한 필수적 조건"으로 규정되었다.[62] 1960년대 북한은 사대주의를 배격하고 주체를 확립하기 위해 당 정책 교양과 혁명전통 교양, 그리고 사회주의적 애국주의 교양을 강화하였다. 자기 것에 민족적 긍지와 자부심이 높지 못하면 사대주의가 나타난다는 인식에 따라 사회주의적 애국주의 교양은 무엇보다 자기 것에 대한 민족적 긍지와 자부심을 높이는 방향에서 추진되었다.[63]

이것은 한편으로 북한의 역사와 전통, 문화 등 북한 자체의 것을 강조하는 것으로 나타났으며, 다른 한편으로 소련의 수정주의와 대국주의에 대한 반대 투쟁과 결합되어 민족 해방과 사회주의 건설에서 소련이 수행한 역할이 축소 평가되고 북한 스스로의 힘과 항일 빨치산의 역할이 확대 평가되는 것으로 나타났다. 반수정주의 투쟁, 반대국주의 투쟁에 따라 소련의 역할 축소는 불가피한 것이었으며, 혁명 전통 교양은 밖으로는 수정주의와 대국주의를 배격하고 안으로는 사대주의를 배격함으로써 민족적 자주성과 주체성을 확립하는 중요한 이데올로기적 수단이 되었다.

이렇듯 1960년대 북한 사회의 변화 발전 과정은 국제 공산주의 운동

---

[61] 『노동신문』, 「자주성을 옹호하자」, 1966년 8월 12일. 북한과 중국의 갈등은, 1969년 10월 북한의 최고인민회의 상임위원장 최용건이 중국을 방문하고, 1970년 4월 중국의 주은래가 북한을 방문함으로써 일단락되었다.
[62] 편집국, 「김일성 동지의 현명한 영도를 받고 있는 우리 인민의 혁명적 자부심」, 『근로자』 1968년 제6호, 16쪽.
[63] 리성근, 「사회주의적 애국주의 교양」, 『근로자』 1963년 6월(상) 제11호, 8쪽.

의 분열과 갈등이 심화되는 상황 속에서 대외적으로는 반수정주의 투쟁과 반교조주의 투쟁, 반대국주의 투쟁을 통해 민족적 자주성을 확립하고, 대내적으로는 반사대주의 투쟁을 통해 민족적 주체성을 확립하기 위한 간고한 투쟁의 과정이었다. 그리고 이 과정에서 북한의 독자 노선을 이데올로기적으로 체계화한 주체사상이 정립되었다. 그러나 1960년대 자주성과 주체성을 확립하기 위한 북한의 투쟁은 적지 않은 대가를 지불하는 것이었다. 그것은 무엇보다 자주·자립·자위 노선에 따른 경제적 희생이었다.

2. 북한의 자립·자위 노선과 경제 희생

자립 경제 건설은 1947년 2월 20일 북한 도, 시, 군 인민위원회 대회에서 한 김일성의 연설에서 처음 제시된 이후,[64] 북한의 일관된 노선으로 추구되어 왔다. 그러나 1950년대까지 자립 경제 건설이란 국제 공산주의 운동에서 그리 특별한 것이 아니었다. 1960년대 소련에 의해 코메콘 경제 통합이 추구되기 전까지 사회주의 국가들은 대부분 자급 자족적인 산업화 정책을 추구해 왔기 때문이다. 1949년 1월에 창설된 코메콘은 이들 사회주의 각국의 자급 자족적인 산업화 정책을 인정한 기반 위에서 사회주의 국제 분업과 협력을 추구해 왔으며, 1950년대 사회주의 각국은 사회주의 국제 분업과 협력을 자국의 자급 자족적인 산업화 정책에 이용해 왔던 것이다.

하지만 1960년대 소련에 의한 코메콘 경제 통합 계획은 비교 우위의 원칙에 입각하여 각국의 생산물을 전문화 혹은 분업화하고 이를 위해 각국의 경제 계획을 통제하고자 하였다.[65] 때문에 자립 경제 건설이

---

[64] 「김일성 동지를 수반으로 하는 조선노동당은 우리 인민의 모든 승리의 조직자이며 고무자이다」, 『근로자』 1962년 제4호, 권두언 7쪽에서 재인용.
[65] 김달중, 앞의 글, 136쪽.

하나의 "노선"으로 특별한 의미를 획득하게 되는 것은 코메콘 경제 통합이 추구된 1960년대 이후의 일이었다. 북한 역시 1960년대 초까지 자립 경제 건설을 단계적으로 강화해 나갔지만, 그것이 소련과의 갈등 대상으로 되지는 않았다. 자립 경제 문제가 국제적 갈등의 대상으로 된 것은 1962년 이후의 일이었다.

역사적으로 볼 때, 1950년대 중반까지 북한의 자립 경제 건설은 사회주의 국가들과의 국제적 분업과 유기적 연관성을 전제로 하고 있었다. 1953년 12월, 전후 복구 건설에 필요한 국제 원조를 얻기 위해 소련, 동유럽, 중국을 순방하고 돌아온 정부 대표단의 사업 경과 보고에서 김일성은 "공업의 민족적 자주성"과 "공업의 다면성" 등에 대해 언급하면서, 북한의 공업이 사회주의 국가들과 "유기적 연관성을 가지고 있다는 점에 특별한 주의를 돌려" 국내 수요에 불합리하거나 사회주의 시장에서 상호 교환할 수 없는 제품의 생산은 중지 또는 취소할 것을 요구하고, 북한에서 요구되는 모든 것을 전부 다 자체의 손으로 반드시 만들어야 된다는 것은 아니라고 역설하였다.[66]

그러나 1957년을 경과하면서 경제 자립성을 보다 강화하는 방향으로 일정한 인식 변화가 이루어졌다. 김일성은 1957년 9월 20일 최고인민회의 제2기 제1차 회의에서, 자체의 자립적 경제 토대를 튼튼히 축성하는 기초 위에서 "사회주의 국가들과의 협조를 더욱 강화하며, 국제적 분업을 발전시켜야 할 것"이라고 역설하였다.[67] 이어 1958년 3월 6일 조선노동당 제1차 대표자회에서 김일성은 "자주적이며 자립적인 경제 건설"을 주장하며, 그것은 "우리가 자체로 벌어서 완전히 먹고 살수 있

---

[66] 김일성, 「소련·중화 인민공화국 및 인민민주주의 제국가들을 방문한 조선민주주의인민공화국 정부 대표단의 사업 경과 보고」(1953. 12. 20), 고려대 아세아문제연구소, 『북한연구자료총서 제2집』(1974), 147~148쪽.
[67] 김일성, 「사회주의 건설에서 인민 정권의 당면 과업에 대하여」(1957. 9. 11), 『김일성선집 5』, 173쪽.

도록, 즉 자급 자족할 수 있는 국가를 만든다는 것을 의미한다"고 밝혔다.[68]

자립 경제의 대상과 범위가 점차 확대되고 있었던 것이다. 이것은 1956년 '8월 종파 사건' 당시 소련과 중국의 내정 간섭에 대한 김일성의 대응 전략이었던 것으로 평가된다. 하지만 당시까지도 북한의 자립 경제 건설은 여전히 사회주의 국제 분업의 합리적 이용을 전제로 하고 있었다. 1957년 당시 북한은 사회주의 국제 분업에 대해, 매개 나라들이 자기들에게 필요한 전체 공업을 창설하지 않고 가장 유리한 조건을 가진 공업 부문의 발전에 힘을 집중할 수 있게 함으로써 사회주의 국가들의 경제적 자원을 가장 합리적으로 이용할 수 있게 한다며 적극적으로 평가하였다.[69] 또 "생산재 부문들을 국제적 분업에 의거하지 않고 자력의 힘으로 해결하려고 한다면, 막대한 자금과 자재가 장기간에 걸쳐 투하되어야 할 것이며, 따라서 인민 경제의 다른 부문들의 발전에 적지 않게 지장을 주게 될 것"으로 평가되었다.[70] 때문에 1950년대까지 북한의 자립 경제 건설은 사회주의 국제 분업에 기초하여 강화되는 것으로 평가되었다.[71]

그러나 1960년대 북한의 자립 경제 건설은 자기 완결적인 재생산 구조를 추구함으로써, 사회주의 국제 분업을 점차 배제하는 방향으로 나아갔다. 1961년 9월 조선노동당 제4차 대회에서 김일성은, 북한의 공업은 대외 시장이 아니라 국내 시장을 대상으로 하여 국내 수요를 충족

---

[68] 김일성, 「제1차 5개년 계획의 성과적 수행을 위하여」(1958. 3. 6), 『김일성선집 5』, 363쪽.
[69] 『노동신문』, 1957년 3월 25일.
[70] 리명서, 「중공업의 우선적 장성과 경공업 및 농업의 동시적 발전에 대한 우리 당의 경제 정책」, 과학원 경제 법학연구원, 『우리나라에서의 사회주의 경제 건설』(평양: 과학원출판사, 1958), 134~135쪽.
[71] 정두환, 「대외 무역 사업에서 일대 혁신을 일으키자」, 『근로자』 1958년 제10호, 54쪽.

시키기 위한 것이라고 주장하고, 기계 설비와 소비재, 원료의 자체 생산을 강조하였다.72) 이와 같은 자기 완결적인 재생산 구조의 추구는 무엇보다 국제 공산주의 운동의 분열과 갈등에 기인하는 것이었다.

중소 분쟁이 격화되면서 1960년 7월 소련은 중국에 파견되어 있던 1,390여 명의 전문가들을 일방적으로 철수시키고 257개의 과학 기술 합작 조항을 폐기하여 중국의 경제 건설 사업에 막대한 곤란과 손실을 주었다.73) 사회주의 국제 협력의 한계가 드러나고 있었던 것이다. 1966년 10월 조선노동당 제2차 대표자회에서 김일성은 "사회주의 진영 내부에서 복잡한 문제들이 제기되고 있는 현 정세는 우리에게 나라의 자립적 경제 토대를 더욱 더 강화할 것을 요구하고 있다"고 역설하였던 바,74) 1960년대 국제 공산주의 운동의 분열과 갈등은 북한으로 하여금 경제 자립성을 더욱 강화하도록 영향을 미쳤음이 분명하다.

물론 1960년대 북한의 경제 자립성 강화와 자기 완결적인 재생산 구조의 추구는 제1차 5개년 계획이 북한 자체의 힘에 의해 큰 성공을 거두었다는 북한의 역사적 경험에 바탕한 일종의 자신감의 표현이기도 했다. 1961년 5월 북한의 주체 공업, 자립 공업의 상징인 '함흥비날론 공장'(연산 2만 톤 수준)이 완공되었다. 비날론은 북한에 풍부한 석회석과 무연탄을 원료로 하여 생산된 합성 섬유로서, "국내 자원에 의거하여 섬유 원료 문제를 완전히 해결할 수 있게 되었"다고 평가되었다. 또 1961년도 북한의 곡물 생산량은 483만 톤으로, 이제 식량을 "외국에서 수입하지 않고 능히 자급자족할 수 있는 확고한 토대를 축성"한 것으로 발표되었다.75) 자립 공업의 핵심 부문인 기계 제작 공업의 경우,

---

72) 김일성, 앞의 글(1961. 9. 11), 80쪽.
73) 중국공산당 중앙문헌연구실 편, 「중국공산당의 역사 문제에 관한 결의」, 허헌 역, 『정통 중국 현대사』(사계절, 1990), 323쪽.
74) 김일성, 「현 정세와 우리 당의 과업」(1966. 10. 5), 『김일성저작선집 4』, 360쪽.
75) 최고인민회의 제2기 제10차 회의(1962. 4) 예산 보고. 남북 분단으로 인해 남한과 분리된 북한은 "식량을 자급할 수 없는 지대로서 해방 후 인민의 식량 문제

기계 설비의 국내 자급률은 1956년 46.5%에서 1960년 90.6%, 1962년 92%로 증가되었다고 발표되었다.

또 1962년 4월 북한의 재정상 한상두는 국가 예산 보고에서 "민족 경제의 자립적 토대가 튼튼히 축성된 조건하에서 국가 예산 수입 원천은 그 어느 때보다도 견실하며 확고하다"고 보고하였다.76) 재정 자립뿐만 아니라, 1962년 마침내 자립적 경제 토대가 확고히 구축된 것으로 평가되었던 것이다. 1960년대 초 북한의 이와 같은 경제적 성공은 자체의 기술, 자체의 자금, 자체의 원료, 자체의 기계 설비, 자체의 섬유와 식량 등 북한 자체의 힘에 대한 자신감으로 나타났고, 이것이 자기 완결적인 재생산 구조를 추구하는 것으로 연결되었던 것이다. 하지만 당시 북한의 자립 경제 건설은 사회주의 국가간의 국제적 협조와 협력 강화를 전제로 하고 있었다는 점에서 일정한 합리성을 갖고 정상적인 발전의 길을 따라 가고 있었던 것으로 평가된다.

그러나 1962년 이후 소련과의 갈등은 북한에 많은 시련을 안겨주는 것이었다. 특히 소련은 반제 투쟁의 문제와 코메콘 경제 통합의 문제 등과 관련하여 북한에 정치적 압력을 행사하면서 그 수단으로 경제적 압력을 행사하였다. 1961년 7월 북한은 소련과 '우호 협조 및 상호 원조에 관한 조약'을 체결하였으나, 조약의 실제적 실행 상황은 1962년 그 첫해부터 불안한 모습을 드러내었다. 북한과 소련의 갈등이 표면화됨에 따라 소련의 대북 경제 지원은 눈에 띄게 줄어들었다. 1961년부터 1966년까지 북한과 소련의 무역액은 정체 상태에 있었으며, 1964년의 경우 무역액은 1963년에 비해 감소되기까지 하였다. 1961년에서 1965년 사이에 북한은 공산주의 국가들로부터 새로운 차관을 획득할 수도 없었다.77) 1964년 북한의 무역 총액은 1963년에 비해 감소되었다.78)

해결이 가장 첨예한 문제의 하나"였다고 한다. 리석심, 「우리나라에서의 자립적 민족 경제 건설」, 『근로자』 1962년 11월(하) 제19호, 10쪽.
76) 최고인민회의 제2기 제10차 회의(1962. 4) 예산 보고.

소련은 북한에 대해 "교조주의", "스탈린주의" 등으로 비난하는 한편,79) 북한의 자립 경제 노선에 대해 "민족주의적 편향"이며 "폐쇄 경제"로 비난하며, 북한에 주기로 한 원조에 기계 설비를 포함시키는 것을 거부하고, 북한과 체결한 협정까지 파기하며 북한에 주기로 한 물건도 주지 않고 북한으로부터 받겠다고 한 물건도 받아가지 않았다고 한다.80) 이러한 소련의 경제적 압력은 설비와 기술, 연료와 원자재 등을 소련에 상당 부분 의존하고 있던 북한에게 큰 타격이 아닐 수 없었을 것이다. 때문에 김일성은 소련이 '미제국주의'에 대한 환상을 조성하며 반미 투쟁을 못하게 하고 자립 경제 노선에 반대하며 경제적 압력을 가해 북한의 사회주의 건설에 "커다란 손실"을 주었다고 술회하였다.81)

하지만 경제적 곤란에도 불구하고 북한은 소련의 경제적 압력에 굴복하지 않았다. 김일성은 당시 소련의 수정주의자들이 북한에 경제적 압력을 가했으나, "강철 몇 톤 더 얻기 위해 혁명적 지조를 굽히고 수정주의자들의 투항 정책을 따라갈 수는 없었다"고 술회하였다.82) 경제 발전 때문에 혁명적 지조와 민족적 자주성을 굽히지는 않겠다는 것이었다.

일반적으로, 후진 약소국가에서 국가의 자주 독립과 경제 발전을 동

---

77) 나탈리아 바자노바, 양준용 역, 『기로에 선 북한 경제』(한국경제신문사, 1992), 27·53~54·97쪽 참조.
78) 경남대 극동문제연구소, 『북한무역론』(1979), 268~269쪽.
79) 김일성, 앞의 글(1962. 3. 8), 325쪽.
80) 사회과학출판사, 앞의 책, 97~99쪽.
81) 김일성, 앞의 글(1965. 10. 10), 296쪽.
82) 김일성, 「인민 경제 계획의 일원화, 세부화의 위대한 생활력을 남김없이 발휘하기 위하여」(1965. 9. 23), 『김일성저작선집 4』, 276쪽. 북한은 "대국주의 압력에 굴복하여 투쟁을 포기하면 수정주의에 말려들어 파멸을 면할 수 없고, 그것을 반대하여 투쟁하면 공공연한 압력으로 시련은 겪어도 사회주의를 고수할 수 있었다"고 평가하고 있다. 사회과학출판사, 앞의 책, 45쪽.

시적으로 추구하기란 매우 어려운 일이다. 여기서 북한은 경제 발전을 위해 민족적 자주성을 희생시키는 것이 아니라, 민족적 자주성을 위해 경제 발전을 희생시키는 쪽을 선택하였다. 북한과 같은 후진 약소국가에서 "외세 의존의 길은 예속의 길"로 인식되었다[83]. 여기서 북한의 자립 경제는 북한의 민족적 자주성을 위한 물질적 담보였으며, 자립 경제 건설에 따른 경제 효율성의 저하와 경제 발전의 지체는 자주성을 위한 불가피한 경제적 희생이었다. 다시 말해 북한의 자립 경제 노선은 자주성을 위해 인민 생활의 일정한 희생을 바탕으로 하는 것이었다. 경제적 합리성이나 수익성과 같은 실용주의적 목표보다 자주성과 같은 이데올로기적 목표가 우위에 있었던 것이다.

정치적 압력을 동반한 소련의 경제적 압력과 그에 따른 대외적 자원 제약 상황은 북한으로 하여금 자기 완결적인 재생산 구조에 바탕한 자립 경제 노선을 더욱 강화하도록 만들었다. 그리고 소련의 경제적 압력과 그에 따른 대외적 자원 제약 상황에 대한 유일한 대응책은 북한의 내적 자원, 즉 자체의 힘을 최대한 동원하는 것이었다. '자력갱생'이 바로 그것이었다. 김일성은 1962년 3월 당 중앙위원회 제4기 제3차 확대 전원회의에서, 외국의 원조 없이도 사회주의를 건설할 수 있다며 외국에 대한 의존심을 버리고 내부 원천을 최대한 동원하여 자체의 힘으로 사회주의를 건설하는 이른바 '자력갱생'을 역설하였다.[84]

자력갱생에 기초한 자립 경제 건설은 1961년 12월 1일 당 중앙위원회의 제4기 제2차 확대 전원회의에서 처음 제기되어, 1962년 새해부터 본격적으로 강조되기 시작하였다. 모든 난관들을 자체의 힘으로 극복해 나가는 자력갱생의 혁명 정신은 "풀이 있고 물이 있는 모든 곳에서는 그 어디서나 살고 싸우며 승리할 수 있다는 조선 공산주의자들의

---

[83] 편집국,「자립적 민족 경제의 건설은 조국의 통일과 독립과 번영의 길이다」,『근로자』1963년 4월(하) 제8호, 20쪽.

[84] 김일성, 앞의 글(1962. 3. 8), 329쪽.

전통적 정신"으로 평가되었다.[85] 마침내 자력갱생이 북한 경제 건설의 기본 원칙으로 정립되고, "혁명이 승리하는 그날까지 자력갱생의 붉은 기치를 완강히 틀어쥐고 앞으로 전진 할 것"이 결의되었으며,[86] 자립 경제 건설은 "혁명의 운명을 좌우하는 중요한 문제"로 규정되었다.[87]

그리고 1962년 10월 23일 최고인민회의 제3기 제1차 회의에서 김일성은 자기 완결적인 재생산 구조와 자력갱생에 기초한 자립 경제 건설을 하나의 "노선"으로 명확히 정식화하고, 자립적 경제 토대를 더욱 튼튼히 축성하는 기초 위에서 사회주의 국가들과의 "협조를 더욱 발전시켜야 한다"고 역설하였다. 여기서 자립적 민족 경제를 건설한다는 것은 중공업 및 경공업 제품들과 농업 생산물을 기본적으로 국내에서 생산 보장할 수 있도록 모든 부문들이 유기적으로 연결된 하나의 종합적인 경제 체계를 이룬다는 것을 의미하는 것으로 개념화되었다.[88] 사회주의 국가들과의 국제적 분업과 유기적 연관성 개념이 사라지고, 북한 자체의 내적인 유기적 연관성, 즉 북한 자체의 내적인 분업과 전문화에 기초한 자기 완결적인 재생산 구조가 추구되었던 것이다.

북한은 1962년에도 여전히 "자립적 민족 경제의 건설은 국제 분업의 합리적 발전과 밀접히 결부되어 있으며 통일되어 있다"고 주장하고 있었지만,[89] 그것은 이제 수사(修辭)에 불과했다. 1963년 이후 코메콘 경제 통합과 자립 경제를 둘러싼 소련과 북한의 갈등이 심화되면서, 북한의 자립 경제 건설에서 국제적인 유기적 연관성이나 국제적 분업의 개

---

[85] 편집국, 「도처에서 요구되는 것은 새로운 기술이다」, 『근로자』 1962년 7월(하) 제11호, 4쪽 ; 「조선 인민의 당면한 전투적 과업」, 『근로자』 1962년 11월(상) 제18호, 권두언 34쪽.
[86] 편집국, 「사회주의 혁명과 자력 갱생」, 『근로자』 1962년 11월(하) 제19호, 7쪽.
[87] 리석심, 앞의 글, 13쪽.
[88] 김일성, 「조선민주주의인민공화국 정부의 당면 과업에 대하여」(1962. 10. 23), 『김일성저작선집 3』, 377・398쪽.
[89] 리석심, 앞의 글, 12쪽.

념은 점차 사라졌다. 물론 그렇다고 해서 북한의 자립 경제 노선이 국제적인 경제적 연계와 협조를 거부하고 자기에게 요구되는 모든 것을 남김없이 자체로 만들어 낸다는 것을 의미하지는 않았다. 기본적인 것과 많이 요구되는 것은 자체로 생산하고, 적게 요구되거나 부족한 것은 국제적 협조를 통해 해결한다는 원칙이 확립되었다. 그리고 국제 협력은 자립 경제를 건설하는 방향에서 진행되어야 하며,[90] 국제 원조는 내정 간섭의 수단이 되어서는 안 된다는 원칙적 입장이 표명되었다.[91] 김일성은 북한이 반대하는 것은 경제 협조 그 자체가 아니라, 경제 협조를 구실로 자립 경제 건설을 가로막고 북한 경제를 예속시키려는 대국주의적 경향이라고 역설하였다.[92]

이렇듯 1950년대 북한의 자립 경제 건설이 국제 분업의 합리적인 이용을 전제로 하고 있었다면, 1960년대 북한의 자립 경제 건설은 국제 분업의 합리적 이용을 배제하고 자기 완결적인 재생산 구조를 추구하는 것이었으며, 또 그것은 국제 협력을 전제로 하고 있었지만 그보다는 자체의 힘 즉 자력갱생을 상대적으로 더 강조하는 것이었다. 그러나 자기 완결적인 재생산 구조에 대한 과도한 강조는 북한 경제의 정상적인 발전을 저해하고 자립 경제의 경직성을 야기하는 것이었다. 원료에서부터 완제품 생산에 이르기까지 생산 순환의 모든 것을 자체로 완성하고자 하는 자기 완결적인 재생산 구조의 추구는 경제 효율성이나 수익성 원칙에 부합되지 않는 것으로서 생산 자원의 합리적 배분과 이용을 저해하는 것이었으며, 자본 축적과 기술 발전에도 부정적인 영향을 미치는 것이었다.

---

[90] 편집국, 「자력갱생과 자립적 민족 경제의 건설」, 『근로자』 1963년 6월(하) 제12호, 7쪽.
[91] 편집국, 「자립적 민족 경제의 건설은 조국의 통일과 독립과 번영의 길이다」, 『근로자』 1963년 4월(하) 제8호, 27쪽.
[92] 김일성, 앞의 글(1965. 4. 14), 224쪽.

1960년대 북한의 자원 부족 현상을 더욱 심화시킨 또 하나의 중요한 요인은 1963년부터 본격화된 북한의 자주 국방 노선이었다. 1962년 12월 당 중앙위원회 제4기 제5차 전원회의에서 북한은 군사에서 자위 노선을 천명하고 자주 국방력 강화를 위해 경제-국방 병진 노선과 4대 군사화 방침을 채택하였다.[93] 이것은 1963년부터 북한의 국가 예산에 반영되었다.

특히 북한의 국방비는 중국과의 갈등이 심화되던 1967년 이후 폭발적으로 증가하게 된다. 1966년 10월 조선노동당 제2차 대표자회는 경제-국방 병진 노선을 재확인하고 국방력 강화를 더욱 강력하게 추구하였다. 국가 예산 지출에서 국방비가 차지하는 비중은 1967년 30.4%, 1968년 32.4%, 1969년 31.0% 등이었다.[94] 이와 같은 북한의 국방비 증대는 자립 경제 노선과 함께 북한의 자원 부족 현상을 더욱 악화시키면서 1963년 이후 북한 경제를 일대 침체 국면으로 몰아갔다.

북한의 자주 노선에 따른 경제적 희생은 1963년부터 즉각적으로 나타나기 시작했다. 1963년부터 북한의 경제 상황은 완전히 급변하였다. 먼저 투자의 우선순위가 급변하였다. 경제 자립성과 국방력 강화 방침에 따라 1963년 이후 투자의 중점은 중공업에 두어졌다. 공업 부문 투자 총액 가운데 중공업이 차지하는 비중은 1965년 87.3%, 1966년 85.7%, 1970년 88.8% 등으로 가히 압도적이었다.[95] 이것은 경공업에 대한 투자 삭감으로 이어졌고, 이는 다시 지방 예산의 삭감을 동반하였다. 그러나 경공업에 대한 투자 삭감과 지방 예산의 삭감은 경공업 즉 소비재 산업의 약화를 가져오고, 결국은 중공업을 위한 자본 축적의 기반

---

93) 김일성, 앞의 글(1966. 10. 5), 356쪽.
94) 최고인민회의 제4기 제2차 회의(1968. 4), 제4기 3차 회의(1969. 4), 제4기 제4차 회의(1970. 4) 예산 보고.
95) 최고인민회의 제3기 제5차 회의(1966. 4), 제3기 7차 회의(1967. 4), 제4기 제5차 회의(1971. 4) 예산 보고.

을 약화시키는 것이었다. 농업 생산도 감소되었다. 전체적으로 볼 때, 북한 경제는 1963년 이후부터 침체되기 시작하여 1966년에는 마침내 마이너스 성장을 기록하게 된다. 북한 경제의 일대 위기였다.

제3절 행동의 통일성과 국가의 중앙집권적 통제 강화

1. 계획의 유일성과 경제 조직성 강화

1960년대 투자 효율성과 노동 생산성 저하에 따른 경제 성장률 둔화 현상은 북한만이 아니라 당시 국제 공산주의 운동의 일반적인 현상이었다. 즉 국제 공산주의 운동은 1950년대까지 고용과 투자의 절대적 증가에 기초한 외연적 성장을 추구해 왔지만, 1960년대 들어 그것이 한계에 봉착함에 따라 노동과 자본의 생산성 향상에 기초한 내포적 성장을 추구해야 할 새로운 과제에 직면하게 되었던 것이다. 물론 경제 효율성 저하는 현재의 역사적 발전 단계에서 사회주의 계획 경제의 내적 한계에 기인하는 것이었다. 그렇다면 이 한계를 과연 어떻게 극복할 것인가? 여기서 국제 공산주의 운동은 각국마다 서로 다른 발전 전략을 모색함으로써 마침내 분열되기 시작하는데, 소련·중국과 비교하여 북한의 선택을 살펴보면 다음과 같다.

1) 북한·소련·중국의 노선 비교

먼저 소련의 흐루시초프는 1961년 10월 소련공산당 제22차 대회에서, 사회주의 혁명 이후 계급 문제는 완전히 소멸되었으며, 자본주의 부활의 근원 또한 일소되어 그 가능성마저 완전히 소멸되었다고 주장하며, 프롤레타리아 독재를 폐기하고 '전인민의 국가'를 선언하였다. 이에 따라 흐루시초프는 당과 정부의 최대 과제를 급속한 경제 발전에 두고 자본주의적 경제 정책이라 할지라도 뛰어난 방법은 적극적으로 수용하고 이용해야 한다는 주장하에 이윤과 물질적 유인의 방법을 광범히 도입하고 이윤 추구를 생산의 주된 목적으로 대체하였다. 흐루시초프의 이 노선은 스탈린의 과도기론을 계승 발전시킨 것으로서, 브레즈네프에 의해 계승 발전되었다.96)

스탈린은 1936년 헌법 초안 보고에서, 1936년 사회주의 혁명이 완료됨으로써 자본주의 경제와 자본가 계급은 일소되고 적대 계급은 소멸하여 계급 모순은 더이상 존재하지 않는다며 당과 정부의 과제를 생산력 발전에 두었던 것이다.97) 또 흐루시초프는 소련공산당 제22차 대회에서 소련공산당이 노동 계급의 당에서 전인민의 당으로 되었다고 선

---

96) 흐루시초프가 축출된 이후 새로 구성된 소련 지도부는 1964년 10월 17일자 『프라우다』의 사설 「소련 공산당의 레닌적 총노선」을 통해 소련공산당 제20차, 제21차, 제22차 대회의 결정과 소련공산당 강령에서 밝혀진 노선들을 계승할 것이라고 확인하였는데, 이것은 소련의 새 지도부가 흐루시초프 노선을 그대로 계승함을 의미한다. 사회과학출판사, 앞의 책, 21쪽. 한편, 브레즈네프의 개혁 정책은 기업의 자율성을 강화하는 것으로서, 이는 기업 관리자와 기술자의 권한을 강화하고 중간 행정 관료 계층과 반숙련 노동자에게 불리한 것이었다. 이에 당 관료와 행정 관료들이 반발함으로써 1970년대 초 브레즈네프는 개혁을 후퇴하지 않을 수 없었다. 그 결과 생산성은 다시 저하되었지만, 개혁의 중단은 오히려 브레즈네프 정권의 안정성을 증대시키는 효과가 있었다. V. 자슬라프스키, 앞의 책, 68~71쪽. 소련 군부 역시 1965년 코시긴의 가격 개혁이 중공업을 경시하는 방향으로 전환되는 것을 두려워하여 가격 개혁에 반대하였다. Charles E. Lindblom, *Politics and Markets: The World's political-Economic Systems* (New York: Basic Books, 1977), 주성수 옮김, 『정치와 시장』(인간사랑, 1989), 361쪽 참조. 또 J. Wilczynski에 따르면, 물질적 유인의 확대·강화를 핵심으로 하는 1960년대 소련 및 동유럽의 경제 개혁은 개인 소득 격차를 확대하고 해고의 위협과 엄격한 노동 규율 등 일반 노동자들을 자본주의 하의 상태와 비슷한 지위로 격하시키는 경향이 있었다고 한다. J. Wilczynski, 앞의 책, 100~108쪽.

97) 江副敏生, 『過渡期についての 中ソ 論争 ― 現代社會主義社會 再檢討』(東京: 中央大學出版部, 1979), 교양강좌 편찬회 역, 『사회구성체 이행 논쟁』(세계, 1986), 143~144쪽.

포하였으며, 1962년 11월 소련공산당 중앙위원회 전원회의에서는 사회 전반에 대한 당의 지도적 역할을 축소시켜 당 조직으로 하여금 생산 문제에 집중하도록 함으로써 소련공산당을 경제 관리 기구로 전환시켰다. 당의 역할 축소였다.[98]

특히 1960년대 소련과 동유럽 일부 국가들은 계획 경제의 내적 모순과 한계를 극복하고 경제 효율성을 증대시키기 위해 분권화와 시장적·자본주의적 요소의 도입을 주요 내용으로 하는 실용주의적 경제 개혁을 선택하였다. 이윤이 기업 활동의 주요 지표로 채택되고 가격 개혁을 통해 생산 비용을 기준으로 하여 생산자 가격이 책정되었으며, 기업에 대한 행정적 명령이 감소되고 재정적·금융적 수단의 역할이 증대되었으며, 기업의 자율성이 확대되고 노동자에 대한 물질적 인센티브가 강화되었다.

또 계획의 중앙 집중성을 약화시켜 계획은 덜 지시적이고 덜 세부적으로 되었으며, 계획은 점차적으로 금액으로 표현된 광범위한 목표만을 정하게 되고, 단기 계획보다 장기 계획에 역점을 두게 되었다. 물론 이들 국가의 경제 개혁은 중앙 계획 경제로부터 갑작스러운 이탈보다는 시장 경제의 요소를 선택적으로 받아들이면서 점차적으로 이루어져 왔다.[99] 국가의 역할 축소였다.[100]

---

[98] 사회과학출판사, 앞의 책, 142~168쪽.
[99] 1960년대 이와 같은 소련 및 동유럽의 경제 개혁에 대해서는 J. Wilczynski, 앞의 책, 7~10쪽 참조. J. Wilczynski에 따르면, 소련에서 이윤이 기업 성취도의 주요 지표로 공식 인정된 것은 1965년이며, 알바니아를 제외한 다른 동유럽 국가들도 이를 따랐다. 그리고 각 기업들이 충분한 이윤을 누리도록 알바니아를 제외한 모든 동유럽 국가들이 생산자 가격에 대한 대개혁을 단행하였다. 1965년 당시 소련에서 각 산업의 이윤율은 평균 13%였다. 이것은 북한의 이윤율 3~8%보다 훨씬 큰 것이다. 또 폴란드, 체코슬로바키아, 헝가리에서는 생산 수단 시장도 형성되었다. J. Wilczynski, 같은 책, 27·36·43쪽.
[100] 사회주의 계획 경제에서 경제 발전을 위해 물질적 유인과 같은 개인주의적·자본주의적 수단과 방법을 광범히 동원하는 것은 모순이 아닐 수 없다. 사회주의 경제 발전의 궁극적 목표는 평등 사회로서 공산주의 사회의 실현이며,

한편, 중국은 모택동의 대약진운동이 실패함에 따라 1960년대 들어 1956년 이전보다 더욱 기술적 접근으로 회귀하여 1961년부터는 생산 할당량이 아니라 소련과 같이 고정된 이윤 할당량에 의해 기업의 생산 활동을 책임지는 제도를 도입하였다. 모택동의 문화대혁명은 이와 같은 실용주의화 경향에 대한 반동이었다. 즉 모택동은 1962년 9월 중국공산당 중앙위원회 제8기 제10차 전체 회의에서, 공산주의 사회라는 높은 단계에 이르기까지 사회주의 전시기에 걸쳐 자산 계급이 항상 존재하며 자본주의의 부활을 기도한다며 프롤레타리아 독재하에서의 계급투쟁을 역설하며, 계급투쟁을 확대하고 절대화하였다.

이것은 모택동이 1957년 10월 당 중앙위원회 제8기 제3차 전체 회의에서 제시한, 무산 계급과 자산 계급 사이의 모순, 사회주의 노선과 자본주의 노선 사이의 모순이 사회주의 사회의 주요 모순이라는 관점을 더욱 발전시킨 것으로서, "하나의 계급이 다른 하나의 계급을 뒤집어엎는 정치대혁명"으로서 "당내 자본주의의 길을 걷는 당권파를 정리"한다는 이른바 '문화대혁명'의 이론적 기초가 되었다.[101]

모택동은 공산당의 철학은 "투쟁의 철학"이라며 계급투쟁을 사회 발전의 유일한 원동력으로 간주하고, 생산 투쟁을 계급투쟁으로 대체하여 혁명을 잘하면 생산은 자연히 상승된다고 주장하였다.[102] 소련이 물

개인주의, 이기주의 사회의 실현이 아니다. 하지만 그 목표에 도달하기 위한 경제 발전의 수단으로서, 개인의 이기적 동기를 자극하는 물질적 유인은 개인주의적·자본주의적 방법이다. 물질적 유인은 개인주의를 강화하고 개인주의의 강화는 경제 발전을 위해 다시 물질적 유인을 요구하며, 이는 다시 개인주의를 강화한다. 모순의 악순환으로서 경제 발전, 물질적 유인, 개인주의는 서로를 강화하며 서로를 끊임없이 확대 재생산해 낸다. 이것은 결국 공산주의로부터 점차, 그리고 더욱 멀어지는 경제 발전의 길이다. 이것은 수단과 목표의 괴리로서, 경제가 발전할수록 개인주의는 더욱 확대되고 공산주의적 사회 혁명은 더욱 형해화되며, 결국은 수단의 우위성에 의해 목표가 수정된다. 경제 발전에 의한, 경제 발전을 위한 자본주의로의 복귀이다.

101) 중국공산당 중앙문헌연구실 편, 앞의 책, 334~340·352~355쪽.
102) 권중달 저, 문명숙 편역, 『문화대혁명 전후의 중국 역사 해석』(집문당, 1991),

질적 자극을 위주로 한 생산력 발전을 공산주의 건설의 기본 노선으로 채택하였다면, 중국의 모택동은 이데올로기에 기초한 계급투쟁을 공산주의 건설의 기본 노선으로 채택하였던 것이다. 문화대혁명은 인간의 의식 즉 이데올로기(사상)를 절대화하면서 실용주의적인 목표와 수단을 재차 근절하는 것이었으며, 그에 따라 물질적 유인은 다시 배제되었다.

특히 문화대혁명에서 모택동은 유토피아 이데올로기와 결합된 대중운동을 통해 당과 국가 관료 조직 자체를 분쇄하고 파리 콤뮨과 같은 형태로 정치권력을 재편성함으로써 유토피아적 목표를 실현해 보고자 하였다. 이데올로기를 절대화한 모택동에게 있어 당 조직과 국가 관료 조직은 이데올로기적 목표에 역행하여 자본주의의 길을 걷는 것으로 인식되었으며, 따라서 타파의 대상이었다. 경제 발전 목표를 추구하는 당 및 국가 관료 조직과, 유토피아적 목표를 추구하는 모택동의 이데올로기 사이의 긴장과 갈등이었으며, 이 과정에서 모택동은 이데올로기와 대중 운동을 통해 조직과 제도를 타파하는, 아래로부터 위로의 탈권 투쟁을 전개하였던 것이다.

하지만 문화대혁명의 결과는 당과 정부의 모든 기능이 완전 마비되는 등 엄청난 혼란과 균열이었다.[103] 상해 콤뮨의 실패와 함께 문화대혁명의 유토피아적 목표들은 마침내 후퇴하기 시작하였으며, 그에 따라 당과 국가 관료 조직이 재건되기 시작하였다.[104] 문화대혁명 이후 중국의 등소평은 유생산력설을 반대했던 모택동의 노선을 맑스레닌주의의

205~206쪽.
[103] 헌팅턴의 지적대로, 정치적 조직화와 제도화 없는 사회적 동원의 결과는 정치적 불안정과 무질서이다. Charles Tilly, *From Mobilization to Revorution* (Reading, Massachusetts: Addison-Wesley Publishing Company, 1978), 양길현 외 공역, 『동원에서 혁명으로』(서울프레스, 1995), 28쪽에서 재인용.
[104] 모리스 마이스너, 김광린·이원웅 역, 『모택동 사상과 마르크스주의』(소나무, 1988), 189~207쪽 ; 중국공산당 중앙문헌연구실 편, 앞의 책, 352~373쪽.

사적유물론에 대한 위반이라고 평가하고, 모든 것을 경제 건설이라는 중심에 종속시키는 정책으로 전환하게 된다.105) 등소평의 실용주의적 개혁 노선이었다.

그렇다면 북한의 선택은 과연 어떠했는가? 1960년대 북한의 선택은 소련의 실용주의적 노선이나 모택동의 급진적인 유토피아 노선과는 전혀 다른 것이었다. 그것은 소련 및 중국과 같이 좌·우 양극단으로 치닫지 않는, 유토피아와 발전을 대립시키지 않는 일종의 절충주의였다. 앞에서 보았듯이, 김일성의 주체 노선은 사상적 요새와 물질적 요새의 동시 점령 노선, 공산주의적 인간(의식) 개조와 생산력 발전의 동시 추구 노선이었다.

또 1960년대 북한은 중국과 달리 밑으로부터 대중의 자발성을 불러일으키는 군중 노선과 대중 운동에 기초하면서도 대중 운동 그 자체보다 당 조직과 국가 행정 관료 조직의 생산 조직 지도 사업에 더 많은 중요성을 부여하였다. 북한은 당과 국가의 역할을 약화시키고 기업의 자율성을 증대시켜 나갔던 소련과 달리, 그리고 당 조직과 국가 행정 관료 조직을 공격한 모택동과 달리, 경제 활동 전반에 대한 당과 국가의 중앙집권적 지도와 통제를 더욱 강화해 나갔던 것이다.106) 물론 그것은 당의 정치적 지도를 우위에 두고 여기에 국가의 경제 기술적 지도를 결합시키는 것이었다.107)

---

105) 중국공산당, 앞의 책, 59쪽.
106) 북한과 달리 중국의 모택동은 지역 분권화를 재추진하였다. 모택동은 대약진 운동의 실패 이후 중앙집권화가 재강화 되는 과정에서 막대한 권력을 부여받은 당-정 중앙 조직의 도전에 직면하여, 지역 분권화를 통해 지방 조직의 지지를 이끌어냄으로써 중앙 조직의 도전을 극복해 보고자 하였던 것이다. James C. F. Wang, 앞의 책, 165~166쪽. 최고 지도자의 권력 강화가 항상 중앙집권화와 연결되어 있는 것은 아니라는 것이다.
107) 소련이 경제 발전을 추구하며 조직에 의존하여 이데올로기를 형해화시켰다면, 모택동은 계급투쟁을 추구하며 이데올로기에 의존하여 조직을 타파하였다. Franz Schurmann의 지적대로 조직과 이데올로기는 상호 모순적 요소가

특히 북한은 경제 효율성 저하와 자원 부족 현상 등으로 1963년 이후 경제가 계속 침체되자, 축적 규모와 축적률을 더욱 증대시키는 방향에서 위기를 극복해 보고자 하였는데, 이것은 곧 생산 자원에 대한 국가의 중앙집중성 강화로 이어졌으며, 이는 다시 생산 활동에 대한 국가의 중앙집권적 통제 강화로 이어졌다. 기존의 사회주의 중앙 계획 경제를 더욱 강화하는 방향에서 1960년대 중반에 도입된 계획의 일원화·세부화 체계가 그것이었다.

2) 계획의 일원화·세부화 체계의 확립

먼저, 1963년 이후 자원 부족 현상이 심화되고 경제 성장률이 둔화됨에 따라, 북한은 1964년 3월 내각 결정으로 계획의 일원화 체계를 도입하였다. 그 목표는 국가의 중앙집권적 통제 체제를 강화함으로써 최소 산출 과제-최대 자원 투입을 추구하는 생산자들의 소극 보수성을 극복하고, 최소 자원으로 보다 적극적이고 동원적인 계획을 수립하도록 하는 한편, 국가적 차원에서 생산 자원을 최대한 중앙 집중화시켜 국가적 목표에 집중 동원하기 위한 것이었다. 다시 말해 계획의 일원화 체계는 국민 소득을 국가가 통일적으로 장악하고 유일적으로 분배함으로써 축적에 많은 몫을 돌릴 수 있게 하는 것이었으며, 생산자들의 기관 본위주의를 배제하고 국가의 모든 축적 자금을 국가가 통일적으로 장악하여 중공업 등 중심고리에 우선적으로 배분 이용할 수 있게

있었던 것이다. Franz Schumann, op. cit., p.73. 그러나 김일성은 조직과 이데올로기를 결코 대립시키지 않았으며, 조직에 의한 이데올로기의 형해화와 이데올로기에 의한 조직의 타파를 모두 허용하지 않았다. 북한이 가장 중요하게 추구한 것은 지도와 대중의 조직·사상적(이데올로기) 통일 단결이었으며, 이것은 조직과 이데올로기를 밀접히 결합시켜 양자를 함께 강화시키는 것으로 귀결되었다. 소련, 중국과 달리, 북한은 권력, 조직, 이데올로기, 리더십(지도)을 결코 약화시키지 않았던 것이다.

하는 것이었다.108)

　고도로 중앙집중화된 자원 배분 체계로서, 생산 자원에 대한 국가의 중앙집권적 통제 체제의 강화였다. 이것은 자본과 노동 생산성 증가율이 둔화되는 등 경제 효율성이 저하되고 있는 상황에서 자본 축적 규모와 축적률 증대를 통해 경제 성장을 추구하기 위한 것이었다. 내포적 성장 전략이 한계에 봉착하자 북한은 투자 중심의 외연적 성장 방식을 재강화하면서, 투자 증대를 위해 극단적인 자원 동원 체계를 확립하였던 것이다.

　또 1965년 9월 국가계획위원회 당총회에서 김일성에 의해 계획의 세부화 체계가 도입되었다. 그 목표는 부속품이나 양이 적고 소소한 지표들을 포함하여 생산 활동의 모든 지표들을 국가 계획 안에 포괄하여 그 세부에 이르기까지 현물 지표별로, 양적으로, 시간적으로 빈틈없이 세밀하게 서로 맞물리도록 하는 것(즉 균형 보장)이었다. 생산 계획 지표와 자원 배분 지표에서 현물 지표 역시 품종별, 규격별, 재질별, 용도별로 더욱 세분 확대되었으며, 시기별 지표도 월별, 분기별로 더욱 세분 확대되었다. 그리고 큰 지표에서부터 작고 소소한 세부 지표에 이르기까지 모든 경제 활동이 전면적으로 빠짐없이 다 국가 계획으로 지표화 되어 법적 의무성이 강화되었다. 생산 활동에 대한 국가의 중앙집권적 통제 체제의 강화로서, 세부화 된 국가 유일 계획 체계가 수립된 것이었다.109) 계획의 유일성에 기초한 모든 경제 활동의 완전한 계획화, 조직화였다.

　당시 자원 부족 현상이 심화되고 있는 상황에서 개별 기업에 의한 계획 지표의 자의적인 수정과 변경, 세소 품종 생산에 대한 무관심은 연쇄 반응을 일으키며 인민 경제 전체적으로 사회적 분업의 혼란과 계

---

108) 박영근 외, 『주체의 경제 관리 이론』(평양: 사회과학출판사, 1992), 227·233쪽.
109) 박영근 외, 위의 책, 252쪽.

획 차질, 원자재 수급의 불균형과 생산의 파동성, 미성품 양산과 막대한 자원 낭비를 야기하고 설비 가동률을 저하시켰다. 이러한 상황에서 계획의 세부화 체계는 그나마 부족한 자원을 낭비함이 없이 보다 적절히 배분 이용하여 국가 계획의 철저한 집행, 즉 사회적 분업 생산을 정확히 보장함으로써 자재 수급의 불균형을 해소하고 생산의 파동성을 근절하기 위한 것이었다.

그러나 계획의 세부화 체계는 세소 품종에서 그나마 제한적으로 남아있던 가치 법칙에 의한 미시 균형 또는 시장 균형을 완전히 배제하고 국가에 의해 중앙집권적으로 통제되는 현물적 미시 균형을 추구하는 것이었다. 극단적인 현물 경제 체계의 확립이었다. 위에서 현물로 내리 공급하는 대안 체계의 자재 공급 체계 역시 현물 경제를 강화하는 조치였다.

2. 북한의 주체 노선과 통일 단결

1) 경제 유기체론과 통일 단결

이렇듯 1964~1965년에 도입된 계획의 일원화·세부화 체계는 경제 계획성과 조직성 강화를 통해 그 세세한 부분에 이르기까지 모든 경제 활동에 대한 완전한 국가적 통제를 추구하는 것으로서, 이것은 국제 공산주의 운동에서도 유례없는 일이었다. 1960년대 초까지 모든 사회주의 국가에서 국가 계획의 대상과 범위는 큰 지표, 중요한 지표, 기본적인 지표, 개괄적 지표에 한정되어 있었으며, 세세한 지표들은 국가 계획에 포함되지 않았다. 그런 만큼 계획 수립과 집행에서 생산자들에게 일정한 자율성과 재량권이 존재하고 있었던 것이다. 이것은 북한도 마찬가지였다. 국가 계획에 포함되지 않는 성, 관리국의 자체 계획이나 기업소의 자체 계획이 존재하였으며, 이러한 계획들은 성, 관리국,

기업소에 의해 자체로 수립되고 자체로 집행되었다. 국가의 직접적인 통제 대상이 아니었던 것이다.

이러한 상황에서 1960년대 소련 및 동유럽 사회주의 국가들은 분권화와 시장적 요소의 도입을 주요 내용으로 하는 실용주의적 경제 개혁을 통해 국가 계획의 대상과 범위를 축소하고 기업의 자율성을 확대시켰다. 경제 계획성과 조직성의 약화, 사회주의 중앙 계획 경제의 후퇴였으며, 생산에 대한 국가의 중앙집권적 통제 약화였다. 그러나 1960년대 북한의 선택은 완전히 정반대였다. 계획의 일원화·세부화 체계를 통해 생산자들의 모든 경제 활동을 그 세세한 부분에 이르기까지 모두 밀접한 유기적 연관성을 맺고 국가 유일 계획 속에 완전히 포섭시킨 것이었다. 기업소의 모든 계획은 국가의 유일적 지도하에 수립되고 국가의 유일적 지도하에 집행되었다. 국가 유일 계획밖에 존재하는 성, 관리국, 기업소의 자체 계획이란 더이상 존재하지 않게 되었다.

이에 따라 계획의 수립과 집행에서 국가의 중앙집권적 지도와 통제를 벗어난 성, 관리국, 기업소의 자율성과 재량권이란 더이상 존재하지 않게 되었다. 미시 경영에서 개별 기업의 자율성의 거의 완전한 박탈이었다. 이제 전국가적 계획은 물론이고 성, 관리국의 계획들과 기업소 계획에 규정된 모든 계획 과제들이 다 국가의 법적 과제로 규정되고 그 누구든 자의적으로 수정, 변경시킬 수 없게 되었다.[110] 경제 계획성과 조직성의 강화, 사회주의 중앙 계획 경제의 절대적 강화였으며, 생산에 대한 국가의 중앙집권적 통제 강화였다.

국가 유일 계획 체계가 확립됨에 따라 그 세세한 부분에 이르기까지 생산자들의 모든 경제 활동은 이제 세부화 된 국가 유일 계획 속에서 치차(齒車: 톱니바퀴)와 같이 서로 빈틈없이 엄격히 맞물리게 되었다. 바로 이 지점에서 "경제 유기체" 개념이 발전하였다. 수령 체제로 명명

---

[110] 편집국, 「우리 당의 계획의 일원화, 세부화 방침의 정당성」, 『근로자』 1968년 제7호, 42쪽.

되는 북한식 사회 체계의 이론적 기초인 혁명적 수령관과 사회정치적 생명체론은 유기체적 사회정치관에 근거하고 있는데, 북한에서 이와 같은 유기체적 사회정치관은 1960년대 중반의 유기체적 경제관, 즉 '경제 유기체론'에 하나의 중요한 뿌리를 두고 있는 것이었다.

북한에서 경제 유기체 개념은 자립 경제 노선이 더욱 강력하게 추진되던 1963년부터 본격적으로 제기되었다. 1963년 이후 자립 경제 노선이 강화됨에 따라 국제적 분업과 전문화에 기초한 국제적인 유기적 연관성이 배제되고, 그 반동으로 자기 완결적인 재생산 구조를 확립하기 위한 북한 자체의 국내적 분업과 전문화에 기초한 북한 자체의 유기적 연관성이 강조되었다. 당시 자립 경제 건설이란 북한 내적으로 "모든 부문들이 유기적으로 연결된 하나의 종합적인 경제 체계를 형성"하는 것을 의미했다.[111]

경제 유기체 개념은 이러한 배경 속에서 제기되었다. 1963년 3월 당 기관지 『근로자』의 한 논문은, "사회적 분업과 생산의 전문화에 기초한 협동 생산"이 급속하게 발전하고 있음을 지적하면서, 오늘 "전국의 모든 공장, 기업소들이 협동화 체계에 망라되고 있으며 하나의 큰 사회적 유기체를 이루고", "하나의 통일체를 이루고 있다"고 하였다. 그런 만큼 어느 한 부문, 어느 한 고리가 잘못되어도 그것은 연관된 다른 부문, 다른 공장들에, 나아가서는 인민경제 전반에 큰 지장을 주게 된다는 것이었다.[112]

어느 한 부문의 계획 차질이 인민 경제 전체에 미치는 부정적인 파급 효과는 국제 분업 체계하에서 보다 자립 경제 체계하에서 더욱 심각하다. 자립 경제 체계에서 자원의 외부 조달은 정책적으로 제한되어

---

[111] 편집국, 「자립적 민족 경제의 건설은 조국의 통일과 독립과 번영의 길이다」, 『근로자』 1963년 4월(하) 제8호, 20쪽.
[112] 조동섭, 「기계 제작 공업 부문에서 협동 생산을 개선 강화하기 위하여」, 『근로자』 1963년 3월(상) 제5호, 7~9쪽.

있기 때문이다. 1960년대 소련의 경제 계획성·조직성 약화가 사회주의 국제 분업 체계에 기초하고 있었다면, 북한의 경제 계획성·조직성 강화는 국제 분업을 배제한 자립 경제 노선에 기초하고 있었던 것이다. 또 1963년 6월『근로자』의 한 논문은 "사회주의 사회에서 인민 경제의 모든 부문들은 하나의 거대하고 복잡한 생산적 유기체를 이루고 있다. 사회주의는 고도로 조직된 대규모 경리이다. 이러한 대규모적 경리를 운영해 나가기 위해서는 필연적으로 높은 계획성과 조직성이 요구된다"고 하였다.113) "사회주의 사회는 조직된 사회"로서, "오직 조직에 의거해서만 노동 계급은 자기의 역사적 사명을 수행할 수 있다"는 것이었다.114) '경제 유기체' 개념과 아울러 '조직 사회주의' 개념이 등장한 것이다.

경제 유기체 개념과 조직 사회주의 개념은 1960년대 중반 자원 부족 현상이 심화되고 국내적 분업과 전문화를 통한 협동 생산이 확대됨에 따라 더욱 강조되었다. 특히 1964~1965년에 전면적으로 도입된 계획의 일원화·세부화 체계는 사회 내 모든 경제 활동을 완전히 계획화·조직화함으로써, 북한의 사회주의 계획 경제를 고도로 조직화된 '사회주의 조직 경제'로 전환시켰으며, 이는 경제 유기체 개념을 더욱 완전하게 만들었다.

즉 "사회주의는 전사회적 규모에서 고도로 조직화된 계획 경제"로서 "철저한 조직성과 계획성"이 요구되며,115) 이를 위해 "계획을 작성하고 그것을 집행하는 행정에서 사회적 생산 과정의 모든 단위들과 전체 근로자들의 활동은 하나의 길, 하나의 목표에로 통일"되어야 한다는 것이

---

113) 전웅, 「사회주의와 타산」, 『근로자』 1963년 6월(하) 제12호, 22쪽.
114) 조면, 「공산주의 도덕의 기본 원칙으로서의 집단주의」, 『근로자』 1963년 6월 (하) 제12호, 19~21쪽.
115) 김하광, 「사회주의 경제 관리 운영에서 통계의 역할」, 『근로자』 1965년 12월 (상) 제23호, 27쪽.

었다.116) 사회적 분업과 국가 계획의 정확한 집행을 위한 모든 경제 활동의 완전한 통일성 추구였다. 북한이 추구하는 사회주의 사회는 "재생산의 전 과정을 과학적인 계획화에 기초하여 목적의식적으로 고도로 조직화하는 사회주의 사회"였으며,117) 경제 유기체 개념은 인체와 같이 비유되었다.118)

그리고 이와 같은 경제 유기체 개념과 조직 사회주의 개념은 모든 경제 활동에 대한 국가의 중앙집권적인 통일적 지도를 강화하는 것으로 귀결되었다. "계획화 사업에 대한 국가의 통일적 지도를 강화해야만 전 사회를 유일한 계획에 의해 움직이는 경제적 유기체로 만들 수 있"다는 것이었다. 모든 경제 활동의 완전한 조직화를 추구하는 세부 계획화는 생산, 기본 건설, 자재 공급, 운수, 노동 부문으로부터 교육, 문화, 보건과 재정, 후방 사업 등 사회 경제 생활의 전반적 분야를 포괄하는 것이었다.119) 요컨대 경제 유기체 개념과 조직 사회주의 개념은 생산자들의 모든 경제 활동을 그 세부에 이르기까지 빈틈없이 계획화·조직화하여 하나의 생명 유기체와 같이 일치되게 움직일 것을 요구하는 것이었다. 계획의 유일성에 기초한 행동의 완전한 통일성의 추구였으며, 이것은 집단주의에 기초한 당과 대중의 통일 단결을 더욱 강화할 것을 요구하였다.

2) 북한의 정치 조직 노선과 통일 단결

당과 대중의 통일 단결은 북한의 일관된 정치 조직 노선이었다. 1955

---

116) 리재영, 「사회주의 경제 관리와 계획화 사업」, 『근로자』 1966년 제9호, 9쪽.
117) 허재억, 「사회주의 사회에서 경제의 규모와 생산 발전 속도의 호상 관계에 대한 독창적 이론」, 『근로자』 1969년 제6호, 29쪽.
118) 편집국, 「국가 재산을 애호 절약하기 위한 투쟁을 더욱 강화하자」, 『근로자』 1969년 제8·9호, 33쪽.
119) 편집국, 「우리 당의 계획의 일원화, 세부화 방침의 정당성」, 『근로자』 1968년 제7호, 43~45쪽.

년 4월 당 중앙위원회 전원회의에서 김일성은 '조선 혁명'의 두 가지 당면 과업으로 북한에서 사회주의 건설과 '조국 통일'을 제시하고, '조국 통일'을 사회주의 건설 위에 위치시켰다.[120] 이것은 1965년 4월 인도네시아 알리 하르함 사회과학원에서 한 김일성의 연설에서 재확인되었다. 그리고 1955년 4월 1일 당 중앙위원회 전원회의에서 발표된 김일성의 「우리 혁명의 성격과 과업에 관한 테제」는 이 두 가지 목표를 달성하기 위한 가장 중요한 국가적 과제로서 당과 대중의 통일 단결을 제시하였다.[121]

「4월 테제」의 기본 노선은 1964년 2월 27일 당 중앙위원회 제4기 제8차 전원회의에서 보다 구체화되었다. 이 회의에서 김일성은 북한의 사회주의 건설과 관련하여 북한의 혁명 역량을 정치적 역량, 경제적 역량, 군사적 역량으로 구분하고, 이 가운데 가장 중요한 것은 정치적 역량이라고 명확히 규정하였다. 여기서 정치적 역량이란 당과 대중의 통일 단결을 의미하며, 경제적 역량은 "정치적 과업을 해결하는 중요한 물질적 담보"로 규정되었다.[122] 이것은 북한이 경제 발전 그 자체보다 당과 대중의 통일 단결, 즉 사회 정치 통합을 우위에 두고 있음을 의미한다. 북한이 당과 대중의 통일 단결을 중시한 데는 몇 가지 이유가 있다.

첫째, 우선 그것은 한반도 분단에 기인하는 것으로서, 북한의 안보와 '통일'을 위한 것이었다. 어떤 형태의 국가에서도 국가 존망의 이익인 국가 안보는 국가 이익 중 최고의 우선순위를 차지할 뿐만 아니라

---

[120] 김일성, 「당원들의 계급 교양 사업을 더욱 강화할 데 대하여」(1955. 4. 1), 『김일성선집 4』, 216쪽.
[121] 김일성, 「우리 혁명의 성격과 과업에 관한 테제: 모든 힘을 조국의 통일 독립과 공화국 북반부에서의 사회주의 건설을 위하여」(1955. 4. 1), 『김일성선집 4』, 196~213쪽.
[122] 김일성, 「조국 통일 위업을 실현하기 위하여 혁명 역량을 백방으로 강화하자」(1964. 2. 27), 『김일성저작선집 4』, 82~84쪽.

국가 정책에 있어서도 최고의 가치를 갖게 된다. 한국의 경우에도 국가 안보는 최고의 우선순위를 차지하는 국가 정책이다.[123] 심지어 한 정치 체계의 생존은 개인에게 있어서 생명의 존속보다 더 절대적인 의미를 갖고 있다.[124] 여기서 당과 대중의 통일 단결은 북한의 가장 강력한 안보 수단이었다.

또 북한은 남북통일을 위해 당과 대중의 통일 단결을 추구하였다. 1955년 4월 1일 당 중앙위원회 전원회의에서 김일성은, 아직 통일이 되지 않고 있는 것은 "전체 조선 인민이 완전히 단결되지 못했기 때문"이라고 규정하고, 통일을 위해 전체 조선 인민이 한 사람과 같이 단결할 것을 요구하였다.[125] 북한에게 있어 분단은 국가 건설(state-building)이 아직 미완의 과제로 남아 있음을 의미했다. 그러나 북한이 추구하는 국가 건설은 인민의 국가 또는 국민 국가 건설이라기보다 민족 국가 건설이다. 북한의 범위에서 국가와 사회를 연결시켜주는 것이 인민이라면, 한반도의 범위에서 국가와 사회를 연결시켜주는 것은 민족이었.

둘째, 북한이 당과 대중의 통일 단결을 추구하는 것은 북한에서의 계급투쟁 및 사회혁명을 위한 것이었다. 공산주의 운동은 국가 권력을 장악하고 생산 수단에 대한 사적 소유를 폐지하고 사회주의적 생산 관계를 수립하는 등 사회혁명과 공산주의 사회에 이르는 계급투쟁의 전시기에 걸쳐 당과 대중의 통일 단결을 추구한다. 계급투쟁에서 인민 대중의 가장 강력한 무기는 의식화·조직화된 인민 대중의 조직 사상적 통일 단결이며, 그 전위 조직인 당의 조직 사상적 통일 단결이다. 자본주의 사회에서도 노동 운동은 노동 계급의 공통 이익을 위해 전형적으로 집단행동을 추구해 왔으며, 통일 단결을 가장 중요한 투쟁의 무

---

[123] 구영록, 『한국의 국가이익』(법문사, 1995), 164~166쪽.
[124] 이상우·하영선 共編, 『현대 국제 정치학』(나남출판사, 1992), 457쪽.
[125] 김일성, 「당원들의 계급 교양 사업을 더욱 강화할 데 대하여」(1955. 4. 1), 『김일성선집 4』, 226쪽.

기로 삼고 있다. 북한이 당과 대중의 통일 단결을 추구하는 것은 아직 북한에서 계급투쟁과 사회 혁명이 끝나지 않았음을 의미한다.

셋째, 북한이 당과 대중의 통일 단결을 추구하는 것은 반대국주의 투쟁과 '반제 투쟁'을 위한 것이었으며, 결국 그것은 민족적 자주성을 옹호하기 위한 것이었다. 일반적으로 북한과 같은 후진 약소 국가에서 국가 안보와 민족적 자주성, 경제 발전을 동시에 추구한다는 것은 대단히 어려운 일이다. 그러나 1960년대 북한은 당과 대중의 통일 단결을 강화하면서 국가 안보(자주 국방)와 자주성을 동시에 추구해 보고자 하였다. 특히 1960년대 국제 공산주의 운동의 분열과 갈등은 북한으로 하여금 당과 대중의 통일 단결을 갈수록 강화하게끔 만들었다.

1950년대까지 당과 대중의 통일 단결에 기초한 북한 자체의 주체적 역량과 국제 공산주의 운동의 단결과 협조에 기초한 국제적 역량은 모두 북한의 사회주의 건설과 '조국 통일'에서 "승리의 확고한 담보"로 규정되었다.[126] 그러나 1960년대 국제 공산주의 운동의 분열과 갈등이 심화되고 국제적 역량에 대한 신뢰가 약화됨에 따라 북한 자체의 주체적 역량이 보다 강조되기 시작하였다. 즉 북한은 1960년대 초반 소련과의 갈등이 심화되자, 국제 공산주의 운동의 단결과 협조는 "혁명 승리의 중요한 담보"이지만, "혁명 승리의 결정적 요인"은 내부적 역량, 즉 주체적 역량임을 명확히 하였던 것이다.[127] 국제 공조 그 자체보다 북한 스스로의 힘을 강조하는 자력갱생이었다.

북한과 소련의 갈등에 이은 1960년대 후반 북한과 중국의 갈등 심화는 베트남 전쟁 확대에 따른 북한의 위기의식 고조와 북한의 외교적 고립 심화 등과 어우러져, 북한으로 하여금 자체의 주체적 역량을 더

---

[126] 김정환, 「당의 통일 단결의 가일층의 강화를 위한 투쟁은 당원들의 선차적 과업」, 『근로자』 1957년 제1호, 17쪽.
[127] 편집국, 「자력갱생과 자립적 민족 경제의 건설」, 『근로자』 1963년 6월(하) 제12호, 2쪽.

욱 강화하게끔 만들었다. 즉 북한은 사회주의 혁명과 건설에서 국제적 지원은 "보조적 역할"에 불과하며 자체의 주체적 역량을 "주되는 요인"으로 재평가하고, 다른 나라에 의존하지 않고 자체의 힘을 위주로 하는 주체 확립과 자력갱생을 더욱 강조하였다.[128)]

이와 같이 국제 공산주의 운동의 분열과 그에 따른 국제 공조 약화는 북한 자체의 주체적 역량을 더욱 강화하도록 만들었으며, 이것은 곧 다른 나라에 의존하려는 사대주의를 배격하고 주체를 확립하며, 특히 최고 지도자를 중심으로 당과 대중의 통일 단결을 더욱 강화하는 것이었다. 즉 반수정주의 투쟁이 시작되던 1962년에 이미 김일성의 사상은 맑스레닌주의 사상을 북한에 창조적으로 적용한 사상으로 평가되었으며,[129)] 김일성의 사상으로 튼튼히 무장하고[130)] 김일성의 주위에 굳게 단결할 것이 요구되었다. 북한에서 김일성은 반대국주의 투쟁, 반사대주의 투쟁, '반제 투쟁' 즉 민족적 자주성의 상징이었으며, 사회 정치 통합의 구심이었던 것이다.

요컨대 북한에서 당과 대중의 통일 단결은 민족적 자주성을 위한 반대국주의 투쟁의 정치적 기반이자, '반제 투쟁'의 정치적 기반이었다. 물론 그것은 적지 않은 경제적 희생을 동반하는 것이었다. 북한은 경제 발전 그 자체보다 민족적 자주성을 우위에 두고 있었으며, 당과 대중의 통일 단결은 그에 따른 경제적 희생을 감내할 수 있는 정치적 기반이었다. 다시 말해 역사적으로 북한의 자주 노선은 최고 지도자를 중

---

128) 『노동신문』, 「자주성을 옹호하자」, 1966년 8월 12일. 또 김일성은 '반제 투쟁'에서 승리의 "결정적 요인"은 내부 역량이며, 외부 지원은 "보조적 역량"이라고 명확히 규정하였다. 김일성, 「국가 활동의 모든 분야에서 자주, 자립, 자위의 혁명 정신을 더욱 철저히 구현하자」(1967. 12. 16), 『김일성저작선집 4』, 539쪽.
129) 김승일, 「공산주의 교양의 역사적 과업은 성과적으로 해결되고 있다」, 『근로자』 1962년 제4호, 80쪽.
130) 림춘추, 「고상한 풍모, 혁명적 영도 작품」, 『근로자』 1962년 제4호, 34쪽.

심으로 한 강력한 내적 결속력에 의해 가능했던 것이다.

3) 김일성의 주체사상과 통일 단결

당과 대중의 통일 단결은 김일성 주체 노선의 핵심이자, 김일성 주체사상의 핵심이었다. 주체사상은 1950년대를 지나면서 북한의 독자적인 실천 이데올로기로 정립되었다. Franz Schurmann은 공산주의 이데올로기를 순수 이데올로기와 실천 이데올로기로 구분하여, 순수 이데올로기는 "세계관"으로서 맑스레닌주의와 같은 보편 '이론'을 의미하며 실천 이데올로기는 "행동의 지침"으로서 모택동 사상과 같은 특수 '사상'을 의미하는 것으로 파악하였다. 그에 따르면, 새로운 이데올로기는 맑스레닌주의의 보편적 진리와 구체적인 실천이 결합(통일)되어 개인의 정신 속에서 창조된다.[131] 주체사상 역시 맑스레닌주의의 보편적 진리와 북한의 구체적 실천이 결합(통일)되어 김일성 개인의 정신 속에서 창조된 것으로 평가된다.

북한에서 '주체'의 개념은 '사대'에 대한 반명제로서, 당내 노선 갈등이 전개되던 1955년 12월에 처음 등장하였으며, '주체사상'의 개념은 국제 공산주의 운동의 노선 갈등이 심화되던 1962년 12월 『노동신문』 논설에 처음 등장하였다. 1963년 4월에는 김일성의 문헌에 처음으로 "주체사상"의 개념이 등장하였다.[132] 1962년 12월 『노동신문』 논설에 따르면, "주체를 확립한다는 것은 조선 혁명의 주인은 조선 인민이라는 주견을 가지는 것"을 의미한다.[133] 다시 말해 주체를 확립한다는 것은 곧 "혁명에서 주인다운 태도를 가지는 것을 의미"한다.[134] "주인다운 태도"

---

[131] Franz Schurmann, op. cit., pp. 22~30.
[132] 김일성, 「대학의 교육 교양 사업을 강화할 데 대하여」(1963. 4. 18), 『김일성저작집 17』, 216쪽.
[133] 『노동신문』, 1962년 12월 19일.
[134] 조선노동당출판사, 『조선노동당 역사 교재』(평양: 조선노동당출판사, 1964),

로서 이와 같은 "주체"의 개념 정립은 곧 주체사상의 근본 원리를 정립하는 것이었다.

1955년 주체의 개념이 처음 정립될 당시 그것은 소련파와 연안파 등 당내 교조주의와 형식주의, 사대주의에 대한 비판으로서 '창조적 입장'을 의미했다. 북한에서 주체 확립을 위한 투쟁은 1955년 4월 당 중앙위원회 전원회의에서부터 본격화되었다. 이 회의에서 김일성은 다른 나라의 경험을 통채로 삼키며 그대로 따와 북한의 현실에 기계적으로 적용하는 교조주의와 사대주의를 비판하면서, 맑스레닌주의와 다른 나라의 경험을 기계적으로 받아들이지 말고 현실에 맞게 적용할 줄 알아야 하며, 이를 위해 자체의 것을 많이 배우고 연구할 것을 요구하였다.[135] 외국의 경험을 절대화하며 그것을 기계적으로 수용하는 당내 교조주의와 사대주의에 대한 김일성의 비판은 1955년 12월 28일의 연설에서 보다 강력한 형태로 표출되었다.

이 연설에서 김일성은 "모든 사업에서 기계적으로 소련의 본을 따고", "남의 것만 좋다고 하고 우리 자체의 것을 소홀히 하는 현상"을 비판하면서, "꼭 소련식과 같이 해야만 한다는 원칙은 있을 수 없다"며 사상에서 "주체"를 확립할 것을 역설하였다. 김일성은 "소련식이 좋으니 중국식이 좋으니 하지만 이제는 우리식을 만들 때가 되었다"고 하면서, 맑스레닌주의와 외국의 경험을 북한의 구체적인 조건과 민족적 특성에 맞게 창조적으로 적용할 것을 요구하였다.[136]

교조주의와 사대주의를 배격하는 창조적 입장으로서 주체, 그것은 주인다운 태도를 갖고 남이 하는 대로 따라 하지 말라는 것이었으며,

---

343~344쪽.
[135] 김일성, 「당원들의 계급 교양 사업을 더욱 강화할 데 대하여」(1955. 4. 1), 『김일성선집 4』, 230~231쪽 ; 김일성, 「사회주의 혁명의 현 계단에 있어서 당 및 국가사업의 몇 가지 문제들에 대하여」(1955. 4. 4), 『김일성선집 4』, 260~261쪽.
[136] 김일성, 앞의 글(1955. 12. 28), 325~337쪽.

북한의 특색에 맞는 북한식의 사회주의 건설 노선을 추구하는 것이었다. 결국 창조적 입장으로서 사상에서의 주체 확립은 북한의 독자 이데올로기와 독자 노선의 모색을 의미했다. 중국 역시 1956년 4월부터 자신의 독자 노선을 모색하기 시작하였다. 1960년 6월 모택동은, "지난 8년 동안은 외국의 경험을 그대로 받아들여 왔다. 그러나 1956년에 '10대 관계'가 제출되면서부터 중국에 알맞은 우리 자신의 노선을 모색하기 시작하였다"고 술회하였다. 1956년 4월 중국공산당 정치국 확대회의에 제출된 모택동의 "10대 관계를 논함"은 소련의 경제 건설 과정에서 나타난 결점과 오류를 포함하여 "소련을 거울로 삼고 중국의 경험을 총결산한다"는 것을 기본 정신으로 하고 있었다.[137]

1919년 레닌에 의해 창건된 코민테른은 국제 공산주의 운동에 대한 통일적인 지도를 담당하였다. 하지만 1943년 5월 코민테른이 해체된 이후에도, 오직 스탈린만이 국제 공산주의 운동의 이데올로기를 통제함으로써, 그는 세계 모든 공산당의 조직을 통제할 수 있는 강력한 무기를 장악하고 있었다.[138] 국제 공산주의 운동의 이러한 관성은 스탈린 사후에도 계속되어, 1950년대 중반까지 국제 공산주의 운동은 소련을 정점으로 하는 강력한 이데올로기적 통일체를 구성하고 있었으며,[139] 소련은 각국의 공산주의 운동을 통제하고자 하였다. 이러한 상태에서, 사상(이데올로기)에서 주체 확립은 민족적 자주성과 북한의 독자 노선을 위한 중요한 일보가 되는 것이었다.[140]

---

[137] 중국공산당, 앞의 책, 219~222쪽.
[138] Franz Schurmann, op. cit., p.36.
[139] Alan J. Day, *China and the Soviet Union 1949~1984* (London: Longman House, 1985), pp.ix~x.
[140] 이에 대해 당시 소련파와 연안파는 김일성의 주체 확립을 민족주의로 비난하였으며, 소련파와 연안파의 그와 같은 주장은 북한과 소련을 이간질하는 것으로 비난받았다. 「당과 정부와 인민의 위대한 통일」, 『근로자』 1957년 제9호, 권두언 2쪽. 김일성에 따르면, 주체를 세우는 것은 대국주의와 사대주의를 반대하는 것으로서, 민족주의가 아니며 프롤레타리아 국제주의에 어긋나는 것

1950년대 중반 맑스레닌주의와 외국의 경험을 북한의 구체적 실정에 맞게 창조적으로 적용하여 확립된 "주체"의 실체적 내용은 당의 노선과 정책이었다. 당시 당의 노선과 정책은 "맑스레닌주의의 보편적 진리를 우리 나라의 구체적 현실에 창조적으로 적용하여 발전시킨" 것으로서,[141] "북한의 구체적, 역사적 현실에 적용된 맑스레닌주의"이며,[142] "행동의 지침"으로 규정되었다.[143] 결국 당 정책은 인간의 행동을 규제하는 일련의 체계화된 관념으로서, 북한의 독자적인 실천 이데올로기를 의미했다. 이에 따라 1950년대 중반 이후 당 정책이 절대화되고 사상 교양 사업에서 순수 이데올로기로서 맑스레닌주의 교양과 함께 실천 이데올로기로서 당 정책 교양이 특히 강화되었다. 1950년대 중반 이후 북한에서 당 정책 교양은 교조주의와 형식주의, 사대주의를 퇴치하고 창조적 입장으로서 사상에서 주체를 확립하는 과정이었다.

한편, 1960년대 주체사상의 정립은 1950년대부터 모색되어온 북한의 독자 노선 즉 김일성의 주체 노선을 이데올로기적으로 체계화한 것이었다. 1960년대 들어 국제 공산주의 운동은 사회주의·공산주의 건설 노선을 둘러싸고 갈등과 분열이 더욱 심화되었다. 앞에서 보았듯이, 소련은 생산력 발전과 물질적 유인을 절대화하여 실용주의 노선을 추구하였으며, 중국은 이데올로기와 계급투쟁을 절대화하여 급진적인 유토피아 노선을 추구하였다. 맑스레닌주의는 생산관계의 사회주의적 개조 이후, 공산주의 건설에서 생산력과 계급투쟁의 관계를 명확히 밝혀두지 않았다는 점에서, 중소 분쟁은 맑스레닌주의의 내재적 한계에서 오는 불가피한 것이었다.[144] 이러한 상태에서, 생산력 발전을 절대화한 소련

도 아니라고 한다. 김일성, 「고등 교육 사업을 개선할 데 대하여」(1965. 2. 23), 『김일성저작집 19』, 221쪽.
[141] 김기남, 앞의 글, 28쪽.
[142] 김일, 앞의 글(1958. 4), 16쪽.
[143] 「당적 사상 체계의 더욱 튼튼한 확립을 위하여」, 『근로자』 1959년 제5호, 권두언 7쪽.

은 이론(theory) 즉 순수 이데올로기로서 맑스레닌주의의 창조적 발전을 주장하며 중국을 교조주의로 비난하였으며, 계급투쟁을 절대화한 중국은 맑스레닌주의 이론의 불변성을 주장하고 사상(thought) 즉 실천 이데올로기의 창조적 발전을 주장하며 소련을 수정주의로 비난하였다.[145]

여기서 맑스레닌주의에 대한 북한의 기본 입장은 맑스레닌주의의 혁명적 진수와 일반적 원칙을 확고히 고수하면서, 맑스레닌주의를 각국의 구체적인 실정과 조건에 맞게 창조적으로 적용하고 변화된 현실에 맞게 창조적으로 발전시켜 나가야 한다는 것이었다.[146] 맑스레닌주의의 혁명적 진수를 고수한다는 것은 소련의 수정주의(우경 기회주의)에 대한 비판이며, 맑스레닌주의를 창조적으로 발전시킨다는 것은 중국의 교조주의(좌경기회주의)에 대한 비판이었다.

앞에서 보았듯이 소련, 중국과 달리 김일성의 주체노선은 공산주의적 인간(의식) 개조를 앞세우면서 여기에 생산력 발전을 밀접히 결합시켜 양자를 동시적으로 추구함으로써 공산주의를 건설한다는 것이었으

---

[144] 맑스주의적 사회 변동 이론은 객관적 조건과 인간 의식의 변증법으로 요약될 수 있다. 이는 곧 사회 변동에 있어 우익 기회주의적 노선과 좌익 주관주의적 노선이 교대로 나타난다는 것을 의미한다. 전자는 객관적 조건을 강조하며 인간의 능동적 역할을 경시하고, 후자는 인간의 능동적 역할을 강조하며 객관적 조건을 경시하는 주의주의(主意主義)라 불린다. 바질 께르블레, 최재현 역,『오늘의 소련 사회』(창작과 비평사, 1988), 293쪽. 또 사회주의 사회에서 새로운 공산주의적 생산 관계와 생산력 발전은 상호 모순 관계에 있다. 새로운 생산 관계를 수립하는데 급급하면 생산력이 떨어지며, 생산력 발전에 지나치게 치중하면 생산 관계의 혁명적 재편은 이루어지기 어렵다. 한광수 편역,『현대 중국의 정치 구조』(온누리, 1988), 39쪽.

[145] Franz Schurmann, op. cit., p.34.

[146] 편집국,「우리 당의 주체사상과 그 위대한 생활력」,『근로자』1968년 제6호, 9~10쪽. 1960년대 들어 주체사상이 체계화되면서 창조성의 개념에도 일정한 변화가 있었다. 1950년대 창조성이란 맑스레닌주의를 북한의 현실에 창조적으로 적용하는 것을 의미했으나, 1960년대 들어 창조성이란 맑스레닌주의의 일반적 원칙을 철저히 고수하면서, 맑스레닌주의를 부단히 심화 발전시키는 것을 의미했다. 최성욱,『우리 당의 주체사상과 사회주의적 애국주의』(평양: 조선노동당출판사, 1966), 10~11쪽.

며, 공산주의적 인간(의식) 개조를 앞세우면서 여기에 물질적 자극을 밀접히 결합시켜 생산력 발전을 추구한다는 것이었다. 때문에 김일성은 사상 혁명을 앞세워 사상 혁명, 기술 혁명, 문화 혁명을 동시에 추구하는 3대 혁명 노선을 공산주의 건설의 기본 노선으로 제시하였던 것이다.147)

1962년 11월 김일성은 "지난 시기 쌓은 경험과 올해 한해 동안 해본 경험에 비추어볼 때 지금 우리가 나아가고 있는 길이 공산주의에로 가는 정확한 길이라고 굳게 믿는다"고 역설하였다.148) 주체사상은 바로 이 "공산주의에로 가는 정확한 길", 즉 김일성의 주체 노선을 이데올로기적으로 체계화한 것이었다. 1960년대 중반 당시 주체사상은 주체적 입장, 즉 혁명의 주인다운 입장과 태도를 갖고 그 역할을 다하는 자주 자립의 사상과 창조의 사상으로 규정되었으며,149) 이것은 당의 노선과 정책으로 구체화되었다. 당 정책이 곧 주체사상이었던 것이다. 때문에 주체를 세우는 데서 가장 중요한 것은 당의 노선과 정책으로 무장하는 것이었으며,150) "당 정책으로 무장하는 것은 곧 당의 주체사상으로 무장하는 것"을 의미했다.151)

---

147) 김일성, 「우리나라 사회주의 농촌 문제에 관한 테제」(1964. 2. 25), 『김일성저작선집 4』, 34~37쪽 참조.
148) 김일성, 「군협동농장경영위원회를 더욱 강화 발전시킬 데 대하여」(1962. 11. 13), 『김일성저작선집 3』, 446쪽.
149) 신진균, 「주체사상은 공산주의적 자주 자립의 사상이다」, 『근로자』 1965년 10월(상) 제19호, 10쪽 ; 최성욱, 앞의 책, 16쪽. 북한의 주체사상은 1950년대의 창조성에서 1960년대 자주성으로 그 내포와 외연이 확대되었다.
150) 김일성, 앞의 글(1965. 4. 14), 222쪽. 1965년 4월 14일 인도네시아 알리 아르함 사회과학원에서 한 이 연설에서 김일성은 주체사상을 보다 집약적으로 정식화하였다. 즉 김일성은 "조선 혁명의 주인은 우리 당과 우리 인민이며 조선 혁명 승리의 결정적 요인도 우리 자체의 힘"이며, "주체를 세운다는 것은 혁명과 건설의 모든 문제를 독자적으로, 자기 나라의 실정에 맞게 그리고 주로 자체의 힘으로 풀어나가는 원칙을 견지한다는 것을 의미한다"고 규정하였던 것이다. 여기서 "독자적으로"는 자주성을, "실정에 맞게"는 창조성을, "자체의 힘으로"는 자립성과 자력갱생을 의미했다. 김일성, 같은 글, 219쪽.

그리고 중국과의 갈등이 심화되던 1960년대 후반에 주체사상은 북한의 독자적인 지도 사상으로 명확히 규정되었다. 즉 1966년 10월 조선노동당 제2차 당대표자회에서 김일성은, 북한의 "유일한 지도적 지침은 맑스레닌주의이며 그것을 북한의 현실에 창조적으로 적용한 당의 노선과 정책"이라고 규정하였던 것이다.[151] 다시 말해 주체사상의 정립은 곧 "맑스레닌주의를 조선 혁명의 현실에 창조적으로 적용하여 북한의 독자적인 지도 이론을 확립하였"음을 의미했다.[153] 나아가 주체사상은 "가장 정확한 맑스레닌주의적 지도 사상"이며,[154] "우리 당의 사상만이 혁명하자는 사상"이라고 평가되었다.[155]

김일성은 물질적 유인과 생산력을 절대화한 소련에 대해 "지금 수정주의자들은 공산주의 교양은 하지 않고 밤낮 물질적 자극만 부르짖고 있기 때문에" 근로자들은 "나라와 인민의 이익보다 개인의 이익을 앞세우는 이기주의 사상에 더욱 더 물젖어가고 있"다며 대중의 공산주의적 인간(의식) 개조와 집단주의의 중요성을 역설하였다.[156] 또 소련의 수정주의는 정세 변화와 맑스레닌주의의 창조적 발전이라는 구실 밑에 맑스레닌주의의 혁명적 진수를 거세하여, 계급투쟁과 프롤레타리아 독재를 폐기하고 계급 협조를 설교하며 제국주의와의 투쟁을 포기하는 우경기회주의로 비판되었으며,[157] 맑스레닌주의의 혁명적 본질을 개작한 "경제주의"로 비판되었다.[158]

---

[151] 윤영기, 「당 정책을 심오히 연구하자」, 『근로자』 1966년 제7호, 16쪽.
[152] 김일성, 앞의 글(1966. 10. 5), 348쪽.
[153] 『노동신문』, 「자주성을 옹호하자」, 1966년 8월 12일.
[154] 김일성, 「국가 활동의 모든 분야에서 자주, 자립, 자위의 혁명 정신을 더욱 철저히 구현하자」(1967. 12. 16), 『김일성저작선집 4』, 533쪽.
[155] 편집국, 「당의 유일사상으로 더욱 철저히 무장하자」, 『근로자』 1968년 제4호, 3쪽.
[156] 김일성, 「교통 운수 부문에서 정치 사업을 앞세우며 군중 노선을 관철할 데 대하여」(1964. 1. 22), 『김일성저작선집 4』, 20쪽.
[157] 김일성, 앞의 글(1966. 10. 5), 334쪽.

한편, 김일성은 이데올로기와 계급투쟁을 절대화한 중국의 노선에 대해, 당과 대중의 통일 단결을 해치는 교조주의로 비판하고, 아직 대중의 공산주의적 의식이 부족한 상태에서 물질적 인센티브가 갖는 중요성을 역설하였다.159) 이것은 인간의 의식과 사상(이데올로기)을 주의주의적으로 극단화하며 물질적 자극을 폐기한 중국의 모택동 노선에 대한 비판이었다. 김일성은 모택동과 달리 인간의 의식과 사상(이데올로기)을 결코 절대화하지 않았던 것이다. 또 김일성은 계급투쟁에 대해서도 무택동과 전혀 다른 입장을 보여주었다. 프롤레타리아 독재와 함께 계급투쟁은 맑스레닌주의의 핵심 이론이다. 소련의 흐루시초프는 사회주의하에서 계급투쟁을 폐기하였으며, 중국의 모택동은 계급투쟁을 절대화하여 사회주의하에서도 하나의 계급이 다른 하나의 계급을 타도하는 방식의 계급투쟁을 추구하였다.

그러나 김일성은 프롤레타리아 독재의 주요 임무를 계급투쟁과 경제 건설로 규정하고 사회주의하에서 적대 분자를 진압하는 계급투쟁을 인정하면서도, 중국의 모택동과 달리 사람들의 낡은 사상 잔재를 퇴치하고 공산주의 의식으로 교양 개조하는 '사상 혁명'을 사회주의하에서 계급투쟁의 기본 형식과 내용으로 규정하였다.160) 또 김일성은 경제 발전에 있어서도 그 가장 결정적인 요인을 소련의 물질적 자극이나 중국의 계급투쟁과 달리 대중의 혁명적 열의, 공산주의적 의식에서 찾았다. 역시 '사상 혁명'이었다. 요컨대 북한에서 계급투쟁과 경제 건설(생

---

158) 김일성, 앞의 글(1962. 3. 8), 326쪽.
159) 김일성, 앞의 글(1966. 10. 5), 334쪽 ; 김일성, 앞의 글(1960. 2. 8), 456쪽.
160) 김일성, 「조선민주주의인민공화국은 우리 인민의 자유와 독립의 기치이며 사회주의, 공산주의 건설의 강력한 무기이다」(1968. 9. 7), 『김일성저작선집 5』, 172쪽. 김일성은 사회주의 사회에서 계급투쟁은 노동자, 농민, 인테리의 통일 단결을 목적으로 하여 협조의 방법으로 진행하며, 온사회의 혁명화, 노동계급화를 계급투쟁의 주요 형식으로 파악하였다. 사상혁명이 곧 계급투쟁이었던 것이다. 김일성, 「자본주의로부터 사회주의에로의 과도기와 프롤레타리아독재 문제에 대하여」(1967. 5. 25), 『김일성저작집 21』, 273~274쪽.

산력 발전)의 기본 형식과 내용은 모두 "사상 혁명"으로 집약되었던 것이다. 때문에 북한은 1950년대 후반을 지나면서 일관되게 사상 혁명을 모든 사업에 선행시켜 왔다.

여기서 북한의 사상 혁명은 당과 대중의 통일 단결을 기본 목적으로 하는바,[161] 생산력 발전이나 계급투쟁을 사회 발전의 기본 동력으로 규정한 소련이나 모택동과 달리 김일성에게 있어 "사회 발전을 추동하는 기본 동력"과 "사회주의 건설을 촉진하는 결정적 요인"은 당과 대중의 통일 단결이었다.[162] 모순의 개념에 기초한 모택동의 철학이 대립과 투쟁의 철학이라면,[163] 주체의 개념에 기초한 김일성의 철학은 통일과 단결의 철학이었다. 다시 말해 소련이나 중국과 달리 북한은 당과 대중의 정치 사상적 통일과 단결을 공산주의 건설을 위한 "결정적 담보"로 설정하였던 것이다.[164] 때문에 김일성은 항일 혁명 투쟁 시기, 해방 이후 새로운 사회 국가 건설 시기, 한국전쟁 시기, 그리고 전후 사회주의 혁명 시기와 사회주의 건설 시기에 이르는 혁명 발전의 매 단계마다 혁명 주체 세력의 통일 단결을 이룩하는 데 항상 선차성을 부여해 왔던 것이다.[165]

결국 북한에서 주체 확립이란 무엇보다 사상 혁명에 기초한 당과 대중의 통일 단결을 의미하며, 이것이 바로 김일성 주체노선의 핵심이자 주체사상의 핵심이었다. 때문에 1960년대 북한에서 반수정주의 투쟁 및

---

[161] 김일성, 앞의 글(1966. 10. 5), 368쪽 ; 김일성, 앞의 글(1968. 9. 7), 172쪽.
[162] 김일성, 위의 글(1966. 10. 5), 366~367쪽.
[163] 모택동의 모순론은 유물변증법의 하나인 대립물의 통일과 투쟁의 법칙에 따라 통일은 상대적이며 투쟁은 절대적이라는 인식에 기반하여, 사회주의 사회 발전의 기본 동력을 계급투쟁으로 보고 있다. 모택동의 세계관 속에서는 그 어떠한 최종적인 모순의 해결이나 그 어떠한 완전한 사회적 통일체도 존재할 수 없는 것이었다. 모리스 마이스너, 앞의 책, 287쪽.
[164] 김일성, 앞의 글(1965. 4. 14), 170쪽.
[165] 조선노동당출판사, 『위대한 수령 김일성 동지의 불멸의 혁명 업적 12』(평양: 조선노동당출판사, 1999), 13쪽.

반교조주의 투쟁, 반대국주의 투쟁 및 반사대주의 투쟁과 결합되어 주체를 확립하기 위한 투쟁이 더욱 강화됨에 따라 사상 혁명에 기초한 당과 대중의 통일 단결도 더욱 강력하게 추구되었으며, 이것은 1967년 수령 체제를 통해 마침내 절대화되기에 이르렀다.

3. 행동의 통일성 강화와 지도의 유일성 강화

1) 사상 교양 강화: 의식성과 혁명성 강화

1960년대 북한의 가장 중요한 사회 정치적 목표는 당과 대중의 통일 단결을 더욱 강화하는 것이었다. 특히 1960년대 중반 계획의 일원화, 세부화 체계가 도입됨에 따라 계획 수립과 집행에서 차질과 혼란을 가져오는 개인 이기주의, 조직 이기주의, 자유주의, 무규율성, 무책임성이 배격되고, 계획의 유일성에 기초한 행동의 통일성을 위해 높은 의식성(애국적 헌신성과 책임성)과 조직성, 규율성이 추구되었다.[166)]

먼저 개인주의를 배격하고 집단주의에 기초한 상호 동지적 협조와 단결을 강화하기 위한 가장 중요한 방법은 사상혁명, 즉 공산주의 사상 교양이었다. 당시 공산주의 사상 교양은 계급 교양과 도덕 교양으로 구성되어 있었다. 계급 교양에 기초한 정치사상적 통일 단결과 도덕 교양에 기초한 도덕 의리적 통일 단결의 결합으로서, 정치 도덕적 통일 단결의 추구였다. 여기서 도덕 의리적 통일 단결이란 정치(계급) 사상적 입장의 유일성에 기초하여 도덕적 감정과 의리와 동지애로, 인

---

166) 북한의 설명에 따르면, 사회주의 생산 관계는 "경제 사업에 있어서 근로자들의 보다 높은 협동적 활동, 조직성, 규율성을 요구한다. 복잡한 세포를 가진 하나의 유기체와 같은 사회주의적 경제 체계에 있어서 소부르주아적 개인 이기주의, 자유주의, 분산성, 무규율성은 그것이 비록 사소한 것이라도 우리의 전진 운동에 거대한 저해를 주게 된다"고 한다. 김일삼, 「당 규율의 강화는 당의 공고화의 담보」, 『근로자』 1957년 제6호, 12쪽.

간적으로 긴밀하게 단결하는 것을 의미했다.167)

　이러한 공산주의 도덕 교양에서 가장 중요한 것이 바로 집단주의 사상 교양이었으며, 이것은 생산에서 애국적 헌신성과 책임성으로 발휘되어야 했다. 하지만 1950년대와 달리, 당시 북한의 사상 교양 사업의 성과는 그리 만족스럽지 못한 것이었다. 김일성의 지적대로 인간의 사상 의식을 개조하는 사업은 경제 생활을 떠나 사상 사업 하나만으로 해결될 수는 없는 것이었다. 사람들의 사상 의식은 결국 물질적 조건에 의해 규정되는 만큼, 인민들의 생활 수준을 향상시키는 것은 그들의 "사상 의식을 개조하는 근본적인 담보"였다.168) "사상 혁명을 위한 물질적 조건"이 필요하다는 것이다.

　하지만 1960년대 중반 북한의 물질적 조건은 전반적으로 부족했다. 1963년 이후 북한 경제는 전반적으로 침체되고 있었다. 가령 1967년 2월 당시, 과거의 중산층의 생활 수준은 농업 협동화 이전 시기에 비해 더 나아진 것이 없었다. 과거 중산층의 생활을 만족시켜 주지 못하고 있었던 것이다. 때문에 과거의 중산층, 즉 중농이나 도시 소시민, 인테리 등 그전에 비교적 괜찮게 살던 사람들은 사회주의 제도에 대해 의심하고 동요하며 불평이 있었다.169) 일부 인테리들은 인민들이 유족하게 살지 못하는데 사회주의 제도가 무엇이 좋은가 하고 동요하며 남한에 대해 "환상"을 가지었다.170) 1960년대 중반을 지나면서 천리마운동도 잘 추진되지 않았다.171) 물질적 조건의 결여에 따른 사상 교양 사

---

167) 편집국, 「우리 사회의 정치 도덕적 통일을 더욱 강화하기 위하여」, 『근로자』 1966년 제9호, 5쪽.
168) 김일성, 앞의 글(1967. 2. 2), 465쪽.
169) 김일성, 위의 글(1967. 2. 2), 465~467쪽. 그러나 과거의 노동자, 농민들은 사회주의 제도를 "절대 지지"하였다고 한다.
170) 김일성, 「우리의 인테리들은 당과 노동계급과 인민에게 충실한 혁명가가 되어야 한다」(1967. 6. 19), 『김일성저작집 21』, 304 · 307쪽.
171) 김일성, 「당 사업을 강화하며 나라의 살림살이를 알뜰하게 꾸릴 데 대하여」(1965. 11. 15~17), 『김일성저작집 20』, 5쪽.

업의 한계,172) 이데올로기의 한계였던 것이다.

그렇다면 이러한 상황에서 과연 어떻게 할 것인가? 물질적 유인이 정치 도덕적 유인에 비해 2차적인 것으로 위치지워져 있는 상황에서, 이데올로기를 통해 개인의 의식을 변형시키는 데 한계가 있다면, 선택 가능한 유일한 방법은 개인의 행위를 직접적으로 통제하는 것이다. 국가적 강제였다. 그런데 1960년대 초까지만 해도 북한의 기본 입장은 "사회주의 건설이 심화됨에 따라 경제적, 의식적 측면에서 낡은 잔재가 적어지면 질수록 사회주의 건설에 대한 지도에서 강제적 수단이나 행정적 방법을 적용할 필요가 점차 없어지게 되며 대중을 명령, 지시로써가 아니라 해설과 설복으로, 그들의 자각적 열성과 창발성을 계발시켜 새사회 건설에 인입하는 방법이 더욱 더 큰 의의를 가지게" 된다는 것이었다.173) 이것은 각 개인의 공산주의적·집단주의적 의식이 점차 고양되는 것을 전제로 하는 것이다. 당시 북한은 정세를 매우 낙관하고 있었던 것이다.

그러나 1960년대 중반을 지나면서 국가적 강제는 약화되기보다 재차 더욱 강화되었다.174) 이것은 개인의 의식 변형에 있어 공산주의 사상

---

172) 공산주의 사상 교양에 있어, 계급 교양에 기초하여 사회주의 제도를 적극 지지 옹호하는 측면과 도덕 교양에 기초하여 사회주의 제도의 발전을 위해 적극 노력하는 측면은 상호 구별된다. 다시 말해 정치의식과 경제 의식은 구별된다는 것이다. 정치적으로는 공산주의를 지지하면서도, 경제적으로는 비공산주의적으로 행동할 수 있기 때문이다. 물론 북한의 정책적 관심은 계급 교양에 선차적인 중요성을 부여하고 있으며, 따라서 정치의식이 보다 중요하게 취급되고 있다.
173) 편집국, 「청산리 방법은 사회주의 건설을 촉진하는 위력한 무기이다」, 『근로자』 1963년 2월(상) 제3호, 10쪽.
174) 사회주의 계획 경제에서 이데올로기를 통해 자발적인 집단행동을 유도하는 데 한계가 있을 경우, 국가적 강제는 거의 필연적이다. 역사적으로 볼 때 사회주의 사회 제도는 사회적 공동 이익을 위한 자발적인 집단행동을 요구하였지만, 개인의 의식과 행위는 여전히 개인주의에 의해 지배되고 있는 현실적 제약 속에서, 공산주의 정권은 경제 발전을 위해 비공산주의적 수단과 방법, 즉 국가적 강제를 동원하지 않을 수 없었으며, 그 결과 공산주의 혁명 정권은

교양 사업의 한계, 이데올로기의 한계를 반증하는 것이기도 하다. 때문에 1960년대 중반을 지나면서, 사상 교양 하나만으로는 부족하며 사상 교양과 함께 국가의 법적 통제를 재강화할 것이 요구되었다.175) 국가의 법적 통제가 마침내 사상 혁명의 개념 속에 포괄되었던 것이다. 특히 1964~1965년에 도입된 계획의 일원화·세부화 체계는 경제 계획성과 조직성 강화를 통해 생산자들의 모든 경제 활동에 대한 국가의 중앙집권적인 통제를 결정적으로 강화하는 것이었다.

2) 조직 생활 강화: 조직성과 규율성 강화

1960년대 중반 이후 이데올로기의 한계 속에서 새롭게 부각된 것이 바로 조직 생활의 강화, 집단 생활의 강화였다. "조직 생활을 강화하는 것은 개인주의, 이기주의 등 낡은 사상 잔재를 뿌리 빼고 사람들에게 조직성과 규율성, 집단주의적 생활 기풍을 길러주는 데 있어서 매우 중

불가피하게 독재 정권으로 전화되었다. 맑스의 '국가소멸론'은 마침내 소멸되고, 억압이 없는 자유로운 사회의 실현이라는 유토피아(good place) 역시 유토피아(no place=outopia)가 된다. 모리스 마이스너의 지적대로, 역사의 객관적 제약 요인들이 혁명가들의 주관적 의지와 목표를 제압하였던 것이다. 모리스 마이스너, 앞의 책, 302쪽. 그런데 사회주의 사회에서 경제 발전을 위해 국가적 강제가 동원된다는 것은 모순이 아닐 수 없다. 사회주의 사회의 궁극적 목표는 억압이 없는 자유로운 공산주의 사회를 수립하는 것이지만, 그 목표에 도달하기 위한 경제 발전의 수단은 비공산주의적 방법인 것이다. 목표와 수단의 괴리 현상이다. 여기서 국가적 강제는 개인의 자발성과 자율성을 더욱 약화시키며, 이것은 개인의 행위 통제를 위해 국가적 강제를 다시 강화시킨다. 모순의 악순환으로서, 그 궁극적 귀결은 경제 발전의 정체이다.
175) 방계문, 「당정책 관철과 법 질서」, 『근로자』 1966년 제12호, 54쪽. 1960년대 중반 김일성은 위법 행위에 대한 통제를 잘하지 않는 등 "주권 기관의 강한 법적 통제가 없이 사상 교양의 방법 하나로만 일하다 보니 불건전한 현상들이 없어지지 않고 있다", "국가의 법이 무르다보니 모든 사업에서 질서가 바로 설리 없다"며, 사상 교양 사업과 함께 주권 기관들의 법적 통제를 강화할 것을 요구하였다. 김일성, 「현시기 국가 경제 기관들의 사업을 개선 강화하기 위한 몇 가지 문제에 대하여」(1965. 5. 25), 『김일성저작집 19』, 344·354쪽.

요한" 것으로 평가되었다.176) 다시 말해 그것은 모든 근로자들을 조직의 엄격한 규율과 혁명적 질서 밑에서, 대중의 철저한 통제 속에서 생활하도록 하는 것이었다.177)

조직 생활의 가장 중요한 측면의 하나인 조직 생활 총화는 당 조직의 경우 비판과 자기 비판(사상 투쟁)을 통해 각 성원들의 결함을 시정하는 데 중점을 두고 진행되었다. 이데올로기(사상 교양)가 의식성에 기초한 헌신성과 책임성을 통해 행동의 통일성을 추구한다면, 조직 생활은 조직성과 규율성을 통해 행동의 통일성을 추구하는 것이었다. 조직 생활의 강화는 1964년을 지나면서 더욱 본격화되었다.

먼저 당원들의 당 조직 생활이 강화되었으며, 특히 지도 간부들의 당 조직 생활이 강화되었다.178) 1964년 12월에 있은 당 중앙위 제4기 제10차 전원회의는 당 조직 생활을 강화하고 당원들 속에서 비판과 자기 비판으로서 사상 투쟁을 강화하는 중요한 계기가 되었다. 특히 김일성은 지도 간부들의 사업 방법과 작풍을 개선하는 기본 열쇠를 당 조직 생활을 강화하는데서 찾고, 1965년 3월 26일부터 1년 동안 평당원 자격으로 금속공업성 흑색금속공업관리국 당세포에 소속되어 직접 당 생활을 하는 실천적 모범을 보여주었다.

1960년대 중반을 지나면서 근로 대중의 조직 생활도 강화되었다. 그것은 먼저 근로 단체들의 기능과 역할을 전면적으로 재조정하는 것으

---

176) 편집국, 「전사회의 혁명화, 노동계급화」, 『근로자』 1968년 제4호, 45쪽.
177) 심재성, 「사람과의 사업을 잘하는 것은 천리마작업반운동의 심화 발전을 위한 가장 중요한 과업」, 『근로자』 1969년 제5호, 44쪽.
178) 1961년 9월 조선노동당 제4차 대회에서 새로운 당 생활 총화 제도가 수립되었다. 그리고 1962년 1월 황해남도 해주 지구 농업협동조합 관리 일군 회의를 현지지도 하는 과정에서 김일성에 의해 새로운 월(月) 당 생활 총화 제도가 수립되었으며, 이에 따라 당 세포에서 매달 당원들이 당 생활 정형을 정상적으로 총화하도록 하였다. 간부들의 경우에는 직급별 당 생활 총화 제도가 수립되었다. 과학백과사전종합출판사, 『조선노동당의 사회주의 건설 령도사』, 190~195쪽.

로 나타났다. 즉 직업총동맹을 비롯한 모든 근로단체들은 사상 교양 사업을 통해 동맹원들을 공산주의적 인간으로 교양 육성하며 경제 건설에 동맹원들을 조직 동원하는 '인전대'로 완전히 전환되었으며, 근로단체에 대한 당적 통제가 더욱 강화되었다. 모든 근로 단체들이 이익 단체적 성격을 완전히 탈각하고, 정치적 성격만을 갖는 완전한 대중 정치 조직으로 전환되었던 것이다.

직업총동맹의 경우 1964년 6월, 그동안 형식적이나마 유지되어 오던 단체 계약 제도와 기업에 대한 직맹의 감독권이 완전 폐지되었으며,[179] 1964년 5월에는 민주청년동맹이 정치적 성격을 강화하여 사회주의노동청년동맹으로 개편되었다.[180] 특히 1964년 6월 당 중앙위원회 제4기 제9차 전원회의는 농민들의 이익 단체로서 상부 조직만 남아 있던 기존의 농민동맹을 해체하고 새로운 농업근로자동맹을 창설할 것을 결정하였다.[181] 이에 따라 1965년 3월 25일 협동농민을 비롯한 농업 부문 근로자들을 총망라한 농업근로자동맹이 창설되었다.

당시 북한에서 개인주의와 이기주의가 가장 뿌리깊게 남아 있던 부문이 바로 농촌이었다. 때문에 농민들 속에서 협동농장의 공동 경리를 위한 집단적이며 조직적인 노동 규범과 노동 규율을 확립하는 사업은 다른 어느 부문보다도 중요하고 어려운 문제였다. 북한은 이 문제를 농민 조직의 재편·강화를 통해 해결해 보고자 하였던 것이다. 즉 기존의 농민동맹하에서는 많은 농민들이 아무런 조직에도 소속되어 있지 않았으나, 농업근로자동맹이 창설됨으로써 과거의 지주, 부농들 가운데 아직 개조되지 않는 사람을 제외한 모든 농민들이 농민 조직에 소

---

[179] 김일성, 「근로 단체 사업을 개선 강화할 데 대하여」(1964. 6. 26), 『김일성저작선집 4』, 131~141쪽.
[180] 김일성, 「사회주의노동청년동맹의 과업에 대하여」(1964. 5. 15), 『김일성저작선집 4』, 102~115쪽.
[181] 김일성, 앞의 글(1964. 6. 26), 126~130쪽.

속되었다. 결국 농업근로자동맹은 농민들에 대한 당적 지도를 강화하고 사상 교양을 통해 농민들을 공산주의적 인간으로 교양 육성하며 농업 생산에 농민들을 조직 동원하기 위한 대중 정치 조직이었던 것이다.

이렇듯 1960년대 중반 북한에서 조직 생활이 강화됨에 따라 일부 적대 계층을 제외한 북한의 모든 주민들이 다 하나 이상의 조직 생활에 참여하게 되었다. 이와 같은 조직 생활의 강화는 1960년대 중반 경제 계획성 강화와 연결되어 있는 것이었다. 즉 경제 계획성 강화에 따른 경제 생활에서의 조직성과 규율성 강화가 사회 정치 생활에서의 조직성과 규율성 강화로 귀결되었던 것이다. 1965년에 제기된 전사회의 혁명화 방침 역시 공산주의 사상 교양 사업과 아울러 조직 정치 생활의 강화를 통해 추구되었다. 전사회의 혁명화 방침은 높은 의식성에 기초한 애국적 헌신성과 책임성뿐만 아니라, 높은 조직성과 규율성을 요구하는 것이었기 때문이다.[182]

3) 당적 통제 강화: 사상과 지도의 유일성 강화

1960년대 중반 북한에서 당과 대중의 통일 단결을 강화하기 위한 사상 교양, 조직 생활, 국가적 통제 강화는 그 불가피한 귀결로서 사회 전반에 대한 당적 지도를 더욱 강화시켰다. 이와 관련하여 특히 주목되는 것은 "사상과 지도의 유일성"에 대한 새로운 강조였다. 북한에서 사상과 지도의 유일성 개념은 1963년부터 경제 유기체 개념 및 조직 사회주의 개념과 함께 본격적으로 제기되기 시작했다.

즉 1963년 9월 북한의 당 기관지 『근로자』의 한 논문은 "각계 각층

---

[182] 전사회의 혁명화 방침은 자기의 개인적 이익을 집단과 계급, 혁명의 이익을 위해 바칠 줄 알며, 조직의 의지와 조직의 규율에 무조건 복종하며, 그 어떤 곤난 속에서도 추호의 동요와 주저도 없이 자기의 모든 것을 바쳐 부과된 과업을 끝까지 관철해 나가는 불요불굴의 혁명적 의지를 요구하는 것이었다. 편집국, 「당원의 혁명적 의지」, 『근로자』 1966년 제12호, 3~5쪽.

수백만 인민들의 모든 활동은 우선 노동 계급의 역사적 사명의 실현이라는 종국적 목적에 복종되어야 하며 고도로 조직화된 사회주의 사회를 관리 운영하자면 매개 분야, 매개 단위들의 사업이 유일적인 의지에 복종되어야" 하며, "중앙에서의 유일적이고 집중적인 통제적 기능을 더욱 강화"해야 한다고 쓰고 있다.[183] 여기서 중앙의 유일적 의지와 유일적 통제란 국가 유일 계획에 대한 최종 비준권을 갖는 당 중앙위원회 정치위원회의 유일적 의지(사상)와 유일적 지도를 의미한다. 이와 같은 지도의 유일성 강화는 당 정책과 국가 계획의 자의적인 수정과 변경 등 비조직적인 개별적 행동으로 당 정책과 국가 계획의 수립과 집행에서 차질과 혼란을 가져오는 중간 관료 조직의 관료적 제약을 극복하기 위한 북한의 대응책이었다.

예컨대 당시 중공업위원회는 공장, 기업소에 계획을 내려보낸 다음 한 달도 못가서 몇 백건씩 추가 계획 과제를 내려보내는 현상이 적지 않았다. 중공업 위원회 위원장이 이것을 지시하고 부위원장이 저것을 지시하는 등, 내각이나 당 중앙위원회 정치위원회의 비준도 없이 몇몇 지도 일군들의 기분에 따라 계획을 되는대로 뜯어 고치고 추가 계획을 내려보냈다. 무계획 경제나 다름없었던 것이다. 이에 김일성은 그 누구도 자기 마음대로 계획을 고치거나 추가 계획을 내려보내는 일이 없도록 하고, 만일 불가피하게 계획을 변경하거나 추가 계획을 내려보내고자 할 때에는 계획 변경안을 반드시 당 중앙위원회 정치위원회와 내각에 제기하여 비준을 받도록 하였다.[184] 지도의 유일성을 통한 행동의 통일성 추구였다.

---

[183] 김화종, 「공화국 정권은 최대한 민주주의를 구현하고 있다」, 『근로자』 1963년 9월(상) 제17호, 17쪽.
[184] 김일성, 「대안 체계의 요구대로 성의 지도를 개선하자」(1962. 9. 19), 『김일성 저작집 16』, 352~361쪽. 당시 계획의 빈번한 수정과 변경은 원자재 공급 부족 현상의 심화에도 일정한 원인이 있었던 것으로 평가된다.

1964~1965년 국가 유일 계획 체계가 확립됨에 따라 계획의 유일성에 기초한 행동의 통일성을 보장하기 위해 당 중앙위원회 정치위원회의 유일적 지도는 더욱 강화되었다. 즉 1965년 10월 『근로자』의 한 논문은, 변화된 현실은 "사회주의 건설의 모든 부문, 모든 단위에서 당의 영도적 역할을 더욱 높이며 당 및 국가 기관과 사회 단체들이 유일한 의지와 규율에 의해 일치하게 행동할 것을 절박하게 요구한다"고 쓰고 있다.[185]

여기서 국가 경제 계획은 "당의 노선과 정책을 실현하기 위한 수단"이며,[186] 국가의 법과 규정은 당 정책의 법률적 표현이었다.[187] 즉 국가 경제 계획은 당 정책의 법률적 표현이었던 것이다. 따라서 국가 유일 계획은 곧 당의 유일 의지, 당 중앙위원회 정치위원회의 유일 의지였으며, 국가 유일 계획을 실현하기 위한 국가의 중앙집권적인 통일적 지도는 곧 당 정책의 철저한 집행을 위한 당 중앙위원회 정치위원회의 중앙집권적인 유일적 지도를 의미하는 것이었다. 계획의 유일성과 행동의 통일성이 당 중앙위원회 정치위원회를 중심으로 한 사상의 유일성과 지도의 유일성으로 귀결되었던 것이다. 당 중앙위원회 정치위원회로의 권력 집중이었다.

1960년대 중반 근로 단체를 정비하고 대중의 조직 정치 생활을 강화한 것도 결국 근로 단체를 매개로 하여 대중의 사회 정치 생활에 대한 당적 지도의 유일성을 강화하기 위한 것이었다. 당시 당의 영도는 한편으로는 당 중앙위원회로부터 각급 당 조직을 거쳐 군중에 이르는 지도 체계와 다른 한편으로는 당으로부터 인전대(국가 기관, 사회 단체)를

---

[185] 김국훈, 「당의 조직 사상적 공고화를 위한 투쟁」, 『근로자』 1965년 10월(상) 제19호, 60쪽.
[186] 리재영, 앞의 글, 11쪽.
[187] 편집국, 「전사회의 혁명화와 일군들의 당성, 계급성, 인민성」, 『근로자』 1966년 1월(하) 제2호, 24쪽.

거쳐 군중에 이르는 지도 체계를 통하여 실현되었다.[188] 전자가 주로 의식성을 추구한다면, 후자는 주로 조직성과 규율성을 추구한다. 물론 의식성 역시 당과 근로 단체 등을 통해 조직적으로 추구된다.

여기서 "당 조직들의 영도적 기능을 높임에 있어서 가장 중요한 것은 각급 당위원회가 해당 단위의 최고 지도 기관으로 되게 하는 것"이었으며, "당의 지도적 지시가 없이는 인전대(국가 기관, 사회 단체)는 어떤 중요한 정치적 또는 조직적 문제도 결정할 수 없(었)다."[189] 예컨대 1965년 김일성은 성당위원장의 동의 없이는 상이 명령을 내릴 수 없도록 하였다.[190]

당시 각급 당위원회를 해당 단위의 최고 지도 기관으로 한 것은 "당 중앙위원회의 유일한 의지에 의하여 당 및 국가 기관과 사회 단체들이 일치하게 움직이게 하"며, "전체 당원들과 군중이 당 정책 관철을 위한 투쟁에 한결같이 동원될 수 있게 하"는 핵심 기제였다.[191] 경제 관리 체계에서도 "당의 영도적 역할을 높이기 위해 당의 유일한 영도 밑에 모든 국가, 경제 기관들이 일치하게 움직이는 영도 체계를 수립하였"다.[192] 대안의 사업 체계가 바로 그것이었다. 공장당위원회를 기축으로 한 대안의 사업 체계는 생산자들의 모든 경제 활동에 대한 당 중앙위원회의 유일적 지도를 보장하는 핵심적인 제도적 장치였다.

이와 같은 당적 지도의 유일성 강화는 그 전제로서 당적 사상 체계를 더욱 강화하도록 만들었다. "당의 조직 사상적 통일은 당적 영도를 강화하기 위한 필수적 조건"이기 때문에, 당의 영도적 역할을 높이기

---

[188] 김영걸, 「사회주의 건설에 대한 당적 영도의 강화」, 『근로자』 1965년 10월(하) 제20호, 35쪽.
[189] 김영걸, 위의 글, 35쪽.
[190] 김일성, 「국가 경제 기관들의 관료주의를 없애고 일군들의 당성, 계급성, 인민성을 더욱 높이자」(1965. 1. 3), 『김일성저작집 19』, 24~26쪽.
[191] 김국훈, 앞의 글, 61쪽.
[192] 김덕진, 앞의 글, 8쪽.

위해 무엇보다 전당의 무조건적인 사상 의지 및 행동의 통일이 요구되었다. 당적 사상 체계가 확립되어야 "당 중앙위원회가 모든 당 조직과 국가 기관, 사회 단체들을 유일한 의지로 결속시키고 그들의 사업을 통일적으로 지도할 수 있으며 전체 당원들이 한마음, 한뜻으로 사고하고 행동하면서 광범한 군중을 당 정책 관철을 위한 투쟁에 성과있게 조직 동원할 수 있다"는 것이었다. 물론 조직 사상적 통일 단결의 기초는 당 정책에 대한 충실성이었다.[193] 당적 사상 체계란 당 중앙위원회를 적극 지지 옹호하고 당의 노선과 정책을 무조건 접수, 관철하는 사상 관점을 의미하는 것이었다.

그리고 마침내 1966년 "당을 하나의 산 유기체로 전환"시킬 것이 요구되었다.[194] 경제 유기체 개념에 이어 정치 유기체 개념이 제시되던 것이다. 정치 유기체 개념은 모든 당원들이 하나의 생명 유기체와 같이 일치되게 움직이는 행동의 높은 통일성을 추구한다는 점에서, 당의 조직 사상적 통일 단결을 절대화하고, 따라서 사상과 지도의 유일성을 절대화하는 것이었다. 이것은 1966년 10월 조선노동당 제2차 대표자회를 통해 북한의 정치 조직 노선으로 재확인되었다.

---

[193] 김영걸, 앞의 글, 33~35쪽.
[194] 편집국, 「사람과의 사업을 심화시키자」, 『근로자』 1966년 제6호, 5쪽.

제4절 실용주의 노선의 대두와 수령 체제의 확립

1. 위기 심화와 통일 단결의 절대화

1960년대 중반 북한 경제는 계속 침체되어 1966년에는 마침내 마이너스 성장을 경험하였다. 한국전쟁 이후 최대의 경제 위기였다. 게다가 베트남 전쟁의 확대, 한일 국교 정상화 추진, 국제 공산주의 운동의 분열, 중국과의 갈등 등으로 인해 1966년 당시 북한의 외교적 고립은 더욱 심화되고 정치 군사적 위기의식도 더욱 고조되었다. 1966년 북한은 정치, 경제, 군사적으로 최악의 위기 상황에 처해 있었던 것이다.

이러한 상황 속에서 북한은 1966년 10월 5일 조선노동당 제2차 대표자회를 개최하고 위기에 대한 대응책을 모색하였다. 여기서 가장 중요한 대책으로 제시된 것이 바로 경제-국방 병진 노선이었다. 이 노선은 1962년 12월 당 중앙위원회 제4기 제5차 전원회의에서 이미 제기된 것이었지만,[195] 제2차 당대표자회의 결정은 국방 건설과 경제 건설에 "거의 동등한 역량"을 돌리는 것을 의미했으며,[196] 국방 건설에 설비와 자재를 먼저 보장하는 것을 의미했다.[197] 1966년의 경제-국방 병진 노선은 사실상 국방력 강화에 더 큰 힘을 쏟는 선군 후경(先軍 後經)

---

[195] 신근필, 「경제 건설과 국방 건설의 병진」, 『근로자』 1966년 제11호, 23쪽 참조.
[196] 편집국, 「경제 건설과 국방 건설의 병진 노선을 받들고 사회주의 건설에서 일대 혁명적 고조를 일으키자」, 『근로자』 1967년 제7호, 3쪽.
[197] 김일성, 앞의 글(1968. 5. 11), 68쪽.

노선이었으며, 그러면서도 종래와 같이 계속 높은 경제 성장 속도를 추구하는 것이었다.

　1956년 상황에 비추어 볼 때, 경제-국방 병진 노선에 대한 의심과 동요, 불만이 나타날만한 상황이었다. 이러한 상황에서 1966년 10월 제2차 당대표자회에서 위기 해소책으로 제시된 방안이 바로 당과 대중의 통일 단결을 절대적으로 강화하는 것이었다. 이것은 제2차 당대표자회가 개최되기 전부터 이미 예견되어 있었다.

　즉 1966년 9월 당 기관지 『근로자』의 편집국 논설은 "사회주의 건설을 보다 급속히 추진시켜야 할 우리 혁명 발전의 절실한 요구로부터", "혁명의 현 단계는 우리 사회의 통일과 단결을 더한층 공고히 하며 심화 발전시킬 것을 요구하고 있"으며, 제1차 7개년 경제 계획은 "정치 도덕적 통일을 더욱 확고부동한 것으로 되게 하며 대중의 혁명적 열의를 보다 힘찬 정치적 및 노력적 앙양에로 불러일으킴으로써만 성과적으로 해결될 수 있다"고 전제한 뒤, "이로부터 우리 인민의 정치 도덕적 통일 단결을 전면적으로 심화시키고 완성하여 각계각층의 모든 군중을 우리 당 주위에 더욱 튼튼히 묶어세우는 문제가 중요하게 제기된다"고 역설하였다. 그리고 당과 대중의 조직 사상적 통일 단결은 "우리 사회 발전을 힘 있게 추동하는 강력한 추동력"으로 규정되었다.[198] 이어 김일성은 1966년 10월 제2차 당대표자회에서 당과 대중의 통일 단결은 "사회 발전을 추동하는 기본 동력이며, 사회주의 건설을 촉진하는 결정적 요인"이라고 명확히 규정하였다.[199]

　1966년 10월 제2차 당대표자회 이후, 당과 대중의 통일 단결의 절대적 강화는 경제-국방 병진 노선을 철저히 관철시키는 방향에서 다음과 같은 몇 가지 갈래로 추진되었다. 첫째 전사회의 혁명화·노동계급

---

[198] 편집국, 「우리 사회의 정치 도덕적 통일을 더욱 강화하기 위하여」, 『근로자』 1966년 제9호, 3~4쪽.
[199] 김일성, 앞의 글(1966. 10. 5), 366~367쪽.

화 방침을 통해 공산주의 사상 교양 사업이 더욱 강화되었다.[200] 전사회의 혁명화·노동계급화는 당시 북한의 "가장 중요한 과업"으로 규정되었다.[201] 둘째, 국가의 법적 통제가 더욱 강화되었다. 제2차 당대표자회 이후 북한은 사회주의 경제 문화 건설의 모든 분야에서 법의 역할을 높이고 혁명적 규율과 법질서를 더욱 강화할 것을 요구하였으며, 여기서 "가장 중요한 문제는 일군들과 근로자들 속에서 경제 관계의 법규들을 엄격히 지키고 정확히 집행하도록 하는 것"이었다.[202] 이것은 계획의 보다 철저한 집행을 요구하는 것이었다.

셋째, 당의 유일적 지도가 더욱 강화되었다. 이와 관련, 제2차 당대표자회 직후 1966년 10월 12일에 열린 당 중앙위원회 제4기 제14차 전원회의에서 당의 조직 지도 체계와 당 지도부가 개편되었다. 기존의 당 위원장, 부위원장 직제가 폐지되고 김일성을 총비서로 하는 비서국이 신설되었으며, 정치위원회 내에 상무위원회가 신설되었다. 최고 권력 기구인 정치위원회 상무위원은 김일성, 최용건, 김일, 박금철, 이효순, 김광협 등 6명이었으며, 이들은 모두 비서국 비서로 선출되었다.[203] 1961년 제4차 당 대회와 비교하여[204] 1966년 10월 당시 지도부 재구성

---

[200] 전사회의 혁명화 방침과 마찬가지로, 인테리의 혁명화를 포함한 전인민의 노동 계급화 방침은 이미 1965년에 제기된 것이었다. 홍승은, 「육체 노동과 정신 노동간의 차이 극복과 기술, 문화, 사상 혁명」, 『근로자』 1965년 11월(하) 제22호, 22~23쪽 참조.
[201] 김일성, 「전국 기계 공업 부문 일군 회의에서 한 결론」(1967. 1. 20), 『김일성 저작집 21』, 77쪽.
[202] 방계문, 앞의 글, 51쪽.
[203] 나머지 정치위원회는 김익선, 김창봉, 박성철, 최현, 이영호 등으로 구성되었으며, 후보 위원은 석산, 허봉학, 김영주, 박용국, 김도만(이상 5명은 비서국 비서), 최광, 오진우, 임춘추, 김동규 등이었다.
[204] 1961년 9월 조선노동당 제4차 대회에서 새로 구성된 정치위원회는 김일성(당 위원장), 최용건, 김일, 박금철, 김창만, 이효순(이상 당 부위원장), 박정애, 김광협, 정일룡, 남일, 이종옥 등이고, 후보 위원은 김익선, 이주연, 하앙천, 한상두, 현무광 등이었다. 이 중 연안계인 김창만과 하앙천, 소련계인 남일과 박정애는 김일성과 손잡고 연안파와 소련파 제거에 협조한 사람들이었으며,

에서 나타난 중요한 특징은 경제-국방 병진 노선에 따라 경제 분야 전문 테크노크라트들이 모두 후퇴하고, 김창봉, 최현, 이영호, 석산, 허봉학, 최광, 오진우 등 군부 지도자들을 중심으로 한 만주 빨치산들이 새롭게 대거 부상하였다는 점이다.205) 이것은 경제-국방 병진 노선의 보다 철저한 집행을 보장하기 위한 조치로 평가된다. 북한의 정치 군사적 위기의식이 고조됨에 따라 군부가 권력의 전면에 부상한 것이었다.

1966년 10월 당시 당 조직 지도 체계 개편에서 나타나는 가장 큰 특징은 총비서(김일성)와 비서국의 신설이었다. 이것은 당 사업에 대한 일상적인 지도력 강화를 통해 당 정책의 집행력을 강화하기 위한 조치로서, 결국은 사회 전반에 대한 당 중앙위원회의 유일적 지도를 강화하기 위한 것이었다. 당적 지도의 유일성 강화였다. 정치위원회가 정책 결정 기구라면, 비서국은 정책 집행 기구였으며, 당권은 사실상 비서국에 집중되었다. 이것은 곧 총비서에게 당권의 집중, 권력의 집중을 의미했다. 총비서로서 김일성의 권력이 더욱 강화된 것이었다. 결국 당적 지도의 유일성 강화란 총비서인 김일성의 유일적 지도력 강화를 의미하는 것이었다. 때문에 1966년 10월에 있은 당 조직 지도 체계와 지도부 개편은 북한의 정치 체계가 수령 체제로 나아가는 중요한 일보(一步)로 평가된다. 하지만 최고 권력 기구인 정치위원회와 그 상무위원회는 제한적이나마 여전히 집단 지도 체계를 유지하고 있었다. 이러한 집단 지도 체계는 1967년 초 박금철·이효순 사건을 직접적인 계기로 하여 김일성의 유일 지도 체계, 즉 수령 체제로 전환된다.206)

김익선을 제외하고 정일룡, 이종옥, 이주연, 한상두, 현무광 등은 경제 분야 전문 테크노크라트들이었다. 나머지 6명은 모두 범 빨치산파이다.
205) 새로 정치위원회에 진입한 인물들은, 김영주의 모스크바 유학 동문인 박용국과 김도만을 제외하면, 모두 김일성의 만주 빨치산파였다. 탈락한 사람들은 소련계의 박정애와 남일, 연안계의 김창만과 하앙천, 그리고 경제 분야 전문 테크노크라트인 정일룡, 이종옥, 이주연, 한상두, 현무광 등이었다. 이들 중에서 숙청된 사람은 연안계의 김창만과 하앙천이었다.

2. 실용주의 노선의 대두와 갑산파의 도전

박금철과 이효순은 갑산파의 대표적인 인물들이었다. 갑산파란 해방 전 김일성의 항일 빨치산과 연계하여 갑산 지역을 배경으로 국내에서 지하 활동을 전개하던 갑산공작위원회, 한인민족해방동맹 출신 사람들을 일컫는다. 때문에 갑산파는 흔히 범빨치산파로 분류되지만, 엄밀히 말해 김일성의 만주 항일 빨치산파와는 구별된다. 갑산파는 '8월 종파 사건'과 같은 1950년대의 정치 과정에서 연안파와 소련파를 제거하고 김일성 지배 체계를 구축하는 데 중요한 역할을 하며 적극적으로 협조함으로써 상당한 세력 기반을 구축하였다.

그러나 1960년대 중반을 지나면서 범빨치산파 내에서 만주 빨치산파와 갑산파 사이에 갈등과 대립이 발생하게 된다. 물론 그 중요한 원인의 하나는 권력 배분과 관련된 것이었다. 1966년 10월 지도부 재구성에서도 보듯, 만주 빨치산파에 의한 권력 독점 현상이 더욱 심화됨에 따라 갑산파는 권력 핵심에서 점차 배제되어 갔다. 이에 갑산파의 불만이 표출됨으로써 빨치산파와 갑산파 사이에 권력 갈등이 나타났다. 권력 갈등은 역시 정책 갈등으로 표출되었으며, 이것은 1960년대 중반의 경제 위기를 배경으로 하는 것이었다.

---

206) 당시까지 김일성의 권위는 가히 절대적인 것이 아니었다. 1965년 초 대안전기 공장에서 생산협의회가 개최되었는데, 이 자리에서 공장 기사장과 내각 수상 김일성 사이에 논쟁이 벌어졌다. 공장 기사장은 큰 변압기를 만들려면 3,800평방미터의 건물을 새로 지어야 한다는 의견을 개진하였다. 이에 김일성은 건물을 새로 짓지 않고 계획을 실행할 수 있는 방법을 찾아보자는 의견을 개진하였다. 그러나 기사장은 건물을 새로 짓지 않으면 계획을 수행할 수 없다고 계속 주장하였다. 이에 김일성은 이 문제가 좀처럼 끝장이 날 것 같지 않자 노동자들을 모아 놓고 토론에 붙혔다. 노동자들은 건물을 새로 짓지 않고 계획을 수행할 수 있는 방법을 찾아냈다. 이렇게 해서 공장 기사장과 내각 수상 사이의 논쟁은 마침내 종결되었다. 김일성, 「새 환경에 맞게 건설에 대한 지도와 관리를 개선할 데 대하여」(1965. 3. 26), 『김일성저작집 19』, 253~254쪽.

김일성은 "우리 제도의 참다운 생활력도 우리 당의 노선과 정책의 정당성도 결국은 사회주의 경제 건설의 구체적인 성과에서 나타난다"고 지적한 바 있으나,[207] 북한 경제는 1963년 이후 계속 침체되기 시작하여 1966년에는 마이너스 성장을 기록하게 되었다. 당 정책의 구체적인 성과가 없었던 것이다. 당 정책에 대해 동요와 불만이 나타날만한 상황이었다. 앞에서 보았듯이, 과거의 중산층, 즉 중농이나 도시 소시민, 인테리들 사이에 동요와 불만이 나타났다. 김일성의 노선과 정책에 대한 갑산파의 도전은 이러한 배경 속에서 발생하였다. 경제 위기에 따른 당내 정책 갈등의 재연이었다. 당시 가장 중요한 쟁점의 하나는 경제 발전의 속도와 균형 문제, 그리고 상품 생산과 가치 법칙의 이용에 관한 문제였다. 갑산파는 경제 건설의 높은 속도를 상징하는 천리마운동을 반대하고 '수정주의적 경제 이론'을 퍼뜨리면서 당 정책 관철을 방해한 것으로 비판되었다.[208] 북한의 설명에 따르면, 당시 '수정주의 경제 이론'은 다음과 같이 표현되었다.

'수정주의자'들은 "가치법칙연구그루빠"를 조직하여 사회주의 사회에서 생산수단도 상품이기 때문에 상품 생산과 가치 법칙을 제한 없이 이용해야 한다고 주장하며, 물질적 자극을 위주로 하는 자본주의적 기업 관리 방법을 받아들이고자 하였다. 당시 황해제철소, 강선제강소, 대안전기공장을 비롯한 몇몇 공장에서는 어느 한 '수정주의자'의 지시 밑에 "가화폐 제도"가 도입되었다고 한다. 가화폐 제도란 날마다 노동자들에게 그날 계획 수행에 따른 가짜 돈을 지불하고 월말에 가서 그 가짜 돈을 진짜 돈으로 교환해 주는 제도였다. 하지만 당시 일부 책임

---

[207] 김일성, 앞의 글(1967. 2. 2), 465쪽.
[208] 사회과학원 역사연구소, 『조선전사 31』(평양: 과학백과사전출판사, 1982), 28쪽. 여기서 수정주의 경제 이론이란, 경제 규모가 커지면 경제 성장의 높은 속도를 계속 보장할 수 없다는 이론을 말한다. 편집국, 「당의 호소를 높이 받들고 사회주의 건설의 혁명적 대고조를 더욱 앙양시키자」, 『근로자』 1968년 제5호, 6쪽.

일군들은 가화폐 제도의 도입을 상부의 지시라고 하면서 그 부당성을 보려고 하지 않았으며, 공장, 기업소의 경제 지도 일군들도 이를 문제 삼지 않았다고 한다. 당과 정부의 책임적 위치에 있던 일부 간부들과 경제 지도 일군들, 그리고 경제 전문가들 속에서 신념이 흔들리고 당적 원칙으로부터 탈선하는 경향이 나타났다는 것이었다.

그러나 가화폐 제도는 본질에 있어 개인 이기주의와 작업반 본위주의를 조장하고 노동자들을 돈으로 얽어매는 자본주의적 방법으로서, 결국은 집단주의 원리에 기초한 대안의 사업 체계를 반대하는 것으로 비판되었으며, 갑산파는 소련의 리베르만 방식을 끌어들이고자 한 것으로 비판되었다. '리베르만 방식'이란 이윤 추구를 기본으로 하면서 물질적 자극을 강화하는 방법으로 기업소를 관리 운영하며 국가가 기업소에 내려 보내는 계획 지표의 범위를 대폭 줄이고 기업소가 자체로 세운 계획에 따라 경영 활동을 조직하도록 하자는 것이었다.[209]

계획의 일원화·세부화 체계에 대한 반대였다. 갑산파의 '수정주의 경제 이론'이란 결국 이윤에 기초한 소련식의 실용주의 노선이었다. 또 갑산파는 사상 혁명을 앞세우는 김일성의 노선을 물질의 1차성에 관한 유물론에 배치된다고 주장하였다.[210] 특히 갑산파는, 경제 사업은 경제 기술 전문가들에게 맡기고 당의 간섭을 줄여야 한다고 주장하였다.[211] 또 갑산파는 김일성의 높은 성장 속도에 반대하였다. 갑산파는 공업 생산액 성장률이 6~7%만 되어도 "아주 높은 것"이라며, 성장 속도를 늦출 것을 주장하였던 것이다.[212] 김일성이 속도를 강조하였다면, 갑

---

[209] 조선노동당출판사, 『위대한 수령 김일성 동지의 불멸의 혁명 업적 15』, 177~185쪽. 당시 가화폐 제도의 수정주의적 본질과 그 위험성을 즉시 예리하게 간파한 사람은 김정일이었다고 한다.
[210] 조선노동당출판사, 『위대한 수령 김일성 동지의 불멸의 혁명 업적 7』, 395쪽.
[211] 김현식·손광주, 『다큐멘터리 김정일』(천지미디어, 1997), 59쪽.
[212] 김일성, 「조선민주주의인민공화국 창건 스무돐을 성대히 맞이하기 위하여」 (1968. 4. 16), 『김일성저작집 22』, 189쪽.

산파는 균형을 강조했던 셈이다. 이러한 갑산파의 주장은 경제-국방 병진 노선을 반대하는 것이었다.213)

당시 경제-국방 병진 노선은 사실상 국방 우선 노선이라는 점에서, 경제-국방 병진 노선에 대한 반대는 곧 국방 우선 노선을 반대하는 것이었다. 갑산파는 경제 우선 정책을 주장했던 것이다.214) 김일성이 이데올로기적 관점에서 군수 경제를 우선시했다면, 갑산파는 실용주의적 관점에서 민수 경제를 우선시했던 셈이다. 요컨대 갑산파의 도전은 김일성의 노선과 정책에 대해 전면적으로 반기를 드는 것이었다.

그런데 당시 갑산파의 실용주의 노선과 '수정주의 경제 이론'은 경제 지도 일군들 사이에도 상당히 유포되어 있었다. 1968년 4월 전국 청년 총동원대회에서 김일성은, "몇 해 전에 우리의 일부 경제 지도 일군들은 경제의 규모가 커진 조건에서 지난날처럼 공업의 높은 장성 속도를 보장할 수 없다고 하면서 계획을 좀 낮추자고 하였다"고 비판하였다.215) 실제로 1966년도 경제 계획은 "비교적 적은 것"이었으며,216) 1967년도 공업 생산액 성장률 목표는 7% 수준이었다.217) 그런데 1967년 12월 내각 전원회의에서 김일성은, 1967년도 경제 계획이 "소극적이며 보수적"이었다고 비판하였다.218)

이렇게 볼 때, '수정주의 경제 이론'은 늦어도 1965년부터 유포되었

---

213) 김일성, 앞의 글(1967. 7. 3), 485~486쪽.
214) 김현식·손광주, 앞의 책, 59쪽.
215) 김일성, 「청년들은 우리 혁명의 종국적 승리를 위하여 경제 건설과 국방 건설의 모든 전선에서 선봉대가 되자」(1968. 4. 13), 『김일성저작선집 5』, 35쪽.
216) 김일성, 「지도 일군들의 사업 방법을 개선하며 지도 수준을 더욱 높일 데 대하여」(1966. 4. 1), 『김일성저작집 20』, 319쪽.
217) 1967년도 공업 생산액 성장률 17%는 계획보다 10% 이상 더 성장시킨 것으로 평가되었다. 편집국, 「위대한 청산리 방법은 우리 당의 전통적인 혁명적 사업 방법」, 『근로자』 1968년 2호, 52쪽.
218) 김일성, 「공화국 정부의 10대 정강을 집행하기 위한 내각의 과업에 대하여」(1967. 12. 18), 『김일성저작집 21』, 550쪽.

으며,[219] 특히 1966~1967년 경제 계획 수립에서는 속도론보다 균형론이 우세했던 것으로 평가된다.[220] 그러나 1967년 갑산파가 숙청된 이후 1968년도 공업 생산액 성장률 목표는 무려 24%로 "매우 방대한 계획"이었다.[221] 1967년 5월 갑산파의 숙청과 수령 체제의 확립은 속도론이 다시 우세를 차지하는 상황의 반전이었으며, 특히 당·정의 실용주의화 경향에 대한 이데올로기 노선의 대반격이었던 것이다.

1956년 소련파와 연안파에 대한 숙청과 당적 지도 체계의 확립, 그리고 1967년 갑산파에 대한 숙청과 수령 체제의 확립은 북한에서 실용주의적 목표보다 이데올로기적 목표의 절대적 우위를 가져오는 역사적 전환점이 되었다. 그러나 1967년 갑산파가 숙청된 이후에도, 기업 관리의 합리화 방안을 둘러싼 이론 논쟁은 경제학자들 사이에서 계속되고 있었으며, 이것은 경제 지도 일군들에게 계속 영향을 미치고 있었다. 속도와 균형, 상품 생산과 가치 법칙을 둘러싼 이와 같은 이론 논쟁은 1969년 3월에 있은 김일성의 논문 "사회주의 경제의 몇 가지 이론 문제에 대하여"를 통해 종결되었다.[222] 김일성의 기본 입장은, 사회

---

[219] 1965년 3월 김일성은 당의 노선과 정책에 대해 "의심을 품거나 흥정하며 시비하는 것과 같은 현상은 우리 당에서 그대로 둘 수 없다"고 역설한 바 있다. 김일성, 앞의 글(1965. 3. 26), 236쪽.
[220] 김일성에 따르면, 1967년도 공업 생산액 성장 계획은 12.5%였다고 한다. 김일성, 「사회주의 경제의 몇 가지 리론 문제에 대하여」(1969. 3. 1), 『김일성저작선집 5』, 304쪽. 이것은 국가 계획이 아니라 증산 계획이었던 것으로 평가된다.
[221] 편집국, 「당의 호소를 높이 받들고 사회주의 건설의 혁명적 대고조를 더욱 앙양시키자」, 『근로자』 1968년 제5호, 4쪽.
[222] 김일성은 경제 규모가 커질수록 높은 속도로 경제를 발전시킬 수 있는 가능성은 더욱 커지며, 국영기업소 사이에 교환되는 생산 수단은 고유한 의미의 상품이 아니라 상품적 형태만을 가지며, 따라서 가치 법칙도 내용적으로가 아니라 형태적으로 작용한다고 주장하였다. 가치는 단지 계산의 도구로 이용되는 것이다. 조선노동당출판사, 『위대한 수령 김일성 동지의 불멸의 혁명 업적 15』, 121·179~190쪽; 김일성, 「사회주의 경제의 몇 가지 리론 문제에 대하여」(1969. 3. 1), 『김일성저작집 23』, 445~457쪽.

주의 경제는 자본주의적 방법이 아니라 오직 사회주의적 방법으로 관리 운영되어야 한다는 것이었으며,[223] "경제주의나 기술 지상주의로 나가서는 절대로 안"된다는 것이었다.[224]

이렇게 볼 때, 당시 갑산파의 실용주의 노선은 1960년대 중반 이후 계속된 경제 침체 현상과 맞물려 사회 전반에 상당히 유포되고 있었던 것으로 파악된다. 김영주의 모스크바 유학 동문으로 비서국 비서였던 박용국(당 국제 비서 겸 국제부장)과 김도만(당 사상 비서 겸 선전선동부장) 역시 갑산파를 추종하였다. 김일성의 항일 빨치산 직계인 임춘추 역시 박금철을 사실상 추종한 것으로 비판되었다. "당에서 새 노선이 나올 때마다 그 관철을 방해하는 동요 분자, 소극 분자, 보수 분자들이 생긴다"고 한 김일성의 발언에서도 보듯,[225] 실제로 당시 "적지 않은 간부들과 당원들"이 갑산파를 추종하였다.[226]

그러나 이것은 당내 분열로서 결국 행동의 통일성과 지도의 유일성을 약화시키는 것이었다. 당시 당 정책은 당 조직에 의해 조직적으로 결정된 당 조직의 의사로서, 당 정책의 수정과 변경은 특정 개인에 의해 개별적으로·자의적으로 이루어지는 게 아니라, 역시 당 조직에 의해 조직적으로 이루어져야 하는 것이었다. 그러나 당시 갑산파는 당 정책의 수정과 변경을 당 조직에 의거하지 않고 개별적으로·자의적으

---

[223] 김일성은 계획을 지방과 기업소에서 자체로 세우고 이윤도 저마다 자체로 처리하는 기업의 자유화, 경제 관리의 분권화를 자본주의적 방법으로 비판하였으며, 물질적 유인만 주로 내세우는 것은 수정주의로 비판하였다. 김일성, 「사회주의 건설에서 재정의 기능과 역할을 강화할 데 대하여」(1968. 10. 31), 『김일성저작집 23』, 126·146쪽.
[224] 김일성, 앞의 글(1967. 2. 2), 457쪽.
[225] 김학손, 「혁명적 대고조와 당위원회」, 『근로자』 1968년 제7호, 35쪽에서 재인용.
[226] 조선노동당출판사, 『위대한 수령 김일성 동지의 불멸의 혁명 업적 12』, 246쪽. 그러나 당시의 정황으로 볼 때, 북한의 공식 설명과는 달리, 당-정 간부들이 갑산파를 추종한 것이 아니라, 당-정 간부들의 실용주의 경향을 갑산파가 수용, 대변했을 가능성이 큰 것으로 추론된다.

로 추구하였다고 한다. 북한의 설명에 따르면, 갑산파는 다음과 같은 행태를 보여주었다.

박금철은 인민군 행진곡 가사에서 당이 제시한 구호로서 높은 속도와 자위 노선을 상징하는 "천리마"와 "일당백"이라는 말을 자기 임의로 삭제하도록 하였다.227) 박금철은 천리마운동에 반대하면서 공장들에서 천리마작업반운동만 하고 천리마직장, 천리마공장 쟁취를 위한 운동은 하지 말라고 지시하였다.228) 특히 박금철은 검덕광산을 지도하면서 당에서 하달한 생산 목표량을 무시하고 노동자들에게 "알맞춤하게 하라"고 지시하여 자기 임의로 생산 계획을 절반으로 낮추어 놓았다. 검덕광산은 당 결정을 무시하고 박금철의 개별적 지시를 수용하였다.229) 이에 영향을 받아, 다른 공장 기업소들에서도 생산 계획을 당적 요구에 어긋나게 낮게 세우려는 경향이 나타났다.230)

갑산파와 그에 추종하던 일부 간부들은 공장이나 지방에 내려가서 제멋대로 계획을 낮추라느니, 물자를 더 주라느니 하면서 직권을 남용하였으며 아무런 조직적 절차도 밟지 않고 아래 일군들을 함부로 떼라 말라 하면서 전횡을 일삼았다. 또 그들은 내각 수상 김일성의 교시와 당 결정을 아래 일군들에게 제때에 전달하지 않았으며, 전달하는 경우에도 제정된 질서대로 전달하지 않고 어느 것이 내각 수상의 지시이고 어느 것이 자기 말인지 알 수 없게 전달하였다. 심지어 어떤 지방에서는 지방적 특성을 운운하며 당 중앙위원회의 결정과 지시를 제대로 집행하지 않는 경향까지 있었다.231)

그런데 지도 간부들이 제멋대로 아래 단위의 회의를 소집하고 자기

---

227) 김일성, 앞의 글(1968. 5. 11), 51~55쪽.
228) 사회과학출판사, 앞의 책, 77쪽.
229) 김일성, 앞의 글(1968. 5. 11), 52쪽.
230) 조선노동당출판사, 『위대한 수령 김일성 동지의 불멸의 혁명 업적 15』, 181쪽.
231) 조선노동당출판사, 『위대한 수령 김일성 동지의 불멸의 혁명 업적 12』, 252~253쪽.

의 의사를 강요하여도, 아래 단위에서는 그것을 문제 삼지 못하고 그대로 집행하는 현상들이 적지 않게 나타났다.[232] 당 세도와 관료주의가 계속되고 있는 상황에서, 하부에서는 상부로부터 잘못된 지시가 내려와도 그것을 집행하지 않으면 쫓겨날 수 있기 때문에 그 지시를 집행하지 않을 수 없었으며, 그 결과 허위 보고와 아첨 현상도 지속되었던 것이다.[233] 이에 1967년 3월 김일성은 이러한 비조직적이며 무규율적인 현상을 심각하게 비판하면서, 일부 일군들이 "당의 지시는 형식적으로 집행하면서도 개별적 사람들의 지시는 떠받들고 있"으며, "자강도와 평안북도 같은 데서는 어느 부수상의 지시를 학습하고 있다고 하며 또 어떤 데서는 중앙당 어느 부장의 '교시'라는 말까지 하고 있다"고 지적하고, 당 조직이 아니라 개별적 간부에게 맹종맹동하며 한자리 얻을까 아첨하며 모여드는 현상을 강하게 비판하였다.[234]

---

[232] 조선노동당출판사, 『위대한 수령 김일성 동지의 불멸의 혁명 업적 7』, 407쪽. 김일성은 관료주의 등 당 정책과 어긋나는 것은 당 중앙에 보고하도록 하였으나, 하부에서는 나중에 박해를 받을까 두려워 관료주의를 당 중앙에 보고하기보다 오히려 아첨하였다. 김일성, 「당 사업을 강화하기 위한 몇 가지 과업에 대하여」(1969. 3. 3), 『김일성저작집 23』, 478쪽.

[233] 김일성은 이와 같은 당 세도와 당 관료주의를 비판하며, 사람을 함부로 처벌하지 말고 사상 교양과 비판을 통해 그 결함을 시정하는 데 중점을 두고 간부 사업을 하도록 요구하였으나, 제대로 집행되지 않았다. 김일성, 「량강도 당 조직들 앞에 나서는 과업」(1963. 8. 16), 『김일성저작선집 3』, 587쪽 ; 김일성, 「당일군들의 사업 방법과 사업 작풍을 바로 잡을데 대하여」(1963. 9. 5), 『김일성저작집 17』, 408~409쪽. 김일성은 "관료주의가 있는 곳에는 반드시 아첨이 생기게 마련"이라며, 관료주의를 척결하고 아첨을 하지도 말며 받아들이지도 말고 건전한 비판 분위기를 조성할 것을 역설하였다. 그러나 상부 기관이 인사권을 행사하고 있는 상황에서 하부 기관의 아첨 현상은 거의 불가피했던 것으로 파악된다. 예컨대 협동농장관리위원장들은 대부분 상부 기관에 의해 임명되기 때문에, 그들은 군협동농장경영위원장이나 군당위원장에게 아첨하면서 자기 사업을 성실히 수행하지 않았으며, 농장원들은 농장 사업이 잘못되어도 말 한마디 하지 않고 방관적 태도를 취하였다. 김일성, 앞의 글(1965. 11. 15~17), 51~52쪽.

[234] 김일성, 「당 사업을 개선하며 당 대표자회 결정을 관철할 데 대하여」(1967. 3. 17~24), 『김일성저작집 21』, 139쪽.

이것은 당 조직의 지시(권위)보다 특정 개인의 개별적 지시(권위)가 우선함으로써 당 정책과 국가 유일 계획이 자의적으로 수정 변경되고, 결국은 당적 지도의 유일성과 행동의 통일성이 저해되는 현상에 대한 비판이었다. 1960년대 중반 이후 북한의 일관된 정책적 목표였던, 계획의 유일성에 기초한 당적 지도의 유일성과 행동의 통일성 강화가 1966년의 경제 위기와 결부되어 갑산파에 의해 훼손되는 일이 발생한 것이다. 이것은 곧 김일성의 권위와 리더십을 훼손하는 것이었다. 당의 유일적 지도란 사실상 김일성의 유일적 지도에 다름 아니었으며, 당 중앙위원회 중심의 통일 단결이란 사실상 김일성 중심의 통일 단결에 다름 아니었기 때문이다.

항일 빨치산의 혁명 전통에 대한 도전도 있었다. 갑산파는 자신들의 혁명 전통을 부각시키고자 하였다. 박금철은 김도만(사상 비서 겸 선전선동부장)을 수하로 끌어들여 '일편단심', '내 고향' 등과 같은 영화와 연극 등을 만들어 보급함으로써 박금철의 활동과 업적, 박금철의 고향을 부각시키고자 하였다.235) 당 역사연구소는 박금철이 항일 투쟁을 하던 함경남도 갑산에 생가를 꾸려주었다.236) 갑산파는 해방 전에 일제를 반대한 투쟁은 다 혁명 전통이라고 주장하며, '조선노동당역사연구실'을 없애고자 하였으며, 신문과 방송에서 항일 빨치산 혁명 전통 교양 기사를 싣고 내보내는 것을 이러저러한 구실로 가로막았다고 한다.237)

또 박금철은 정실 인사를 통해 자파 세력의 확대를 추구하였으며, 이 과정에서 1967년 2월 당 정치위원회에서 간부의 임명·배치 문제를 둘러싸고 김일성과 박금철·이효순 사이에 격렬한 논쟁이 벌어지기도 했다.238) 당 정치위원회 상무위원인 김광협도 김일성을 비판하며 다녔다

---

235) 신경완, 「곁에서 본 김정일 上」, 『월간 중앙』 1991년 6호, 397쪽.
236) 김일성, 앞의 글(1967. 3. 17~24), 139쪽.
237) 사회과학출판사, 앞의 책, 77쪽.
238) 신경완, 앞의 글, 395~396쪽.

고 한다.239) 북한의 최고 권력 기구인 당 정치위원회 상무위원 6명 가운데 절반이 김일성의 리더십에 반발하고 있었던 것이다. 통일 단결의 중심이자 당적 지도의 중심으로 간주되는 당 정치위원회 상무위원회 자체가 이렇게 분열된 상태에서 지도의 유일성과 행동의 통일성이란 기대하기 어려운 것이었다. 집단 지도 체계의 한계였다. 갑산파만이 문제가 아니었다. 당-정 중간 관료 조직 역시 지도의 유일성과 행동의 통일성을 훼손하며 당 정책과 국가 계획을 자의적으로 수정 변경했다.

3. 당적 지도 체계의 한계와 수령 체제의 확립

1960년대 중반 계획의 일원화·세부화 체계가 도입되고 계획 수립과 집행에 대한 당과 국가의 중앙집권적 통제가 더욱 강화되었지만, 계획은 여전히 제대로 수립되지 못했으며, 수립된 계획마저 제대로 실행되지 못하였다. 계획 수립에 있어 생산자들은 여전히 생산 능력에 대해서는 과소 보고하면서 생산 요소에 대해서는 과대 요구하였는데, 당시 이것은 하나의 "보편적인 현상"이었다.240)

특히 생산자들의 조직 이기주의를 근절하기 위해 신설된 지구계획위원회 자체가 국가적 입장에 서지 않고 오히려 지방 본위주의에 함몰되었다. 국가계획위원회는 통제 수자에 1억 원의 건설을 예견하여 하달하였으나, 지구계획위원회는 2억 원의 계획 초안을 작성하여 올려 보냈다. 심지어 지구계획위원회는 자신의 본분을 잊어버리고 당 중앙위 정치위원회와 내각 전원회의에서 토의 결정된 통제 수자까지 어기었다. 도당위원회 역시 지구계획위원회의 활동을 제대로 지도 통제하지 못하고 계획 초안을 그대로 통과시켜 줌으로써, 지구계획위원회의

---

239) 신경완의 증언.
240) 김일성, 「일원화 계획화 체계를 더욱 심화 발전시키기 위하여」(1969. 7. 2), 『김일성저작집 24』, 127~128쪽.

지방 본위주의를 조장하는 결과를 가져왔다.[241]

또 수립된 계획마저 생산자들의 조직 이기주의에 의해 계획대로 실행되지 않았다. 1960년대 후반까지 현물 지표별로 계획을 실행하지 않아도 아무런 통제를 받지 않았기 때문에, 처음에는 현물 지표별로 계획을 실행하다가 그것이 힘들 것 같으면 금액 지표에 의한 계획 달성을 추구하였다. 현물 지표별 계획 수행의 차질이었다. 1960년대 후반까지 생산하기 쉽고 금액이 높은 일부 제품의 생산에 치우치고 금액이 적은 세소 품종의 생산에 주의를 적게 돌리는 현상도 근절되지 않고 있었다. 금액 지표만 달성하면 계획을 달성한 것으로 평가되었던 것이다.

이렇듯 계획의 일원화·세부화 체계가 도입되었음에도 불구하고, 계획 차질로 인해 사회적 분업(협동 생산)의 혼란과 자재 수급의 불균형 현상은 사라지지 않고 있었다. 당시 사회적 분업의 혼란과 계획 차질은 원자재 공급 부족에 기인하는바 크지만, 보다 중요한 원인의 하나는 내각 상들부터 당 정책과 내각 결정, 국가 계획을 제대로 집행하지 않고 제멋대로 수정 변경하는 등 국가 규율과 질서가 "매우 문란"한 데 있었다.[242] 내각 수상 김일성의 지시도 제대로 집행되지 않았다. 예컨대 1966년 김일성이 창성광산에 직접 내려가서 선광장을 빨리 건설하여 생산을 증대시킬 과업을 제시하였으나, 금속공업성 부상은 선광장 건설은 2년 이상 걸린다며 천천히 하라고 김일성과 다른 지시를 내려보냈다. 또 1967년 내각에서 연간 계획을 10월 10일까지 끝내기 위한 투쟁을 하자고 결정하였지만, 철도상으로 있던 부수상은 그 결정을 집행할 수 없다며 접수하지 않았다.[243] 국가 계획을 도에서는 도대로 고

---

[241] 김일성, 위의 글(1969. 7. 2), 116~118쪽. 사회주의사회에서 통제자는 상위 기구에서 오는 압력과 조직 및 지역에서 오는 압력 사이에 갈등하며, 대개 조직과 지역 관리자가 통제자를 관리 통제하게 된다. 기관 본위주의의 결과이다.
[242] 김일성, 앞의 글(1967. 12. 18), 557쪽 ; 김일성, 「경제 지도 사업에서 혁명적 규율과 질서를 세울 데 대하여」(1968. 10. 21), 『김일성저작집 23』, 103~107쪽.
[243] 김일성, 위의 글(1967. 12. 18), 551·558쪽.

치고, 군에서는 군대로 고쳤다.[244]

공장, 기업소들에서도 국가 계획을 제 마음대로 뜯어 고치거나 그것을 제대로 수행하지 않는 현상들이 적지 않게 나타났다. 남이야 계획을 하든 말든 자기 단위만 계획을 완수하면 된다는 기관 본위주의적·지방 본위주의적 입장에서 국가적으로 맞물려 놓은 계획 지표들을 제멋대로 뜯어 고쳤던 것이다. 보다 심각한 문제는 이를 통제해야 할 책임이 있는 공장당 책임비서 역시 기업소 지배인과 같이 조직 이기주의에 함몰되어 있었다는 점이다.[245] 김일성에 따르면, 1966년 강선제강소에서 계획 차질이 발생한 것도 황해제철소 지배인뿐만 아니라 당위원회 책임비서의 기관 본위주의에 전적으로 책임이 있었다고 한다.[246] 또 1967년도 경제 계획을 수립함에 있어, 국가계획위원회를 비롯한 각 성, 관리국 등 국가 행정 관료 조직뿐만 아니라, 가령 함경남도와 함흥시 당 조직들 역시 계획을 적게 하려는 "혹심한 소극성"을 보인 것으로 비판되었다.[247]

공장당 책임비서들 역시 경제 지도 일군들처럼 상금을 타먹는 데 재미를 붙이고, 계획을 낮추고자 하는 경제 지도 일군들의 소극 보수성에 보조를 같이하였으며, 도·시·군당 책임비서 등 당 조직 스스로 위법 행위를 자행하였다.[248] 당시 내각 부수상 등 국가 관료 조직뿐만 아니라, 중앙당 간부들과 도당 책임비서를 비롯한 당 조직 자체가 만

---

[244] 김일성, 「조성된 정세에 대처하여 전쟁 준비를 잘할 데 대하여」(1968. 3. 21), 『김일성저작집 22』, 100쪽.
[245] 김일성, 「국가 재산을 애호 절약하며 수산업을 더욱 발전시킬 데 대하여」(1969. 6. 30), 『김일성저작집 24』, 18~30·36쪽.
[246] 김일성, 앞의 글(1967. 1. 20), 80쪽.
[247] 김일성, 「당대표자회 결정을 철저히 관철하기 위하여」(1967. 6. 20), 『김일성저작집 21』, 317쪽.
[248] 김일성, 앞의 글(1967. 3. 17~24), 170~229쪽. 당시 당 세도와 관료주의, 당의 행정 대행 현상은 군당 책임비서들도 심했지만, 공장당 책임비서들이 더욱 심했다고 한다.

성적인 형식주의와 관료주의에 사로 잡혀, 당 정책과 심지어 김일성의 지시마저 제대로 집행하지 않고도 그것을 대수롭지 않게 여기었다.[249] 당에서 무엇을 하라고 지시하면 당일군들 스스로 이 핑계 저 핑계 대면서 잘 집행하지 않았던 것이다.[250] 당 조직 자체가 문제였다.

요컨대 1950년대 국가 행정 관료적 지도 체계의 한계를 극복하기 위해 1960년대 생산에 대한 모든 책임과 권한을 각급 당 조직에 부여하고 생산에 대한 전면적인 당적 지도 체계를 확립하였지만, 개인주의와 조직 이기주의, 지역 이기주의에 기초한 국가 행정 관료 조직의 개별적 이익 행동을 사회적·국가적 이익의 관점에서 통제해야 할 각급 당 조직 자체가 조직 이기주의와 지역 이기주의에 함몰되어 스스로 개별적 이익 행동을 추구하며 극심한 소극 보수성을 보여주었던 것이다. 그 결과 당 정책과 국가 계획이 각급 단위에서 제멋대로 수정, 변경되는 등 당 정책과 국가 계획의 수립과 집행에서 차질과 혼란도 계속되었다.

다시 말해 국가 행정 관료 조직의 관료화를 방지해야 할 당 조직 자체가 관료화되어, 국가 행정 기관의 개별적 이익의 대표자 역할을 수행하고 있었던 것이다.[251] 이것이야말로 진정 문제였다. 중국의 전례와 같이, 행정 관료 조직에 이어, 당 조직 자체가 실용주의화 되고 있었던 것이다. 갑산파의 도전은 이를 더욱 조장하는 것이었다. 1960년대

---

[249] 김일성의 지시와 당 정책이 제대로 집행되지 않는 당 조직의 형식주의에 대해서는 김일성, 「당 사업에서 형식주의와 관료주의를 없애며 일군들을 혁명화할 데 대하여」(1966. 10. 18), 『김일성저작선집 4』, 408~413쪽 참조. 김일성은 국가 행정 관료 조직과 아울러 당 조직의 형식주의가 "만성화되고 습성화되었기 때문에 좀처럼 뿌리뽑기 힘들게 되었다"고 역설하였다.

[250] 김일성, 앞의 글(1967. 3. 17~24), 138쪽.

[251] 바질 께르블레에 따르면, 소련의 경우 당내에서 가장 일상적인 논쟁은 자원 배분과 자금 할당 문제를 둘러싸고 일어나며, 지역 당 책임자는 대개 공장 관리자나 지역 정부의 대변자로 활동한다고 한다. 바질 께르블레, 앞의 책, 379~380쪽. 이러한 현상은 각 지역의 생산에 대해 해당 지역의 당 조직이 전적으로 책임을 지고 있던 북한에서 더 심했을 것으로 추론된다.

중반 이후 계획의 유일성에 기초한 행동의 통일성을 위해 당적 지도의 유일성이 강력하게 추구되었지만, 바로 그 당 조직에 의해 당적 지도의 유일성과 행동의 통일성이 오히려 저해되고 있었던 것이다. 당적 지도 체계의 근본적인 한계였다.

여기서 북한은 지도의 유일성과 행동의 통일성을 강화하기 위한 새로운 조직 지도 체계를 모색하게 되는데, 집단 지도 체계에 기초한 기존의 당적 지도 체계를 수령의 유일 지도 체계로 재편한 것이 그것이다. 기존의 당 조직의 유일적 지도가 수령의 유일적 지도로 재편된 것이다. 유일 체제의 확립이었다. 이에 따라 기존의 집단 지도 체계에서 최고 권력 기구이던 당 중앙위 정치위원회 상무위원회 역시 수령의 유일적 지도하에 놓여졌다. 지도의 완전한 유일성 추구였다. 이렇듯 북한의 수령 체계는 1960년대 중반 이후 계획의 유일성에 기초하여 경제 계획성과 조직성이 강화되는 역사적 과정에서 행동의 통일성, 즉 당과 대중의 집단주의적 통일 단결이 절대적으로 추구되고 이를 보장하기 위한 사상과 지도의 유일성이 결정적으로 강화되는 지점에서 성립되는 것이었다.

북한에서 수령 체제를 의미하는 '유일 사상 체계'의 개념은 1967년 2월 당 기관지 『근로자』에서 "유일한 당적 사상 체계"라는 표현으로 처음 제기되었다.[252] 이어 1967년 3월 김일성은 "당의 유일 사상 체계를 세우는 것은 당 건설에서 나서는 가장 근본적인 문제"라고 지적하고,[253] 당의 유일 사상 체계 확립을 당 조직 건설의 기본 노선으로 명확히 규정하였다. 또 김일성은 1967년 4월 당 중앙위원회 일군들의 회의를 열고 갑산파의 "죄행"을 폭로하는 사상 투쟁 회의를 진행하였으며,[254]

---

[252] 리능훈, 「군중 노선 구현에서의 당 사업 체계와 사업 방법」, 『근로자』 1967년 제2호, 43쪽.
[253] 김일성, 앞의 글(1967. 3. 17~24), 136쪽.
[254] 조선노동당출판사, 『위대한 수령 김일성 동지의 불멸의 혁명 업적 7』, 397쪽.

1967년 5월 당 중앙위원회 제4기 제15차 전원회의에서는 박금철과 이효순 등 갑산파에 대해 수정주의, 종파주의, 가족주의, 지방주의 등으로 비판 숙청하고 "당의 유일 사상 체계" 확립을 공식 선언하였다. 김일성의 노선과 리더십에 대한 갑산파의 도전과 반발이 수령 체제의 확립을 가져온 결정적인 계기로 작용하였던 것이다.

4. 당 조직과 최고 지도자의 위상과 역할 재조정

1967년 수령체제의 확립은 김일성의 독특한 집단주의적 발전 전략을 제도화·구조화시키는 결정적인 역사적 전환점이 되었으며, 그에 따라 북한 사회의 조직 운영 원리는 근본적으로 재편되었다. 수령의 유일 중심으로 당과 대중의 집단주의적 통일 단결을 "전면적으로 심화 완성" 시키는 방향에서 사회 체계를 전면 재편성한 것이 그것이다. 1950년대 후반 당적 지도 체계의 확립이 무엇보다 당 조직과 국가 관료 조직의 위상과 역할 재편을 가져왔다면, 1960년대 후반 수령 체제의 확립은 무엇보다 최고 지도자와 당 조직의 위상과 역할 재편을 가져왔다.

수령 체제의 확립은 최고 지도자의 권위와 권력을 절대화하여 그것을 "수령"으로 제도화한 것이었다. 그것은 지도의 유일성을 보다 철저히 보장하기 위해 만인에게서 개별적 권위와 권력을 모두 박탈하여 최고 지도자에게 집중시키는 것이었다. 수령의 권력 절대화와 절대화된 권력의 제도화, 수령의 권위 절대화와 절대화된 권위의 제도화였다. 이것은 수령을 하나의 집단으로 규정한 레닌의 당 조직 이론과 근본적으로 구별된다.

레닌은 수령을 한 개인이 아니라, 권위·영향력·경험이 가장 풍부하고 가장 책임 있는 지위에 선출된 복수의 최고 지도자들로 구성되는 하나의 집단으로 규정하였다.[255] 레닌은 지도와 대중의 관계에서 대중

---

[255] V. I. 레닌, 『공산주의운동과 좌익 소아병』(분서), 168~169쪽.

의 자발성을 불신하며, 대중을 의식화·조직화하여 사회주의 혁명에로 지도하는 노동 계급의 전위 조직으로서 당을 중시하였다. 노동 계급의 사회주의 의식과 사회주의 운동은 외부로부터 도입되고 지도되어야 한다는 것이다.[256] 레닌에게 있어 당은 대중의 "스승"이자 "지도자"이며, 당은 노동 계급 의식의 담지자이다.[257] 따라서 당은 곧 수령이며, 노동 계급의 혁명 위업은 곧 당의 혁명 위업이다. 레닌의 당 이론에 따르면, 당은 민주집중제의 원리에 따라 당 중앙위원회에 의해 대표되며, 당 중앙위원회는 당 정치국과 같은 최고 지도 집단을 통해 전당을 지도한다. 최고 지도자의 유일 지도가 아니라 최고 지도자들의 집단 지도 체제인 것이다.

북한 역시 1966년까지 제한적이나마 이와 같은 집단 지도 체계를 유지해 왔다. 이 체계에서 김일성은 총비서로서 비록 사실상의 유일 최고 지도자라 하더라도, 그 역시 당 조직에 의거해야 하는 개별적 존재에 불과했다. 김일성의 권력은 제도적으로 일정하게 제약되어 있었던 것이다. 김일성의 노선과 리더십에 대한 갑산파의 도전과 반발이 가능했던 것도 이러한 조직 구조 속에서였다.[258] 그러나 수령 체제의 확립은 김일성의 개인적 권력과 제도적 권력 사이에 존재하는 모순을 해소시켰다. 즉 북한의 수령 체제는 레닌이 당 조직과 최고 지도자 집단에 부여했던 인민의 정치적 수령으로서의 지위와 역할을 최고 지도자 한 개인에게 부여하여, 당과 국가와 사회의 유일 최고 지도자로서 수령의 지위와 역할을 절대화하였던 것이다.

이것은 레닌의 당 이론이 아니라, 사회주의·공산주의 운동에서 최고

---

[256] V. I. 레닌, 김민호 역, 『무엇을 할 것인가』(백두, 1988), 46~49쪽.
[257] V. I. 레닌, 김영철 역, 『국가와 혁명』(논장, 1988), 40쪽.
[258] 집단 지도 체계에서 최고 지도자들은 자신의 추종 세력과 조직 등 각자 권력 자원을 보유하며, 일종의 파벌 정치에 기초하여 권력 투쟁을 전개한다. 집단 지도 체계하에서 당내 권력 투쟁은 거의 항상적인 것이다.

지도자인 수령이 결정적인 역할을 한다는 이른바 '수령론'에 의해 이데올로기적으로 정당화된다. 북한에서 수령 체계의 확립이 공식 선언된 직후 1967년 7월에 발행된 북한의 당 기관지 『근로자』는 수령론의 단초를 다음과 같이 제시하고 있다. "수령은 노동계급 앞에 정확한 투쟁 노선과 방침을 제시하며 혁명 역량을 튼튼히 결속시키고 그들을 조직 동원하여 혁명의 승리를 보장함에 있어서 결정적 역할을 논다."259) 또 훗날 김정일에 의하면 "수령의 결정적 역할은 혁명의 지도 사상을 창시하는 데 있다. 수령이 창시한 지도 사상은 인민 대중에게 혁명 운동의 목표와 지향을 밝혀주고 전략 전술을 제시함으로써 혁명을 승리의 길로 추동한다. 이렇게 볼 때 노동 계급의 혁명 위업은 수령의 (혁명) 위업이다."260)

이러한 논리에 따르면 노동 계급의 혁명 의식의 담지자는 레닌의 당 조직이 아니라 유일 지도자 수령이며, 노동 계급의 혁명 운동의 '지도자'는 레닌의 당 조직(최고 지도자들의 집단 지도)이 아니라 유일 지도자 수령이다. 따라서 사회주의·공산주의 운동은 결국 수령의 유일 영도하에 수령의 유일 사상을 구현하기 위한 것으로서 수령의 지위와 역할은 절대화될 수밖에 없는 것이다. 이렇게 절대화된 수령의 지위와 역할을 제도적으로 보장하기 위해 당 조직을 포함하여 전국가적, 전사회적 범위에서 권력, 조직, 이데올로기, 리더십 등 사회 체계의 전면적인 재편성이 이루어지게 되는 바, 그 총체가 바로 수령 체제이다.

수령 체제의 확립은 무엇보다 당의 위상과 역할 재편을 가져왔다. 지금까지 집단 지도 체계하에서는 당 조직이 "인민의 정치적 수령"이었다. 그러나 수령 체제가 확립됨으로써 이제 당 조직이 아니라 김일성이 인민의 정치적 수령으로 규정되었다. 집단 지도 체계하에서는 당 중앙

---

259) 엄기현, 「항일유격대원들의 수령에 대한 무한한 충직성」, 『근로자』 1967년 제7호, 9쪽.
260) 한재만, 『김정일: 인간·사상·영도』(평양: 평양출판사, 1994), 92쪽.

위원회가 "당의 뇌수"였으나, 수령 체제하에서는 김일성(수령)이 당의 "최고 뇌수"로 규정되었다.[261]

또 지금까지 북한의 유일 지도 사상으로 규정된 주체 사상은 당의 노선과 정책을 의미했으며, 당의 노선과 정책은 맑스레닌주의의 구현으로 간주되었다. 그러나 수령 체제가 확립됨에 따라 북한의 유일 지도 사상인 주체사상은 조선 혁명에 창조적으로 적용된 맑스레닌주의인 김일성의 혁명 사상으로 규정되었으며, 당의 노선과 정책은 김일성의 혁명 사상(즉 주체사상)의 구현으로서 김일성에 의해 작성된 것으로 규정되었다.[262] 다시 말해 북한의 유일 지도 사상인 주체사상은 이제 당의 노선과 정책이 아니라 김일성의 혁명 사상을 의미하며, 당의 노선과 정책은 이제 맑스레닌주의의 구현이 아니라 김일성의 혁명 사상, 즉 주체사상의 구현을 의미했다. 이에 따라 "김일성의 교시는 곧 당 정책"이 되었다.[263]

특히 1967년 12월 최고인민회의 제4기 제1차 회의는 김일성의 주체사상을 국가의 지도 사상으로 규정하고, "주체사상을 모든 부문에 걸쳐 훌륭히 구현"하는 것을 '공화국 10대 정강'의 첫째 항으로 위치시켰다.[264] 조선노동당 역시 "김일성(수령)의 혁명 사상을 이 땅위에 구현하는 것을 자기의 숭고한 목적으로, 사명으로 한다"고 규정되었다.[265] 김일성 사상의 절대화였으며, 김일성의 사상적 권위의 절대화였다.

---

261) 편집국, 「조국 해방을 위한 김일성 동지의 위대한 혁명 투쟁과 조선 혁명에서의 주체 확립」, 『근로자』 1969년 제6호, 9쪽.
262) 편집국, 「당원들과 근로자들 속에서 당 정책 교양을 강화하자」, 『근로자』 1967년 제8호, 8쪽.
263) 리성근, 「당원은 자기의 당성을 부단히 단련하여야 한다」, 『근로자』 1967년 제8호, 31쪽.
264) 김일성, 「국가 활동의 모든 분야에서 자주, 자립, 자위의 혁명 정신을 더욱 철저히 구현하자」(1967. 12. 16), 『김일성저작선집 4』, 533쪽.
265) 편집국, 「당의 유일사상으로 더욱 철저히 무장하자」, 『근로자』 1968년 제4호, 5쪽.

김일성의 주체사상은 1960년대까지 "행동의 지침"으로서 실천 이데올로기를 의미하고, 맑스레닌주의는 "세계관" 즉 순수 이데올로기로서 주체사상의 이론적 기초였으나, 1970년대 들어 주체사상은 마침내 실천 이데올로기에서 순수 이데올로기로 격상되기 시작하였다. 이것은 이미 1960년대 말을 지나면서 예비되기 시작했다. 즉 "김일성의 혁명투쟁 역사는……맑스레닌주의를 창조적으로 적용하고 그것을 독창적으로 발전 풍부화시킨 역사"로 재평가되었으며,[266] 김일성의 주체사상은 북한의 "유일한 세계관"으로 재규정되었던 것이다.[267] 주체사상의 독창성이 강조되면서, 주체사상은 실천이데올로기에서 맑스레닌주의를 대체하는 순수 이데올로기로 전환되고 있었던 것이다. 맑스레닌주의의 계승성보다 독창성의 개념에 중심을 두고 주체사상을 순수 이데올로기로 체계화한 것은 1970년대의 김정일이었다.

또, 종래 집단 지도 체계에서는 당 중앙위원회가 사회 전반에 대한 유일 지도자였으나, 수령 체제가 확립됨에 따라 김일성이 사회 전반에 대한 유일 지도자가 되었다. 수령의 유일 영도 체계의 확립이었다.[268] 김일성의 영도는 모든 승리의 결정적 요인이며, 혁명의 종국적 승리를 위한 결정적 담보로 규정되었다.[269] 김일성 리더십의 절대화였다.

또 지금까지 집단 지도 체계에서 조직 사상적 통일 단결의 중심은 당 중앙위원회였으며, 통일 단결의 사상적 기초는 당 정책이었다. 당 중앙위원회와 당 정책에 대한 충실성이 곧 당과 혁명에 대한 충실성이

---

[266] 오기천, 「모든 청년들을 수령께 무한히 충직한 혁명 전사로 키우자」, 『근로자』 1968년 제3호, 54쪽.
[267] 김국훈, 「김일성 동지의 위대한 혁명 사상은 우리 당 건설의 확고한 지도적 지침」, 『근로자』 1969년 제10호, 49쪽.
[268] 편집국, 「사람과의 사업을 잘하는 것은 천리마작업반운동의 심화 발전을 위한 가장 중요한 과업」, 『근로자』 1969년 제5호, 43쪽.
[269] 편집국, 「위대한 수령 김일성 동지의 현명한 영도를 받는 우리 인민의 혁명위업은 필승 불패이다」, 『근로자』 1969년 제4호, 2쪽.

었던 것이다. 그러나 수령 체제가 확립됨에 따라, 조직 사상적 통일 단결의 중심은 김일성(수령)이 되었으며, 통일 단결의 사상적 기초는 김일성(수령)의 혁명 사상이 되었다.270) 김일성과 김일성 사상에 대한 충실성이 곧 당과 혁명에 대한 충실성이 된 것이다.271) 수령의 유일 사상 체계의 확립이었다. 김일성의 업적도 절대화되었다. 종래 조선 인민의 혁명 투쟁사는 곧 조선노동당의 혁명 투쟁사로 규정되었으나, 수령 체제가 확립됨에 따라 그것은 곧 "김일성(수령)의 혁명 투쟁사"가 되었다.272) 역사에서 김일성의 절대화였다. 이에 따라 1967년 5월 말 전국 각지에 존재하는 기존의 '조선노동당역사연구실'은 '김일성동지혁명역사연구실'로 개편되었으며, 김일성의 빨치산 혁명 전통 역시 절대화되었다.273)

요컨대 수령 체제가 확립됨에 따라 당 조직은 수령의 유일 사상을 실현하며 수령의 유일 영도를 보장하기 위한 정치 조직으로 그 지위와 역할이 하향 조정되었던 것이다.274) 이제 당은 수령의 당으로서, 최고 지도자들의 집단 지도가 아니라 수령의 유일 지도가 관철된다. 당 중앙위원회 정치위원회나 당 정치국과 같이 레닌이 복수의 '수령들'로 규정한 최고 지도자들의 집단 역시 수령의 유일적 지도와 통제하에서 자기 사업을 진행해야 하는 것이었다.

당의 지도를 받는 국가와 군대 역시 수령의 국가, 수령의 군대로 전

---

270) 편집국, 「당의 유일사상으로 더욱 철저히 무장하자」, 『근로자』 1968년 제4호, 5쪽.
271) 리성근, 앞의 글(1967. 8), 30~31쪽.
272) 편집국, 「김일성 동지에 의하여 이룩된 우리 당의 영광스러운 혁명 전통으로 튼튼히 무장하자」, 『근로자』 1968년 제7호, 6쪽.
273) 1967년 12월부터 김일성의 노작들이 대대적으로 출판 보급되었다. 1968년 김일성의 노작 출판은 1966년에 비해 종수는 6배, 부수는 무려 20배 증가되었으며, 1967~1970년 기간 동안만 해도 260여 종 3,800만 부에 달하는 노작들이 출판 보급되었다. 과학백과사전종합출판사, 『조선노동당의 사회주의 건설 령도사』, 269쪽.
274) 편집국, 「위대한 수령 김일성 동지의 당, 조선노동당의 당원된 영예를 더욱 빛내이자」, 『근로자』 1973년 제3호, 22쪽.

환되었다. 즉 수령은 당과 국가와 군대의 창건자이자 유일 영도자로서 당과 군대 위에 존재하는, 국가와 사회 위에 존재하는 유일 절대자가 되었던 것이다. 북한의 역사와 현실에서, 사회와 국가에서, 당과 군대에서, 조직과 이데올로기에서, 정책과 리더십에서, 권위와 권력에서 김일성의 완전한 절대화, 신격화였으며 수령 체제는 이것을 제도화한 것이었다. 이 체제에서는 최고 지도자의 인격화된 비제도적 권력과 비인격적인 제도적 권력 사이의 구별마저 무의미하다. 인격화된 비제도적 권력을 포함해 최고 지도자의 모든 권력이 수령의 비인격적인 제도적 권력으로 간주되기 때문이다. 심지어 수령에 대한 개인숭배마저 제도화된다. 수령 체제에서 수령은 더이상 한 개인이 아니라, 하나의 제도인 것이다.

5. 유일 사상 체계의 확립과 조직 사회주의로의 이행

1) 이데올로기적 통제 강화와 개인주의 근절

수령 체제는 경제 유기체 및 정치 유기체 개념에 기초하여 1950~1960 년대 북한의 일관된 정책적 목표였던 당과 대중의 통일 단결을 새로운 차원에서 보다 강력하게 추구하는 체계였다.[275] 김일성은 1970년 11월 조선노동당 제5차 대회에서 "우리 공산주의자들이 그처럼 바라던 당의 통일과 단결은 오늘에 와서야 비로소 유일적인 주체 사상 체계에 기초하여 완전히 실현되었다"고 평가하였다.[276] 수령 체제에서 김일성은 당과 대중의 조직 사상적 통일 단결의 유일 중심이었다.[277] 지난 기간

---

[275] 수령 체제의 확립은 "전당이 하나의 산 유기체로 움직일 수 있도록" 하는 데 근본 목표가 있었다. 편집국, 「김일성 동지의 연설 '함경북도 당 단체들의 과업'은 당 건설과 혁명 발전에서의 강령적 지침」, 『근로자』 1968년 제3호, 23쪽.
[276] 김일성, 「조선노동당 제5차 대회에서 한 중앙위원회 사업 총화 보고」(1970. 11. 2), 『김일성저작집 25』(평양: 조선노동당출판사, 1983), 328쪽.

모든 승리의 "가장 중요한 원천"도 김일성을 중심으로 한 통일 단결에 있는 것으로 평가되었다.[277] 수령을 유일 중심으로 한 당과 대중의 통일 단결은 사상의 유일성과 지도의 유일성을 전제로 하는 것이었다. 때문에 수령 체제는 사상의 유일성을 보장하는 유일 사상 체계와 지도의 유일성을 보장하는 유일 영도 체계로 구성되었으며, 이것은 기존의 당적 사상 체계와 당적 영도 체계 위에 구축된 것이었다.

유일 영도 체계는 수령을 정점으로 하여 한편으로는 당 중앙위원회로부터 각급 당 조직을 거쳐 군중에 이르는 지도 체계와 다른 한편으로는 당으로부터 인전대(국가기관, 군대, 사회 단체)를 거쳐 군중에 이르는 지도 체계로 구성되었다. 전자의 경우 주로 의식성을 통한 수평적인 통합의 측면이 강하며, 후자의 경우 주로 조직성과 규율성을 통한 수직적인 통제의 측면이 강하다. 그리고 유일 사상 체계는 유일 영도 체계를 확립하기 위한 기본 전제이다. 따라서 1967년 이후 공산주의 사상 교양 사업은 무엇보다 당의 유일 사상 체계를 확립하는 데 기본을 두고 진행되었다.[279]

당시 당의 유일 사상 체계를 확립하는 것은 "당 건설과 활동에서 가장 근본적인 문제"로 규정되었다.[280] 그리고 당의 유일 사상 체계를 세운다는 것은 "수령의 혁명 사상과 그 구현인 당의 노선과 정책으로 당원들과 근로자들을 튼튼히 무장시키고 그들을 수령의 두리에 굳게 묶어 세워 전당과 전체 인민의 사상, 의지 및 행동의 완전하고도 무조건

---

277) 편집국, 「조국 해방을 위한 김일성 동지의 위대한 혁명 투쟁과 조선혁명에서의 주체 확립」, 『근로자』 1969년 제6호, 9쪽.
278) 편집국, 「항일 무장 투쟁에서 이룩된 영광스러운 혁명 전통을 더욱 빛내이자」, 『근로자』 1967년 제4호, 9쪽.
279) 김남숙, 「정치 사업, 사람과의 사업은 우리 당의 위력한 사업 방법」, 『근로자』 1967년 제6호, 19쪽.
280) 편집국, 「당의 유일사상으로 더욱 철저히 무장하자」, 『근로자』 1968년 제4호, 5쪽.

적인 통일을 이룩하며 수령의 혁명 사상을 유일한 지도적 지침으로 삼고 수령의 유일적인 영도 밑에 혁명 사업을 해나가도록 한다는 것을 의미"했다.281) 당의 유일 사상 체계를 확립함에 있어 가장 중요한 두 가지 방법은 당 정책 교양과 혁명 전통 교양이었으며,282) 이 가운데 무엇보다 중요한 것은 당 정책 교양이었다. 당 정책 교양은 김일성이 제시한 당의 모든 노선과 정책을 무조건 접수하고 철저히 옹호하고 끝까지 관철하도록 하기 위한 것이었다.283)

한편, 혁명 전통 교양도 더욱 강화되었다. 당시 혁명 전통 교양을 통해 북한이 추구한 것은 다음과 같다. 첫째, 김일성의 영도에 의해서만 혁명이 승리할 수 있었다는 것을 깊이 인식시킴으로써, 당 정책 관철을 위해 헌신적으로 투쟁하게 한다. 둘째, 항일유격대원들이 수령에게 무한히 충실하였던 그 모범을 따라 배울 수 있게 한다. 항일 유격대원들은 혁명과 수령을 위해 모든 것을 바쳐 싸우는 혁명 투사로서, 김일성의 노선과 방침을 심장으로 받들고 그것을 철저히 구현하며 혁명의 지휘부를 보위하는 것을 자신의 첫째가는 혁명 임무로 삼았으며, "김일성의 명령과 지시라면 어떤 일을 막론하고 무조건 집행하며 목숨을 걸고 완수해 내는 혁명적 기풍을 남김없이 발휘하였다."284)

셋째, 그 어떠한 난관 앞에서도 굴할 줄 모르고, 강의한 혁명 정신으로 모든 곤난과 시련을 이겨내는 불요 불굴의 혁명 정신과 희생 정신으로 전사회의 혁명화·노동계급화 방침을 촉진한다.285) 항일유격대원

---

281) 김국훈, 「당의 유일 사상 체계를 세우는 것은 우리 당 건설의 기본 원칙」, 『근로자』 1970년 제5호, 39쪽.
282) 편집국, 「혁명 전통 교양을 더욱 강력히 진행하자」, 『근로자』 1967년 제6호, 2쪽.
283) 편집국, 「당원들과 근로자들 속에서 당 정책 교양을 강화하자」, 『근로자』 1967년 제8호, 7~8쪽.
284) 편집국, 「혁명 전통 교양을 더욱 강력히 진행하자」, 『근로자』 1967년 제6호, 3~4쪽.
285) 편집국, 「혁명 전통 교양을 더욱 강력히 진행하자」, 『근로자』 1967년 제6호, 4~5쪽.

들의 이러한 불요 불굴의 혁명 정신 역시 수령에 대한 무한한 충실성에 기초한 것이었다.[286] 이와 같은 항일유격대원들의 불요불굴의 혁명 정신을 가장 뚜렷이 보여주고 있는 대표적인 사례는, 1938년 겨울 일제의 대대적인 토벌 작전에 직면하여 김일성의 항일유격대가 1938년 11월 몽강현 남패자에서 출발하여 1939년 초까지 압록강 연안 국경 지대로 진출한 "고난의 행군"이었다고 한다.[287]

이 시기는 김일성의 항일 유격 투쟁 전시기에서 가장 준엄한 시련의 시기였다. 사나운 눈보라 속에서 영하 40도를 오르내리는 모진 추위를 이겨내야 했으며, 일본군의 토벌 작전에 맞선 전투와 행군이 연속되는 속에서 날이 감에 따라 식량도 떨어지고 피로는 점점 더 심해 졌으며 옷은 갈기갈기 찢어지고 신발은 닳아 떨어졌다. 이 강추위와 굶주림 속에서 항일유격대원들은 자력갱생의 혁명 정신을 높이 발휘하였으며, 부대에 남은 한 홉의 미숫가루를 나누어 먹으면서 혁명적 의리와 동지애를 발휘하였다.[288] "항일유격대원들은 식량이 떨어져서 굶주리게 되는 경우에도 결코 자기 혼자나 잘 먹고 잘 사는 것을 바라지 않았으며 이기주의, 개인주의의 사소한 표현도 발로시키지 않았다."[289]

이때 일제는 김일성의 항일유격대가 섬멸되었다고 선전하였으나, 김일성의 항일유격대는 1939년 4월 북대정자회의에서 "고난의 행군"을 총화하고 총반격에로 이행할 것을 결정한 뒤, 1939년 5월 18일 무산 지구로 진출했다.[290] 이때 있은 무산지구전투는 "고난의 행군"을 승리적으

---

[286] 편집국, 「항일 무장 투쟁에서 이룩된 영광스러운 혁명 전통을 더욱 빛내이자」, 『근로자』 1968년 제4호, 7쪽.
[287] 하수홍·최원근, 「항일 유격대원들의 불요불굴의 투쟁 정신」, 『근로자』 1967년 제8호, 24~26쪽.
[288] 홍준표, 「고난의 행군에서 높이 발휘된 항일 유격대원들의 숭고한 혁명 정신」, 『근로자』 1979년 제1호, 14~18쪽.
[289] 편집국, 「혁명 전통 교양은 근로자들을 혁명화 하는 힘 있는 수단」, 『근로자』 1969년 제11호, 14쪽.
[290] 백학림, 「김일성 동지의 직접적 지휘 하에 조직 진행된 무산 지구 전투」, 『근

로 총화한 전투로 평가되었다. 당시 항일유격대원들이 "추호도 동요 없이 온갖 난관과 시련을 극복 타개할 수 있었던 것은 무엇보다도 그들이 김일성의 혁명 사상으로 무장하고 그의 현명한 영도를 받들고 나아갈 때 반드시 승리한다는 것을 확신하였기 때문"인 것으로 평가되었다."291)

요컨대 혁명 전통 교양의 핵심은 수령에 대한 충실성을 배양하는 데 있으며, 수령에 대한 충실성은 김일성의 교시와 당 정책을 무조건 지지 옹호하며 끝까지 책임지고 관철하는 것으로 표현되어야 했다.292) 당 정책을 무조건 끝까지 관철하는 것은 수령에 대한 충실성의 "가장 집중적인 표현"으로 평가되었다.293)

항일 빨치산 혁명 전통의 기본 구도는 수령의 영도와 전사(戰士)들의 충성으로 이루어져 있었다. 즉 수령 체제는 최고 지도자와 인민의 관계를 항일 빨치산의 수령-전사 관계로 전화시키는 것이었다. 이것은 수령의 유일 사상에 기초한 사상 의지적 통일 단결이었으며, 수령의 유일 지도에 기초하여 일치되게 움직이는 조직적 통일 단결이었으며, 수령과 전사 사이에 사랑과 충성으로 맺어지는 도덕 의리적 통일 단결이었다. 여기서 수령-전사 관계는 정치적 생명 관계였다.

정치적 생명이란 "조직과 집단, 사회와 혁명의 이익을 위해 투쟁하는 사람들이 지니게 되는 생명"으로,294) 그것은 조국과 혁명을 위해 자신의 고귀한 육체적 생명까지도 희생할 수 있는 혁명가적 삶을 의미했

로자』 1969년 제5호, 24쪽.
291) 하수홍·최원근, 앞의 글, 26~27쪽.
292) 김동규, 「대중 지도와 일군들의 사업 작풍」, 『근로자』 1968년 제8호, 40쪽 ; 엄기현, 앞의 글, 18쪽.
293) 김창형, 「당 정책 관철에서 일군들의 당성, 노동계급성, 인민성」, 『근로자』 1968년 제6호, 28쪽.
294) 편집국, 「정치적 생명은 혁명가의 영원한 생명이다」, 『근로자』 1977년 제11호, 2쪽.

다. 혁명 전사에게 있어 한없이 더 귀중한 것은 육체적 생명보다 정치적 생명이었다.295) 그런데 혁명 투쟁은 수령의 혁명 사상과 영도하에 이루어진다는 점에서, 정치적 생명은 수령이 안겨주는 것이며, 따라서 수령은 정치적 생명의 "어버이" 즉 "어버이 수령"이 된다.296)

그리고 혁명 전사는 자신에게 정치적 생명을 안겨 준 수령의 배려와 은덕에 충성과 효성으로 보답해야 한다. 정치적 수령에 대한 충성과 어버이 수령에 대한 효성이었다. 수령과 전사 사이에 대립과 갈등이란 존재할 수 없는 것이었다. 그리고 수령의 혁명 전사는 그 어떠한 환경과 곤란 속에서도 추호의 동요와 주저도 없이 일편단심 당을 따라 혁명적 지조와 혁명적 의리, 혁명적 절개를 끝까지 지키며, 자기의 모든 것을 바쳐 혁명 과업을 끝까지 완수해 내는 불요불굴의 혁명적 의지와 헌신성을 발휘해야 하는 것이었다.297) 이것이 바로 수령에 대한 충실성이었다. 개인의 이익과 향락과 안일을 추구하며 정치적 생명을 저버리는 것은 수령과 혁명에 대한 배신이자, 조국과 인민에 대한 배신이었다. 정치적 생명은 단두대 앞에서도 지켜져야 할 것이었다.

한편, 전사와 전사의 관계는 동지적 관계로서, 혁명적 의리와 동지애에 기초하여 정치 사상적으로, 도덕 의리적으로 통일 단결할 것이 요구되었다.298) 지도와 대중, 직위 상하 관계도 동지적으로 상호 협력하고 단결하는 동지적 관계로 규정되었다. 군중노선과 청산리 방법도 이것을 추구하는 것이었다.299) 혁명적 동지애는 혁명 동지를 위해 자신을 희생하는 공산주의적 인간애로서,300) 결국 혁명적 동지애란 전사들간

---

295) 편집국, 「당원의 혁명적 의지」, 『근로자』 1966년 제12호, 3쪽.
296) 박영순, 「정치적 생명을 귀중히 여기는 것은 혁명하는 사람들의 가장 고결한 품성이다」, 『근로자』 1969년 제4호, 23쪽.
297) 편집국, 「당원의 혁명적 의지」, 『근로자』 1966년 제12호, 3~5쪽.
298) 편집국, 「항일 무장 투쟁에서 이룩된 영광스러운 혁명 전통을 더욱 빛내이자」, 『근로자』 1967년 제4호, 6~7쪽.
299) 리능훈, 앞의 글, 46쪽.

의 수평적 집단주의를 추구하는 것이었다. 집단주의란 집단과 조직을 위해 자신의 모든 것을 바치는 정신을 의미했던 것이다.[301] 때문에 혁명적 의리와 동지애는 수령 체제에서 개인과 개인간의 사회적 관계를 규제하는 가장 중요한 도덕 규범이 되었다.

이렇게 볼 때, 수령 체제란 결국 개인의 헌신과 희생, 동지적 협조와 단결에 바탕한 집단주의 사회 바로 그것이었으며, 이 체제에서 수령은 개인주의와 조직 이기주의에 대한 반명제로서 "사회주의 조국의 상징"이자[302] 집단주의의 상징이었다. 때문에 수령에 대한 충성심은 집단주의의 최고 표현으로 간주되었다. 육체적 생명이 개인적 생명이라면, 정치적 생명은 "집단적 생명"이었던 것이다.[303]

이러한 집단주의 체제로서 수령 체계가 공식 확립됨에 따라 "오늘 우리 사회에서 혁명과 건설의 이익과 배치되는 모든 부정적 현상들은 모두가 개인주의와 이기주의에 뿌리를 두고 있"는 것으로 규정되었으며,[304] 전사회의 혁명화에서 가장 중요한 투쟁 대상 역시 개인주의와 이기주의로 규정되었다.[305] "공산주의 사상과 이기주의 사상은 절대로 양립될 수 없다"는 것이었다.[306] 특히 물질적 유인과 관련하여, 김일성은 평균주의를 해서도 안되지만, 분배에서 차이를 둔다고 하여 물질적 유

---

[300] 윤영식·박희석, 「항일 유격대원들의 고상한 혁명적 동지애」, 『근로자』 1967년 제12호, 58쪽.
[301] 리증필, 「농민의 혁명화, 노동계급화」, 『근로자』 1968년 제1호, 44쪽.
[302] 편집국, 「사회주의적 애국주의」, 『근로자』 1968년 제8호, 5쪽.
[303] 편집국, 「정치적 생명은 혁명가의 영원한 생명이다」, 『근로자』 1977년 제11호, 2쪽. 정치적 생명 개념에 기초한 이와 같은 집단주의 사회 체계는 1980년대 김정일에 의해 '사회정치적생명체론'으로 체계화되었다. 북한에서 "정치적 생명체" 개념은 1973년 10월 『근로자』에 발표된 박수동의 논문에서 처음 발견된다. 박수동, 「당은 우리 사회의 심장이며 원동력」, 『근로자』 1973년 제10호, 14쪽.
[304] 심재성, 앞의 글, 44쪽.
[305] 오기천, 앞의 글, 53쪽.
[306] 김일성, 앞의 글(1967. 6. 19), 310쪽.

인을 지나치게 내세우고 자꾸 돈으로 사람을 움직이고자 하면 결국은 자본주의로 후퇴하게 된다면서, 사회주의 분배 원칙을 정확히 지키면 그것으로 물질적 유인은 충분하며 그 이상 나아가면 이기주의를 조장하게 된다고 주장하였다.[307] 김일성의 기본 입장은 이기주의를 조장할 수 있는 물질적 조건을 만들어 주지 말아야 한다는 것이었으며, 이를 위해 예컨대 농민들에게도 개인 텃밭을 의도적으로 적게 주었다고 피력하였다.[308]

2) 조직적·규범적 통제 강화와 자유주의 근절

1967년 수령 체제가 확립됨에 따라 통일 단결을 강화함에 있어 특히 가장 중요한 방법으로 새롭게 부각된 것은 조직과 규범이었다. 다시 말해 수령 체제는 이데올로기를 통한 개인의 의식 변화의 한계 속에서 개인의 행위에 대한 직접적인 조직적·규범적 통제가 결정적으로 강화되는 지점에서 성립되는 것이었다. 특히 북한에서 조직 생활은 조직 성

---

[307] 김일성, 앞의 글(1968. 10. 31), 146~147쪽.
[308] 김일성, 「우리나라 민주주의 혁명과 사회주의 혁명의 몇 가지 경험에 대하여」(1969. 10. 11), 『김일성저작선집 5』, 356~357쪽. 1960년대 소련에서 개인 텃밭은 농호당 최고 0.5ha까지 허용되며, 이것은 소련 전체 경작지의 3% 수준에 해당된다. 바질 께르블레, 앞의 책, 121~122쪽. 중국의 경우 개인 텃밭은 경작지의 5~7%까지 허용된다. 송두율, 『소련과 중국』(한길사, 1990), 145~147쪽. 이에 비해 북한의 경우 개인 텃밭은 농호당 30~50평 정도밖에 허용되지 않으며, 이는 전체 경작지의 1%도 되지 않는 것이다. 게다가 소련에서는 개인 텃밭에 대해 사적 소유권이 인정되지만, 북한에서는 개인 텃밭에 대한 사적 소유권이 인정되지 않는다. 물론 북한에서 개인 텃밭의 규모가 소련 및 중국에 비해 작은 것은 북한의 전체 경작지 자체가 제한되어 있기 때문이기도 하겠지만, 김일성의 입장은 "사람의 의식은 환경의 지배를 받는 것만큼 농민들의 의식을 개조하기 위해서는 그들에게 집단생활을 할 수 있는 물질적 조건을 만들어 주어야 한다"는 것이었다. 농촌의 주택 건설 역시 이러한 방향에서 추진되었다. 김일성, 「량강도 당 단체들의 과업」(1958. 5. 11), 『김일성선집 5』, 502쪽. 북한에서 개인 텃밭의 규모가 작은 것은 협동 농장에서의 공동 노동을 증진시키기 위한 것이었다.

원들의 부정적인 현상과 결함에 대한 일상적인 상호 비판과 자기 비판 즉 사상 투쟁을 핵심으로 하여, 사상 교양과 조직 규범적 통제(규율), 조직 실천 활동까지 모두 포괄하는 것이었으며, 또 군중 노선에 기초한 지도와 대중의 결합 역시 조직 내에서 조직을 통해 조직적으로 이루어지는 것이었다.

그런데 1960년대 중반까지 북한에서 "전체 대중을 혁명화 하는 유일하게 옳은 방법"은 "실천"(노동)으로 규정되었다.[309] 실천(노동)에 대한 이와 같은 강조는 천리마운동, 특히 천리마작업반운동의 역사적 귀결이었다. 천리마작업반운동은 생산에서 사상 교양과 실천(노동) 활동을 하나로 결합시킨 것이었다. 때문에 1961년 9월 조선노동당 제4차 대회에서 김일성은, "집단적 노동은 인간 교양의 가장 훌륭한 학교이며 인간의 의식을 개변하는 사상 사업은 바로 자연과 사회를 개조하는 실천적 투쟁을 통해서만 성과적으로 실현될 수 있다"고 역설하였던 것이다.[310]

그러나 1967년 수령 체제가 확립된 이후, "조직 생활을 강화하는 것은 사람들을 혁명화하는 데서 가장 좋은 방법"이며,[311] "조직 생활을 강화하는 것은 개인주의와 이기주의를 극복하고 집단주의 정신을 배양하는 가장 위력한 방도"로 새롭게 규정되었다.[312] 조직 생활을 통한 사상 교양과 실천(조직) 활동의 결합이었다. 공산주의적 인간(의식) 개조에 있어 조직에 대한 이와 같은 강조는 실천(노동)을 강조한 중국의 모택동과는 전혀 다른 것이었다. 중국의 모택동은 문화대혁명기에 인테리의 혁명화를 위해 그들을 생산현장에 하방(下方)하였다. 실천(노동)을 통한 인간 개조였다. 그러나 김일성의 입장은 "공장에 보내서 노동을

---

[309] 박한정, 「혁명 역량의 확대 강화는 우리 혁명 승리의 결정적 담보」, 『근로자』 1966년 1월(상) 제1호, 22쪽.
[310] 김일성, 앞의 글(1961. 9. 11), 182쪽.
[311] 김일성, 앞의 글(1967. 6. 19), 299쪽.
[312] 심재성, 앞의 글, 44쪽.

시키는 것만으로는 인테리를 혁명화할 수 없다. 중요한 것은 그들이 당 생활을 비롯한 여러 가지 조직 생활을 강화하도록 하는 것"이었다. 조직 생활을 통한 집단주의 사상의 배양이었다.313) 사상 혁명의 가장 핵심적 수단이 실천에서 조직으로, 그리고 사실상 이데올로기에서 조직으로 전화된 것이었다.

이에 따라 1967년 수령 체제가 확립된 이후 당과 대중의 조직 생활은 그 어느 때보다 더욱 강화되었다. 사상 교양이 의식성(헌신성과 책임성)을 배양하기 위한 것이라면, 조직 생활(조직적·규범적 통제 포함)은 주로 조직성과 규율성을 배양하기 위한 것이었다.314) 즉 수령 체제의 확립은 의식성(헌신성과 책임성) 강화를 통해 개인주의와 조직 이기주의를 근절하는 것일 뿐만 아니라, 특히 조직성과 규율성 강화를 통해 비조직적인 개별적 행동과 자유주의적 경향을 철저히 근절하는 것이었다. 이렇듯 수령 체제는 집단주의적 공동 행동을 목표로 하여, 개인의 의식을 변형하는 이데올로기를 통해 의식성(헌신성과 책임성)을 강화하고, 개인의 행위를 변형하는 조직과 규범을 통해 조직성과 규율성을 강화하는 이 두 축 위에 확립되는 것이었다.

사상 교양은 개인주의, 이기주의가 많이 남아 있던 부분에서 더욱 강화되었으며, 조직 생활은 비조직적인 개별적 행동과 자유주의적 경향이 많이 남아 있던 부문에서 더욱 강화되었다. 당시 자유주의적 경향과 무규율성이 가장 강하게 남아 있던 계층은 바로 인테리들이었다. 당시 인테리의 혁명화에서 가장 중요한 과제는 인테리들 속에서 사대주의를 근절하고 주체를 확립하는 것이었다. 당시 인테리들 사이에는 당의 노선과 정책에 대한 의심과 동요와 불만이 있었으며, 또 갑산파의 소련

---

313) 김일성, 앞의 글(1967. 5. 25), 274~275쪽.
314) 심재성, 앞의 글, 44쪽 ; 리증필, 앞의 글, 47쪽 ; 편집국, 「전사회의 혁명화, 노동계급화」, 『근로자』 1968년 제4호, 45쪽. 물론 사상 교양 역시 조직을 통해 조직적으로 이루어진다.

식 실용주의 노선과 '수정주의 이론'이 지도 간부들과 당원들을 비롯해 인테리들에게도 상당히 유포되어 있었기 때문이다. 특히 출판 보도 부문과 문학 예술 부문이 그러하였다.

이에 따라 인테리들에 대한 사상 교양과 조직 생활이 결정적으로 강화되었다. 문화대혁명에서 중국의 모택동은 인테리를 배척하였으나, 북한의 김일성은 인테리를 의심하고 배척하는 것은 종파주의적 경향이며 인테리의 역할을 과소 평가하는 것은 과학 기술을 무시하는 것이라고 비판하고, 사상 혁명을 통해 인테리를 개조하고 노동자·농민·인테리의 상호 협조와 단결을 추구하는 방침을 제시하였다.315) 중국의 문화 혁명에서 인테리가 대중의 공격 대상이었다면, 북한의 문화 혁명에서 인테리는 대중이 도달해야 할 목표였다. 기술 전문성에 기초한 행정 관료 조직의 반발 속에서 기술(전)과 이데올로기(홍), 과학 기술자와 노동자를 대립 양극화시킨 중국과 달리, 북한은 기술(전)과 이데올로기(홍)의 동시적 추구를 목표로 삼았던 것이다.316)

물론 북한에서도 사상 교양과 아울러 인테리를 혁명화하는 또 하나의 중요한 방법은 실천 즉 노동이었다. 때문에 인테리들은 생산 현장에 들어가 노동 계급의 혁명성과 조직성을 배울 것이 요구되었다.317) 인테리의 노동계급화였다. 그러나 인테리들을 혁명화하는 데서 "제일 중요"한 방법은 인테리들의 조직 생활을 강화하는 것이었으며,318) 이를 통해 인테리의 자유주의적 경향과 무규율성이 철저히 배격되었다.319)

---

315) 김일성, 앞의 글(1966. 10. 5), 372~373쪽.
316) 이것은 기술 전문성을 추구하며 이데올로기를 형해화시킨 소련과도 큰 차이가 있는 것이다.
317) 장원성, 「우리 혁명의 심화 발전과 인테리 혁명화」, 『근로자』 1967년 제10호, 30쪽.
318) 김일성, 앞의 글(1967. 5. 25), 275쪽.
319) 김일성은 당시 "사대주의적 요소가 제일 많은 데가 학계"이며, 현정세하에서

당-정 지도 간부들의 당 조직 생활도 "결정적으로 강화"되었다.320) 특히 지도 간부들의 경우, 당 정책 집행에 있어 행동의 통일성과 지도의 유일성을 저해하는 자의적이며 비조직적인 개별적 행동을 근절하기 위해 조직적·규범적 통제가 결정적으로 강화되었다. 1960년대 후반 갑산파가 숙청된 이후에도, 당의 결정과 어긋나는 지시를 내려 보내거나 아래 단위에 내려가서 직권을 남용하여 제멋대로 행동하는 현상이 없어지지 않고 있었다. 심지어 일부 일군들은 아무런 조직적 절차도 밟지 않고 간부 문제를 처리하거나 회의에서 자의적으로 결론을 내리며 당의 규율을 위반하고 있었다. 이에 따라 당 정책을 집행함에 있어 무규율적이며 자유주의적 경향이 철저히 배격되었다.321)

1969년 3월 당중앙위원회 부장, 도당 책임비서들 앞에서 한 연설에서 김일성은 조직적 절차를 준수하지 않고 개인 전횡을 하거나, 당의 권위를 악용하여 직권을 남용하며, 자의적으로 회의를 소집하고 사업을 처리하는 비조직적 행동을 강하게 비판하고, 모든 사업은 당의 조직적 절차를 준수하고 당 조직의 위임에 따라 이루어지도록 하였으며, 개별적 간부들이 자기 마음대로 하부 당 조직과 행정 기관을 지도할 수 없게 하였다. 비판의 1차적 대상은 내각 부수상과 당 중앙위원회 비서 등 중앙의 책임적 간부들이었다.322)

> "오늘 우리 당 안에는 유일적인 당의 권위를 내놓고 개별적 사람들의 권위란 따로 존재하지 않는다. 내각 부수상들과 당 중앙위원회 비서들도 다 조직에 속한 사람들이기 때문에 내각 부수상들은 내각 수상과 내각의 위임에 의

인텔리는 "누구보다도 더 동요할 수 있"는 계층이며, 조직 생활을 싫어하고, "지난날 부르죠아들을 위하여 일하던 나쁜 습성이 되살아 나"고 있다고 비판하였다. 김일성, 앞의 글(1967. 6. 19), 285~314쪽.
320) 김일성, 「조선노동당 제5차 대회에서 한 중앙위원회 사업 총화 보고」(1970. 11. 2), 『김일성저작선집 5』, 469·512쪽.
321) 조선노동당출판사, 『위대한 수령 김일성 동지의 불멸의 혁명 업적 7』, 410쪽.
322) 김일성, 앞의 글(1969. 3. 3), 472~478쪽.

해서만, 그리고 당 중앙위원회 비서들은 총비서와 당 중앙위원회 비서국의 위임에 의해서만 지방에 내려가서 회의를 소집할 수 있고 제기된 문제를 처리할 수 있다. 내각 부수상들과 당 중앙위원회 비서들이 조직의 위임에 의해 지방에 내려가 회의를 소집하는 경우에도 반드시 도당위원회와 해당한 지방 당 조직의 승인을 받아야 한다."[323]

"당 결정과 내각 결정, 국가 법령은 그 누구도 마음대로 고칠 수 없다. 당 중앙위원회 비서국 결정 같은 것도 그 어느 비서나 정치위원이 혼자서 마음대로 고칠 수 없다. 당 결정이나 내각 결정을 고칠 필요가 있을 때에는 그것을 채택한 조직의 결정을 다시 받거나 동의를 얻어야 한다. 도당위원회의 결정도 당 중앙위원회 비서나 도 당책임비서가 마음대로 취소할 수 없다. 도당위원회의 결정은 당 중앙위원회 비서국 결정이나 도당위원회의 결정에 의해서만 취소할 수 있다. 총비서와 내각 수상의 지시도 총비서와 내각 수상이 취소하기 전에는 그 누구도 마음대로 변경시킬 권리가 없다. 만일 총비서가 지시한 후에 비서들과 부수상들이 지방에 내려가 다른 지시를 하며 이미 포치한 사업을 제멋대로 변경시킨다면 일이 어떻게 되겠는가."[324]

조직적 절차, 조직의 결정 없이 당 정책과 내각 결정, 국가 계획 등을 개별적 간부 마음대로 자의적으로 수정, 변경하지 못하도록 하였던 것이다. 내각의 승인 없이 성, 관리국에서 제마음대로 생산 지표를 바꾸거나 국가 계획을 변경시키는 것과 같은 자유주의적 현상도 배격되었다.[325] 모든 것은 조직의 규범과 절차에 따라, 조직의 위임과 결정에 따라 이루어져야 했으며, 리더십은 오직 조직을 통해서 조직적으로만 실현될 수 있는 것이었다. 개별적 관계에 기초한 인격적 리더십이 배격되고, 조직의 규범과 절차에 기초한 조직적 리더십, 제도적 리더십이 추구되었던 것이다.

이를 위해 특히 그 어떤 높은 직위에 있든 개별적 간부들에 대해 절

---

[323] 김일성, 위의 글(1969. 3. 3), 473쪽.
[324] 김일성, 위의 글, 476쪽.
[325] 김일성, 앞의 글(1968. 10. 21), 109쪽.

대로 환상을 갖지 말고 맹종맹동 하지 말 것이 요구되었다. 개별적 간부들에 대한 환상과 우상화가 지도의 유일성과 행동의 통일성을 저해하고 있다는 인식이었다. 이것은 개별적 간부들의 모든 권위를 박탈하여 수령에게 집중시켜 수령의 유일 권위를 절대화하는 것으로 나타났다. 당 조직부장 김영주에 의해 작성되어 1967년 6월 당 중앙위원회 제4기 제16차 전원회의에서 채택, 공표된 「유일 사상 체계 확립 10대 원칙」[326]은 전당·전국가가 수령의 유일적 영도 밑에 움직이는 강한 조직 규율을 확립하고 수령의 권위와 위신을 백방으로 강화할 것을 요구하면서, 수령의 교시와 개별적 간부들의 지시를 혼동하지 말고 개별적 간부들에게 환상을 가지거나 아부 아첨하지 말고 오직 수령의 교시대로만 사고하고 행동할 것을 요구하였다.[327]

최고 권력 기구인 당 정치위원회 상무위원회 역시 더이상 예외가 될 수 없었다. 당 정치위원회 상무위원이던 박금철의 개별적 지시를 수용한 검덕광산과 같은 행태도 더이상 허용될 수 없었다. 지도 간부들의 개별적 지시와 그 지시의 무원칙한 수용을 배격하고 지도의 유일성과 행동의 통일성을 보장하기 위해 수령의 유일 권위를 제외한 그 어떤 개별적 권위도 더이상 인정되지 않았으며,[328] 이것은 결국 김일성의

---

[326] 『정치학 사전』(평양: 사회과학출판사, 1973), 269~271쪽 참조. 여기에는 10대 원칙 가운데 6개항만 게재되어 있다. 이 10대 원칙은 당의 통일 단결을 저해하는 비조직적이고 무규율적인 현상을 없애기 위해 모든 당 조직들과 당원들이 사업과 생활에서 준수해야 할 구체적인 활동 원칙과 규범들을 제시하고 있다.

[327] 예컨대 1980년대 말 당 중앙위원회 대회의실 복도에서 비서급의 어느 간부에게 엘리베이터를 먼저 타도록 양보한 과학교육부 부부장이 해임당한 적도 있다고 한다. 김현식·손광주, 앞의 책, 161쪽.

[328] 한정된 자원 배분에 있어 개별 기업들은 더 많은 자원을 공급받기 위해 다른 기업과 경쟁해야 하며, 이 경쟁에서 이기기 위해 비공식적인 방법이나 비정상적인 방법을 동원하게 된다. 성, 관리국도 마찬가지이며, 각 지역도 마찬가지이다. 자원 부족 현상이 심화되면 이 경쟁도 더욱 심화되며, 따라서 자원 배분을 둘러싼 흥정 관계도 더욱 심화된다. 여기서 무엇보다 중요한 것은 제

권위를 신격화하는 것으로 이어졌다.329)

특히 간부들 속에서 조직 생활을 강화하고 당의 노동계급적 성격을 강화하기 위해 생산 현장에서 노동하는 핵심 노동자 당원들을 당 중앙위원회와 도·시·군당위원회 등 각급 당위원회에 많이 포함되도록 하였다.330) 예컨대 김일성은 1970년 제5차 당대회를 앞두고, 당 중앙위원회의 수자를 늘려 생산 현장에서 노동 연한이 10년 이상 되는 노동자

도나 조직적 절차보다 조직 속의 개인적 역량(권력) 즉 실력자의 비호를 받는 것이며, 따라서 각 부문별, 지역별 당-정 관료들은 최고 권력 기구로서 최고 정책 결정 기관인 당 정치국원들에게 줄을 대고자 한다. 예컨대 1970년대 폴란드의 정치국원들은 각기 자기 추종 세력을 형성하여 그 추종자들이 각 경제 분야에서 막강한 영향력을 행사한 경우도 있었다. 여기서 정치국원들이나 당-정 고위 관료들이 당 정책과 국가 계획을 무시하고 위법적인 권력 행사를 자행할 때, 계획은 제대로 실현될 수 없으며, 그 결과 사회적 분업의 혼란과 자재 수급의 불균형을 통해 국가 경제는 혼란에 빠지게 된다. 중앙집권화된 국가에서 국가의 정책 수행 능력이 약화되는 모순적 상황이 발생하는 것이다. Jan S. Kowalski,「합리적 기대: 중앙 계획 경제의 경우」, Svetozar Pejovich eds., 정성철 역, 『사회주의: 제도적·철학적·경제적 이슈』(박영사, 1990), 246~257쪽 참조. Charles E. Lindblom 역시 공산 체계에서 이익 집단은 불법화되어 있으나, 이익 집단은 다양한 지도층에 밀착된 비공식적 추종 세력으로 드러나고 있다고 지적하였다. Charles E. Lindblom, *Politics and Markets: The World's political-Economic Systems* (New York: Basic Books, 1977), 주성수 옮김, 『정치와 시장』(인간사랑, 1989), 152쪽. 1960년대까지 북한 역시, 비록 제한적인 집단 지도 체계를 유지하고 있었지만, 이 체계하에서 최고 지도 집단은 하위 집단에 대해 각자 나름의 개별적 권위를 행사하고 있었으며, 사회 전체적으로 다소간 권위가 분산된 위계적인 권위 구조를 형성하고 있었다. 이것은 지도의 유일성과 행동의 통일성을 약화시키는 효과가 있었다. 북한의 수령 체계는 권위의 집중을 통해 이러한 모순을 극복하고 지도의 유일성과 행동의 통일성을 보장하기 위한 것이었다.

329) 김일성의 권위 절대화·신격화는 김일성의 유일 후계자 김정일에 의해 주도되었다. 그런데 1960년대 초반까지 개인숭배가 사회 내 모든 조직에 대한 당 조직의 절대적 지위를 확립하기 위한 것이었다면, 1960년대 중반 이후 개인숭배는 중간 당료 계층의 개별적 권위를 박탈함으로써 당 정책 집행에 있어 중간 당 조직에 의한 관료적 제약 현상을 극복하기 위한 것이었다. 물론 그것은 김일성의 지도력 확대와 모두 연결되어 있는 것이었다.

330) 김일성, 앞의 글(1970. 11. 2). 517쪽.

로 구성하고, 성 당지도위원회도 50명 정도로 해서 25명은 성에서 일하는 사람으로 하고, 나머지 25명은 해당 성 산하 공장에서 일하는 핵심 노동자들로 구성할 것을 제시하였다.331) 이것은 지도 간부들에 대한 노동자(홍) 통제를 강화하기 위한 것으로서, 다른 나라에 없는 북한만의 독특한 것이었다. 이러한 조치는 갑산파와 같은 당 조직의 실용주의화 경향에 대한 김일성의 대응책으로서, 결국 수령 체제의 확립은 당-정의 실용주의화 경향에 대해 철퇴를 가하는 것이었다.

또 당-정의 실용주의화 경향을 방지하기 위해 1967년 이후 간부 선발과 배치에서 계급적 토대와 출신 성분이 종래보다 더욱 중요하게 고려되었다. 즉 "조국 해방 전쟁 시기와 그후 혁명 투쟁을 하다가 희생된 전사자 가족, 피살자 가족, 지난날의 노동자, 고농, 빈농의 아들딸들, 그리고 본인이 직접 노동 과정에서 단련되었거나 착취를 받아본 사람들, 제대 군인들과 영예 군인들 가운데서 사상이 견실한 동무들을 체계적으로 키워서 간부로 등용 배치하는 것을 간부 사업에서 중요한 원칙"으로 확립하였던 것이다.332) 특히 만경대혁명학원, 해주혁명학원, 남포혁명학원 출신 등 혁명가 유자녀들은 당과 군대를 비롯해 정권 기관, 경제 기관, 근로 단체들에서 "골간"이 되고 "핵심"이 되었다.333)

---

331) 김일성, 「간부들 속에서 당의 유일 사상 체계를 세우며 혁명화 하기 위한 사업을 강화할 데 대하여」(1970. 7. 6), 『김일성저작집 25』, 180~181쪽.
332) 김일성, 「당원들에 대한 당 생활 지도를 강화하며 우리 당 간부 정책을 옳게 관철할 데 대하여」(1968. 5. 27), 『김일성저작집 5』, 88~90쪽. 인민군대에서 오랫동안 복무한 사람들도 노동 생활을 한 것으로 간주되었다.
333) 김일성, 「혁명가 유자녀들은 아버지, 어머니의 뜻을 이어 혁명의 꽃을 계속 피워야 한다」(1967. 10. 11), 『김일성저작집 21』, 423~435쪽 ; 김일성, 「혁명가 유자녀들을 직업적 혁명가로 키우자」(1968. 9. 5), 『김일성저작집 22』, 393~395쪽. 김일성에 따르면, 이전까지는 당 조직들이 혁명가 유자녀들에 대한 사업을 잘하지 못하였으며, 이들이 혁명학원을 졸업한 다음에도 그냥 내버려 두었다고 한다. 그러나 1967년 수령 체제 확립 이후 이러한 현상은 근절되었다. 항일 빨치산의 유자녀들을 교육시키는 만경대혁명학원은 그들을 군사 간부로 육성하고, 한국전쟁 전사자 및 피살자의 유자녀들을 교육시키는 해주, 남

지도 간부들의 비조직적인 개별적 행동과 자유주의적 경향을 퇴치하기 위해 국가의 중앙집권적 통제도 더욱 강화되었다.334) 모든 부분에서 엄격한 제도와 질서가 확립되고 규율과 통제가 강화되었던바,335) 프롤레타리아 독재와 인민 정권의 기능 강화였다. 조직적·규범적 통제는 1970년대 들어 더욱 강화되었으며, 그것은 전사회의 완전한 조직화를 추구하는 것으로 나타났다.

사실 북한의 수령 체제는 1967년 당시 기본 골격만 형성되었을 뿐이며, 그것은 1970년대 전사회의 완전한 조직화를 기반으로 하여 제도적으로 완성되는 것이었다. 때문에 수령 체계가 완성되는 1970년대를 지나면서 북한 사회의 조직화 수준 역시 거의 완벽한 수준에 이르게 되었으며, 이에 따라 사회 성원들의 모든 활동은 철저하게 조직적으로 이루어지게 되었다. 1970년대 이와 같은 북한식의 조직 사회주의, 전사회의 완전한 조직화는 김일성의 유일 후계자 김정일에 의해 주도되었다.

포 혁명학원은 그들을 당 간부로 육성하게끔 되어 있었다. 한편, 1968년에 항일 빨치산의 유자녀들과 한국전쟁 시기 전사자 및 피살자 유자녀들, 그리고 당, 정권 기관, 사회 단체 간부로 일하면서 싸우다 희생된 애국자의 유자녀들에게 "렬사증"이 수여되었으며, 항일 빨치산 출신인 김책, 안길, 강건, 최춘극, 김경석, 조정철, 류경수 등의 동상이 건립되었다. 김일성, 앞의 글(1968. 4. 16), 184~185쪽. 그리고 1972년에 개정된 신헌법 제61조는 "혁명 투사, 혁명 열사 가족, 애국 열사 가족, 인민군 후방 가족, 영예 군인들은 국가와 사회의 특별한 보호를 받는다"고 규정하였다.

334) 개인의 의식과 행위를 변화시킴에 있어 당시 북한의 기본 입장은 사상 교양을 위주로 하면서 규율을 강화하고 집단과 조직의 통제, 행정적 통제를 배합하는 것이었다. 주학석, 「노동을 사랑하는 정신으로 근로자들을 교양하는 것은 공산주의 교양에서 가장 중요한 문제의 하나이다」, 『근로자』 1969년 제1호, 45쪽.

335) "수령은 국가 기관을 통해서만 자기의 사상을 전사회적 범위에서 실현할 수 있다"고 하였다. 사회과학출판사, 『주체의 사회주의 헌법 이론』(평양: 사회과학출판사, 1977), 127쪽.

제4장

1970년대 김정일 후계 체제의 확립과 수령 체제

제1절 수령 체제와 김정일 후계 체제

　수령 체제의 성립 요인을 분석함에 있어 제기되는 또 하나의 연구 과제는 수령 체제와 김정일 후계 체계와의 상호 연관성 문제이다. 북한의 설명에 따르면, "당의 유일 사상 체계를 세우는 사업은 수령의 혁명 위업을 대를 이어 계승하고 완성해 나가기 위해 항구적으로 튼튼히 틀어쥐고 나가야 할 사업"이라고 한다.[1] 또 당의 유일 사상 체계는 "주체의 혁명 위업을 대를 이어 끝까지 완성해 나가는 결정적 담보"이며, "절대적인 요구"로 평가되고 있다.[2] 이렇게 볼 때, 북한의 수령 체계는 수령의 혁명 위업을 계승·완성하는 데 또 하나의 목적이 있는 것으로 평가된다. 여기서 수령의 혁명 위업이란 김일성의 혁명 사상과 이론, 김일성의 혁명 노선과 정책, 김일성의 혁명 역사와 업적 등을 의미한다. 다시 말해 수령 체제는 김일성의 사상과 노선과 업적을 계승하는 데 또 하나의 목적이 있었던 것이다. 그런데 혁명 위업 계승의 핵심 문제는 권력 승계 문제 즉 후계자 문제이다.

　북한은 후계자 문제를 혁명의 운명과 관련된 핵심 문제로 인식했다. 한 증언에 따르면 1960년대 중반 김일성의 건강에 문제가 생겨, 만일의 사태에 대비하여 빨치산 지도부 내에서 후계 문제가 논의되는 과정

---

[1] 편집국, 「위대한 수령 김일성 동지께서 개척하신 혁명 위업을 대를 이어 빛나게 계승하고 완성하자」, 『근로자』 1974년 제9호, 17쪽.
[2] 편집국, 「당의 유일 사상 체계를 세우는 것은 우리 당 건설의 기본 노선」, 『근로자』 1977년 제5호, 9쪽.

에서 유일 지도 체계만이 혁명의 계승성을 확고히 보장할 수 있다는 인식에 도달하였다고 한다.[3] 당시 당 내에서 공론화된 것은 아니지만, 1960년대 중반 빨치산 지도부는 '김일성-김영주-다음 세대'로 이어지는 후계 구도를 잡고 있었다고 한다. '다음 세대'란 김정일을 의미했다. 북한에서 수령 체제가 확립되는 시점과 후계 문제가 대두되던 시점이 대체로 일치하고 있는 것이다. 1967년 김일성에 대한 박금철의 도전 역시 김일성에 대한 직접적인 도전이라기보다, 김일성-김영주로 이어지는 후계 구도에 대한 도전이라 하겠다.[4]

당시 김영주는 당 조직지도부장 겸 당 비서로서 김일성의 후견하에 당권을 실질적으로 장악해 나갔으며, 당 조직 비서인 박금철의 지위는 명목상 당의 제2인자일 뿐 그것은 형식에 지나지 않게 되었다. 이에 갑산파는 김영주를 견제하고 박금철을 후계자로 세우기 위해 자파 세력 확장을 도모하였다. 여기서 김일성은 1967년 5월 당 중앙위원회 제4기 제15차 전원회의에서 갑산파의 도전을 일소하고 수령 체제의 확립을 공식 선언하게 된다. 결국 김일성의 후계 구도에 대한 갑산파의 도전은 북한에서 수령 체제의 확립을 가져온 직접적인 계기가 되었던 것이다. 북한의 문헌들은 갑산파에 대한 숙청을 단행한 1967년 5월 당 중앙위원회 제4기 15차 전원회의에 대해, 당의 유일 사상 체계를 확립하는 데서 "획기적인 전환의 계기"가 되었다고 쓰고 있다.[5]

---

[3] 신경완의 증언.
[4] 정창현, 『곁에서 본 김정일』(토지, 1999), 114쪽 ; 유영구, 『한반도 절반의 상속인 김정일』(중앙일보사, 1994), 75쪽 ; 신경완의 증언. 신경완에 따르면, 빨치산의 원래 구도는 김영주가 과도기를 맡아 하다가 김정일이 성장하면 김정일에게 넘긴다는 구상이었다. 그러나 1968년에 들면서 김영주의 건강에 이상이 생겼다. 김영주는 1968년 가을부터 병원에 자주 입원하기 시작하여, 당 조직 비서로서 자신의 임무조차 제대로 수행할 수 없게 되었다. 김영주의 건강 문제로 인해, 과도기적 후계 구도에 차질이 발생하면서 원래의 후계 구도인 김정일이 부상하게 되었다.
[5] 평양출판사, 『위대한 령도자 김정일 장군 략력』(평양: 평양출판사, 1996), 42쪽.

이렇게 볼 때, 수령 체제의 확립은 안정적인 권력 승계를 위한 북한의 독특한 제도적 장치로서, 김정일 후계 체계 확립에 그 목적이 있었던 것으로 추론된다. 이것은 기존의 정치 체계로는 안정적인 권력 승계를 보장할 수 없었다는 것을 의미한다. 북한의 지도부가 권력 승계 문제와 관련하여 기존의 정치 체계가 갖는 '한계'를 인식하고, 기존의 정치 체계를 수령 체제로 재편한 데에는 북한 자체의 역사적 경험과 특히 국제 공산주의 운동의 역사적 경험이 크게 영향을 미쳤던 것으로 평가된다. 일반적으로 공산 체계에서는 권력 승계를 위한 공식화된 제도적 규범과 절차가 결여되어 있다. 때문에 공산 체계에서 권력 승계 과정은 흔히 권력 투쟁을 동반한 승계 위기를 야기한다. 공산 체계에서 권력 승계 과정에 영향을 미치는 가장 중요한 요인은 전임 최고 권력자와 당 조직이며, 당 조직에서는 당을 대표하는 당 중앙위원회, 특히 당 정치국이 가장 중요한 역할을 담당하다.

그리고 당이 국가를 지배하는 공산주의 당-국가 체계에서 모든 권력과 정치적 자원은 피라미드식 당 조직의 정점에 위치하는 소수의 최고 지도자 집단에 집중되어 있다. 이러한 집단 지도 체계하에서 모든 권력과 정치적 자원은 이들 소수의 최고 지도자들 사이에 분할된다. 여기서 권력의 분산과 권력의 한계는 조직에 대한 통제권 분할에 있다.[6] 하지만 국제공산주의 운동의 역사적 경험이 보여주듯, 집단 지도 체계는 항상 권력 투쟁을 동반하며, 집단 지도 체계를 일인 지도 체계로 변형시키는 강한 경향성을 내포하고 있다. 이것은 조직 내 권력의 분산과 권력의 집중간의 모순이다. 특히 최고 지도자가 자신의 권력 의지, 자신의 노선과 정책을 전당(全黨)에 구현하기 위해 권력과 지도력 강화를 추구할 경우, 최고 지도자 개인과 그에 반발하는 조직간의 모순과 갈등은 더욱 현저해진다. 개인과 조직 사이의 모순, 개인적 권력과

---

[6] Zbigniew Brzezinski and Samuel P. Huntington, *Political Power: USA / USSR* (New York: The Viking Press), p.195.

제도적 권력 사이의 모순이다.[7] 여기서 스탈린과 모택동은 당 조직 자체를 분쇄함으로써 당 조직의 저항을 극복하고 개인적 권력의 극대화를 추구하였다.

즉 1930년대 스탈린은 개인 숭배와 비밀 경찰을 이용하여 위로부터 당 조직을 분쇄하고 당-국가 위에서 당-국가를 지배하는 일인 절대 권력 체계를 구축하였다. 모택동 역시 문화대혁명에서 개인 숭배와 대중 동원을 이용하여 아래로부터 당 조직을 분쇄하고 당-국가 위에서 당-국가를 지배하는 일인 절대 권력 체계를 구축하였다. 그런데 일반적으로 최고 지도자의 카리스마가 강하면 강할수록 그의 지명에 의해 후계자의 정치적 권위가 구축될 수 있는 조건은 성숙된다고 한다.[8]

그러나 스탈린의 강력한 카리스마에도 불구하고 스탈린의 후계 구도는 실패하였다. 모택동도 마찬가지였다. 스탈린은 자신의 유일 후계자로 말렌코프를 지명하였으나, 스탈린 사후 집단 지도 체계가 복원되었다. 소련의 당 권력 구조를 살펴보면, 정책 집행 기구인 당 서기국(비서국)의 제1인자로 당권을 장악하고 있는 서기장(General Secretary, 총비서) 또는 제1서기(First Secretary)는 정책 결정 기구인 당 정치국의 제1인자로 간주된다. 그러나 스탈린을 포함하여 당시 서기장이나 제1서기는 당 규약상의 제도화된 지위가 아니라 최고 지도자에 대한 호칭이었을 뿐이다.

게다가 최고 권력 기구인 당 정치국(1952~1956년 사이에는 간부회로 명명됨)은 하나의 집단 지도체로서 의장이 없다. 서기장은 1966년 소

---

[7] Richard Lowenthal은 공산 체계에서 정치적 변화를 야기하는 두 개의 주요 원인으로서, 첫째 지도자의 개성, 특히 개인적 권력과 제도적 권력 사이의 불균형, 둘째 공산주의 국가들 간의 갈등, 특히 지도적인 공산 국가로부터 민족적 독립을 위한 투쟁을 지적하고 있다. Richard Lowenthal, "Development vs. Utopia in Communist Policy", Charlmers Johnson, eds., *Change in Communist Systems* (Stanford University Press, 1970), p.34.

[8] 안병영, 『현대 공산주의 연구』(한길사, 1982), 307쪽.

련공산당 제32차 당 대회에서 비로소 당 규약상의 제도화된 지위로 명문화되었다.9) 하지만 서기장이 정치국의 제1인자라 하더라도, 정치국은 여전히 집단 지도 체계로 운용되었다. 북한 역시 이와 동일했다. 1966년 10월 당시 김일성은 당 총비서로서 사실상 정치위원회의 제1인자였지만, 제도적으로 정치위원회는 여전히 집단 지도체로 운용되었다. 1966년 당시까지 북한에서 '수령'의 호칭 역시, 소련과 마찬가지로 제도화된 지위가 아니라 최고 지도자에 대한 호칭(존칭어)이었을 뿐이다.

따라서 스탈린의 절대 권력은 개인의 카리스마에 기초한 인격화된 권력이며, 이것은 그의 제도화된 비인격적 권력과 구별된다. 모택동도 마찬가지였다. 때문에 스탈린과 모택동은 자신의 제도화된 비인격적 권력은 후계자에게 양도할 수 있었지만, 자신의 개인적 카리스마에 기초한 인격화된 비제도적 권력은 후계자에게 양도할 수 없었다. 힘의 공백이었다. 결국 스탈린과 모택동의 사후(死後), 그와 같은 힘의 공백 속에서 집단 지도 체계가 복원되고 다시 권력 투쟁이 전개되었다. 집단 지도 체계에서 최고 지도자들은 자신의 추종 세력과 조직 등 각자 권력 자원을 보유하며, 일종의 파벌 정치에 기초하여 권력 투쟁을 전개한다. 집단 지도 체계하에서 당내 권력 투쟁은 거의 항상적인 것이다.

여기서 후계자는 자신의 권력 기반을 구축하는 데 전임자의 카리스마적 권위를 그 후광으로 활용하지만, 전임자의 후광이 항상 성공을 보장해 주는 것은 아니다. 또 후계자는 권력 서열 제1위로 권력 투쟁에서 가장 유력한 위치를 선점하고 있지만, 전임자에게서 양도받은 그와 같은 제도적 지위와 권력이 항상 성공을 보장해 주는 것도 아니다. 스탈린의 후계자로 지명된 말렌코프는 권력 서열 제1위로서 자신의 제도적 권력과 스탈린의 후광에도 불구하고 복원된 집단 지도 체계 내 권력 투쟁 과정에서 결국 흐루시초프에 의해 축출되고 말았다. 모택동의

---

9) 김학준, 「소련의 정부 구조와 정치 과정」, 김학준 편, 『현대 소련의 해부』(한길사, 1981), 97~98쪽.

후계자로 지명된 화국봉도 마찬가지였다.

　권력 승계를 위한 제도화된 규범과 절차가 결여된 채 힘의 논리가 지배하는 공산주의 체계의 권력 투쟁에서, 전임자로부터 승계 받은 후계자의 제도적 지위와 권력뿐만 아니라 당 조직의 지지를 획득할 수 있는 후계자 개인의 정치적 자질과 능력도 매우 중요한 것이다. 최고 지도자가 정치적 자질과 능력 부족으로 당 조직의 지지 획득에 실패할 경우, 당 조직에 의해 축출될 가능성은 항상 존재한다. 당 중앙위원회를 통해 권력을 장악한 흐루시초프는 1964년 바로 그 당 중앙위원회에 의해 권좌에서 축출되었다.

　당 조직의 반발에 의한 최고 지도자의 인위적 교체는 동유럽 공산주의 체계에서도 흔히 볼 수 있는 현상이었다. 요컨대 공산주의 체계에서 집단 지도 체계는 권력 투쟁에 의해 후계자가 축출될 가능성을 항상 내포하고 있으며, 또 스탈린이나 모택동과 같은 전임자의 절대적인 권위와 권력 그 자체가 후계자 문제의 성공적 해결을 보장해 주는 것도 아니었다.

　한편, 하위 지도자나 대중의 지지 획득과 관련하여 공산주의 체계에서 권력 투쟁은 대개 정책 투쟁을 동반한다. 공산주의 체계에서 정책은 권력 투쟁의 중요한 수단이며, 최고 지도자의 교체는 정책의 중요한 변화를 가져온다. 새로운 지도자는 자신의 새로운 정책을 정당화하고 자신의 권력 기반을 강화하기 위해 전임자를 신랄하게 비판한다. 흐루시초프는 스탈린을 비판하고, 브레즈네프는 흐루시초프를 비판하였다. 전임자에 대한 후임자의 비판은 동유럽 공산 체계에서도 거의 일반적인 현상이었다. 심지어 전임자의 총애를 받아 후계자로 1965년 권좌에 오른 루마니아의 차우세스쿠 조차 전임자를 비판하였다.[10]

　이것은 공산 체계의 정치에서 거의 일반적인 현상이었다. 때문에 모

---

[10] 안병영, 앞의 책, 309~310쪽.

택동은 중국에서도 흐루시초프와 같은 '수정주의자'가 권력을 찬탈하여 혁명을 후퇴시킬 가능성이 있다고 보고, 투쟁 과정에서 후계자를 선택, 훈련시킬 필요성을 인정하면서,11) 1966년 유소기 대신 임표를 후계자로 지명하였다. 하지만 모택동의 후계 관리는 1971년 9월 후계자 임표가 모택동을 반대하여 반란을 일으킴으로써 실패로 끝나고 말았다. 후계자의 선정과 관리도 중요한 것이었다.

그렇다면 안정적인 권력 승계를 위해 북한이 선택한 방법은 과연 무엇인가? 그것은 제도 자체의 근본적인 변형을 통해 공산주의 체계의 권력 구조에서 나타나는 개인과 조직, 개인적 권력과 제도적 권력 사이의 모순과 갈등을 원천적으로 해소하는 것이었다. 기존의 집단 지도 체계를 유일 지도 체계로 재편한 것이 그것이었다. 권력 투쟁의 문제와 관련하여 볼 때, 수령 체제는 최고 지도자의 지위와 역할을 절대화하여 '수령'으로 제도화하고 만인에게서 모든 권위와 권력을 박탈하여 그것을 모두 수령에게 집중시킴으로써, 최고 지도자에 대한 도전 세력의 형성과 그에 따른 권력 투쟁의 가능성을 제도적으로 원천 봉쇄하는 체계라 할 수 있다. 이에 대해 북한의 당기관지『근로자』편집국 논설은, "국제 공산주의 운동의 역사적 경험은 혁명 대오의 정치 사상적 통일과 순결성이 보장되지 못하고 종파와 분파가 허용된다면 수령의 혁명 위업은 좌절될 수 있으며, 당의 유일 사상 체계는 당 안에 이색 분자들이 나타날 수 없게 하며 그 어떤 조직 사상적 혼란도 없이 수령의 혁명 위업을 빛나게 고수하고 끝까지 완성해 나갈 수 있게 한다"고 주장하고 있다.12) 여기서 당과 대중의 통일 단결은 또 한번 절대화된다.

---

11) 『紅旗』, 1964년 7월 14일자, 이우정, 『권력 승계와 정당성』(신양사, 1997), 113쪽에서 재인용.
12) 편집국, 「당의 유일 사상 체계를 세우는 것은 우리 당 건설의 기본 노선」, 『근로자』 1977년 제5호, 13쪽. 북한의 설명에 따르면, "사상과 영도의 유일성이 실현되지 못하면 종파와 분파가 생겨나 행동의 통일성이 보장될 수 없으며, 그렇게 되면 결국 혁명의 주체가 사분오열되어 혁명도 당도, 조국도 민족도 다

체제 발전 목표와 아울러 혁명 계승의 문제 역시 통일 단결의 정치를 통해 추구되고 있는 것이다. 즉 후계자에 대한 도전 세력이나 대항 세력의 형성 가능성 그 자체를 원천 봉쇄하기 위해, 절대화된 수령의 지위와 역할을 계승하는 후계자의 지위와 역할 역시 절대화되고, 그 후계자를 중심으로 당과 대중의 통일 단결이 강력하게 추구되었던 것이다. 북한의 설명에 따르면, 혁명의 계승은 곧 단결의 계승이며, 단결의 계승을 떠나서는 혁명 위업의 계승 완성에 대해 생각할 수 없는 바, 김일성을 중심으로 한 통일 단결을 김정일을 중심으로 한 통일 단결로 대를 이어 계승 발전시킨다는 것이다.[13] 김정일 역시 혁명 위업 계승 문제를 "대를 이어 단결의 중심을 보장하는 문제"로 규정하고 있다.[14] 김정일 후계 체제는 수령 체제하에서 후계자를 중심으로 한 당과 대중의 통일 단결을 절대적으로 강화하는 기반 위에서 확립되는 것이었다.

북한 역시, 1967년 당시의 수령 체제 확립은 당과 대중의 통일 단결을 "완전 무결하게 실현"하는 것이었으며, 이러한 통일 단결은 '조선 공산주의 운동'에서 이룩된 "가장 위대한 승리이고 가장 고귀한 전취물"이며 "당과 혁명의 운명을 위해 근본적인 의의를 가지는 특기할 사변"이었다고 평가하고 있다.[15] 여기서 "혁명의 운명을 위해 근본적인 의의를 가지는" 문제는 다름이 아니라 바로 후계 문제를 의미하는 것이었다. 따라서 수령 체제의 확립과 그 제도적 완성 과정은 곧 김정일 후계 체제의 확립 과정에 다름 아니었다.

    망하게 된다"고 한다. 조선노동당출판사, 『위대한 수령 김일성 동지의 불멸의 혁명 업적 12』(평양: 조선노동당출판사, 1999), 43쪽.
13) 조선노동당출판사, 『위대한 수령 김일성 동지의 불멸의 혁명 업적 6』(평양: 조선노동당출판사, 1998), 402쪽.
14) 김정일, 「혁명 대오를 튼튼히 꾸리며 사회주의 건설을 힘 있게 다그칠 데 대하여」(1984. 3. 10), 『주체혁명위업의 완성을 위하여 5』(평양: 조선노동당출판사, 1988), 112쪽.
15) 조선노동당출판사, 『위대한 수령 김일성 동지의 불멸의 혁명 업적 12』, 244쪽.

그러나 1967년 당시 북한의 수령 체제는 제도적으로 완성되어 있는 것이 아니었다. 당시 수령 체제는 기본 골격만 확립되어 있었다. 따라서 수령 체제의 제도적 완성은 1970년대 북한이 달성해야 할 가장 중요한 국가적 목표로 설정되었다. 때문에 당의 유일사상체계 확립은 "당 건설과 활동에서 가장 근본적인 문제"로 규정되었다.16) 이러한 수령 체제는 1970년대를 거치면서 제도적인 완성을 보게 된다.

여기서 김정일은 1960년대 중후반 이후 북한의 가장 중요한 국가적 목표였던 수령 체제를 확립하는 데 결정적인 역할을 수행함으로써 김일성의 유일 후계자로 추대되었으며, 1970년대 초중반 이후 자신의 주도하에 수령 체제를 제도적으로 완성해 나가는 과정에서 자신의 후계 체제도 함께 구축해 나갔던 것이다. 다시 말해 1970년대 김정일에 의한 수령 체제의 제도적 완성 과정은 곧 김정일 후계 체제를 확립하는 과정이었으며, 김정일 후계 체제의 확립 과정은 곧 수령 체제의 제도적 완성 과정이었다. 수령 체제의 확립과 후계 체제의 확립은 분리할 수 없는 일체였던 것이다.

물론 앞에서 보았듯이, 수령 체제의 근본 목적이 수령의 혁명 위업을 계승·완성하는 데 있는 만큼, 김정일 후계 체계는 단순한 권력 승계가 아니라, 김일성의 혁명 위업 계승이라는 목적 있는 권력 승계 체계였다. 다시 말해 후계자 김정일의 역할은 수령의 혁명 위업 계승, 즉 김일성의 사상과 노선과 업적을 계승·완성하는 데 있으며, 수령 체제는 바로 이것을 제도화한 것이었다.17) 때문에 김정일 역시 1980년 10월 조선노동당 제6차 대회에서 김일성의 유일 후계자로서 당 중앙위원

---

16) 편집국, 「당의 유일사상으로 더욱 철저히 무장하자」, 『근로자』 1968년 제4호, 5쪽.
17) 북한에서 수령의 후계자는 "수령의 영도적 지위와 역할을 계승하는 혁명의 영도자"로서 "수령의 혁명 사상과 업적, 수령이 창조한 혁명 전통에 대한 철저한 계승자"로 그 지위와 역할이 규정되어 있다. 조선노동당출판사, 『위대한 수령 김일성 동지의 불멸의 혁명 업적 12』, 50~51쪽.

회 정치국 상무위원회 위원, 정치국 위원, 비서국 비서, 군사위원회 위원으로 선출된 직후, 1980년 10월 14일 당 중앙위원회 책임 일군들 앞에서 "수령님께서 개척하신 주체의 혁명 위업을 대를 이어 완성하는 것이 나의 총적 목표이다. 이것이 수령님 앞에, 당 앞에, 동지들 앞에 다지는 나의 맹세"라고 역설하였던 것이다.[18] 김일성의 주체 노선, 김일성의 집단주의적 발전 전략의 계승이었다.

때문에, 김정일 후계 체제는 김정일의 유일 지도 체제로 명명되는바, 이러한 후계자의 유일 지도 체제는 '수령의 사상을 옹호 고수하고 수령의 사상과 의도대로 혁명을 전진시키기 위한 지도 체제이며 수령의 영도를 전면적으로 구현하여 수령의 사상과 영도를 대를 이어 계승해 나가기 위한 지도 체제'로 규정되었다.[19] 수령의 유일적 영도하에 후계자의 유일적 지도가 실현되는 일종의 수직적 권력 분점 구조로서, 수령 체제는 이 양자를 모두 포괄한다. 다시 말해 수령 체제는 후계 체제를 그 하위 개념으로 포괄하고 있는 것이다.

이렇듯 후계자의 유일 지도 체제는 수령의 유일 영도 체계 안에서 이루어지며, 따라서 후계자의 유일 지도 체제를 확립하는 과정은 곧 수령의 유일 영도 체계를 확립하는 과정으로 된다. 때문에 1974년 이후 김정일이 자신의 유일 지도 체제를 구축해 나갈 때 무엇보다 수령의 유일적 영도 체계를 강화하는 것으로부터 출발했던 것이다.

---

[18] 조총련, 『김정일 장군 략사』(동경: 조총련, 1994), 60쪽 ; 김남진 외, 『향도의 태양 김정일 장군』(평양: 평양출판사, 1995), 47쪽.
[19] 리진규, 『21세기 – 김정일 시대』(평양: 평양출판사, 1995), 112쪽.

제4장 1970년대 김정일 후계 체제의 확립과 수령 체제

제2절 김정일의 당권 장악과 온 사회의 주체사상화 방침

　1967년 갑산파 사건은 북한이 일관되게 추구해온 통일 단결의 정치를 절대화하는 결정적인 역사적 분기점이 되었으며, 이후 통일 단결의 정치는 새로운 차원에서 보다 강력하게 추진되었다. 이른바 당의 유일사상체계의 확립이 그것이었다. 1967년 갑산파 사건을 계기로 당내에서 주목받기 시작한 김정일 역시 유일사상체계 확립을 "당 사상 사업의 총적 방향"으로 규정하고,[20] 유일사상체계를 확립하는 데 주도적인 역할을 수행함으로서 자신의 정치적 입지를 강화해 나갔다. 유일사상체계는 수령에 대한 충실성을 높이고 이를 기반으로 사상과 행동의 통일성을 강화하는 것을 목적으로 하였다.[21] 이러한 단결의 정치를 구현하기 위한 북한의 핵심 수단은 사상(사상성), 조직(조직성), 규율(규율성)이었다.
　1967년 이후 유일사상체계 확립을 위한 김정일의 노력은 무엇보다 먼저 사상성 강화를 위해 당 사상 사업을 혁신하는 것으로부터 시작되었다. 특히 김정일은 수령에 대한 충실성을 강화하는 데 기본을 두고 가장 강력한 사상 교양(선전선동) 수단의 하나인 문학 예술 부문에 자신의 지도력을 집중했다. 김정일은 문학예술을 사상혁명의 중심 고리

---

[20] 김정일, 「문학 예술 부문에서 당의 유일사상체계를 튼튼히 세울 데 대하여」(1967. 5. 30), 『주체혁명위업의 완성을 위하여 1』(평양: 조선노동당출판사, 1987), 24쪽.
[21] 강복만, 「당원의 선봉적 역할」, 『근로자』 1967년 제6호, 26쪽.

로 삼았던 것이다. 또 김정일은 수령에 대한 충실성을 유일사상체계의 핵심으로 파악하고, 이를 위해 혁명적 수령관·수령론을 확립하고자 하였으며, 그 핵심 수단이 바로 혁명 전통의 전면적인 계승 발전과 그 상징화·신화화였다.

즉 문학예술에 대한 김정일의 지도는 혁명 전통의 신화화를 통해 수령의 형상을 창조함으로서 수령의 권위를 절대화하고 수령에 대한 충성심을 고양하는 데 초점이 맞춰져 있었다. 문학예술의 혁명 전통화를 통한 유일사상체계의 확립이었다. 아울러 『김일성저작선집』 등 김일성의 노작이 대대적으로 출판 보급되고, 혁명 전통에 대한 교양 사업과 함께 김일성의 주체사상, 유일사상에 대한 사상 교양 사업도 더욱 강화되었다. 김정일은 방송 등 출판 보도 분야에서도 수령에 대한 선전을 가장 중요한 임무로 규정하였다.[22)]

김정일의 주도하에 혁명 전통의 상징화도 대대적으로 추진되었다. 북한 전역에 김일성 동상이 세워지고, 혁명전적지, 혁명사적지, 혁명박물관, 혁명사적관, 기타 거대 기념물 등 혁명 전통과 김일성을 상징하는 각종 조형물이 대대적으로 건립되었다. 김일성의 현지 지도를 받은 중요 단위들에는 김일성의 현지 지도 교시판이 세워졌다. 이러한 조형물들은 김일성의 혁명 업적을 후손 만대에 길이 전하고, 대를 이어 김일성에 대한 충성심을 배양하기 위한 것이었다. 김일성에 무한히 충실했던 항일 빨치산들에 대한 영웅화 작업도 진행되었다. 곳곳에 그들의 동상이 세워지고, 1968년에는 그들에 대한 영웅 칭호가 수여되었다. 수령 체제는 항일 빨치산 출신과 그 가족들에게 최고의 영예를 가져다주었던 것이다.

이 모든 것은 혁명 전통의 상징화, 신화화를 통해 수령의 권위를 절대화, 신격화하고 수령에 대한 절대적 충성심을 고양하기 위한 것이었

[22)] 김정일, 「방송은 정치의 중요한 수단이다」(1968. 3. 24), 『주체혁명위업의 완성을 위하여 1』, 43쪽.

다. 김정일은 김일성의 권위를 절대화하기 위해 1974년부터 김일성의 생일인 4월 15일을 북한 최대의 명절로 지정하였다. 또 김정일은 1970년 제5차 당대회를 준비하면서 김일성을 중심으로 한 통일 단결을 상징하는 김일성의 초상 휘장을 제작 배포하였다. 김일성 가계의 우상화 작업도 김정일에 의해 주도되었다.[23] 수령의 권위 절대화·신격화는 유일사상체계 확립의 핵심 과제였던 것이다.

이렇듯 1967년 이후 문학 예술 부문과 혁명 전통의 계승 발전을 중심으로 한 당 사상 사업(선전선동) 분야에서, 수령의 절대화·신격화를 통해 당의 유일사상체계를 확립하기 위한 김정일의 주도적인 활동은 정치 지도자로서 그의 능력과 자질을 검증받는 기회가 되었다. 특히 1972년 보천보 전투 승리 35주년 기념 행사를 김정일이 주도하였는데, 이것은 김정일이 혁명 전통의 계승자임을 선포하는 의미를 갖는다.[24]

그런데 북한의 인식에 따르면, "혁명의 배신자들은 예외 없이 수령의 높은 권위를 헐뜯으며 수령에 의해 창조된 혁명 전통을 시비해 나선다." 때문에 "혁명 전통을 고수하는 것은 혁명의 운명과 관련되는 근본 문제"라고 한다.[25] 즉 북한에서 혁명 전통의 계승 발전은 "수령이 개척한 혁명 위업을 대를 이어 끝까지 완성해 나가기 위한 근본 요구"로 인식되었던 것이다.[26] 다시 말해 혁명 전통의 계승 발전은 대를 이은 혁명 위업 계승의 핵심 내용이었으며, 따라서 수령의 혁명 위업 계승은 후계자에 의한 혁명 전통의 계승 발전으로부터 출발하는 것이었다.[27] 요

---

[23] 김정일, 「4·15문학창작단을 내올 데 대하여」(1967. 6. 20), 『김정일선집 1』(평양: 조선노동당출판사, 1992), 249쪽.
[24] 유영구, 앞의 책, 91쪽.
[25] 편집국, 「김일성 동지에 의하여 이룩된 우리 당의 영광스러운 혁명 전통으로 튼튼히 무장하자」, 『근로자』 1968년 제7호, 3·8쪽.
[26] 편집국, 「위대한 수령님께서 개척하신 주체의 혁명 위업에 끝까지 충실 하는 것은 조선 공산주의자들의 혁명적 본분」, 『근로자』 1977년 제1호, 20쪽.
[27] 북한의 설명에 따르면, "수령의 혁명 위업을 실현해 나가는 과정과 혁명 전통을 계승 발전시켜 나가는 과정은 하나의 통일적 과정을 이루며 수령이 개척한 혁

컨대 유일사상체계 확립과 혁명 전통의 계승 발전은 수령 체제를 확립하고 후계 체제를 정통화 하는 양대 수레 바퀴였던 것이다.28)

따라서 당시 유일사상체계의 확립이라는 북한의 국가적 목표와 관련하여, 수령의 권위 절대화·신격화와 아울러 특히 혁명 전통을 전면적으로 계승 발전시키는 데서 보여준 김정일의 정치적 지도력은 항일 빨치산들의 적극적인 지지하에 김정일이 후계자로 추대되는 데 결정적 역할을 하였을 것으로 평가된다.29) 북한에서 후계자의 제1요건은 수령에 대한 절대적 충실성이다. 권력 승계 문제에서 북한이 무엇보다 중요하게 생각하고 있는 것은 혁명 위업의 계승 그 자체가 아니라 선대 수령의 혁명 노선과 사상 등 김일성의 혁명 위업을 계승하는 것이다. 북한에서 노동 계급의 혁명 위업이란 곧 수령의 혁명 위업을 의미한다. 노동 계급의 혁명 위업에 대한 충실성이 곧 선대 수령의 혁명 위업에 대한 충실성을 의미하는 것은 아니기 때문이다. 또 수령의 혁명 위업 계승에서 후계자의 제1과제는 수령의 혁명 사상을 옹위하고 발전 풍부화시키는 것이다. 북한에서 후계자는 무엇보다 사상의 지도자여야 한다는 것이다. 이렇게 볼 때 김정일은 김일성의 혁명 위업에 대한 절대적 충실성과 사상 사업에서 보여준 지도력 등에 기반하여 김일성의 유일 후계자가 될 수 있었던 것으로 평가된다. 특히 수령 김일성에 대한 김정일의 절대적 충실성은 김정일의 모든 활동과 지도에서 "근본 핵"이자 그 "출발점"이었다.30)

명 위업은 수령에 의해 창시된 혁명 전통을 대를 이어 옹호 고수하고 계승 발전시켜 나갈 때 성과적으로 이룩될 수 있다"고 한다. 편집국, 「당의 유일 사상 체계를 세우는 것은 우리 당 건설의 기본 노선」, 『근로자』 1977년 제5호, 15쪽.
28) 스즈키 마사유키, 유영구 옮김, 『김정일과 수령제 사회주의』(중앙일보사, 1994), 131쪽.
29) 김일성은 항일 혁명 투사들이 김정일을 수령의 유일한 후계자로 내세웠다고 말하면서, 이들이 김정일을 후계자로 추대했다는 것은 곧 군대가 그를 민족의 영수로 내세웠다는 것을 의미한다고 지적한 바 있다. 김일성, 『세기와 더불어 8』(평양: 조선노동당출판사, 1988), 310쪽.

김정일은 1973년 9월 당 중앙위원회 제5기 제7차 전원회의에서 당 조직지도부장 겸 조직비서, 당 선전선동부장 겸 선전비서에 임명되고, 1974년 2월 당 중앙위원회 제5기 제8차 전원회의에서 정치위원으로 선출되면서 마침내 김일성의 유일 후계자로 추대되었다.[31] 이후 김정일 후계 체제는 본격적으로 구축되기 시작하는데, 하지만 그것은 사실상 김정일이 조직 비서 겸 사상 비서로 선출된 1973년 9월부터 이미 진행된 것으로 보아야 할 것이다.

김정일의 후계 체제 구축은 사상(선전선동부)과 조직(조직지도부)을 양대 축으로 하여 우선 당에 대한 자신의 확고한 지도력을 구축하고, 사회 전반에 대한 당의 지도적 역할을 더욱 강화하면서 당 조직을 통해 국가 기관과 군대로 자신의 지도력을 점차 확대해 나가는 방식으로 이루어졌다. 그것은 사상적 지도와 통제를 앞세우면서 조직적 지도와 통제를 결합해 나가는 방식이었으며, 당에 대한 김정일의 지도력 구축은 강력한 중앙집권적 규율성 강화에 기반하여 이루어졌다.

그리고 김정일의 당권 장악을 위한 사전 정지 작업의 일환으로 1970년대 초 권력 구조 개편이 이루어졌다. 먼저 북한은 1972년 헌법 개정을 통해 국가 권력 구조를 개편하고 국가주석제를 신설하여 국가 활동 전반에 대한 김일성의 유일적 영도를 법적으로 보장하는 한편, 중앙인민위원회의 신설을 통해 국가 기관에 대한 김일성의 유일적 영도를 제도적으로 보장하는 조치를 취하였다. 이러한 권력 구조 개편을 통해 국가 사업은 수령이 맡고, 당 사업은 후계자가 맡는 일종의 역할 분담이 이루어졌다. 또 북한은 1970년 조선노동당 제5차대회에서 비서국의

---

[30] 편집국, 「당은 우리의 모든 승리의 향도성」, 『근로자』 1976년 제2호, 4쪽.
[31] 그런데 이러한 후계자 추대를 문건으로 공식화한 것은 1975년 2월 당 중앙위원회 제5기 제9차 전원회의였다고 한다. 정창현, 앞의 책, 111~112쪽 참조 ; 김광용, 「북한 수령제 정치체제의 구조와 특성에 관한 연구」(한양대 박사학위논문, 1995), 105쪽.

기능을 강화하는 조치를 취하였다. 즉 종래 비서국은 정책 집행 기능 밖에 없었으나, 이제 비서국은 간부 문제, 대내 문제 및 그 밖의 당면 문제를 정치적으로 토의 결정할 수 있게 되었다. 이것은 1973년 9월 이후 김정일로 하여금 비서국을 통해 당권을 장악할 수 있는 제도적 기반이 되었다.

당에 대한 김정일의 지도력 구축은 역시 당 사상 사업에 대한 지도력을 더욱 강화하는 것으로부터 시작되었다. 즉 김정일은 후계자로 추대된 직후인 1974년 2월 19일 전국당선전일군강습회를 조직하고, 여기서 김일성의 혁명 사상은 주체사상과 그에 의해 밝혀진 혁명과 건설에 관한 이론과 방법의 전일적인 체계라고 정식화한 뒤, '온사회의 김일성주의화(주체사상화)'를[32] "당의 최고 강령"으로 선포하고 당 사상 사업의 기본 임무로 규정하였다.[33]

온사회의 주체사상화란, 주체 사상을 유일한 지도적 지침으로 하여 혁명을 진전시키며 주체사상을 구현하여 공산주의 사회를 건설한다는 것을 의미한다. 즉 모든 성원들을 주체형의 공산주의 인간으로 만들고 사회 생활의 모든 분야를 주체사상의 요구대로 개조하는 것을 의미한다.[34] 여기서 주체형의 공산주의 인간형이란 수령에 대한 끝없는 충실성을 제일 생명으로 하는 인간형을 말한다.[35]

당시 김정일은 온사회의 주체사상화에 대해 경제와 문화, 사상과 도덕의 모든 분야에서 근본적인 혁명을 요구하는 가장 중요한 사업으로

---

[32] '김일성주의'는 북한의 공식 문헌에 쓰이지 않는다. '온사회의 주체사상화'로 대신 쓰이고 있다.
[33] 김정일, 「온사회를 김일성주의화하기 위한 당사상 사업의 당면한 몇 가지 문제에 대하여」(1974. 2. 19), 『주체혁명위업의 완성을 위하여 3』(평양: 조선노동당출판사, 1987), 2~3쪽.
[34] 과학백과사전종합출판사, 『조선노동당의 사회주의 건설 령도사』(평양: 과학백과사전종합출판사, 1995), 89~90쪽 참조.
[35] 리상걸, 『주체의 당 건설 이론의 전면적 발전』(평양: 사회과학출판사, 1984), 77쪽.

규정하고, 온사회의 주체사상화를 위한 선결 조건으로 전당의 주체사상화 방침을 제시하였다.36) 김정일은 온 사회의 주체사상화를 위해 무엇보다 먼저 당을 강화하고 당의 지도적 역할을 강화하는 데 가장 큰 힘을 쏟았던 것이다.37)

전당의 주체사상화 방침과 관련, 먼저 김정일은 당 사상 사업에서 자신의 유일 지도 체제를 확립해 나갔다. 이를 위해 김정일은 당 사상 사업은 유일관리제이며, 당 사상 사업은 당의 유일적 지도 밑에 움직이며, 당의 의도와 방침을 무조건 접수하고 철저히 관철할 것을 요구하였다.38) 사상 사업의 유일 관리제란 내용의 유일성과 방법의 창조성을 의미하는 것으로서, 사상 사업의 내용에서는 창조성을 허용하지 않는다는 것이었다. 특히 당 사상 사업에 대한 김정일의 유일적 지도는 온 사회를 주체사상화 하기 위한 "결정적 담보"로 규정되었다.39)

또 김정일은 1974년 4월 유일사상체계 확립 10대 원칙을 새롭게 발표하고, 이 원칙의 재접수, 재토의 사업을 1974~1976년 사이에 대사상전의 방식으로 전당적으로 조직 진행하였다.40) 이 10대 원칙에서 김정일은 수령의 권위를 절대화하고 수령의 사상과 교시를 신념화, 신조화하고 수령의 교시 집행에서 무조건성의 원칙을 지키는 것을 수령에 대한 충실성의 기본 요구로 제시하였다. 특히 이 원칙은 유일 지도 체제 확립과 당 중앙에 대한 절대적인 충성을 김일성과 똑같이 바칠 것을 요구하고 있는데, "당 중앙의 권위를 절대적으로 옹호 보위하며 당 중

---

36) 리찬선, 「온사회를 주체사상화하는 것은 우리 혁명을 끝까지 완성하기 위한 력사적 위업」, 『근로자』 1977년 제2호, 23쪽.
37) 편집국, 「조선노동당은 사회주의의 완전한 승리를 힘 있게 앞당겨나가는 전투적인 당」, 『근로자』 1975년 제9호, 19쪽.
38) 김정일, 앞의 글(1974. 2. 19), 51~52쪽.
39) 편집국, 「위대한 수령 김일성 동지의 혁명 사상으로 온사회를 일색화하는 것은 우리 당이 지닌 가장 영광스러운 혁명 위업」, 『근로자』 1974년 제4호, 24쪽.
40) 조선노동당출판사, 『조선노동당역사』(평양: 노선노동당출판사, 1991), 477~478쪽 참조.

앙의 방침을 자기의 확고부동한 신념으로, 신조로 만들고 그것을 무조건 끝까지 관철하는 높은 충실성과 헌신성을 남김없이 발휘"할 것을 요구하는 것이 그것이다.[41]

이것은 결국 이 10대 원칙이 온사회의 주체사상화 방침과 함께 유일사상체계를 강화함과 동시에 김정일의 유일지도체제를 확립하기 위한 것이었음을 보여준다.[42] 다시 말해 그것은 김일성에 대한 충성을 절대화함으로써 후계자에 대한 충성을 절대화하고 김정일의 유일 지도 체제를 확립하기 위한 것이었다. 수령에 충성하기 위해서는 당 중앙의 유일적 지도에 충실해야 하며, 당 중앙의 유일적 지도에 충실한 것은 곧 수령에게 충성하는 것이라는 논리로서,[43] 결국은 "수령에 대한 충성은 대를 이어 계승되어야 하며 대를 이어 계승되는 충실성만이 참다운 충실성이라고 말 할 수 있다"는 것이었다.[44]

또 김정일은 온사회를 주체사상화하기 위한 사상과 이론과 방법이 항일 혁명 전통에 전면적으로 담겨져 있다고 보고, 1974년 3월 "생산도 학습도 생활도 항일유격대식으로!"라는 구호를 제시하고, 혁명전통을 전면적으로 계승 발전시켜 사회 생활 전반에 철저히 구현하도록 지도하였다.[45] 혁명전통의 일상화, 생활화였다.

나아가 김정일은 1970년대 중반 이후 수령론을 이론적으로 체계화해 나갔는데, 이것은 주체 사상의 체계화 과정과 맥을 같이 하는 것이었

---

[41] 편집국, 「위대한 수령 김일성 동지께서 개척하신 혁명 위업을 대를 이어 빛나게 계승하고 완성하자」, 『근로자』 1974년 제9호, 18쪽.
[42] 김정일, 「당사업을 근본적으로 개선 강화하여 온 사회의 김일성주의화를 힘있게 다그치자」(1974. 8. 2), 『주체혁명위업의 완성을 위하여 3』, 170~171쪽 참조.
[43] 편집국, 「수령님께 끝없이 충성 다하는 것은 주체형의 공산주의 혁명가의 가장 기본적인 품성」, 『근로자』 1974년 제5·6호, 16쪽.
[44] 김시학, 「위대한 수령님에 대한 충실성은 주체형의 혁명가들이 지닌 고상한 사상 정신적 풍모」, 『근로자』 1980년 제4호, 28쪽.
[45] 조총련, 앞의 책, 42쪽.

다.46) 김정일의 사상 이론은 사상 의식이 모든 것을 결정한다는 사상론에 기초하고 있으며,47) 수령론을 그 핵심으로 하고 있다. 수령의 절대화, 신격화를 위한 혁명적 수령관과 수령론의 확립은 김정일의 사상 이론 작업의 최대 관심사였던 것이다.48) 김일성의 주체사상은 1972년 최고인민회의 제5기 제1차 회의에서 개정된 신헌법에 북한의 유일한 지도적 지침으로 삼는다고 명확히 규정되었다.

---

46) 정영철, 「김정일 체제 형성의 사회 정치적 기원: 1967~1982」(서울대 박사학위 논문, 2001), 50~51쪽 참조.
47) 편집국, 「위대한 수령 김일성 동지의 혁명 사상으로 온사회를 일색화하기 위하여 몸 바쳐 투쟁하자」, 『근로자』 1974년 제7호, 5쪽.
48) 혁명적 수령론은 주체사상을 새로운 높은 단계로 발전 완성시킨 근본 바탕을 이루는 가장 탁월한 철학적 발견이라고 한다. 리진규, 앞의 책, 65쪽.

제3절 김정일의 당권 장악과 유일 지도 체계의 확립

　김정일은 사상의 지도자로서 당 사상 사업에 대한 자신의 유일적 지도력을 구축한 데 이어 조직의 지도자로서 당 조직 사업에 대한 자신의 유일적 지도력 구축을 시도하였다. 김정일은 당 사업 전반에 대한 자신의 유일적 지도를 철저히 실현할 수 있도록 당 사업 체계와 방법을 근본적으로 개편하는 한편,[49] 자신의 지도 이론과 지도 방법을 수립하고 이를 각종 지도서와 직능서로 작성 배포하고, 각종 회의와 강습을 통해 이를 지도하는 방식으로 자신의 지도력을 구축해 나갔다.
　김정일의 유일적 지도는 곧 수령의 유일적 영도를 구현하기 위한 것으로 설명되었다.[50] 즉 "수령은 당 중앙을 통하여 당 사업 전반을 영도하며, 당 중앙의 지도는 수령의 혁명 사상과 교시, 수령의 의도를 실현하기 위한 것"이며, "당 중앙의 유일적 지도에 충실해야 수령의 유일적 영도 체계를 더욱 철저히 세울 수 있다"는 것이었다.[51] 김정일은 김일성의 혁명 위업을 계승하는 과정에서 자신의 지도력을 구축해 나가야 했으며, 김일성의 유일적 영도 체계를 구축해 나가는 과정에서 자신의 후계 체제도 함께 구축해 나가야 했던 것이다.
　이에 따라 모든 것을 후계자에게 집중시키고 그의 유일적 결론에 따

---

[49] 편집국, 앞의 글(1975. 9), 19쪽.
[50] 리오송, 「영광스러운 당을 따라 주체의 혁명 위업을 대를 이어 빛나게 완성해 나가자」, 『근로자』 1976년 제2호, 49쪽.
[51] 편집국, 앞의 글(1974. 9), 19쪽.

라 처리하는 강한 규율과 질서를 수립하기 위해, 당 사업 체계가 후계자 중심으로 재편되었다.52) 특히 김정일의 유일 지도 체제 확립을 위한 핵심 기구로서 당 조직지도부가 개편 강화되었다. 김정일은 이 조직지도부를 통해 자신의 유일적 지도를 전당, 전국, 전군에 철저히 관철해 나갈 수 있었던 것이다. 그것은 당·정·군 전반에 대한 당적 지도와 통제를 더욱 강화해 나가는 방식으로 이루어졌다.

간부 사업 체계에도 변화가 있었다. 종래와 달리 간부들에 대한 인사권을 당 조직지도부에 집중시킴으로서, 결국 김정일에게 인사권을 집중시킨 것이 그것이었다. 간부 정책도 변화되었다. 김정일은 수령과 당 중앙에 대한 충실성을 간부의 첫째 조건으로 제시하였던 것이다.53) 특히 김정일 후계 체제의 등장은 간부 교체를 가져왔다. 1970년대 중반 당 중앙위원회를 비롯해 당·정·군 전반에 걸쳐 김정일에게 충실한 사람으로 간부 교체가 있었던 것이다.54) 그 결과 당 대열은 수령과 당 중앙에 충실한 사람들로 더욱 튼튼히 구성된 것으로 평가되었다.55) 이러한 간부 교체 과정은 노·장·청 3결합 방식의 간부 정책에 따라 젊은 세대로의 세대교체를 가져왔으며, 이들은 김정일 후계 체제의 강력한 지지 기반이 된 것으로 평가된다. 청년단체인 사로청 간부들도 30세 미만의 젊은 사람들로 교체되었다.

간부 정책과 관련하여 김정일은 충성심뿐만 아니라 선진 과학 기술

---

52) 당 사업 체계를 세운다는 것은 당 조직들의 당 내부 사업 절차와 질서, 제도를 정연하게 세운다는 것을 의미한다. 백남복, 「강철같이 규율을 세우는 것은 당의 혁명적 지도를 보장하기 위한 선차적 과업」, 『근로자』 1975년 제9호, 38쪽.
53) 김정일, 앞의 글(1974. 8. 2), 186쪽.
54) 강현수, 「우리 당은 수령님의 위대한 주체사상을 실현하기 위하여 투쟁하는 당이다」, 『근로자』 1975년 제4호, 37쪽 ; 편집국, 「수령님의 교시를 높이 받들고 알곡 800만 톤 고지 점령을 위한 투쟁에 힘차게 떨쳐 나서자」, 『근로자』 1975년 제2호, 15쪽.
55) 편집국, 「조선노동당은 위대한 수령 김일성 동지께서 창건하시고 영도하시는 영광스러운 당이다」, 『근로자』 1975년 제10호, 9쪽.

지식으로 무장된 실무 능력도 중요하게 고려했다. 김정일은 열성 하나 만으로는 부족하며 열성에 실력이 뒷받침되어야 한다고 역설하며, 간부들의 실무 능력 향상을 위해 전당의 간부화 방침을 제시하였다. 이러한 전당 간부화 방침과 관련하여, 김정일은 모든 간부들로 하여금 매일 2시간 학습, 토요 학습, 수요 강습, 강연회 등에 빠짐없이 참가하도록 하고, 당 조직들은 계획적으로 학습 과제를 부과하고 그 학습 정형을 매일 엄격히 총화하도록 하는 학습 체계를 수립하고, 학습을 생활화, 습성화, 정규화 하도록 지도하였다.56)

한편, 사상성과 아울러 조직성과 규율성 강화를 위해 당 조직 생활과 당 규율도 더욱 강화되었다. 북한에서 사상성 강화는 무엇보다 조직성 강화를 통해 추구되며, 규율성 강화도 조직성 강화를 위한 것이었다. 결국 모든 문제는 조직성 강화로 귀결되었다. 이러한 조직성 강화는 1970년 전사회의 완전한 조직화를 추구하는 것으로 나타났다. 김일성의 입장은 "사회주의, 공산주의 건설이 진척되는 데 따라 사회는 더욱 조직화"된다는 것이었다.57) 물론 그것은 규범화 즉 규율성 강화를 통해 추구되었다.

김일성의 입장은 엄격한 규정에 따라 통일적으로 움직이는 군대 활동과 마찬가지로, 모든 사람들의 활동을 규제하고 통제할 수 있는 엄격한 질서와 규정이 있어야 한다는 것이었다.58) 이에 따라 1970년대 북한은 엄격한 규범과 규정에 따라 경제 활동과 조직 정치 활동을 포함해 개인 생활에 이르기까지 사회 성원들의 모든 활동과 생활을 철저하게 조직화, 규범화, 제도화하는 방향으로 나아갔다. 전사회의 완전한

---

56) 리재일, 「간부들은 혁명적 학습 기풍을 철저히 세워 정렬적인 독학가가 되자」, 『근로자』 1974년 제7호, 44~47쪽.
57) 김일성, 「온사회를 주체사상화 하기 위한 인민 정권의 과업」(1982. 4), 『김일성저작선집 9』, 41쪽.
58) 김일성, 「국가 재산을 애호 절약하며 수산업을 더욱 발전시킬 데 대하여」(1969. 6. 30), 『김일성저작집 24』, 8~14쪽.

조직화로서, 이것은 궁극적으로는 "사회주의 제도의 본성을 반영한 새로운 집단주의적 생활양식"을 확립하기 위한 것이었다. 집단주의적 생활양식의 확립이란 전체 인민들이 정치, 경제, 문화, 도덕의 모든 분야에서 사회주의적 생활 규범과 행동 준칙을 세우고, 혁명적 규율과 질서를 세우며 그에 따라 활동하도록 하는 것을 의미했다.[59]

이에 따라 김정일 역시 조직 규율 강화를 통해 조직 생활을 절대화하고 조직 생활을 더욱 강화해 나가도록 하였다. 당 조직 규율 강화와 당 조직 생활 강화를 위해 김정일은 거의 모든 단위에 당생활 지도 기구를 설치하였으며, 특히 각 단위별로 일상적으로 수행되는 새로운 강력한 당생활총화체계를 수립하고 당생활의 정규화, 규범화, 제도화를 추진하였다.[60] 새로운 당생활총화체계란 종래 1개월에 한번 하던 것을, 김정일이 이를 바꿔 새롭게 수립한 '2일 및 주 당생활총화체계'를 말하는 것이었다.[61] 북한 주민의 일상생활이 되어 있는 이러한 생활총화 제도는 1974년에 전당적으로 철저히 확립되었다.[62] 주민들의 조직 생활을 강화하고 이를 보다 체계적으로 장악 통제하기 위해 소년단 활동부터 모든 사람들의 조직 생활 정형을 기록한 '조직 생활 카드'도 작성되었다. 당생활(조직 생활) 정규화 방침에 따라 1970년대 후반이 되

---

[59] 김량제, 「사회주의 생활양식은 사회주의 사회에서 사는 사람들의 활동 방식」, 『근로자』 1979년 제3호, 32~34쪽.
[60] 여기서 당생활 정규화란, 당 조직의 지도와 통제 밑에 생활하고 사업하게 하는 적극적인 통제 방법을 의미한다. 현명준, 「전당을 간부화하는 것은 온사회를 위대한 주체사상으로 일색화하는 위업의 필수적 요구」, 『근로자』 1975년 제1호, 40쪽.
[61] 물론 이것은 모든 단위에 일률적으로 정해진 것은 아니었다. 문학예술이나 외교 계통은 2일 당생활총화를 하고, 그 밖의 단위는 3일, 5일, 1주일 혹은 10일 당생활총화 제도를 수립하였다. 김정일, 「전당에 새로운 당생활총화 제도를 세울 데 대하여」(1973. 8. 21), 『주체혁명위업의 완성을 위하여 2』(평양: 조선노동당출판사, 1987), 456쪽.
[62] 과학백과사전출판사, 『조선전사 32』(평양: 과학백과사전출판사, 1982), 208~209쪽 참조.

면 북한 주민들의 생활은 전혀 빈틈이 없는 꽉 짜인 상태가 되었다고 한다.

또 규율성 강화를 위해 김정일은 종래와 달리 모든 사업 체계와 활동을 표준화된 지도서 혹은 직능서의 형태로 규범화, 제도화하여 간부들의 자의적이고 주관적이며 비조직적 행동을 제거하고자 하였다. 조직생활의 모든 절차와 내용도 세세히 규정되었다. 표준화된 지도서 혹은 직능서를 만들어 배포하고 그에 따라 사업하는 질서와 절차를 수립하고 그 실천 여부를 검열하는 것은 김정일의 주요한 사업 방법의 하나였다. 이것은 당 사업에서 나타나는 형식주의, 관료주의, 주관주의를 없애기 위한 것이었다.[63]

또 김정일은 간부들에 대한 검열 사업을 강화하고, 조직지도부를 중심으로 정연한 지도 검열 사업 체계를 수립하였다. 김정일은 검열 사업도 검열사업지도서와 지도검열사업요강을 새로 작성 배포하는 등 그 원칙과 절차를 규정함으로써 표준화하고자 하였다. 검열사업은 김정일이 내려 보낸 지시와 방침, 구호, 지도서들이 어떻게 접수되고 집행되는지 점검하고, 김정일에 충실한 사람들로 간부를 교체하는 의미도 지니고 있었다. 1973년에는 국가정치보위부가 당·정·군, 그리고 기업소에까지 설치되었는데, 국가정치보위부는 김정일 후계 체제 구축을 위한 것으로서 그 장애 요소들을 적발 제거하는 것이 주된 임무였다.

특히 김정일은 하부 단위를 철저히 장악 통제하기 위해 당중앙위원회에서 당 세포에 이르기까지 모든 당 조직의 활동과 사업에서 제기되는 모든 문제를 다 자신에게 보고하고(정보 집중), 자신의 유일적 결론에 따라 모든 사업을 조직하고 집행하는 정연한 사업 보고 체계와 질서를 수립하고, 하부 당 조직에 내려 보내는 모든 지도서와 지시는 반드시 수령과 자신의 비준을 받은 다음 내려 보내도록 조치하였다.[64]

---

[63] 평양출판사, 앞의 책, 56쪽.

김정일에 의한 보고 체계의 강화는 조직지도부 내에 소위 3線·3日 보고 체계와 直報 체계를 통해 이루어졌다. 여기서 3선(또는 3通)이란 당 조직 계통, 행정 계통, 국가보위부 계통을 의미하며, 군대에서는 당 조직 계통(정치부), 참모부 계통, 군대보위부 계통을 의미한다. 직보 체계는 주요 사안에 대해 김정일에게 직접 보고하는 체계를 말한다.[65] 이러한 보고 체계를 통해 김정일은 북한 전역의 실태와 움직임을 손금 보듯 철저히 파악하고 장악 통제할 수 있었으며, 1975년에 이르면 사업과 당 활동에서 나서는 모든 문제들이 예외없이 김정일의 유일적 결론에 따라 처리하는 기풍이 수립되었다고 한다.[66]

또 김정일은 상급 조직이 하부 조직을 철저히 장악 통제하는 것을 기본으로 하고 여기에 도와주는 사업을 결합시키는 하부 지도 체계를 수립하였다. 이것은 당 중앙의 의도를 하부 말단에까지 신속 정확하게 침투 전달하고,[67] 전 당에 당 중앙의 지도 밑에 움직이는 강한 규율을 확립하기 위한 것으로, 결국 김정일의 유일적 지도를 보장하기 위한 것이었다.[68]

또 김정일은 하부 지도 체계의 일환으로 아래에 내려가는 사업체계를 정연하게 세우고 그것을 제도화하였는데, 이것은 간부들로 하여금 군중 속에 들어가는 사업을 규범화, 생활화하고 그것을 철저히 지키도록 하는 것이었다. 군중노선의 제도화로 항일유격대식 사업 방법으로 명명된 이 제도는 당 사업에서 관료주의, 형식주의, 요령주의, 행정식

---

[64] 김정일, 「당사업에서 낡은 틀을 마스고 새로운 전환을 일으킬 데 대하여」(1974. 2. 28), 『주체혁명위업의 완성을 위하여 3』, 61쪽.
[65] 정창현, 앞의 책, 152쪽 참조.
[66] 정필선, 「온 사회의 주체사상화 위업에 맞게 당사업을 근본적으로 개선 강화하기 위한 강령적 문헌」, 『근로자』 1975년 제7호, 35쪽.
[67] 정동익, 「청산리 방법대로 군중 속에 깊이 들어가 살며 일하자」, 『근로자』 1976년 제3호, 29쪽.
[68] 문성술, 「하부지도체계를 튼튼히 세우는 것은 당사업을 새롭게 혁신하기 위한 기본 요구」, 『근로자』 1975년 제8호, 33쪽.

사업 방법, 사무실적 사업 방법, 유람식 사업 방법 등 낡은 사업 방법을 없애기 위한 것이었다. 이에 따라 중앙과 도의 일군들은 한달에 20일간 내려가 조직 정치 사업을 하고 10일간 올라와 재무장, 재작전하며, 집행 단위인 군당의 일군들은 1주일에 5일간 내려가 사업하고 2일간 올라와 재무장, 재작전하고 다시 내려가는 사업 체계가 확립되었다.[69] "전당이 군중 속으로 들어가자"는 구호는 김정일이 처음 제시한 것이었다. 이러한 군중 노선의 강화는 수령의 교시와 당 중앙의 의도를 중간 다리를 거치지 않고 하부 말단에까지 제때에 기동성 있게 침투시킬 수 있는 방법으로 평가되었으며,[70] 또 당 중앙에 절대 복종하는 체계를 지방당 조직으로까지 확장하고,[71] 하부 단위를 철저히 장악 통제할 수 있는 방법으로 평가되었다.[72]

이러한 노력에 힘입어 1975년에 이르면 당에 대한 김정일의 지도력은 어느 정도 확고히 구축된 것으로 파악된다. 1975년 중반 북한의 설명에 따르면, "우리 당은 당안에 유일사상체계를 세우는 사업을 당 중앙의 유일적 지도를 확고히 보장하는 사업과 밀접히 결부시켜 통일적으로 밀고 나감으로써 당의 유일사상체계를 세우는 사업을 새로운 높이에 끌어올렸을 뿐 아니라 전당에 당 중앙의 유일적 지도를 확고히 실현할 수 있게 되었다"고 한다.[73]

특히 북한은 김정일의 유일적 지도를 확고히 보장하기 위한 "필수적 요구"이자 당 활동과 당 사업에서 "주선으로 틀어쥐고 나가야 할 선차적인 문제"로서 군대와 같은 강력한 중앙집권적 규율을 확립하고자 하였다. 그것은 곧 당 중앙에 모든 것을 집중시키고 당 중앙의 유일적

---

[69] 정동익, 앞의 글, 29쪽.
[70] 리기순, 「자기 손으로 씨를 뿌리고 수확을 거두어들이는 것은 당일군들의 참된 일본새」, 『근로자』 1976년 제8호, 42쪽.
[71] 정동익, 앞의 글, 29쪽.
[72] 정필선, 앞의 글, 37쪽.
[73] 정필선, 위의 글, 35~36쪽.

결론에 따라 행동하는 강철 같은 규율이며, 당 중앙의 유일적 지도에 무조건 복종하고 당 중앙의 유일적 지도 밑에 전당이 한사람같이 움직이는 강철 같은 규율이었다.[74] 이렇게 볼 때 김정일의 유일 지도 체제는 사상성 및 조직성과 아울러 특히 강력한 중앙집권적 규율성에 의해 가능했던 것으로 평가된다.

각급 당 조직의 중앙당에 대한 보고도 모두 김정일에게 집중되었으며, 중앙당에서 각급 당 조직에 내려 보내는 지시도 모두 김정일의 비준을 받아야 했다. 중앙당의 각 부서가 하부 당 조직에 지도 소조를 파견하는 경우도 모두 김정일의 비준을 받아야 했다. 김정일에게 모든 것을 집중시키는 것이 곧 수령에게 모든 것을 집중시키는 것이며, 김정일의 결론과 비준은 곧 수령의 결론과 비준을 의미했다. 결국 유일 사상체계의 확립이란 곧 김정일의 유일 지도 체계 확립을 의미했으며, 김정일의 유일 지도 체계 확립은 곧 김일성의 유일 영도 체계의 확립을 의미했던 것이다.

당의 조직 규율은 1970년대 후반에 들면서 더욱 강력하게 추진되었으며, 전사회적으로도 규율성이 더욱 강화되었다. 조직적 통제와 아울러 규범적 통제가 갈수록 강화되었던 것이다. 1977년 2월 사회주의법무생활위원회를 조직하여 주민들에 대한 법적 통제를 강화한 것이 그것이다.[75] 사회주의 법무 생활이란 규범과 규정에 기초한 생활을 의미하는 것으로서, 그것은 사람들의 모든 활동을 일정한 제도와 질서 밑에 통제하며 그들의 일상 생활을 철저히 정규화, 규범화하도록 하는 것이었다. 이에 따라 법무생활위원회는 각 도, 시, 군에까지 조직되어, 당검열위원회와 함께 국가 기관의 모든 부문, 모든 단위의 법무 생활

---

[74] 백남복, 앞의 글, 35~40쪽 참조.
[75] 북한은 1972년 헌법 개정 이후부터 규범적 통제 강화의 일환으로 사회주의 법무생활을 강조해왔으며, 1974년 8월에는 중앙인민위원회에 법제위원회를 조직하고 법제 기능을 강화해왔다.

을 직접 조직 지도하는 총 책임기구가 되었다.[76]

---

[76] 김억락, 「사회주의 법무 생활을 강화하는 것은 온사회에 혁명적 생활 기풍을 세우기 위한 중요한 요구」, 『근로자』 1978년 제7호, 27쪽.

제4절 김정일의 정권 장악과 대중 운동

1974년까지 김정일은 국가 기관에 대해 직접적인 지도력을 행사하지 않고 있었다. 당 사업에 대한 확고한 지도력 구축이 선결 과제였기 때문이다. 이 시기 국가기관에 대한 김정일의 지도는 국가기관 내의 당 위원회를 통해 이루어졌다. 국가기관 내 당 조직들의 모든 활동을 조직지도부에 집중시키고, 이를 통해 김정일은 국가 기관에 대한 지도와 통제를 실현해 나갔던 것이다. 그러나 김정일은 1974년 하반기부터 국가 기관에 대해 보다 직접적인 지도 체제를 수립해 나갔다. 물론 그것은 조직지도부를 통해 자신의 당적 지도력을 국가 기관으로 확대해 나가는 방식이었으며,77) 특히 대중 운동을 통해 이루어졌다.

즉 국가 기관에 대한 김정일의 지도력은 1974년 이른바 '70일 전투'를 통해 구체화되기 시작했다. 1974년 북한은 인민경제계획을 제대로 완수하지 못할 처지에 있었다. 여기서 김정일은 1974년 10월 당 조직을 발동해 자신이 직접 경제 문제를 해결해 보겠다며 70일 전투를 발기하였다. 김정일은 70일 전투의 관건은 "모든 당 조직들이 당 중앙의 의도를 어떻게 접수하고 전투에 어떻게 달라붙는가 하는데 달려 있다"고 지적하고,78) 이 전투를 모든 당 조직들이 자신의 의도를 어떻게 접수하고 실행하는지 검증하는 하나의 기회로 삼았다. 즉 그것은 김정일

---

77) 정영철, 앞의 글, 174~175쪽 참조.
78) 김정일, 「전당이 동원되어 70일 전투를 힘 있게 벌리자」(1974. 10. 9), 『주체혁명위업의 완성을 위하여 3』, 244쪽.

의 경제건설에 대한 지도 능력을 입증해보는 기회이자 동시에, 당원들의 김정일에 대한 충성심을 검열하는 기회였던 것이다.[79] 김정일은 당 사업은 경제 사업의 성과로 나타나야 한다고 역설하였는데, 이는 자신에 대한 충실성 역시 경제 사업에서 성과로 나타나야 한다는 것을 의미했다.

70일전투의 기본 형식은 속도전이었다. 전국 각지에서 모범적이고 능력 있는 당원들과 근로자들을 선발 추천하여 돌격대를 편성하고 군사 활동 방식으로 전개되는 이 속도전은 김정일식 대중운동의 대표적인 형식으로서, 천리마운동과 맥을 같이하고 있는 것이었다.[80] 즉 속도전의 기본 요구는 모든 역량을 총동원하여 사업을 최대한으로 빨리 밀고 나가면서 그 질을 가장 높은 수준에서 보장하는 것이며, 그 내용적 본질은 사상전이었다.[81] 이것은 사상이 모든 것을 결정한다는 김정일의 사상론에 기초하고 있었다.[82] 때문에 속도전은 사상혁명, 기술혁명, 조직지도사업을 3대 구성 요건으로 하면서도, 사상 혁명을 가장 선차적인 과업으로 내세우고 있다.[83] 김정일식의 대중 운동이 갖는 주요 특징의 하나는 속도전의 방침에 따라 사상 개조를 확고하게 앞세우고 있다는 점이다. 이것은 사상을 앞세운 정치 우위의 경제 건설 방식으로 결국 경제 사업에 대한 당적 지도와 통제를 강화하는 것이었다.

또 김정일은 70일 전투를 수행하면서 당의 선전선동 수단을 경제건설 현장에 보내 경제선동사업을 벌리게 하였는데, 이때부터 경제선동

---

[79] 편집국, 「속도전을 힘 있게 벌려 올해 계획을 앞당겨 완수하고 수령님께 충성의 보고를 올리자」, 『근로자』 1974년 제11호, 32쪽.
[80] 천리마운동의 가장 큰 정치경제적 의의는 사회주의 건설에서 높은 속도를 보장한 데 있다.
[81] 편집국, 앞의 글(1974. 4), 23~24쪽.
[82] 편집국, 「사상전은 사상 분야에서의 전격전, 집중 공세, 섬멸전」, 『근로자』 1974년 5·6호, 18쪽.
[83] 렴태준, 「사회주의 대건설의 요구에 맞게 천리마작업반운동을 더욱 심화 발전시키자」, 『근로자』 1974년 제8호, 24쪽.

사업은 북한의 경제건설에서 중요한 사업 방법의 하나로 정착되었다. 이러한 경제 선동 사업은 정치사업과 경제사업을 밀접히 결합시킨 것으로서, 정치 선전과 함께 당사상 사업의 주요한 구성 부분으로 위치 지워졌다.[84]

70일 전투는 1974년도 북한의 경제 건설 목표를 초과 달성하는 성과를 거두었다. 70일 전투는 단기간에 모든 역량을 총동원하는 방식이기 때문에 장기적 관점에서 보면 오히려 성장에 방해가 될 수 있었지만,[85] 수치상의 성과 달성은 김정일의 경제 지도력과 속도전의 정당성을 입증하는 것으로 평가되었다.[86] 70일 전투가 끝난 후, 속도전은 북한의 사회주의 건설의 기본 전투형식으로 규정되었다.[87]

이러한 70일 전투의 성과를 배경으로, 김정일은 1975년 중반부터 국가기관 특히 정무원에 대한 자신의 유일 지도 체제를 본격적으로 구축해 나가기 시작하였다. 그것은 조직지도부를 통해 정무원의 위원회·부 당위원회의 당 사업에 대한 자신의 유일적 지도를 강화하는 것으로 나타났다.[88] 또 김정일은 정무원 당위원회를 신설하여, 이것이 각 위원회, 부 당위원회를 통괄 지도하도록 함으로써, 과거에 병렬적으로 존재하던 당위원회를 하나의 질서로 개편하였다. 그리고 간부들을 김정

---

[84] 편집국, 「경제 선동은 사회주의 대건설에로 대중을 힘차게 불러일으키는 위력한 수단」, 『근로자』 1974년 제7호, 17~23쪽.
[85] 모든 사업을 대담하게 작전하고 통이 크게 벌려나가며, 일단 목표가 세워진 다음에는 역량을 집중하여 그것을 진공적으로 점령해 나가는 것이 김정일 리더십의 중요한 특징이라고 한다. 편집국, 「우리 당은 불패의 위력과 영도력을 지닌 위대한 당」, 『근로자』 1980년 제2호, 7쪽.
[86] 70일 전투의 공적으로 김정일은 1975년 2월 공화국 영웅 칭호를 받고, 정무원 결정으로 그의 생일인 2월 16일이 임시 휴무일로 지정되었으며, 그 이듬해에는 정식 휴무일이 되었다.
[87] 김성태, 「속도전은 천리마운동을 구현하고 심화 발전시킨 사회주의 건설의 기본 전투 형식」, 『근로자』 1974년 제1호, 48쪽.
[88] 김정일, 「정무원 위원회, 부 당 조직들의 사업을 개선 강화할 데 대하여」(1974. 6. 10), 『주체혁명위업의 완성을 위하여 3』, 157쪽.

일에게 충실한 사람들로 교체하고, 모든 사업과 활동을 정규화, 규범화 하도록 하였다.[89] 김일성 역시 1976년 4월 정무원 제1차 전원회의에서 "이제부터 정무원 사업을 당적으로 감독 통제하는 사업은 당중앙위 조직지도부에서 맡아" 하도록 지시한 바 있다.[90]

행정 경제 사업의 규범화는 무엇보다 기업 관리를 '정규화'하는 것으로 나타났다. 기업 관리를 정규화 한다는 것은 "생산과 경영 활동에서 반드시 지켜야 할 행동 준칙과 사업 질서를 규제한 관리 규범과 규정들을 만들고 그에 따라 모든 일군들과 생산자들이 일치하게 움직이도록 함으로써 경영 활동을 고도로 조직화, 제도화하는 것을 의미"했다.[91] 다시 말해 기업 관리의 정규화란 엄격한 규정과 규범에 따라 계획화, 생산 지도, 설비 관리, 자재 공급, 노동 행정, 재정 관리, 후방 사업 등 모든 경제 활동을 규범화, 제도화, 조직화하는 것을 의미했다.[92]

이에 따라 1970년대 북한은 국영기업독립채산제에 관한 규정, 재정규정, 물자관리규정, 설비관리규정, 자재상사사업규정 등 경제 관리 규범과 규정을 하나하나 새로 작성해 나갔다. 이러한 규범과 규정에는 생산과 건설, 분배와 유통, 소비 등 모든 경제 활동과 교육, 보건 등 제반 문화 건설 사업에 필요한 활동 원칙과 행동 준칙들이 전면적으로 상세하게 규정되어 있으며,[93] 지배인으로부터 직장장, 작업반장에 이

---

[89] 편집국, 「온 사회의 주체사상화의 요구에 맞게 공화국 정권을 더욱 강화하자」, 『근로자』 1975년 제9호, 8쪽 ; 편집국, 「위대한 수령님께서 밝히신 3대 혁명의 기치 밑에 혁명 기지를 정치, 경제, 군사적으로 더욱 튼튼히 꾸리자」, 『근로자』 1975년 제3호, 28쪽.

[90] 김일성, 「정무원 사업을 개선 강화할 데 대하여」(1976. 4. 30), 『김일성저작집 31』), 91쪽.

[91] 렴룡삼, 「기업 관리의 정규화는 경제 관리의 개선과 생산 정상화의 중요한 고리」, 『근로자』 1979년 제7호, 47쪽.

[92] 김정희, 「기업 관리의 정규화는 사회주의 경제 관리의 필수적 요구」, 『근로자』 1971년 제7호, 45쪽 ; 로태석, 「경제 사업 체계와 질서를 철저히 세우는 것은 생산과 건설을 다그치기 위한 중요한 과업」, 『근로자』 1978년 제7호, 33쪽.

[93] 심형일, 「사회주의적 법 생활을 강화하는 것은 사회주의, 공산주의 건설의 성

르기까지 모든 일군들이 정확히 지켜야 할 동작 규범과 부서 직능들이 상세하게 규정되었다.

아무튼 정무원의 기구 개편과 인사 교체, 행정 경제 사업의 정규화 등 이 모든 것은 정무원의 행정 경제 사업에 대한 김정일의 당적 지도력을 강화하기 위한 것이었다. 북한의 표현을 빌면, 1975년에 들면서 "당 중앙의 영도 밑에 경제 사업에 대한 당적 지도가 전례 없이 강화"되었던 것이다.[94] 김정일은 당 사업과 경제 사업을 밀착시킬 데 대한 방침을 제시하고, 경제 사업에 대한 당적 지도를 "결정적으로 강화"하도록 지도하였다.[95] 여기서 당 사업과 경제 사업을 밀착시킬 데 대한 방침은 당 조직들과 당 일군들이 행정경제사업에 대해 완전히 책임지는 입장에서 그에 대한 지도를 "결정적으로 강화"하며 경제건설에 당적 역량을 집중시킴으로써, 당 조직들과 당 일군들이 경제사업을 튼튼히 틀어쥐고 당의 모든 활동을 경제과업수행에 복종시키며 당 사업의 성과가 경제 사업에서 나타나게 하는 것을 의미했다.[96]

특히 1970년대 북한의 경제 건설에 대한 김정일의 지도력은 70일 전투와 같이 대중 운동 방식으로 이루어졌다. 3대혁명소조운동과 3대혁명붉은기쟁취운동 등이 그것이었다. 먼저 1973년 2월부터 본격적으로 추진된 3대혁명소조운동은 북한 사회에 만연된 관료주의, 형식주의, 조직 이기주의, 소극 보수성, 무책임성, 창발성 부족 등을 퇴치하기 위한 사상 투쟁적 성격을 갖고 추진되었다.[97] 북한은 1970년 노선노동당 제5차 대회에서 기술혁명, 특히 3대기술혁명을 6개년계획의 중심 과업

과적 수행을 위한 중요한 요구」, 『근로자』 1977년 제5호, 51쪽.
[94] 강현수, 앞의 글, 39쪽.
[95] 정필선, 앞의 글, 36쪽.
[96] 편집국, 「당사업과 경제사업을 밀접히 결합하여 사회주의 건설을 힘 있게 밀고 나가자」, 『근로자』 1977년 제3호, 2쪽.
[97] 사회과학출판사, 『주체사상에 기초한 3대혁명이론』(평양: 사회과학출판사, 1975), 70쪽.

으로 제기하였다. 그러나 중간 단위 간부들의 관료화 경향으로 인해 과업이 잘 추진되지 않고 있었다.98) 이러한 문제점을 시정하기 위해 김정일은 부부장급을 비롯한 중간 간부들에 대한 당적 통제를 강화하는 한편,99) 군중노선을 더욱 강화하는 조치를 취하였다.

3대혁명소조운동 역시 중간 단위를 거치지 않고 수령과 당의 정책이 곧바로 하부 단위에까지 미치도록 하고, 관료화된 중간 단위 간부들에 대한 사상 투쟁을 주요 목적의 하나로 하고 있으며, 그 초점은 기술혁명의 수행에 있었다. 즉 3대혁명소조운동은 당핵심, 과학기술일군, 청년인텔리들이 주축을 이루고 있으며,100) 과학 기술 지식으로 무장된 새로운 세대를 통해 위로부터의 기술 혁신을 추구하는 것이었다.101) 그리고 김정일이 후계자로 추대된 이후 그 지도권을 넘겨 받은 다음 이 3대혁명소조운동은 김정일의 친위대, 근위대로 활동하며,102) 김정일의 방침을 직접 수행하는 돌격대가 되었다.

때문에 3대혁명소조운동은 "당 중앙의 혁명적 지도를 가장 정확히 실현하는 운동"으로 평가되었다. 즉 소조원들은 김정일의 방침에 따라 사고하고 행동하는 것을 사업과 생활의 확고한 철칙으로 삼고, 전국의

---

98) 김일성, 「올해 사업 총화와 다음해 사업 방향에 대하여」(1973. 12. 31), 『김일성저작집 28』, 624쪽 ; 김정일, 「농촌 경리 부분에 대한 당적 지도를 강화하여 올해 농업 생산에서 새로운 앙양을 일으키자」(1976. 2. 6), 『주체혁명위업의 완성을 위하여 3』, 462쪽.
99) 김정일, 「문화예술부 정치국 사업을 개선 강화할 데 대하여」(1973. 3. 28), 『주체혁명위업의 완성을 위하여 2』, 95쪽.
100) 사회과학출판사, 앞의 책, 74쪽.
101) 1971년 6월 김일성은 세대교체의 필요성을 언급하며 청년들이 새로운 기술 보급에 선봉적 역할을 할 것을 강조하고, 청년들이 생산에서 기술신비주의와 보수주의를 타파할 것을 강조하였다. 김일성, 「청년들은 대를 이어 혁명을 계속하여야 한다」(1971. 6. 24), 『김일성저작집 26』, 208쪽.
102) 김일성, 「당, 정권기관, 인민군대를 더욱 강화하며, 사회주의 대건설을 더 잘 하여 혁명적 대사변을 승리적으로 맞이하자」(1975. 2. 17), 『김일성저작집 29』, 95쪽.

실태를 정확히 김정일에게 보고하고 모든 분야에 대한 김정일의 유일적 지도를 구현해 나갔던 것이다.103) 결국 3대혁명소조운동은 당·정에 대한 김정일의 지도력을 더욱 강화해 주는 역할을 하였으며, 그 과정에서 많은 소조원들이 입당하고 간부로 발탁됨으로서 젊은 층으로의 세대교체를 가져오고 김정일의 지지 기반을 넓혀 주었다.

또 김정일은 1975년 11월 3대혁명을 대중적으로 추진하기 위해 "사상도 기술도 문화도 주체의 요구대로!"라는 구호를 내걸고 3대혁명붉은기쟁취운동을 발기하였다. 3대혁명소조운동이 김일성에 의해 발기되어 김정일에 의해 확대 발전된 대중 운동이었다면, 3대혁명붉은기쟁취운동은 처음부터 김정일이 구상하고 추진한 대중 운동이었다. 이 운동은 온사회의 주체사상화를 실현하기 위한 대중 운동으로, 특히 김정일에 대한 근로자들의 충성심을 고양하는 것을 가장 중요한 목표로 설정하였다. 따라서 이 운동에서는 무엇보다 먼저 김정일에 대한 충성심이 얼마나 높은가 하는 데 따라 사업이 평가되고 영예의 붉은기가 주어졌다.104) 또 김정일은 "전쟁의 관점에서" 혁명 대열을 얼마나 철저히 꾸렸는가 하는 것을 3대혁명붉은기쟁취운동의 중요한 평가 기준으로 제시하였다.105)

한편, 북한은 1978년부터 제2차 7개년 계획을 수행하면서 인민 경제의 주체화, 현대화, 과학화를 그 핵심 목표로 설정하고, 그 실행 원칙으로 자력갱생의 원칙을 제시하였다. 특히 중국이 중국공산당 제11기 제3차 중앙위원회 전체회의에서 개혁 개방 정책을 결정하자, 김정일은 1978년 12월 "우리식대로 살아나가자"는 구호를 제시하고 자력갱생의

---

103) 전영락, 「3대혁명소조운동은 3대 혁명에 대한 당의 혁명적 영도를 실현하는 위대한 운동」, 『근로자』 1976년 제4호, 43~44쪽.
104) 편집국, 「위대한 수령 김일성 동지께서 발기하신 3대혁명붉은기쟁취운동을 힘 있게 벌리자」, 『근로자』 1976년 제1호, 15쪽.
105) 김정일, 「올해 당사업에서 틀어쥐고 나가야 할 몇 가지 중심적 과업에 대하여」 (1976. 1. 1), 『주체혁명위업의 완성을 위하여 3』, 418쪽.

원칙을 더욱 강조하며 "자력갱생의 혁명 정신을 더욱 높이 발휘하자"고 역설했다.

북한의 설명에 따르면, "당시 일부 사회주의나라들은 수정주의의 길로 나아가면서 저들의 그릇된 노선을 남에게도 내리먹이려고 공공연히 압력을 가하고 여러 가지 복잡한 사태를 빚어내고 있었다"고 한다.[106] 당시 김정일 역시 "오늘 국제공산주의운동안의 복잡한 사태로 큰 나라들 사이에 끼여있는 우리에게 난관을 조성하고 있다. 기회주의에 빠진 일부 사회주의 나라들은 혁명적 원칙을 저버리고 제국주의자들과 공공연히 타협하고 있으며 민족이기주의에 사로잡혀 제 살 궁리만 하고 있다"고 비판한 바 있다.[107] 이러한 상황에서 김정일에 의해 제시된 "우리식대로 살아 나가자"는 구호는, 어디서 어떤 바람이 불어오고 남이야 어떻게 하든, 그 어떠한 시련과 난관이 도래하든 추호의 동요도 없이 주체사상의 요구대로 살며 혁명하는 것을 의미했다. 여기서 "자력갱생"이란 제국주의와 수정주의에 대한 반대 의미를 내포하고 있는 것이었다.[108]

때문에 북한의 제2차 7개년 계획은 자력갱생의 원칙에 입각해 인민경제의 주체성과 자립성을 더욱 강화하는 것을 그 핵심 목표로 삼고 있었다. 하지만 그것은 현대 과학 기술에 기반하는 것이었다. 때문에 북한은 "현시대를 과학기술의 시대"로 규정하고,[109] 과학 기술 발전에 대해 그 어느 때보다 큰 관심을 기울였다. 생산에서도 과학 기술이 요구

---

[106] 평양출판사, 앞의 책, 102쪽.
[107] 김정일, 「자력갱생의 혁명적 구호를 높이 들고 전당, 전민을 불러 일으켜 제2차 7개년 계획을 앞당겨 수행하자」, 김일숙, 『민족의 운명과 김정일 령도자』(평양: 평양출판사, 1995), 98쪽에서 재인용.
[108] 편집국, 「자력갱생은 우리 인민이 견지하고 있는 전투적인 혁명 정신」, 『근로자』 1978년 제2호, 13쪽.
[109] 편집국, 「3대 혁명 노선은 사회주의, 공산주의 건설에서 우리 당이 일관되게 견지하고 있는 전략적 방침」, 『근로자』 1978년 제3호, 9쪽.

되고, 경제 운영에서도 과학적인 경영 활동이 요구되었던 것이다.[110] 김정일 역시 과학 기술 발전의 중요성을 강조하며, 간부의 요건으로 수령에 대한 충실성과 아울러 과학 기술 지식으로 무장된 실무 능력을 1970년대 전반기보다 더 강하게 요구하였다.[111]

특히 김정일은 과학 기술에 의한 경제 발전과 생산 현장의 기술적 문제를 해결하기 위해 과학 기술자들과 인텔리들의 역할 제고를 강조하는 한편, 과학자·기술자 돌격대 운동을 조직하였다. 즉 김정일은 1975년 처음으로 '7·1과학자·기술자 돌격대'를 조직한 데 이어, 1978년 '2·17과학자 돌격대', '4·15기술혁신돌격대' 등을 조직하여 생산 현장에 파견하여 기술 혁신 운동을 추진하였던 것이다.[112] 이것은 생산 현장에서 과학 연구 사업과 대중적 기술 혁신 운동을 결합시킨 것이었다.

김정일은 또 1979년 10월부터 새로운 대중운동인 '숨은 영웅들의 모범 따라 배우기 운동'을 전개하였다. 기존의 대중운동이 집단을 대상으로 하던 데 비해, 이 운동은 개인을 단위로 하는 운동이었다. 이 운동 역시 사상 개조 운동이면서 동시에 기술 개조 운동에 더 많은 관심을 기울였다. 다시 말해 이 운동은 과학 연구 사업과 기술 혁명 수행에서 새로운 전환을 일으킬 것으로 목표로 하고 있었던 것이다.[113] 때문에 숨은 영웅들은 1970년대 후반 '우리식대로' 살아나가는 주체형의 공산주의 인간의 전형으로, 수령에 대한 충실성과 자력갱생의 혁명 정신,

---

[110] 오형일, 「위대한 수령님께서 창시하신 주체의 경제 관리 이론은 사회주의 경제 관리 운영의 가장 정확한 지도적 지침」, 『근로자』 1978년 제3호, 47쪽.
[111] 인민경제의 현대화, 과학화에 김정일의 높은 관심은 1970년대 초반 황해제철소의 전면적 자동화 사업, 은률광산의 대형장거리 콘베이어벨트 사업, 무산광산-김책제철소 사이의 대형장거리 정광수송관건설 사업, 강선제강소와 2·8시멘트공장의 산업텔레비젼화 사업 등을 직접 지도한 데서 어느 정도 엿볼 수 있다.
[112] 평양출판사, 앞의 책, 105쪽.
[113] 백재욱, 「숨은 영웅들의 모범을 따라 배우는 운동은 우리 혁명의 새로운 단계에서 발생한 공산주의적 대중운동」, 『근로자』 1980년 제2호, 51쪽.

특히 과학 기술 연구 사업에서 모범을 보인 사람들로 발굴되었다.

나아가 김정일은 제2차 7개년 계획의 실행과 관련하여, 경제 사업에 대한 당적 지도를 그 어느 때보다 더욱 강화하고, 당 사업과 경제 사업을 더욱 밀착시켜 나가도록 지도하였으며,114) 이에 따라 당일군들에게도 높은 경제 지식과 과학 기술 지식을 습득할 것을 요구하였다.115) 그리고 경제 사업에 대한 당적 지도를 강화하기 위해 각급 당위원회 내에 경제 기관이 다시 설치되었다. 지방예산제와 독립채산제도 강화되었다. 특히 김정일은 재정 관리 체계의 강화를 위해 기존의 월(月) 생산 및 재정 총화 제도 대신 새로운 일(日) 생산 및 재정 총화 제도를 도입하였다. 이것은 인민 경제 모든 부문 모든 단위에서 매일 생산 계획 수행 정형 총화와 재정 총화를 밀접히 맞물려 진행하는 새로운 경제 관리 제도였다.116)

---

114) 염원석, 「당사업과 경제사업의 옳은 결합」, 『근로자』 1980년 제2호, 24~30쪽 참조.
115) 백능기, 「당일군은 경제 지식과 현대 과학 기술을 알아야 한다」, 『근로자』 1978년 제5호, 41쪽.
116) 박남기, 「계획의 일원화, 세부화는 우리 당의 주체적인 계획화 방침」, 『근로자』 1980년 제9호, 55쪽.

제5절 김정일의 군권 장악과 후계자의 군대

 김정일의 군사 부문에 대한 지도력 구축은 1974년 하반기부터 시작되었다. 김정일은 1974년 하반기에 군대내 당 조직에 대한 일제 검열을 실시하였는데, 검열의 주요 기준은 유일사상체계와 유일지도체계를 군에서 제대로 따르고 있는가, 김정일이 제시한 방침과 구호가 제대로 접수되고 있는가 하는 것이었다. 이러한 검열 총화를 통해 김정일은 자신의 지지 세력으로 군사, 정치 간부 대열을 재정비 하고 군에 대한 자신의 지도력을 강화해 나갔다.
 군에 대한 김정일의 지도력 역시 군대 내 당 조직을 통해 이루어졌다. 북한의 군대 내 모든 당 조직은 총정치국의 지도를 받으며, 총정치국은 당 조직지도부의 지도를 받는바, 김정일은 조직지도부-총정치국 라인을 통해 군에 대한 자신의 지도력을 구축해 나갔던 것이다. 다시 말해 당 조직지도부를 통해 군대 안의 당 조직을 장악하고 이 군대 안의 당 조직을 통해 군지휘 계통을 장악해 들어갔던 것이다.
 특히 김정일의 군에 대한 지도력 구축 과정에서 중요한 계기가 된 것은 1975년 1월 조선인민군 총정치국 책임일군들과 한 담화였다. 이 담화에서 김정일은 군대 내 당 사업을 책임지고 있는 총정치국에 대한 자신의 지도력 확립을 다음과 같이 공식적으로 표명하였다. 즉 "인민군대에 대한 당 중앙의 유일적 영도는 전군 김일성주의화를 실현하기 위한 기본 담보이다…… 인민군대안의 모든 간부들과 군인들은 당 중앙의 유일적 영도에 끝없이 충실하여야 한다. 전군이 당 중앙의 유일적 영도 밑에 하나와 같이 움직여야 하며 당 중앙의 명령, 지시를 무조건 철저히 관철하여야 합니다…… 인민군대에는 군건설과 군사활동에서 나서는 중요한 원칙적 문제들을 빠짐없이 당 중앙에 보고하고 당 중앙의 결론에 따라 처리하는 엄격한 규율이 전군을 확고히 지배하도록 하여야 한다."117)

김정일은 이 담화를 통해 전군 주체사상화 방침을 본격적으로 제기하고, "인민군대를 완전무결한 수령의 군대, 당의 군대로 만드는 것을 군 건설의 총적 임무"로 제시하였다. 이를 위해 김정일은 군대 내에서 당 정치 사업을 확고히 앞세우게 하고, 군인들 속에서 당과 수령에 대한 충실성을 확고한 신념과 의리로 간직하도록 하기 위한 사상 교양 사업을 진공적으로 벌려 나갔다.118) 1975년 2월에 인민군 총참모장 오진우의 김정일에 대한 충성 표시가 있었으며, 당 기관지『근로자』는 군인들이 당 중앙을 목숨으로 사수할 것을 요구하였다.119) 또 김정일은 1975년 12월 초에 전군에 3대혁명붉은기쟁취운동을 추진하였다.

1975년을 지나면서 군에 대한 김정일의 지도력은 어느 정도 확고해진 듯하다. 당시 군에서 못하나 움직이는 것도 김정일의 결심이 없으면 못한다는 말이 나올 정도였다고 한다.120) 1975년경부터 김정일은 군대가 보고 문건이나 비준 문건을 김일성에게 직접 올리지 못하게 하고 반드시 자신을 통하도록 보고 체계를 바꾸었다. 1975년부터 시행된 이러한 새로운 보고 체계는 김정일이 인민군대의 정보 통로를 틀어쥐는 획기적 사건이었다.121) 1975년에는 군 병영에 김정일의 초상화가 김일성

---

117) 김정일,「전군을 김일성주의화하자」(1975. 1. 1),『김정일선집 5』(평양: 조선노동당출판사, 1995), 1~9쪽 참조.
118) 평양출판사, 앞의 책, 109~110쪽.
119) 편집국,「위대한 수령님께서 밝히신 3대 혁명의 기치 밑에 혁명기지를 정치, 경제, 군사적으로 더욱 튼튼히 꾸리자」,『근로자』1975년 제3호, 28쪽.
120) 정창현, 앞의 책, 166쪽.
121) 최주활,「김정일 30년 노력 끝에 군부 완전 장악」,『월간WIN』, 1996년 6월호,

과 나란히 부착되었다. 군에 대한 김정일의 지도력 강화는 군의 세대 교체를 가져 왔다. 중대장은 30~40세에서 32세 미만으로, 대대장은 40~50세에서 32~35세로, 연대장은 50~60세에서 35~40세로 연령이 대폭 낮아졌으며, 만경대혁명학원 출신 등 김정일과 운명을 같이하는 혁명 2세대가 부상하였다.122)

그러나 군에 대한 김정일의 지도력 구축 과정은 그리 순탄하지만은 않은 듯하다. 1976년 후계 체제 구축의 속도에 대한 김동규 등의 문제 제기 이후, 1977년에는 오진우마저 당 중앙에 대한 언급을 회피할 정도였다.123) 김동규 사건으로 군과 사법 안전기관의 주요 간부들이 모습을 감추었으며, 김정일 역시 1978년 중반까지 활동을 자제하였다. 이러한 김정일의 활동 자제와 후계 체제의 속도 조절 기간은 김일성의 적극적인 지원하에 군에 대한 김정일의 지도력 강화를 위한 내부 정비 기간이었던 것으로 추측된다. 군에 대한 김정일의 지도력 확립은 실로 김일성의 적극적인 지원과 후원에 크게 힘입은 것으로 보아야 할 것이다. 김정일은 1978년 조선인민군 창건일을 기존의 2월 8일에서 1932년 반일인민유격대 창건일인 4월 25일로 변경하는 등 1978년을 지나면서 군에 대한 자신의 지도력을 재차 강화해 나갔다.124)

당 조직을 통해 군에 대한 지도력을 구축해 나가던 이전 시기와 달리, 1979년부터 김정일은 대중운동과 아울러 군사 업무에까지 보다 직접적인 지도력을 행사하기 시작했다. 군에서의 3대혁명붉은기쟁취운동

164~165쪽 참조.
122) 정영철, 앞의 글, 185쪽.
123) 사까이 다까시, 「김정일의 권력 기반: 그 형성 과정을 중심으로」, 박한식 편, 『북한의 실상과 전망』(동화연구소, 1991), 46~47쪽 참조.
124) 이러한 창군 기념일의 변경은 조선인민군이 항일혁명전통을 계승한 군대라는 것을 명백히 한 것으로, 이러한 군에 대한 혁명 전통의 강화는 곧 군에 대한 김정일의 지도력을 강화하는 의미를 지닌다. 정영철, 앞의 글, 215·239쪽 참조.

은 특히 아랫단위에서 진행되었고, 이것은 군에 대한 김정일의 지도력을 더욱 강화시켜주는 역할을 하였다. 또 김정일은 1979년 12월부터 '오중흡 따라배우기 운동'을 전개하였는데, 이것은 최고사령관 김일성의 명령과 당 중앙 김정일의 명령에 대한 절대적 충성심을 고양하기 위한 것이었다. 그리고 인민군대 모든 부대들에서 "훈련도 학습도 생활도 항일유격대식으로"라는 구호를 제시하고 혁명전통교양을 강화하였다.

또 김정일은 1979년 2월 전군을 주체사상화하기 위한 정치사상교양사업의 방법과 관련, 항일유격대식 선전선동방법을 받아들여 모든 선전과 선동을 화선식 선전, 화선식 선동으로 전환시켰다. 특히 김정일은 군사 조직 체계와 작전 지휘 체계를 개편하는 문제, 인민군 군인들의 군사 기술적 자질을 높이는 문제, 인민군대의 무장 장비를 더욱 현대화하는 문제들을 중요한 과업으로 내세우고 강하게 추진해 나갔으며, 그 결과 군의 군사 기술적 준비에서 "획기적인 전진"이 이루어졌다고 평가되었다.[125]

1979년이 되면 1975년에 확립된 군의 보고 체계도 더욱 강화되었다. 이때부터 김정일은 김일성에게 올라가는 보고 문건을 선별하기 시작했던 것이다.[126] 그리고 김일성은 1979년 12월 조선노동당 인민군위원회 제6기 제20차 전원회의에서 군에 대한 김정일의 유일 지도 체제를 수립하도록 지시하였으며,[127] 1979년 12월 18일 조선노동당, 조선인민군 당위원회 확대전원회의에서는 김정일의 군 지도력 강화가 결의되었다.[128] 이 회의를 계기로 김정일은 당 조직을 통한 군사 부문 지도에서 직접 군사를 지도하는 단계로 점차 이행하게 된다.

---

125) 평양출판사, 앞의 책, 111쪽.
126) 최주활, 앞의 글, 164~165쪽 참조.
127) 조선노동당출판사, 『위대한 수령 김일성 동지의 불멸의 혁명 업적 9』(평양: 조선노동당출판사, 1998), 430쪽.
128) 『노동신문』, 1979년 12월 24일.

즉 1980년 10월 조선노동당 제6차 대회에서 김정일은 당군사위원회 위원으로 선출됨으로써, 군에 대한 당적 지도와 아울러 군사적으로도 직접적인 지도력을 행사할 수 있게 되었다. 나아가 1982년 4월 김일성은 인민군대에 대해, 후계자의 군대로서 충실성을 가질 것 요구함으로써, 군은 이제 수령의 군대이자 곧 후계자의 군대로 점차 전환되어 갔다.[129] 그리고 1982년 6월 당군사위원회는 김정일로 하여금 군대를 당적으로 지도하는 것에서 더 나아가 군사적으로도 직접 지도할 수 있도록 하고, 군대안의 보고 체계와 모든 사업 체계를 김정일의 유일적 지도를 보장될 수 있도록 개편하였다.[130]

---

[129] 김일성, 「주체의 혁명 위업을 무력으로 튼튼히 담보하자」(1982. 4. 25), 『김일성저작집 37』, 154쪽.
[130] 조선노동당출판사, 『위대한 수령 김일성 동지의 불멸의 혁명 업적 6』, 466~467쪽 참조.

제6절 수령 체제의 제도적 완성과 조직 사회주의

사실 1970년대 북한 정치의 가장 중요한 사건은 김정일의 등장이라 할 수 있다. 김정일은 1961년 7월 만 19세의 나이로 조선노동당에 입당하여 1964년 6월부터 공식적으로 당 사업을 시작한 이후, 1974년 2월 조선노동당 제5기 제8차 전원회의에서 김일성의 유일 후계자로 추대되었다. 이후 김정일은 당·정·군 등 북한 사회 전반에 걸쳐 자신의 후계 체제를 확고히 구축해 나간 것으로 알려져 있다. 김정일 후계 체제의 확립은 1970년대 북한의 가장 중요한 정치적 목표였던 것이다. 그런 만큼 1970년대 북한 사회의 변화 발전 과정은 김정일 후계 체제의 구축 과정과 분리하여 생각할 수 없는 것이다. 김정일 후계 체제의 확립은, 비록 약간의 우여곡절이 있었지만, 비교적 성공적으로 추진되었다. 1980년 10월 조선노동당 제6차 대회에서 김일성은 "혁명의 장래 운명을 좌우하는 근본 문제"로서 후계 문제가 성공적으로 해결되었음을 공개적으로 선언하였다. 이것은 1970년대를 경과하면서 김정일의 유일 지도 체제가 확고히 구축되었음을 의미한다.

그리고 1970년대에 있은 김정일 후계 체제의 확립 과정은 곧 북한의 독특한 사회 시스템이라 할 수 있는 이른바 수령 체제를 제도적으로 완성해 나가는 과정이기도 했다. 1967년에 공식 확립된 북한의 수령 체제는 수령을 유일 중심으로 한 당과 대중의 통일 단결을 그 궁극적 목표로 하고 있는바, 이러한 통일 단결 사회의 구현은 1970년대 북한의 가장 중요한 국가적 목표였다. 오늘날까지 이어지는 북한 정치의 가장 큰 특징은 역시 집단주의 원리에 기초한 통일 단결의 정치에 있었던 것이다. 통일 단결은 북한의 가장 중요한 국가적 목표이자, 그러한 목표를 달성하는 가장 중요한 수단이 되고 있다.[131] 1970년대 김정일은 이러한 북한의 국가적 목표를 실현하는 과정에서 자신의 후계 체제도 함께 구축해 나갔던 것이다. 따라서 수령 제의 제도적 완성 과정으로서 김정일 후계 체제의 확립 과정은 곧 통일 단결의 계승과 그 심화 발전의 역사적 과정이었다. 다시 말해 그것은 수령에서 후계자로 통일 단결의 중심을 계승하고, 후계자를 중심으로 한 당과 대중의 통일 단결을 더욱 심화 발전시켜 나가는 과정이었던 것이다. 물론 이 과정은 북한 사회 체계의 전반적인 변화를 수반하는 것이었으며, 김정일에 의해 김일성의 주체 노선과 집단주의적 발전 전략이 이데올로기, 조직, 리더쉽, 권력 등의 측면에서 더욱 발전·심화되어 나가는 과정이기도 했다.

통일 단결의 정치는 북한 정치가 추구하는 핵심 중의 핵심이었다. 이러한 통일 단결의 정치는 조직·사상적 지도의 유일성에 기초한 사상과 행동의 통일성을 통해 보장되며, 이를 구현하기 위한 핵심 수단은 사상, 조직, 규율(규범)이었다. 특히 북한은 1970년대 들어 사상적 통제(사상성)와 아울러 특히 조직적 통제(조직성)와 규범적 통제(규율성)를 갈수록 강화해 나갔는데, 그것은 규범적 통제를 강화하는 기반 위에서 조직 생활과 조직적 활동을 절대화하는 등 북한 주민들의 사회 활동에서부터 개인 생활에 이르기까지 그 모든 활동과 생활을 철저하게 조직화하는 것으로 나타났다. 전사회의 완전한 조직화로서, 조직 사회주의의 추구였다.

---

[131] 장달중은 "오늘의 북한이 주체사상의 집단주의적 원칙을 이용하여 경제 발전을 시도하고 있다고 하여, 주체사상의 윤리가 북한 사회의 궁극적인 목적으로 신봉되지 않고 있다고 말할 수는 없다"고 적절히 지적하고 있다. 장달중, 「남북한 정치체제의 이념과 현실」, 박기덕·이종석 편, 『남북한 체제 비교와 통합 모델의 모색』(세종연구소, 1995), 220쪽.

1970년대 수령 체제의 제도적 완성과 후계 체제의 확립은 이와 같은 전사회의 완전한 조직화를 기반으로 하여 성립되는 것이었다. 때문에 수령 체제가 완성되고 후계 체제가 확립되는 1970년대를 지나면서 북한 사회의 조직화 수준 역시 거의 완벽한 수준에 이르게 되었으며, 이에 따라 북한 주민들의 모든 활동과 생활은 엄격한 규범과 규율에 따라 철저하게 조직적으로 이루어지게 되었다. 1970년대 이와 같은 북한식의 조직 사회주의, 전사회의 완전한 조직화는 바로 김일성의 유일 후계자 김정일에 의해 자신의 후계 체제를 구축해 나가는 과정에서 이루어졌다.

　이렇게 볼 때, 북한 사회의 완전한 조직화는 1970년대 김정일 후계 체제 구축 과정에서 나타난 북한 사회 체계의 가장 중요한 변화라 할 수 있으며, 그것은 오늘날까지 큰 변화없이 그 기본틀이 그대로 유지되고 있다. 그런 만큼 1970년대 김정일의 등장에 따른 북한 체제의 변화는 오늘날의 북한 체제의 사실상의 원형이 형성된 시기라 할 만하다.

제5장

1990년대 경제 위기와 선군(先軍) 체제의 확립

제1절 경제난과 북한 체제의 전반적 위기

1990년대 들어 북한은 또 한번 위기를 맞게 된다. 경제 위기에 바탕한 체제의 전반적 위기 상황이었다. 그것은 사회주의 시장 붕괴 이후 가중되기 시작한 북한의 심각한 경제난으로부터 파생된 것이었다. 북한 내적으로 볼 때, 1990년대 북한의 경제 위기는 북한식 사회주의 계획 경제와 자립 경제의 일정한 한계, 즉 경제 효율성과 합리성 부족에 기인하는 것이었다. 사회주의 계획 경제는 생산 수단에 대한 사회적 소유, 집단적 소유에 기초하여 사회적 이익, 국가적 이익을 우위에 두고 여기에 개별 집단과 개인의 이익을 결합시키는 집단주의 원리에 의해 조직 운영된다. 이러한 사회주의 계획 경제의 정상적인 운용을 위해서는 그 제도의 집단성에 상응하는 생산자들의 높은 집단 의식과 집단행동을 요구한다. 그러나 북한도 시인하고 있듯이, "생산 수단이 집단적 소유로 되어 있다고 하여 경제의 집단주의적 본질과 경제의 사회주의적 성격이 저절로 보장되고 발양되는 것은 아니다."[1)]

사회적 공동 이익을 우선시하는 계획 경제 제도의 집단적 합리성과 달리, 각 개별 집단과 개인의 의식과 행위는 여전히 자신의 개별적·개인적 이익을 우선시하는 개별적·개인적 합리성에 의해 지배되고 있었기 때문이다. 역사적으로 볼 때, 소련 및 동유럽과 등소평 이후의 중국은 계획 경제 제도의 집단적 합리성을 약화시키고 개별적(개인적) 합

---

1) 김광식, 「사회주의 경제의 집단주의적 본질과 그 우월성」, 『경제연구』 1996년 제1호, 8쪽.

리성을 강화하는 실용주의적 제도 개혁을 통해 모순을 해소해 보고자 하였다. 이에 비해 북한은 지난 50여 년 동안 계획 경제 제도의 집단성을 유지 강화해 나가는 바탕 위에서, 생산자들의 집단의식과 집단행동을 강화함으로써 모순을 해소해 보고자 하였다.

의식 개혁(사상혁명)을 통한 사상성(혁명성) 강화와 행위 통제를 통한 조직성과 규율성 강화가 그것이었다. 북한이 "사회주의 사회에서는 경제 지도 관리 일군들과 근로자들의 사상 의식 수준을 높이기 위한 사상 교양 사업을 앞세우는 한편, 경제 관리에서 규율과 질서를 세워 높은 조직성과 규율성을 보장하는 것이 집단주의에 기초한 사회주의 사회의 본성으로부터 흘러나오는 필수적 요구"라고 주장하고 있는 것도 바로 이 때문이다.[2]

그동안 북한의 모든 정책과 리더십(경제 관리 체계와 방법 등)은 바로 이와 같은 방향에서 추진되어 왔다. 북한은 사회주의 계획 경제 제도의 집단주의적 성격을 전면적으로 발현시킬 수 있는가 없는가 하는 것은 전적으로 당과 국가의 정책과 지도(리더십)에 달려있다고 인식한다. 다시 말해 제도의 집단성을 의식과 행위의 집단성으로 전환시키기 위해서는 의식과 행위의 집단성을 강화하는 정책과 지도, 즉 당과 국가의 정책과 지도의 집단주의적 성격에 달려 있다는 것이다. 특히 북한은 사회주의 계획 경제의 집단주의적 본질을 표현하며 담보하는 주요한 요인으로 집단주의적 경제 관리 방법을 들고 있다. "사회주의 경제의 집단주의적 성격은 경제를 집단주의적 방법으로 관리하는 데 의하여 보장된다"는 것이다.[3]

그렇다면 북한의 전략은 과연 성공하였는가? 현재의 역사 발전 단계

---

[2] 함진수, 「경제 관리의 정규화는 사회주의 사회의 본성과 대규모 사회주의 경제의 특성을 전면적으로 구현하고 있는 독창적인 관리 운영 방식」, 『경제연구』 1999년 제4호, 10쪽.

[3] 김광식, 앞의 글, 8·10쪽.

에서, 그 답은 긍정적이지 못하다. 제도의 집단성, 정책과 리더십의 집단성에도 불구하고, 생산자들의 의식과 행위의 집단성에는 아직 만족할만한 성과를 거두지 못하고 있는 것이다. 생산자들은 여전히 개별적 합리성에 의해 지배되고 있었던 것이다. 즉 계획 경제하에서 생산자들은 기술 혁신과 생산 조직 혁신 등에 기초한 내포적 성장에 무관심한 채, 생산 자원의 절대적 투입량 증대를 통해 목표(계획 과제)를 달성하고자 하는 외연적 성장을 추구하였다. 이것은 경제 효율성을 저하시키고 만성적인 자원 부족 현상을 야기하는 것이었다. 계획 경제하에서 생산자들은 증산에는 관심이 많았지만, 절약에는 관심이 부족했다.

당과 국가의 정책과 리더십에도 문제가 없는 게 아니었다. 경제 사업에 대한 당과 국가의 지도는 경제 운용에서 집단성, 노동 계급의 '혁명적 원칙'(혁명성)을 보장하기 위한 것이었다. 그러나 경제에 대한 당의 정치적 지도는 당의 행정 대행 현상과 경제의 정치화 현상을 야기하고 경제 논리보다 정치 논리가 경제 사업을 규정함으로써 경제의 합리성, 효율성, 전문성을 약화시키는 것이었다. 또 계획성과 조직성, 규율성을 확립하기 위한 국가의 중앙집권적인 통일적 지도는 개별 생산 단위의 자율성과 창발성, 책임성을 약화시키는 것이었다. 북한 경제는 전문성, 합리성, 효율성보다 혁명성, 정치성, 이데올로기성이 앞서는 계획-이데올로기 경제였던 것이다

자기 완결적인 재생산 구조를 추구하는 자립 경제 노선 역시 북한 경제의 합리성과 효율성을 저해하는 것이었다. 북한의 자립 경제 노선은 생산력 발전 그 자체보다 자주 국방과 '민족 자주성'과 같은 정치·군사 우위의 이데올로기적 목표에 의해 규정된 것이었다. 즉 그동안 북한은 투자 효율성이 낮더라도 경제 자립성을 강화하는 데 중요한 역할을 한다면, 그에 대한 투자를 무조건 실현하는 방향에서 경제를 운용해 왔던 것이다.[4] 이와 같은 자립 경제 건설을 위한 북한의 기본 전략 노선이 바로 속도와 축적을 강조하는 중공업 우선의 농업·경공업 동

시 발전 노선이다. 그러나 북한의 공업에서 "수익성이 보다 높은 것은 경공업"이다.5) 때문에 중공업 우선의 자립 경제 노선은 수익성 원칙, 실리주의 원칙에 잘 부합되지 않는 것이다.

물론 자립 경제가 대외 경제 관계를 배제하는 것은 아니다. 그러나 자기 완결적인 재생산 구조를 추구하는 북한의 자립 경제 노선은 그 운용의 경직성으로 하여 대외 경제 관계의 보다 적극적인 합리적 이용을 제약하는 것이었다. 그동안 북한의 입장은 기본적이고 많이 요구되는 것은 자체로 생산하고, 적게 요구되거나 모자라거나 생산할 수 없는 것은 대외 경제적 연계를 통해 해결한다는 것이었다.6) 이러한 입장에서 북한은 1980년대까지 국내 시장을 위주로 하면서 사회주의 나라들을 기본으로 하는 대외 시장을 보충적으로 이용하는 방법으로 자립 경제를 건설해 왔다.7) 즉 북한은 자기 완결적인 재생산 구조로서 경제 자립성을 강화하는데 대외 경제 관계를 보완적 수단으로 이용해 왔던 것이다. 수익성이나 비교 우위의 개념은 거의 배제되어 있었다.

북한식 자립 경제의 보다 근본적인 한계는 그것이 대외 경제 관계에 매우 취약하다는 것이었다. 북한의 대외 무역과 경제 성장 사이의 상관관계를 역사적 추이를 통해 분석해 보면, 그 양자 사이에는 대체로 강한 양의 상관관계가 존재하였다.8) 즉 무역 의존도가 증가하면 경제 성장률도 증가하고, 무역 의존도가 감소되면 경제 성장률도 감소되던 것이다. 물론 북한의 대외 무역 의존도는 비교적 낮은 편에 속한다.

---

4) 리명서, 「사회주의 재생산의 경제적 효과성을 규정하는 지표들과 그 리용」, 『경제연구』 1992년 제4호, 5쪽.
5) 리명서, 「위대한 수령 김일성 동지께서 마련해 주신 자립적 민족 경제는 우리식 사회주의의 위력한 물질적 기초」, 『경제연구』 1998년 제3호, 9쪽.
6) 홍승은, 『자립 경제 리론』(평양: 사회과학출판사, 1984), 263쪽.
7) 최영옥, 「현시기 우리 당이 제시한 무역 정책과 그 정당성」, 『경제연구』 1997년 제2호, 17쪽.
8) 이태섭, 「북한 경제의 구조적 변화에 관한 연구」, 『통일 문제 연구』 제8권 1호 (평화문제연구소, 1996), 5~31쪽 참조.

그러나 중요한 것은 그 양이 아니라 질이다.

즉 북한은 주요 전략 물자인 원유, 콕크스, 생고무 등 주요 원자재와 에너지, 설비 등을 다른 나라에 의존하여 왔다. 예컨대 북한의 에너지 구조에서 원유가 차지하는 비중은 10% 정도로 매우 낮은 수준이지만, 원유 부족이 인민 경제 각 부문에 미치는 영향을 매우 큰 것이었다. 때문에 1990년대 사회주의 시장의 붕괴에 따른 무역 등 대외 경제 관계의 급격한 감소는 북한 경제에 실로 엄청난 타격을 주는 것이었다. 1990년부터 1998년까지 연속 9년간 마이너스 성장을 기록한 것이 그것이다. 당시 북한은 대외 무역의 70% 정도를 사회주의 시장에 의존하고 있었던 바, 사회주의 시장의 붕괴는 극심한 원자재난과 에너지난을 야기하였다.

게다가 1995년부터 계속된 자연 재해는 식량난 등 북한 경제를 걷잡을 수 없을 만큼 최악의 상황으로 몰고 갔다. 물론 계속되는 미국의 대북 경제 제재와 특히 미국의 군사적 위협에 따른 국방력 강화는 북한의 경제난을 가중시킨 중요한 요인의 하나로 작용하였다. 북한과 같이 작은 나라에서 자주 국방을 한다는 것은 실로 과중한 부담이 아닐 수 없었을 것이다.9)

이렇게 볼 때, 1990년대 북한의 경제 위기는 사회주의 계획 경제와 자립 경제의 일정한 모순과 한계를 내인(內因)으로 하고, 사회주의 시장 붕괴, 미국의 대북 경제 제재, 과중한 국방비 부담, 극심한 자연 재해 등과 같은 외적 자원 제약 현상의 심화를 외인(外因)으로 하여 이 양자가 결합됨으로써 발생한 것으로 분석된다. 그러나 북한 역사적으로 볼 때, 내인이 그 자체로서 경제 위기를 야기한 적은 없었다. 그것은 다만 경제 성장률의 둔화를 가져왔을 뿐이다. 1970~1980년대의 북

---

9) 북한은 1987년부터 시작된 제3차 7개년 계획의 실패 원인을 사회주의 시장 붕괴와 국방력 강화를 위한 자원 투입 등으로 들고 있다. 『조선중앙연감』(1994), 168~169쪽.

한 경제가 이를 잘 보여주고 있다. 북한의 경제 위기는 항상 외인이 결합됨으로써 발생했다. 1950년대 중반의 경제 위기와 1960년대 중후반의 경제 위기가 그러하였다. 1990년대의 북한 경제 위기 역시 사회주의 시장 붕괴와 같은 외인이 결합됨으로써 발생했다. 사회주의 시장이 붕괴됨에 따라 북한 경제가 1990년부터 마이너스 성장을 기록하며 위기로 치달은 것이 이를 잘 보여주고 있다.

1990년대 중반 북한의 경제 위기는 김일성의 사망과 맞물리며 곧 정치 위기로 파급되었다. 극심한 경제난으로 국가 공급 능력이 크게 약화됨에 따라 기존의 중앙집권적인 계획 경제 시스템과 국가 통제 시스템이 와해되고, 기존의 국가 식량 배급 체계와 소비품 공급 체계(국가 상업 유통망)도 와해되었다. 이러한 상황에서 탈북자가 증가되고, 직장에서 이탈하여 식량과 생필품을 구하기 위한 주민들의 사회 이동성이 증가되었으며, 이에 따라 주민들의 조직 정치 생활도 이완되었다.

극심한 식량난과 생필품 난은 주민들의 생산 활동과 조직 생활의 의욕을 감퇴시키는 것이었으며, 특히 패배주의 등 주민들의 사상적 동요를 야기하는 것이었다. 당시 "조성된 엄혹한 정세에서 신념과 의지가 나약한 일부 사람들 속에서는 승리의 신심을 가지지 못하고 동요하는 경향이 발로되었으며 난관 앞에 겁을 먹고 주저앉아 우는 소리만 하면서 동면하는 현상도 나타났다."[10] 이것은 무엇보다 경제 문제, 특히 식량 문제 때문이었다.

북한의 표현을 빌면, "식량 문제로 하여……인민들의 사상 의식에 부정적인 영향을 미치고 있"으며,[11] "경제 문제와 인민 생활 문제로 하여……인민들의 건전한 사상 의식에 부정적인 영향을 미치고 있다"는

---

[10] 조선노동당출판사, 『주체 혁명 위업의 위대한 령도자 김정일 동지 2: 위대한 정치가』(평양: 조선노동당출판사, 2001), 167쪽.
[11] 한창렬, 「농사를 짓는데 선차적인 힘을 넣을 데 대한 우리 당의 방침의 정당성」, 『근로자』 1997년 제8호, 67쪽.

것이다.12) 실로 "인민 생활 문제는 사회주의에 대한 인민 대중의 신념에 영향을 주는 심각한 문제"였던 것이다.13) 식량 배급 체계와 국가 상업 유통망이 사실상 와해된 상태에서 급속히 확산된 농민 시장(장마당)은 북한 주민들 사이에 개인주의적·실용주의적·물질주의적 가치를 더욱 확산시키는 것이었다. 또 극심한 경제난은 국가 재산의 유용 절취 등 탐오 낭비 현상과 뇌물 수수 등 부정부패, 암거래 등 불법 행위를 더욱 조장하였다. 사회 전반에 걸쳐 '비사회주의적 현상'이 확산되고 있었던 것이다.

경제난으로 인해 국가 기능뿐만 아니라, 당 기능 역시 크게 약화되었다. 1996년 12월 김정일은 식량난으로 인해 무정부 상태가 되고 있으며, 당 조직들이 맥을 추지 못하고 당 사업이 잘 되지 않아 사회주의 건설에서 적지 않은 혼란이 조성되고 있다며 당 중앙위원회를 비롯해 당 조직과 당원들을 신랄하게 비판하고 있다.14) 당 기능의 약화 현상은 중앙당에서 지방당으로 내려갈수록 더 심했을 것이다. 요컨대 경제 위기가 당과 국가의 기능 약화와 주민들의 사상적 동요 등 정치적, 사상적 위기로 파급되고 있었던 것이다. 때문에 김정일은 "현 시기 경제 문제는 우리 혁명과 사회주의의 운명, 나라의 흥망과 관련되는 사활적인 문제"라고 지적하였다.15)

한편, 사회주의권의 붕괴는 경제 위기를 포함해 북한 체제의 전반적 위기를 가중시키는 외적 요인이었다. 우선, 사회주의권의 붕괴는 사회

---

12) 홍석형, 「경제 지도 일군들은 〈고난의 행군〉에서 경제 사업의 주인으로서의 책임과 역할을 다하자」, 『근로자』 1997년 제8호, 27쪽.
13) 박영근, 「당의 혁명적 경제 전략을 계속 철저히 관철하는 것은 인민 생활을 높이며 자립적 경제 토대를 반석같이 다지기 위한 확고한 담보」, 『경제연구』 1996년 제2호, 5쪽.
14) 김정일, 「우리는 지금 식량 때문에 무정부 상태가 되고 있다」(1996. 12. 7), 『월간조선』 1997년 4월호, 308쪽.
15) 리기성, 「위대한 령도자 김정일 동지께서 밝히신 현시기 경제 운영 방향과 자립적 민족 경제 잠재력의 옳은 리용」, 『경제연구』 1997년 제4호, 3쪽.

주의에 대한 주민들의 신념(사상성)을 약화시키는 외적 요인의 하나였다. 그러나 사회주의권의 붕괴가 가져온 보다 중요한 결과는, 북한의 표현을 빌면, 북한 단독으로 '제국주의'와 맞서야 한다는 사실이었다. 1990년대 초 한러 수교와 한중 수교 등으로 북한의 외교적 고립도 심화되었다. 북한에 대한 미국의 군사적 위협과 압력, 외교적 고립과 봉쇄, 경제적 제재와 압박, 사상 문화적 침투 등 북한의 정권 교체와 체제 전환을 목표로 한 미국의 대북 적대 정책도 더욱 강화되었다.

안보 위기였다. 특히 전쟁의 가능성까지 내포한 핵 위기에 따른 한반도의 긴장 고조는 북한의 안보 불안을 더욱 가중시키는 것이었다. 당시 북한의 정세 인식은 북한을 붕괴시키고자 하는 '제국주의자들의 책동'이 전례없이 강화됨으로써, "1990년대 우리나라는 제국주의와의 가장 치열한 대결장"이었다는 것이다.16) 요컨대 1990년대 사회주의권의 붕괴에 따라 북한이 직면하게 된 가장 심각한 문제는 안보 문제였다. 안보 위기, 정치(사상) 위기, 경제 위기 등 북한 체제의 전반적 위기였다.

---

16) 편집국, 「당 창건 55돐을 맞는 올해를 천리마 대고조의 불길 속에 자랑찬 승리의 해로 빛내이자」, 『근로자』 2000년 제1호, 4쪽.

제2절 당내 정책 갈등:
실용주의적 개혁 노선 대(對) 이데올로기 보수 노선

　1990년대 북한의 경제 위기는 위기 해소 방안을 둘러싼 당내 정책 갈등을 야기하였다. 북한 경제의 가장 큰 결점의 하나는 경제 효율성과 합리성 부족이었다. 따라서 정책 갈등의 핵심 사안은 경제 효율성과 합리성을 어떻게 증진시킬 것인가 하는 것이었다. 즉 정책 갈등의 기본 축은 계획과 시장, 자립과 개방, 집단적 합리성과 개별적(개인적) 합리성, 혁명성·정치성·이데올로기성·노동계급성과 전문성·합리성·효율성·과학성의 문제로서, 실용주의 개혁 노선 對 이데올로기(혁명주의) 보수 노선의 대립이었다.

　1990년대 북한의 정책 갈등은 3단계를 거쳐 정리된 것으로 파악된다. 제1단계는 제3차 7개년 계획이 추진되던 1993년까지의 시기로서, 기존의 노선과 정책이 큰 변화 없이 대체로 유지되는 가운데, 사회주의권이 붕괴되고 그에 따라 북한의 경제 위기가 점차 심화되면서 생산력 발전을 강조하는 실용주의적 개혁 노선이 고개를 들기 시작하던 시기이다.

　제2단계는 1994년부터 1997년까지의 시기로서, 제3차 7개년 계획의 실패, '혁명적 경제 전략'으로의 정책 변화, 즉 중공업 우선 노선에서 농업·경공업 우선 노선으로 정책 전환, 그리고 김일성의 사망과 자연 재해로 인한 경제적·정치적 위기 심화 등에 따라 실용주의적 개혁 노선이 더욱 확산되고 정책 갈등이 고조되어 가던 시기이다. 제3단계는 1998년 이후 시기로서, 김정일의 선군(先軍) 정치와 붉은기 철학, '고난의 행군'과 '강행군'을 통해 실용주의적 개혁 노선을 제압하고, 사회주의 강성대국론과 새로운 '혁명적 경제 정책'을 통해 북한의 전통적인 노선과 정책을 기본 축으로 하여 체제를 재정비해 나가던 시기이다.

1. 주체사상의 해석을 둘러싼 이데올로기 갈등: 맑스주의의 계승성이냐 독창성이냐

이러한 정책 갈등에서 중요한 전환점은 실용주의적 개혁 노선에 대한 이데올로기 보수 노선의 전면적인 공세가 시작된 1995년 여름이었다. 실용주의적 개혁 노선에 대한 이데올로기 보수 노선의 전면적인 공세는 사회주의에 대한 신념을 저버린 '배신과 변절'에 대한 비판으로부터 시작되었다.

이러한 비판은 비록 다른 나라의 예를 든 우회적인 방식이긴 하지만, 1995년 8월 28일 『노동신문』 정론 "붉은기를 높이 들자"에서 전면적으로 제기되었다. 이 정론에서 북한은 위기 상황에서 사회주의 혁명에 대한 배신과 '제국주의'의 압력과 유혹에 대한 투항을 강도 높게 비난하는 한편, 국제 공산주의 운동사에서 "모든 변화와 우여곡절은 수령의 서거를 계기로 하여 생겨났다"고 지적하였다.[17] 실제로 당시 북한에서 "비겁 분자, 동요 분자가 생기고 배신자, 변절자들이 나타났다"고 한다.[18] '배신과 변절'이 있었다는 것은, 1998년 1월 자강도의 노동자들이 현지지도 나온 김정일에게 "신념과 양심을 저버린 배신자, 변절자들을 자기들에게 보내주면 그 놈들을 단호히 징벌하겠다"고 말한 데서도 확인된다.[19]

---

[17] 『노동신문』, 「붉은 기를 높이 들자」, 1995년 8월 28일.
[18] 조선노동당출판사, 앞의 책, 305~306쪽.
[19] 김성암, 「자강도 사람들의 일본새는 우리 일군들이 따라 배워야 할 혁명적인 사업 기풍」, 『근로자』 2000년 제6호, 39쪽.

황장엽은 북한에 있을 당시 1996년 5월 9일부터 공개적으로 비판을 받았다고 진술하고 있는데,[20] 그 다음날인 1996년 5월 10일자 『노동신문』 사설은 "겉으로는 수령을 받드는 척 하고 혁명 과업에 충실한 척 하면서 속으로 딴 꿈을 꾸며 뒤에서 딴 장난을 하는 것은 야심가 음모가들의 비열한 본색"이며, "소련에서 스탈린 이후 시기 당과 국가의 지도적 지위를 차지했던 현대 수정주의자들과 사회주의 배신자들은 모두 야심가, 음모가들이었다"고 비난하였다.[21]

그리고 '배신과 변절'에 대해 공개적인 비난을 가한 1995년 8월 28일 『노동신문』 정론 "붉은기를 높이 들자"에서 '붉은기 철학'이 전면적으로 제기되었다. 이어 1996년 1월 9일 『노동신문』정론 "붉은기는 조선 혁명의 백전백승의 기치이다"에서 북한은 '붉은기 철학'을 그 어떤 배신도 동상이몽도 모르며 사소한 사상적 변질도 조직적 균열도 없는 완전무결한 일심 단결의 기치라고 설명하고, 단결을 저해하는 배신과 기회주의 조류와는 비타협적으로 투쟁할 것을 역설하였다.[22]

이상의 보도 내용은 김일성 사망 이후 북한 내에서 사회주의에 대한 배신과 변절, '제국주의'에 대한 투항(매수 유혹), '수정주의', '기회주의', 조직·사상적 분열과 변질, 야심가, 음모가들이 있었음을 암시한다. 또 배신과 변절에 대한 반명제로서 사회주의에 대한 확고한 신념을 의미하는 '붉은기 철학'이 전면적으로 제기되었다는 것은 비사회주의적 현상으로서 실용주의적 개혁 노선이 상당히 유포되고 있었음을 보여준다. 여기서 야심가, 음모가들에 대한 비판은 김정일의 권력 승계 과정에서 그에 대한 도전으로서 권력 갈등이 있었음을 암시하며, '수정주의'와 '기회주의'에 대한 비판은 경제 위기 상황에서 기존의 당 정책에 대한 도전으로서 정책 갈등이 있었음을 암시한다.[23] 그리고 '붉은기 철학'의 전

---

[20] 「황장엽의 비밀 편지」, 『월간조선』 1997년 3월호, 100쪽.
[21] 『노동신문』, 1996년 5월 10일, 「야심가 음모가들의 비열한 본색」.
[22] 『노동신문』, 1996년 1월 9일, 「붉은 기는 조선 혁명의 백전백승의 기치이다」.

면화는 '수정주의', '기회주의' 조류로서 실용주의적 개혁 노선에 대한 전면적 공세를 알리는 신호탄이었다.

그렇다면 1990년대 북한에서 정책 갈등, 특히 실용주의적 개혁 노선은 과연 어떻게 나타났는가? 1990년대 북한의 정책 갈등은 먼저 북한의 지도 사상인 주체사상의 해석을 둘러싼 이데올로기 갈등으로 전개되었다. 황장엽을 포함한 일부 사회과학자들은 주체사상을 맑스주의의 유물변증법의 계승 발전으로서, 그 틀에 맞추어 해석하고자 하였다. 주체사상의 이른바 '독창성'을 부인하는 것이었다. 이러한 견해는 1990년대 초반부터 이미 존재하고 있었으며, 그것은 1990년대 중반까지 계속되었다.

이에 김정일은 1996년 7월 당 기관지 『근로자』에 보낸 담화 "주체 철학은 독창적인 혁명 철학이다"를 통해, 최근 일부 사회과학자들이 주체사상을 당의 사상과 어긋나게 그릇된 견해를 주장하고 있으며, 또 그러한 견해를 대외에도 유포시키고 있다고 비판하고, 인간 중심의 새로운 철학적 원리에 기초한 주체사상의 '독창성'을 재차 강조하였다.[24] 이렇게 해서 주체사상의 해석 문제를 둘러싼 이데올로기 갈등은 일단락되었다.

그렇다면 주체사상의 해석 문제를 둘러싼 이데올로기 갈등의 정치적, 정책적 함의는 과연 무엇인가? 공산 체계에서 모든 정책은 사상 이론적으로, 이데올로기적으로 정당화되어야 한다. 때문에 공산 체계에서 정책 변화는 항상 사상 이론과 이데올로기의 변화를 동반하며, 정책 갈등은 항상 이데올로기 갈등을 동반하는 것이었다. 그런데 현재 북한의 모

---

[23] 황장엽 망명 이후 북한은 대대적인 사상 검열을 통해 1997년 9월 농업 담당 비서 서관희, 전 인민군 총정치국 조직담당 부국장 이봉원 등 수백 명의 고위 간부를 숙청한 것으로 알려졌다(『연합뉴스』, 1998년 2월 18일·9월 23일) 이들의 몰락은 김정일에 대한 권력 도전 또는 당 정책에 대한 도전과 연루되어 있을 것으로 관측된다.
[24] 김정일, 「주체 철학은 독창적인 혁명 철학이다」(1996. 7. 26).

든 제도와 정책과 리더십은 북한의 이른바 '독창적인' 지도 사상인 주체사상에 의해 규정된 것이며, 또 그것에 의해 정당화되고 있다.

여기서 주체사상을 독창성이 아니라 맑스주의의 유물변증법의 계승 발전으로 해석할 경우, 기존의 제도와 정책과 리더십을 맑스주의의 유물변증법의 틀 속에서 재해석·재평가할 수 있게 된다. 즉 맑스 레닌주의를 지도 사상으로 하던 소련 및 동유럽과 중국은 사상·생산관계·정치에 비한 물질·생산력·경제의 1차적 규정성을 강조하는 맑스주의의 유물변증법(과 사적 유물론)에 따라 결국은 경제 발전·생산력 발전을 우선시하는 실용주의적 개혁 노선을 추구하였던 것이다. 이것은 주체사상을 맑스주의의 유물변증법의 계승 발전으로서 그 틀 속에서 해석할 경우, 실용주의적 개혁 노선을 사상 이론적으로, 이데올로기적으로 정당화할 수 있음을 의미한다. 주체사상의 재해석을 통한 실용주의적 개혁 노선의 추구였다.

당시 북한에서 대두된 실용주의적 개혁 노선의 구체적 내용은 북한의 경제 이론지 『경제연구』 1998년 1호에서 '기회주의적 견해'를 비판하고 있는 리명호의 논문에 압축적으로 드러나 있다. 북한의 원칙적 입장은 사회주의(집단주의) 경제 제도는 사회주의적(집단주의적) 방법에 의해 관리 운영되어야 한다는 것이었다. 그러나 리명호에 따르면, 당시 '기회주의적 견해'는 자본주의 경제의 생산력 발전에 현혹되어 경제 제도와 경제 관리 방법의 연관성을 부인하고 사회주의 경제 관리에 자본주의적 관리 방법을 끌어들이고자 하였다고 한다.

즉 그들은 첫째, 정경 분리 등을 명분으로 하여 경제에 대한 당과 국가의 지도를 거세하고자 하였다. 둘째, 이윤 지표를 더 중시하여 현물 지표를 이윤 지표에 종속시키고자 하였다. 셋째, 생산자들의 생산적 열의를 추동함에 있어 정치적 방법, 정치 도덕적 자극을 부차화하고, 돈에 의한 방법, 물질적 관심성만을 일면적으로 자극하고자 하였다. 넷째, 기업 관리를 자유화, 분권화하고, 상품 화폐 관계(가치법칙)를 경제

와 사회 전반에 확대하고자 하였다. 이것은 곧 사회적 소유를 사적 소유와 다름 없게 하는 것이었다.[25]

요컨대 실용주의적 개혁 노선은 기업 관리의 자유화, 분권화를 통해 가치 법칙과 상품 화폐 관계, 물질적 관심성을 전면화시키는 사실상 시장 경제적 개혁 노선을 추구하였던 것이다. 이것은 황장엽의 견해와 거의 일치한다. 주체사상을 맑스주의의 틀로 해석하는 황장엽은 자본주의의 생산력 발전을 긍정적으로 평가하고 자본주의로부터 그 장점을 배워야한다고 주장하는 한편, 사회주의와 시장 경제의 결합이 가능하다고 보고 시장 사회주의 노선을 제시하였다.[26] 이에 따라 황장엽은 중국식 모델을 추구하며, 중국의 개혁 개방을 따라 배워야 한다고 주장하였다.[27]

그러나 맑스주의에 기초한 이와 같은 실용주의적 개혁 노선은 주체사상의 '독창성'의 측면에서 강한 비판을 받게 된다. 북한의 설명에 따르면, 객관적 조건을 위주로 하여 전개된 맑스주의 경제학설과는 달리, 김일성의 경제 사상은 "사람 중심의 새롭고 독창적인 경제 사상"이며,[28] 물질 경제 관계를 중심으로 전개된 맑스주의 경제학과는 달리, 김정일의 경제학은 사람 중심의 "새롭고 독창적인 이론"이라는 것이다.[29]

또 북한의 설명에 따르면, 맑스주의는 사회주의 건설의 추동력을 생산력과 생산 관계의 적응이라는 물질 경제적 요인에서 찾고, 물질 경제적 조건에 결정적인 의의를 부여하였다.[30] 그러나 북한은 사회주의 경

---

[25] 리명호, 「경제 관리와 경제 제도의 련관을 부인하는 기회주의적 견해의 반동성」, 『경제연구』 1998년 제1호, 49~52쪽 참조.
[26] 황장엽, 「사회 발전과 관련된 몇 가지 문제에 대하여」, 『월간 조선 특별 부록: 황장엽 비밀 파일』(조선일보사, 1997년 4월), 51쪽.
[27] 황장엽, 「개혁과 개방 문제」, 『월간 조선 특별 부록: 황장엽 비밀 파일』, 20~21쪽.
[28] 김재서, 「위대한 수령 김일성 동지의 경제 사상은 영구 불멸할 것이다」, 『경제연구』 1995년 제2호, 4쪽.
[29] 리명서, 「위대한 령도자 김정일 동지는 노동 계급의 혁명적 경제 리론의 탁월한 거장」, 『경제연구』 1995년 제1호, 2쪽.

제 관리 문제를 맑스주의에 기초하여 물질 경제적 조건에 보다 큰 의의를 부여하는 원칙에서 해결하려 할 경우 편향을 범할 수 있다고 비판하고, 김일성의 경제 이론은 경제에 대한 정치 우위의 원칙을 확립한 "독창적인 이론"이라고 주장하였다. 경제주의, 경제 우위, 경제 실무주의에 대한 비판이었다.31)

또 북한의 설명에 따르면, 맑스주의는 물질 경제적 조건이 사회적 의식을 규정하며 생산력이 생산관계를 규정하기 때문에 생산력을 발전시키면 사회주의 생산 관계가 강화되어 사회주의 사상 문제도 자연적으로 해결되는 것으로 보았다. 그러나 주체사상은 사회주의 사상의 경제적, 물질적 기초는 사회주의 경제 관계이기 때문에 사람들을 사회주의 사상으로 무장시키기 위해서는 무엇보다 사회주의적 경제 관계를 공고 발전시켜야 한다고 본다.32)

생산력주의에 대한 비판으로서, 생산력보다 생산 관계를 우선시하고 있는 것이다. 이와 같은 경제에 대한 정치 우위의 원칙, 생산력에 대한 생산 관계 우위의 원칙은 사실상의 맑스주의에 기초한 실용주의적 개혁 노선을 배격하고 주체사상의 '독창성'에 기초한 기존의 전통적 노선을 계속 고수함을 의미한다. 여기서 몇 가지 주요 측면을 중심으로 정책 갈등의 구체적 양상, 특히 1990년대 초중반 실용주의적 개혁 노선의 구체적 표현 양태를 살펴보면 대략 다음과 같다.

---

30) 박영근, 「위대한 령도자 김정일 동지께서 밝히신 사회주의 경제 관리 체계 문제와 그의 빛나는 해결」, 『경제연구』 1994년 제4호, 3쪽.
31) 최중극, 「경애하는 수령 김일성 동지의 사회주의 경제 건설에 관한 사상 리론은 주체의 혁명 위업 승리를 담보하는 위대한 학설」, 『경제연구』 1995년 제2호, 8쪽.
32) 석두관, 「사회주의 경제 관계는 사회주의 사상의 경제적, 물질적 기초」, 『경제연구』 1996년 제2호, 25~26쪽.

2. 정책 갈등의 몇 가지 주요 쟁점

1) 경제에 대한 당과 국가의 지도를 강화할 것인가 제한할 것인가

먼저, 경제에 대한 국가의 중앙집권적 지도를 제한하고자 하는 주장이 제기되었다. 최영옥은 『경제연구』에서 "국가의 중앙집권적 권한의 범위가 넓으면 국가의 통일적 지도를 보장하는 데서는 유리하지만, 기업소의 창발성을 발양시키는 데서는 일정한 제한성을 가진다. 이러한 제한성은 경제의 규모가 커지고 생산 단위들 사이의 기술적 연계가 복잡해지고 다양해짐에 따라 더욱 더 심하게 나타난다"고 주장하였다.[33]

경제에 대한 국가의 중앙집권적 지도를 제한 또는 부정하는 것은 기업 관리를 자유화, 분권화하고, 경제에 대한 당의 정치적 지도와 수령의 유일적 영도를 제한 또는 부정하는 의미를 지닌다. 북한에서 경제에 대한 국가의 지도는 곧 경제에 대한 당과 수령의 지도로 규정되어 있기 때문이다.[34] 이에 대해 김순철은 경제가 발전하고 경제 규모가 커질수록, 그리고 경제 부문들 간의 연계가 복잡해지고 다양해질수록 경제에 대한 국가의 중앙집권적이며 통일적인 계획적 지도를 더욱 강화해야 한다고 주장하였다.[35]

2) 물질적 자극을 강화할 것인가 제한할 것인가

물질적 자극과 관련해서도, 그것을 대폭 강화하고자 하는 새로운 주장이 제기되었다. 북한에서 분배는 사회주의 노동 보수제를 통해 이루

---

[33] 최영옥,「국가의 통일적 지도와 기업소 창발성을 옳게 결합시키는 것은 계약 사업에서 나서는 원칙적 요구」,『경제연구』1992년 제1호, 17쪽.
[34] 김순철,「국가의 중앙집권적인 통일적 지도는 사회주의 경제 발전의 합법칙적 요구」,『경제연구』1995년 제3호, 12쪽 참조.
[35] 김순철, 위의 글, 13쪽.

어진다. 사회주의 노동 보수제는 노동을 유일 척도로 하여 노동의 양과 질에 따라 일한 것만큼, 번 것만큼 분배해 주는 제도이다. 이것은 평균주의적 분배를 배제하고 노동에서의 차이를 인정하는 것인 바, 북한의 설명에 따르면 노동에서의 차이는 "일을 한 정도에서와 노동의 효과성 정도에서 차이"로 나타난다. 먼저 일을 한 정도에서의 차이란 "노동력 지출에서의 차이"를 의미한다.

즉 그것은 노동 과정에서 소모되는 육체적 및 정신적 힘의 차이와 관련된 것으로서, 일을 많이 한 사람은 육체적으로나 정신적으로 더 많은 노동력을 소모하게 된다. 따라서 이 측면에서의 분배란 소모된 노동력을 회복 증진시키는 것이며, 이것이 바로 일한 것만큼 주는 것이다. 한편, 노동의 효과성에서 차이란 "노동의 결과에서의 차이"를 의미한다. 즉 노동력 지출에서의 차이가 없는 경우에도 노동의 결과에서의 차이가 있을 수 있는 바, 이에 대한 물질적 평가가 바로 번 것만큼 주는 것이다.[36]

노력일 평가제를 통해 노동에 대한 기본 보수가 실현되는 농촌 경리 부문에서는 노동의 결과에서의 차이에 기초하여 번 것만큼 주는 원칙이 적용된다. 그러나 공업 부문에서 사회주의 노동보수제는 생활비 등급제를 기본으로 하면서 여기에 추가적인 노동 보수 지불 형태들(상금, 장려금, 가급금 등)이 보충적으로 결합되는 형식으로 실현된다.

여기서 생활비란 근로자들이 "노동 과정에서 지출한 노동력을 충분히 보상"하고 그들의 생활을 보장하기 위하여 사회주의 국가가 노동자, 사무원들에게 그들이 한 노동의 양과 질에 따라 주는 분배 몫이며, 생활비 등급제는 노동의 차이에 따라 생활비 등급을 정하고 거기에 기초하여 근로자들에게 "일한 것만큼" 보수를 주는 제도이다.[37] 요컨대 생활

---

[36] 이에 대해서는 서승환, 「사회주의적 노동 보수제는 근로자들의 창조적 노동 활동을 추동하는 중요 공간」, 『경제연구』 1990년 제2호, 14~17쪽 참조.

[37] 황철, 「사회주의적 노동 보수제에서 생활비 등급제의 지위와 그의 역할」, 『경

비 등급제란 노동력 지출에서의 차이에 기초하여 일한 것 만큼 주는 것으로서, "노동 과정에서 지출한 노동력의 보상"이라는 의미를 갖는다.

따라서 생활비 등급제는 노동의 결과에서의 차이를 제대로 반영하지 못하는 한계를 지닌다. 때문에 생활비 등급제만으로는 근로자들의 생산 의욕을 남김없이 추동하는 데 일정한 한계가 있다. 생활비 수준은 일정 기간 상대적으로 고정되어 있기 때문에, 근로자들이 기술을 발전시키고 노동정량을 증대시키더라도 그에 상응하게 즉시 생활비 수준을 높일 수 없기 때문이다. 이것은 기술 발전과 노동 정량 증대에 대한 근로자들의 관심을 약화시키는 요인으로 작용할 수 있다. 북한은 이러한 한계, 즉 노동 정량 증대와 기준 생활비 사이의 차이를 상금, 장려금, 가급금과 같은 추가적인 노동 보수 형태들을 통해 해소하고자 하였다.[38]

그런데 렴호준은 추가적인 노동 보수 형태가 아니라 생활비 자체의 개선을 통한 문제 해결, 즉 노동력의 지출에서의 차이가 아니라 노동의 결과에서의 차이에 따라 생활비를 지불해야 한다는 주장을 펴고 있다. 렴호준은 노동력 지출에서의 차이에 기초한 "지출 범주로서의 생활비"와 노동의 결과에서의 차이에 기초한 "분배 범주로서의 생활비"를 구분하고, 일한 것만큼, 번 것만큼 분배해 주는 사회주의적 분배란 근로자들이 지출한 노동의 양과 질에 의한 분배, 즉 노동력의 보상에 대한 분배가 아니라, 근로자들이 지출한 노동의 결과인 사회적 생산물에 응결된 사회적 노동의 양과 질, 즉 생산물의 양과 질에 의한 분배라고 주장하였다.[39]

제연구』 1995년 제3호, 38쪽.
[38] 홍병준, 「노동 계획화 사업을 잘하는 것은 노동 행정 사업을 개선하는 기본 담보」, 『경제연구』 1997년 제2호, 30쪽.
[39] 렴호준, 「생활비는 기술 발전을 추동하는 중요한 경제적 공간」, 『경제연구』 1991년 제4호, 34쪽.

그의 설명에 따르면, 기술 발전과 노동 정량 증대를 위해서는 생활비 계획화에 "철저히 분배 범주로서의 생활비를 적용해야 한다." 이러한 분배 범주로서의 생활비는 노동 정량 증가율에 비례하여 늘어난다. 즉 기술 발전과 노동 정량 증가에 따라 생활비를 증대시키는 것은 국민 소득 분배에서 "개인적 이익과 사회적 이익의 균형 관계도 늘 그대로 유지되게 할 수 있다."[40] 이러한 렴호준의 견해는 축적 증가율과 소비 증가율의 일치·균형을 추구하는 것으로서, 종래 북한의 국민 소득 분배 정책과 다소 배치되는 주장이다.

그동안 북한의 국민 소득 분배 정책은 축적을 우선적으로 증대시키면서 소비도 증대시키며, 노동 생산 능률의 증가 속도를 생활비 증가 속도보다 앞세우는 것이었다.[41] 소비에 비한 축적의 우선적 증가란 축적 증가율이 국민 소득 증가율보다 높다는 것을 의미하며, 이것은 결국 소비 증가율이 국민 소득 증가율보다 낮다는 것을 의미한다.[42] 축적 증가율과 소비증가율의 불균형 정책이다.

북한에서 국민 소득은 자기를 위한 생산물 부분(생산자들의 개인적 소득으로서 노동 보수)과 사회를 위한 생산물 부문(확대재생산의 원천으로서 사회 순소득)으로 나뉘어진다. 여기서 렴호준류의 견해와는 달리, 백성해는 다음과 같은 견해를 피력한다. 즉 그에 따르면, 확대재생산의 높은 속도를 이룩하자면 사회 순소득의 빠른 성장이 실현되어야 한다. 경제적 효과성이 높아지는 조건에서 노동 생산 능률의 증가가 평균 생활비의 증가보다 앞서게 되며, 이러한 경우에 국민 소득 증가율보다 사회 순소득 증가율이 더 앞서게 된다(이것은 렴호준의 견해와 달리, 사회 순소득의 증가율이 개인적 소득의 증가율보다 높다는 것을 의

---

[40] 렴호준, 위의 글, 35~36쪽.
[41] 서승환, 앞의 글, 16~17쪽.
[42] 김응준, 「제3차 7개년 계획 시기 축적과 소비의 호상 관계」, 『경제연구』 1989년 제3호, 13쪽.

미한다). 다시 말해 노동 생산 능률의 증가가 평균 생활비의 증가보다 앞서야 사회 순소득의 증가가 국민 소득 증가보다 앞서게 된다는 것이다.43) 이것은 렴호준의 견해와 다른 것이다. 렴호준이 소비와 균형을 강조하고 있다면, 백성해는 축적과 속도를 강조하고 있는 것이다.

상업 유통 분야에서도 색다른 주장이 제기되었다. 고재환은 근로자들이 화폐 소득을 가지고 "무엇이든지 요구대로", "무엇이든지 마음대로 언제 어디서나 구애됨이 없이" 상품을 사고 봉사를 받을 수 있게 해야 한다는 견해를 피력하였다.44) 고재환의 이러한 주장은 북한의 기존 정책인 주문제와 배치되는 것이다. 북한은 무원칙한 평균주의를 배격하면서도, 또한 상품을 근로자들의 분배 몫에 맞게 공급한다고 하여 돈만 내면 아무에게나 상품을 무더기로 판매하는 현상도 배격하고 있다. 북한의 상업에서 주문제는 수요에 의한 배정과 공급, 부문과 대상의 특성에 따른 배정과 공급을 합리적으로 배합하며, 일반 판매를 기본으로 하면서 조절 판매를 합리적으로 배합함으로써, 모든 근로자들에게 나라의 생산력 발전 수준에서 골고루 제몫이 돌아가게 공급하는 제도였다.45)

3) 교환에서 가치 법칙의 적용을 확대할 것인가 제한할 것인가

기업 관리의 합리화 방안과 관련하여 제기된 또 하나의 중요한 쟁점은 교환에서 상품 화폐 관계와 가치 법칙의 이용 문제였다. 이 문제에 대한 북한의 기본 인식은 다음과 같다. 북한은 교환에서 그 대상이 상품이 되는가 안되는가 하는 기준을 사회적 분업 그 자체가 아니라, 소

---

43) 백성해, 「사회주의 사회에서 생산 자원 리용의 경제적 효과성 제고의 합법칙성」, 『경제연구』 1993년 제2호, 23쪽.
44) 고재환, 「화폐 류통을 공고화하는 데서 나서는 중요 요구」, 『경제연구』 1991년 제2호, 44쪽.
45) 리종만, 「사회주의 상업에서의 주문제에 관한 리론」, 『경제연구』 1990년 제2호, 44~45쪽.

유의 분화 즉 교환 과정에서의 소유권 변화 여부로 판단하고 있다. 이에 따라 북한은 교환 과정에서 소유권 변화를 동반하는 소비품은 상품으로 규정하지만, 단일한 국가적 소유인 국영 기업소들 사이에 교환되는 생산 수단은 교환 과정에서 소유권 변동을 동반하지 않기 때문에 상품으로 규정하지 않는다.[46] 그러나 국영 경리에서 생산된 생산 수단이 협동 경리에로 넘어가는 경우 그 생산 수단은 상품으로 규정된다.[47]

그런데 가치 법칙이란 상품 생산과 상품 교환의 경제 법칙이다. 따라서 교환의 측면에서 볼 때, 국가 기업소들 사이에 교환되는 생산수단은 상품이 아니기 때문에, 가치 법칙이 적용되지 않는다. 이렇듯 북한에서 상품의 생산과 교환은 제한된 범위에서 계획적으로 진행되며, 따라서 가치 법칙 역시 제한된 범위에서 계획적으로 적용된다. 그러나 국영 기업소들은 비록 단일한 국가적 소유에 속하는 것이지만, 사회적 분업 구조 속에서 독립채산제에 바탕하여 각기 경영상의 상대적 독자성을 갖고 운영되고 있기 때문에, 국영 기업소들 사이의 생산 수단 교환에는 준 것만큼 받는 '등가 보상의 원칙'이 적용된다.[48]

다시 말해 국영 기업소들 사이에 교환되는 생산 수단은 상품은 아니지만 상품적 형태를 취하며, 따라서 가치가 아니라 가치 형태를 취하며, 그 교환 형식으로는 상업이 아니라 상업적 형태를 취한다. 이러한 논리에 따라 북한에서 국가 기업소들 사이의 생산수단 교환은 국가 계획 즉 국가 기자재 공급 계획에 따라 지정된 수요자에게 상업적 형태를 통하여 준 것만큼 받는 '등가성의 원칙'에서 이루어진다.[49] 이렇게

---

[46] 김재서, 「위대한 수령 김일성 동지께서 창시하신 생산 수단의 상품적 형태에 관한 리론」, 『경제연구』 1999년 제3호, 6쪽. 북한에서 상품 영역에는 "인민 소비품을 기본으로 하면서 일부 제한된 생산 수단만이 들어간다." 리명호, 앞의 글, 52쪽.
[47] 김양호, 「사회주의 사회에서 주민 수요의 특징」, 『경제연구』 1995년 제4호, 16쪽.
[48] 리경재, 「사회주의 경제 건설에서 계산의 역할」, 『근로자』 2000년 제2호, 58쪽.
[49] 김재서, 앞의 글(1999. 3), 6~7쪽.

볼 때, 김정일의 표현을 빌면, 준 것만큼 받는 "등가성의 법칙은 가치 법칙에 비하여 보다 보편적인 의의를 가지는 경제 법칙이다."50)

그런데 정광수는 이러한 "준 것 만큼 받는 등가성의 원칙"을 사회적 필요노동 즉 가치(가치 형태)에 기초하여 준 것 만큼 받는 "가치(가치 형태)에 의한 등가성의 원칙"으로 해석하고 있다. 그에 따르면 상품 생산 분야에서 등가성의 원칙은 사회적 필요 노동 지출에 따라 가치 크기를 결정하는 것으로 나타나며, 상품 교환 분야에서 등가성의 원칙은 사회적 필요 노동 지출에 의한 가격 결정으로 나타난다. 가격은 가치에 기초하여 제정되어야 한다는 것이다. 그러나 이것은 사실상 가치 법칙을 의미한다. 다시 말해 정광수는 등가성의 법칙을 사실상 가치 법칙으로 해석하고 있는 것이다.

때문에 정광수는 김정일의 보편성 개념을 일반적 공통성의 개념이 아니라 그 외연적 포괄성 개념으로 해석하여, 등가성의 법칙은 가치 법칙도 하나의 중요한 구성 부분으로 자체 안에 포함하고 있다고 주장하면서, 그러한 등가성의 법칙을 교환 일반에 적용하고자 하였다. 이것은 사실상 가치 법칙을 교환 일반에 적용하는 것이나 다름 없는 것으로 해석된다. 아무튼 정광수는 등가성의 법칙에 대한 자신의 해석에 입각하여, 주고 받되 많이 주고 적게 받거나 적게 주고 많이 받는 경제 거래는 사실상 교환이라 할 수 없으며, 그것은 교환이 아니라 교환을 통한 착취라고 주장하고, "준 것만큼 반드시 받아야 한다"고 주장하였다.51)

이러한 정광수의 견해에 대해 장상준은 북한의 가격 정책을 다음과 같이 설명하고 있다. 첫째, 가격은 사회적 필요 노동 지출에 기초하여 규정된다. 이것은 정광수와 마찬가지로, 가격 결정에 있어 가치에 기초한 등가성의 원칙이 적용됨을 의미한다. 그러나 둘째, 가격은 생산물의

---

50) 정광수,「등가성의 법칙은 교환 일반의 경제 법칙」,『경제연구』1995년 제3호, 22쪽에서 재인용.
51) 정광수, 위의 글, 22~26쪽 참조.

사용 가치를 충분히 타산하여 규정된다. 사회적 필요 노동 지출이 아무리 많아도 쓸모가 적으면 수요가 적어지며, 따라서 사회적 필요 노동 지출에 해당한 가격을 받을 수 없다. 사회적 필요 노동 지출이 적어도 쓸모가 있으면 수요가 많아지며, 따라서 그 가격은 사회적 필요 노동 지출 이상으로 '배리'된다. 셋째, 당의 정책적 요구에 맞게 가격 수준이 보장된다. 예컨대 대중 소비품과 어린이용 상품의 가격은 낮게 정하고, 기호품과 사치품, 그리고 아직 공급량이 제한되어 있는 물건에 대해서는 대중 소비품보다 가격을 높게 정하는 원칙이 그것이다.[52] 수요 조절을 위해 소비품의 가격을 사회적 필요 노동 즉 가치로부터 능동적으로 분리시킬 수 있다는 것이다.[53]

이것은 소비재 생산과 유통에서 뿐만 아니라, 생산수단의 생산과 유통에서도 적용된다. 즉 북한은 경영 손실이 있어도 국가적 필요에서 생산을 계속 진행시키고, 일부 중요 생산수단의 가격을 그 가치로부터 능동적으로 분리시키고 있다. 그리고 여기서 발생하는 편차액은 모두 국가가 보상해 주고 있다. 특히 박재영은 "도시와 농촌의 경제적 연계에서도 서로 다른 소유와 각이한 계급들 사이의 경제 관계라고 하여 등가 관계를 전면에 내세울 것이 아니라, 협조 관계, 지원 관계를 기본으로 틀어쥐고 나가야 한다"는 입장을 피력하고 있다.[54] 요컨대 북한은 등가성의 원칙보다 단결과 협조의 원칙을 더 중시하고 있으며,[55] 그만큼 등가성의 원칙, 가치 법칙은 제한되어 있는 것이다.[56]

---

[52] 장상준, 「사회주의 사회에서 가격 균형 설정의 근본 요구」, 『경제연구』 1996년 제1호, 14~17쪽.
[53] 곽정갑, 「소비품 수요의 발생과 장성에 작용하는 주요 요인」, 『경제연구』 1996년 제1호, 33쪽.
[54] 박재영, 「위대한 령도자 김정일 동지께서 밝히신 도시와 농촌의 경제적 련계에 관한 주체의 경제 리론의 독창성」, 『경제연구』 1997년 제1호, 14쪽.
[55] 김양호, 「사람들의 경제생활에서 분업과 그 발전의 특성」, 『경제연구』 1999년 제1호, 26쪽.
[56] 또 북한은 동일한 자재의 구매에 있어서도, 계획 초과 자재에 대해서는 더 높

4) 생산에서 가치 법칙의 적용을 확대할 것인가 제한할 것인가

기업 관리의 합리화 방안과 관련하여 제기된 또 하나의 중요한 쟁점은 생산에서 가치 법칙의 이용 문제였다. 이와 관련, 한수환은 가치 법칙을 사실상 전면화할 수도 있는 주장을 펴고 있다. 한수환은 가치 법칙은 경제 관리를 합리화하기 위한 보조적 수단이라고 전제하면서도, 경제적 효과성의 크기를 특징지으며 부문 결합의 보다 유리한 방안을 선택하기 위해 이용되는 지표에는 금액 지표와 현물 지표가 있는데, 여기서 "중요한 의의를 가지는 것은 금액 지표"라고 주장한다. 그것은 "금액 지표만이 다양한 경제적 효과와 사회적 비용의 지출을 종합적으로 반영할 수 있기 때문"이라는 것이다.[57]

여기서 한수환이 말하는 사회적 효과성을 반영하는 금액 지표란 총생산액과 같은 양적 지표가 아니라, 원가, 이윤, 수익성과 같은 질적 지표를 의미한다. 따라서 현물 지표가 사용 가치를 표현한다면, 금액 지표는 가치를 표현한다. 그런데 사회주의 계획 경제는 가치 그 자체보다 사용 가치를 우선시 한다. 즉 사회주의 계획 경제는 금액 지표보다 현물 지표를 우위에 두고, 이 현물 지표를 정확히 달성하는 데 그 생산의 효과성을 높이고 기업 관리를 합리화하기 위한 보조적 수단으로 금액 지표를 적극 이용하는 것이다. 그러나 이와 달리, 즉 한수환과 같이 현물 지표(사용 가치)보다 금액 지표(가치)를 우위에 두는 것은 계획 범

은 가격을 받는 제도를 운용하고 있다. 즉 북한은 개별 기업들이 소비 기준을 초과하였거나 유용·낭비하여 계획보다 더 많은 자재를 요구할 경우에, 계획 초과 자재에 대해 더 비싼 값으로 구매하도록 하고 있다. 심지어 북한은 개별 기업이 필요 없는 자재나 필요 이상의 자재를 보유하고 있을 경우, 그것을 때에 따라서는 무상 동원할 수 있도록 하고 있다(안윤옥, 「기업 관리의 합리화에서 계약 관계가 노는 역할」, 『경제연구』 1993년 제1호, 38~39쪽). 이러한 제도 역시 등가 교환과 가치 법칙에 어긋나는 것이다.

[57] 한수환, 「협동농장들의 다각 경리 조직에서 타산하여야 할 요인」, 『경제연구』 1991년 제2호, 42·45쪽.

주보다 사실상 가치 범주를 우위에 두는 것을 의미하며, 이것은 결국 현물 중심의 계획 경제를 약화시키고 사실상 가치 중심, 즉 이윤과 수익성 중심의 시장 경제를 도입하는 것을 의미한다. 가치 법칙과 상품 화폐 관계의 전면화이다.

이러한 한수환류의 견해에 대해 박경옥은 현물 지표를 부차화하고 이윤 중심의 가치 지표를 절대화하는 이윤 본위제는 모든 경제 관계에 상품 화폐 관계의 지배를 가져온다고 비판하고 이윤 본위의 기업 관리 방법을 철저히 배격할 것을 역설하면서, 계획과 가치의 상호 관계에 대해 다음과 같은 견해를 피력하고 있다. 즉 "가치 범주는 계획 범주에 종속되고 복종된다. 계획이 경제 관리를 합리화하기 위한 기본 수단이라면, 가치는 그를 보조하는 보충적 수단이다.

계획과 가치의 이러한 관계는 첫째, 현물 지표를 기본으로 하면서 가치 지표, 금액 지표를 배합해 나가며 둘째, 가치 범주의 이용을 엄격히 계획화하며 셋째, 가치 범주를 계획 범주의 역할을 높이기 위한 공간으로 이용하는 데서 나타난다." 다시 말해 기업 관리의 합리화를 위한 기본 수단은 가치 범주, 금액 지표가 아니라 계획 범주, 현물 지표이며, 가격, 원가, 이윤, 수익성과 같은 가치 범주들은 계획이 정확히 집행되도록 물질적으로 자극하고 통제하는 수단으로서 엄격히 계획화되고 국가의 통일적 지도 밑에 계획적으로 이용되어야 한다는 것이다. 요컨대 계획 경제에서 가치 법칙은 생산의 조절자적 기능을 수행할 수 없다는 것이다.[58]

5) 혁명적 경제 전략: 중공업 우선이냐 경공업 우선이냐

제3차 7개년 계획(1987~1993)의 실패에 따라 1993년 12월에 채택된

---

[58] 박경옥, 「리윤 본위를 배격하고 경제 관리에 가치 법칙을 옳게 리용하는 데서 나서는 중요한 문제」, 『경제연구』 1996년 제2호, 49~52쪽.

'혁명적 경제 전략'은 실용주의적 개혁 노선에 더욱 힘을 실어 주는 것이었다. 한국전쟁 이후 북한이 일관되게 고수해온 경제 발전의 기본 노선은 축적과 속도를 강조하는 중공업 우선의 농업·경공업 동시 발전 노선이었다. 그러나 '혁명적 경제 전략'은 이 노선에 일정한 수정을 가하는 것이었다. 1993년 12월 당 중앙위원회 제6기 제21차 전원회의에서 채택된 '혁명적 경제 전략'은 완충기 기간(1994~1996) 동안 농업·경공업·무역 등 3대 제일주의 방침을 철저히 관철하며 석탄·전력·철도 운수 등 선행 부문을 확고히 앞세우고 금속 공업을 계속 발전시켜 나간다는 것을 그 주요 내용으로 하고 있다.[59]

그리고 혁명적 경제 전략하에서 선행 부문과 금속 공업에 대한 선차적 강조는 기존의 중공업 우선 노선과는 다른, 즉 중공업이 아니라 무엇보다 농업과 경공업을 위한 것이었다.[60] 이것은 혁명적 경제 전략이 생산 수단 생산(중공업)이 아니라, 소비재 생산(경공업)을 우위에 두고 주민 생활을 향상시키는 것을 기본 목표로 하고 있음을 의미한다.[61] 이에 따라 혁명적 경제 전략은 농업과 경공업에 대한 투자를 늘이며 경제 발전 속도와 균형을 조절하면서 농업과 경공업의 발전 속도를 더 높여 나가도록 하는 것이었다.

먼저 투자 구조의 개선이다. 혁명적 경제 전략에 따라 투자 구조에서 생산수단 생산 부문의 투자 비중은 상대적으로 낮아지고, 소비재 생산

---

[59] 김일성, 「사회주의 경제 건설에서 새로운 혁명적 전환을 일으킬 데 대하여」(1994. 7. 6), 『김일성저작집 44』(평양: 조선노동당출판사, 1996), 474쪽.
[60] 한대성, 「인민 경제 선행 부문과 금속 공업 부문에서 혁명적 앙양을 일으키는 것은 인민 생활을 높이기 위한 중요 담보」, 『경제연구』 1995년 2호, 10쪽 ; 리기성, 「위대한 수령 김일성 동지께서 신년사에서 제시하신 사회주의 경제 건설의 완충기와 우리 당의 혁명적 경제 전략」, 『경제연구』 1994년 제1호, 3쪽.
[61] 김웅호, 「당의 혁명적 경제 전략을 관철하는 것은 현시기 사회주의 경제 건설에서 나서는 가장 중요한 문제」, 『경제연구』 1995년 제3호, 9쪽 ; 김상학, 「우리 당의 혁명적 경제 전략과 축적과 소비 사이의 균형」, 『경제연구』 1996년 제2호, 9쪽.

부문의 투자 몫이 차지하는 비중은 상대적으로 높아졌다.[62] 이것은 기존의 생산 수단 생산(중공업) 우위의 투자 구조에서 소비재 생산 우위의 투자 구조로의 전환을 의미한다.

다음은 속도와 균형의 조절이다. 혁명적 경제 전략은 소비재 생산 부문의 발전 속도를 생산 수단 생산 부문보다 더 높여 나가도록 하는 것이었다. 이것은 기존의 생산 수단 생산(중공업) 우위의 발전 속도에서 소비재 생산 우위의 발전 속도로의 전환을 의미한다. 이것은 기존에 존재하던 생산수단 생산과 소비재 생산 사이의 불균형, 그리고 축적과 소비 사이의 불균형을 완화하고 양자간의 균형을 보장함으로써, 종래 축적과 중공업 중심의 속도 드라이브 정책에서 소비와 경공업 중심의 균형 정책으로 전환됨을 의미한다. 축적과 소비의 상호 관계에서 종래 북한의 기본 정책은 소비에 비한 축적의 우선적 성장, 즉 소비 폰드의 증가 속도보다 축적 폰드의 증가 속도를 더 높여 나가는 것이었다.[63] 그러나 혁명적 경제 전략은 축적에 비한 소비의 우선적 성장, 즉 축적 폰드의 증가 속도보다 소비 폰드의 증가 속도를 더 높여 나가는 것이었다.

다음은 경제 구조 개선이다. 혁명적 경제 전략은 기존의 중공업 위주의 경제 구조를 농업, 경공업 위주의 경제 구조로 재편하는 것이었다.[64] 경제 발전 속도와 균형 역시 중공업 위주의 경제 구조를 유지해 나가는 속도와 균형이 아니라, 농업과 경공업 위주의 경제 구조를 실현하는 속도와 균형으로 설정된다.[65]

이렇듯 혁명적 경제 전략은 투자 구조와 경제 구조를 조정함으로써, 기존의 축적과 속도(불균형)와 중공업(생산 수단 생산) 우선 정책에서

---

[62] 리기성, 앞의 글(1994. 1), 3쪽.
[63] 김상학, 앞의 글, 9쪽.
[64] 한대성, 앞의 글, 10쪽.
[65] 박영근, 앞의 글(1996. 2), 6쪽.

소비와 균형과 농업·경공업(소비재 생산) 우선 정책으로 전환을 추구한 것으로 평가된다. 성장 속도 조절과 축적-소비의 균형 보장, 생산 수단 생산과 소비재 생산 사이의 균형 보장, 중공업에 비한 농업·경공업에 대한 투자 증대와 성장 속도 증가, 소비에 비한 축적의 우선적 성장에서 축적에 비한 소비의 우선적 성장으로의 전환, 중공업 위주의 경제 구조에서 농업·경공업 위주의 경제 구조의 전환 등이 그것이다. 요컨대 혁명적 경제 전략은 본질에 있어서 농업과 경공업 우선 전략, 주민 생활 향상 전략이었던 것이다.66)

역사적으로 볼 때, 농업·경공업 우선 정책과 주민 생활에 대한 강조는 1950년대 중반 김일성의 중공업 우선의 자립 경제 노선에 반기를 들었던 소련파와 연안파의 주장이었다. 그런 만큼 혁명적 경제 전략은 북한 경제사에서 중요한 정책 변화라 아니할 수 없다. 일반적으로 경공업은 중공업에 비해 투자 효과가 빠를 뿐만 아니라 자금 순환도 빠르며,67) 수익성도 중공업보다 경공업이 더 높다.68) 즉 경제적 합리성과 실용성의 측면에서 보면, 경공업이 중공업보다 자본 축적과 경제 성장에 기여하는 바가 더 크다는 것이다.

또 혁명적 경제 전략은 축적보다 소비를 우위에 두고 있으며, 소비와 경공업에 대한 강조는 곧 물질적 자극을 강화하는 의미를 지닌다. 그리고 일반적으로 중공업에 대한 강조는 중앙집권화와 연결되어 있다면, 경공업에 대한 강조는 분권화와 연결되어 있다. 1996년 물질적 자극을 강화한 새로운 분조관리제의 실시와 1992년 무역의 분권화를 추진한 새로운 무역 체계의 실시가 그것이다.

---

66) 정문산, 「농업, 경공업은 현시기 경제 건설에서 힘을 집중하여야 할 기본고리」, 『근로자』 1995년 제1호, 59쪽 참조.
67) 리준혁, 「혁명적 경제 전략의 관철과 사회주의 경제적 진지의 공고화」, 『경제연구』 1996년 제3호, 15쪽.
68) 리명서, 앞의 글(1998. 3), 9쪽.

게다가 1990년대 들어 경제 위기가 심화되고 있는 상황에서 기존의 외연적 성장 방식의 한계를 극복하고 내포적 성장을 추구하기 위해, 기업 관리와 경영의 합리화·과학화, 경제적 효과성과 경제적 타산, 과학기술 혁명, 독립 채산제와 사회주의 노동보수제의 정확한 실시, 상품 화폐 관계와 가치 법칙의 정확한 이용, 물질적 관심성의 원칙 등이 그 어느 때보다 강조되고 있었다. 이와 같은 제반 요인들은 경제적 실용주의와 맥락을 같이 한다는 점에서 실용주의적 개혁 노선에 더욱 힘을 실어주는 것이었다. 때문에 실용주의적 개혁론자들은 혁명적 경제 전략, 특히 농업·경공업·무역 3대 제일주의의 보다 철저한 관철을 주장하였을 것이다. 물론 실용주의적 개혁 노선은 혁명적 경제 전략보다 시장 경제 쪽으로 한발 더 나가는 것이었다.

그러나 당시 혁명적 경제 전략에 대해 중공업 우선론자들의 반론도 만만치 않았던 것으로 보인다. 리기성은 중공업 우선의 농업·경공업 동시 발전 노선을 "사회주의 경제 건설의 전기간에 걸쳐 견지해야 할 전략적 노선"임을 재차 강조하였다.[69] 또 서승환은 속도와 투자 관계에서 소비재 생산 부문의 우위성은 어디까지나 경제 발전의 전망 계획 사이에 있는 것으로서 새 전망 계획에 들어서기 위한 과업을 해결하기 위한 것이며, 따라서 전망적으로 생산 수단 생산 발전의 우위성에 의한 확대 재생산의 요구를 경제 발전에 더 잘 구현하기 위한 것이라고 설명하면서, 여전히 중공업 우선 노선이 유효함을 역설하고 있다.[70] 특히 한대성은 농업과 경공업보다 선행 부문과 금속 공업을 더 강조하면서, 경공업과 농업은 중공업의 적극적인 작용, 중공업의 해당한 발전에 의해서만 추동된다고 하여 아예 중공업 전반을 강조하고 있다.[71]

---

[69] 리기성, 앞의 글(1994. 1), 4쪽.
[70] 서승환, 「경공업 제일주의 방침을 관철하는 것은 현시기 사회주의 경제 건설에서 나서는 중요 전략적 과업」, 『경제연구』 1994년 제2호, 9쪽.
[71] 한대성, 앞의 글, 10·12쪽.

이것은 당시 북한의 정책 갈등이 중공업 우선론과 경공업 우선론의 대립으로도 표출되었음을 보여준다. "인민 생활을 높인다고 하면서 중공업을 소홀히 하"는 현상은 "옳은 방도로 될 수 없다"는 비판이나,[72] 1950년대 소위 '종파 분자들'(소련파, 연안파)이 "인민 생활을 구실로 하여" 중공업 우선 노선에 정면으로 반대하였다고 하는 비판도[73] 이러한 맥락에서 이해된다. 경공업 우선론에 대한 비판이었던 것이다.

지금까지 살펴본 1990년대 초중반의 북한에서의 이러한 정책 갈등은 1997년 6월 19일에 발표된 김정일의 논문 "혁명과 건설에서 주체성과 민족성을 고수할 데 대하여"를 통해 어느 정도 일단락된 것으로 평가된다.[74] 북한의 전통적인 노선의 승리였다.

---

[72] 『노동신문』, 「자립적 민족 경제 건설 노선을 끝까지 견지하자」, 1998년 9월 17일.
[73] 리기성, 「위대한 수령 김일성 동지께서 마련해 주신 우리식 경제를 변함없이 발전시키는 것은 사회주의 보루를 튼튼히 다지기 위한 확고한 담보」, 『경제연구』 1998년 제2호, 3쪽.
[74] 『노동신문』, 1997년 6월 20일.

제3절 김정일의 선군 정치와 선군 체제의 확립

1. 선군 정치와 사회주의 강성대국론

앞에서 보았듯이 1990년대 중반 북한은 북한의 역사상 일찍이 있어 본 적이 없는 최악의 위기 상황에 직면해 있었다. 당시 북한은 죽느냐 사느냐, 붕괴냐 생존이냐 하는 생사 존망의 기로에 서 있었던 것이다. 북한 붕괴론이 설득력을 가질 만도 했다. 그렇다면 이 위기 상황을 과연 어떻게 타개해 나갈 것인가? 당시 중국과 러시아 등 주변에서는 북한에 체제 전환 즉 개혁 개방을 촉구했다고 한다. 하지만 김정일의 대응은 매우 독특한 것이었다. 김정일의 이른바 "선군(先軍) 정치"와 이에 기반한 "사회주의 강성대국론"이 바로 그것이었다.

김정일은 1995년 1월 1일 제214군부대 다박솔 중대와 감나무 중대를 현지지도 하였는데, 북한은 이를 선군 정치의 출발로서 "선군 혁명 영도의 장엄한 선언"으로 평가하고 있다.[75] 이러한 선군 정치에 기반하여 '붉은기 철학'(1995)이 등장하고 '고난의 행군'(1996~1997), '강행군'(1998)이 전개되었다. 그리고 광명성 1호가 발사된 1998년 선군 정치의 개념이 처음 등장하고, 사회주의 강성대국론이 제기되었다.

그런데 북한의 설명에 따르면 고난의 행군, 강행군은 "사회주의냐 자본주의냐 하는 결사전",[76] "우리식 사회주의를 지키기 위한 결사전"[77]

---
[75] 〈개성방송〉, 1999년 5월 18일(『연합뉴스』, 1999년 5월 27일). 그런데 최근 북한은 1960년 8월 25일에 있은 김정일의 '류경수105탱크사단' 현지지도를 김정일의 선군혁명영도, 선군 정치의 출발로 규정하고 있다.

이었다고 한다. 다시 말해 체제 수호, 북한식 사회주의의 수호전으로 서, 그 중심에 김정일의 선군 정치가 있었던 것이다. 북한에서 김정일 의 선군 정치는 위기 상황 속에서도 개혁 개방의 길이 아니라, 북한식 사회주의 체제를 수호하고 김일성의 이른바 "주체 혁명 위업"을 끝까 지 완성하고자 하는 김정일의 '혁명적' 신념과 의지의 발현으로 평가되 고 있다.[78] 1995년 8월에 제시된 "붉은기 철학" 역시 소위 '적기가'의 '혁 명적' 신념과 의지를 반영한 것으로서, 그것은 곧 김정일의 확고한 '혁 명적' 신념과 의지를 표현하고 있는 것으로 평가된다.

때문에 당시 김정일은 "우리는 결코 원칙을 양보하고 개혁, 개방의 길로 나가지 않을 것이다. 내가 있는 한 절대로 개혁 개방을 허용하지 않을 것이다. 이것이 나의 확고한 결심이다"고 주장했던 것이다.[79] 북 한식 사회주의를 고수하려는 김정일의 '혁명적' 신념과 의지는 김일성 사망 이후 1994년 11월에 발표된 자신의 논문 "사회주의는 과학이다"에 서 이미 표명된 바 있다. 이어 선군 정치가 시작되고 이에 바탕하여 실용주의 개혁 노선에 대한 전면적 공세가 전개되었다.

김일성 사망 이후 김정일의 '유훈 정치' 역시 기존의 북한식 사회주의 를 고수하고 김일성의 이른바 '주체 혁명 위업'을 끝까지 완성하고자 하 는 김정일의 확고한 신념과 의지의 발현으로 평가된다. 북한의 설명에 따르면, 김일성의 "가장 고귀한 유훈은 주체 혁명 위업을 끝까지 완성하 는 것"이라고 한다.[80] 김정일의 '수령 영생 정치' 역시 이러한 맥락에서 이해된다. 김일성의 유훈을 혁명과 건설의 영원한 생명선으로 하여[81]

---

76) 편집국, 「강계 정신으로 억세게 싸워 나가자」, 『근로자』 2000년 제5호, 17쪽.
77) 편집국, 앞의 글(2000. 1), 3쪽.
78) 김인옥, 『김정일 장군 선군정치 리론』(평양: 평양출판사, 2003), 176쪽.
79) 조선노동당출판사, 앞의 책, 227쪽에서 재인용.
80) 사회과학출판사, 『4대제일주의는 강성대국건설의 영원한 구호』(평양: 사회과 학출판사, 2004), 41쪽.
81) 『노동신문』, 1995년 2월 22일.

김일성의 혁명 위업을 끝까지 계승 완성해 나가겠다는 것이 그것이다.[82] 북한의 표현을 빌면, 김일성은 "우리 혁명의 영원한 수령으로 영생하고 계신다"는 것이다.[83]

그렇다면 선군 정치란 과연 무엇인가? 북한의 설명에 따르면 선군 정치는 "인민군대를 중시하고 그를 강화하는 데 선차적인 힘을 넣으며 인민군대의 위력에 의거하여 혁명과 건설의 전반 사업을 힘 있게 밀고 나가는 정치"로 정의되고 있다.[84] 또 김정일에 따르면, "우리 당의 선군 혁명영도, 선군 정치는 군사를 제일 국사로 내세우고 인민군대의 혁명적 기질과 전투력에 의거하여 조국과 혁명, 사회주의를 보위하고 전반적 사회주의 건설을 힘 있게 다그쳐 나가는 혁명영도 방식이며 사회주의 정치 방식"이라고 한다.[85]

즉 김정일의 선군 정치는 체제 수호를 위한 안보적 기능과 역할뿐만 아니라 체제 안정과 강화 발전을 위한 정치 사상적, 사회 경제적 기능과 역할까지 포괄하고 있는 것이었다. 다목적용이었던 것이다. 그런데 북한 체제의 21세기 비전으로 제시된 사회주의 강성대국은 정치(사상) 강국, 군사 강국, 경제 강국을 의미하며 여기서 사상, 군사, 과학 기술은 사회주의 강성 대국 건설의 3대 기둥이다. 사상 중시 노선, 군사 중시 노선, 과학 중시 노선인 것이다.[86] 이렇게 볼 때, 김정일의 선군 정

---

82) 편집국, 「올해를 천리마대고조의 자랑찬 성과로 빛내이자」, 『근로자』 2000년 제1호, 9쪽.
83) 편집국, 앞의 글(2000. 4), 3쪽. 북한이 김일성이 태어난 1912년을 원년으로 하는 '주체' 년호를 제정하고, 김일성의 생일인 4월 15일을 '태양절'로 제정하는 한편, 1998년 9월 개정 헌법을 '김일성 헌법'으로 명명한 것 등은 수령 영생 정치를 제도화하기 위한 노력의 일환으로 평가된다. 북한이 금수산기념궁전을 북한의 최고 성지로 조성한 것도 이와 같은 맥락에서 평가된다.
84) 『노동신문』, 「강성 대국」, 1998년 8월 22일 ; 『노동신문』, 「노숙하고 현명한 정치로 사회주의를 빛내여 나가시는 위대한 영도자」, 1998년 10월 19일.
85) 김인옥, 앞의 책, 180쪽에서 재인용.
86) 리중서, 「위대한 김정일 동지께서 제시하신 혁명적 경제 정책은 사회주의 경제 강국 건설의 전투적 기치」, 『경제연구』 2000년 제1호, 3쪽.

치는 사회주의 강성대국 건설을 위한 북한의 전략적 노선이라 할 수 있다.

2. 선군 정치와 반제 자주의 정치

먼저 김정일의 선군 정치는 1990년대 심각한 안보 위기에 직면하여 북한의 체제 수호, 체제 안보를 위한 것이었다. 체제 안보와 관련하여 북한이 가장 우려하고 있는 것은 전쟁의 가능성, 즉 북한의 정권 교체와 체제 붕괴를 목표로 핵 선제공격의 가능성도 배제하지 않는 미국의 군사적 위협이었다. 1990년대 북한의 정세 인식은 "제국주의자들과 치열한 정치, 군사 외교전이 펼쳐지고 있"으며,[87] "사실 전쟁 시기나 다름 없는 상태에서 살고 있"다는 것이었다.[88] 김정일의 선군 정치는 이러한 미국의 군사적 위협에 대처하여, 군사선행의 원칙에서 국방력을 강화하는데 선차적인 힘을 쏟으며 이에 의거하여 체제를 수호하는 것이었다. 강력한 전쟁 억지력에 바탕한 체제 안보의 추구였다.

북한의 설명에 따르면, 군사(국방) 우선·군사(국방) 중시는 체제 수호를 위한 필수적 요구로서, "제국주의자들의 끊임없는 군사적 위협을 받으며 사회주의를 건설하고 있는 북한의 실정에서 사실상 군대를 강화하는 것보다 더 중요한 사업은 없다"는 것이다. 경제 발전을 위해서라도 체제 안보가 우선적으로 보장되어야 한다는 것이었다. 다시 말해 사회주의 강성 대국 건설도 군사를 중시하고 군대(국방)를 강화하는 기초 위에서만 성과적으로 진행될 수 있다는 것이다. 때문에 김정일의 선군 정치는 "제국주의의 포위 속에서 강성 대국 건설을 힘 있게 다그쳐 나가기 위한 가장 올바른 방도"로 평가되었다.[89]

---

[87] 『노동신문』, 1999년 9월 9일.
[88] 김일성, 『김일성동지 회고록, 세기와 더불어 7』(평양: 조선노동당출판사, 1996), 181쪽.

제5장 1990년대 경제 위기와 선군(先軍) 체제의 확립

현재 북한은 '군사 중시 노선'을 정세가 긴장되든 완화되든 '제국주의'가 존재하는 한, "항구적으로 틀어쥐고 나가야 할 전략적 노선이며 모든 부문에서 최우선시하여야 할 국사 중의 제일 국사"로 규정하고 있다.90) 여기서 군사 중시 노선이란 "혁명과 건설에서 국방 사업을 강화하는 데 선차적인 힘을 넣으며 전사회적으로 군사를 최우선시하는 기풍을 세워 나간다는 것을 의미한다."91) 다시 말해 북한의 군사 중시 노선은 일시적으로 경제 건설에 지장을 받고 주민 생활이 어려워도 나라의 장래를 위해 군사를 중시하고 국방을 강화해야 한다는 것이다.92)

이러한 김정일의 선군 정치는 북한의 강경한 대미 자주 외교의 토대가 되고 있다. 대미 외교에서 선군 정치가 취하는 기본 자세와 입장은 "강경 고압"이다. 북한의 설명에 따르면, 국방에 선차적 힘을 넣어야 "제국주의자들의 반혁명적 공세"에 "고압 강경 자세로 맞서 싸울 수 있다"고 한다.93) 또 북한의 설명에 따르면, 선군 정치는 "철두철미 반제 자주 정치"로서 '제국주의'에 "초강경으로 대응하는 사생결단의 반제 투쟁 정신으로 일관된 정치 방식"이라고 한다.94) 국방력 강화, 즉 강력한 전쟁 억지력에 바탕한 자주권의 수호였다.

김정일 역시 "선군 정치는 죽음을 각오한 정치"로서 "총대에 사생 결단의 의지를 더한 것이 바로 우리의 선군 정치"라고 한다.95) 김정일의

---

89) 리종산, 「총대 중시는 우리 혁명의 기본 전략 노선」, 『근로자』 2000년 제3호, 20~21쪽.
90) 편집국, 앞의 글(2000. 1), 5쪽.
91) 리종산, 앞의 글, 19쪽.
92) 『노동신문』, 「강성 대국」, 1998년 8월 22일. 북한은 현재 심각한 경제난 속에서도 국방력 강화에 선차적으로 최대의 힘을 집중하고 있는바, 이러한 국방력 강화는 주민 생활의 희생 등 매우 값비싼 대가를 치른 것이다. 『노동신문』, 1999년 10월 9일.
93) 리종산, 앞의 글, 19쪽.
94) 김인옥, 앞의 책, 211~212쪽.
95) 김인옥, 위의 책, 213쪽에서 재인용.

이러한 "사생 결단의 의지"는 그의 "혁명적 원칙성"에 기반하고 있다. 즉 김정일은 "원칙 앞에서는 죽으나 사나 절대로 양보하지 않는 것이 나의 신념이며 의지"라고 강조하고, 그러한 양보할 수 없는 혁명적 원칙으로 첫째, 노동 계급의 당을 조직 사상적으로 강화하고 혁명과 건설에 대한 당의 영도를 확고히 보장하며 둘째, 사회주의 정권의 기능과 역할을 끊임없이 높이며 셋째, 사회주의적 소유를 고수하고 발전시켜 나가며 넷째, 제국주의를 반대하여 견결히 투쟁하는 것 등을 제시하고 있다.[96]

특히 '제국주의'와 관련하여, 김정일은 "정치적으로나 군사적으로 적들에게 절대로 양보할 수 없다. 적들과의 대결에서는 단 한번의 양보도 있어서는 안된다"고 주장하고 있다.[97] 미국에 대해 타협과 양보는 절대 있을 수 없다는 것이다. 이것은 미국의 군사적 위협뿐만 아니라, 미국의 대북 경제 제재에 대해서도 마찬가지이다. 즉 북한은 미국의 대북 경제 제재에 대해서도 그에 굴복하거나 타협, 양보하기보다 오히려 국방력을 더욱 강화해 나가야 한다는 입장이다.[98] 이렇듯 선군 정치하에서 체제 수호와 자주권 수호를 위한 북한의 강경한 대미 자주 외교는 지난 2006년 7월 19일 『노동신문』 편집국 논설에 다음과 같이 압축적으로 표현되어 있다.

> "제국주의의 강경 정책에 초강경으로 맞서는 것은 우리 군대와 인민의 변함없는 혁명적 입장이다. 제국주의와의 대결에서 양보와 타협은 금물이다……원쑤들과 최후의 결판을 낼 때까지 강경하게 맞서 싸우는 길만이 제국주의의

---

[96] 조선노동당출판사, 앞의 책, 212~213쪽 참조.
[97] 김인옥, 앞의 책, 42쪽에서 재인용.
[98] 북한의 주장에 따르면, "제국주의자들의 경제적 고립 책동을 짓부셔버리지 않고서는 경제의 순조로운 발전을 이루어낼 수 없다. 적들의 군사 경제적 압살 책동을 저지 파탄시키고 경제 건설에 유리한 환경을 마련하는 길은 오직 총대를 강화하여 혁명 무력을 필승불패의 것으로 튼튼히 다지는 길 외에 다른 방도는 있을 수 없다"고 한다. 김인옥, 앞의 책, 236~237쪽.

기를 꺾어놓고 승리하는 길이다. 우리 당의 선군정치는 제국주의와 견결히 맞서싸우는 투철한 반제 자주 정신을 구현한 정치이다. 어떤 최악의 역경 속에서도 원쑤들에게 절대로 굴복하지 않는 투철한 혁명적 원칙성······ 죽음을 각오한 사람을 당할자 이 세상에 없다는 필승의 신념과 배짱이 선군정치에 체현되어 있다. 총대에 결사의 의지를 더한 우리의 선군정치는 미제의 그 어떤 강압과 위협, 제재와 봉쇄에도 흔들리지 않는다."[99]

3. 선군 정치와 계급투쟁의 정치

한편, 체제 수호와 관련하여 북한이 가장 우려하는 것 가운데 하나는 군(軍)의 변질 가능성이다. 북한은 집권당이 군대를 장악하지 못하고 군대를 경시하며 군대의 지지를 받지 못할 경우 와해될 수 있다고 인식한다. 예컨대 루마니아 공산당은 군대의 지지를 받지 못함으로써 결국 와해되고 말았으며,[100] 소련 역시 내부의 사회주의 '배신자'들에게 총 한 방 쏴보지 못하고 해체되었다고 한다. 북한의 인식에 따르면, 소련과 동유럽 사회주의가 붕괴된 근본 원인은 군에 대한 당의 정치적 지도가 거부된 결과 나타난 군의 탈사상화, 탈정치화에 있다고 한다.

따라서 김정일의 선군 정치는 하나의 운명공동체로서 당-군 일치를 추구하는 것이었으며, 이것은 곧 군에 대한 당의 지도적 지위와 역할을 보다 확고히 보장하기 위한 것이었다. 다시 말해 김정일의 선군 정치는 곧 "당의 선군 정치"로서, 군에 대한 당의 장악력과 당에 대한 군의 지지를 강화하기 위한 것이었다.[101]

북한에서 군은 수령의 군대, 당의 군대로서, "당의 영도는 인민군대의 생명선"이며,[102] "당에 대한 충실성은 혁명 무력의 생명", 즉 "혁명

---

99) 『노동신문』, 「선군은 우리 시대 자주 위업의 위대한 기치이다」, 2006년 7월 19일.
100) 리종산, 앞의 글, 19쪽.
101) 조연준, 「선군 혁명 령도로 사회주의 집권당 건설에서 이룩한 불멸의 업적」, 『근로자』 2000년 제6호, 7쪽 ; 리종산, 앞의 글, 19쪽 참조.
102) 김정일, 「전군을 김일성주의화 하자」(1975. 1. 1), 『김정일선집 5』(평양: 조선

무력의 기본 사명은 당을 옹호하고 당의 혁명 위업을 보위하는 것"으로 규정되어 있다.103) 당과 분리되어 중립화된 기능적 직업군이 아니라 당에 의해 철저히 장악된, 즉 정치화된 이데올로기적 혁명군의 추구였다. 북한에서 군의 탈사상화, 군의 탈정치화란 있을 수 없는 것이었다. 김정일의 군사 노선은 이른바 '사상론'에 바탕한 '사상강군건설노선'이었다. 사상이 없는 군대는 반혁명의 무기로 전락할 수 있다는 인식에서, 군사력의 기본을 사상의 힘에 찾는 것이 그것이다.

북한에서 군에 대한 당적 지도의 거부도 있을 수 없는 것이었다. 때문에 1990년대 김정일은 당의 군사 중시 노선에 입각하여 군사력(국방력)을 백방으로 강화하는 한편, 전군에 최고사령관의 명령과 지시에 절대 복종하는 '혁명적' 영도 체계와 군풍을 확립하는 데 주력했던 것이다. 김정일은 "당권은 곧 군권"이라고 인식하고,104) 대내외적 위협 즉 "제국주의자들과 계급적 원쑤들이 아무리 발악하여도 인민군대만 강하면 문제될 것이 없다"는 입장을 피력하고 있다.105)

그런데 북한의 설명에 따르면, "계급적 원쑤는 사회주의를 반대하는 모든 자들"이며, 이들은 "무자비한 계급투쟁의 대상"이라고 한다.106) 혁명화 된 군에 기반하여 반혁명, 반체제 세력을 제압하는 것으로서, 지난 2000년 1월 1일 김정일은 당 중앙위 책임일군들에게 "지난 5년 동안

노동당출판사, 1995), 6쪽.
103) 김일성, 「조선노동당 건설의 역사적 경험」(1986. 5. 31), 『김일성저작선집 9』 (평양: 조선노동당출판사, 1987), 397쪽.
104) 김정일, 「당 사업을 더욱 강화하며 사회주의 건설을 힘 있게 다그치자」(1991. 1. 15), 『김정일선집 11』(평양: 조선노동당출판사, 1997), 24쪽.
105) 김정일, 「당, 국가, 경제 사업에서 나서는 몇 가지 문제에 대하여」(1992. 11. 12), 『김정일선집 13』(평양: 조선노동당출판사, 1998), 222쪽.
106) 여기서 "계급적 원쑤"란 "사회주의 제도에 반감을 품고 있는 자들", "부르조아 생활양식을 내부에 끌어들이는 자들", "돈에 눈이 어두워 사회주의 원칙을 저버리는 자들을 비롯하여 사회주의를 내부로부터 좀먹는 자들"을 지칭한다. 이에 대해서는 김인옥, 앞의 책, 53쪽 참조.

은 제국주의자들의 고립 압살 책동과 우리 내부에 숨어 있던 불순분자들의 책동으로부터 혁명대오의 순결성을 지켜온 치열한 계급투쟁 과정이었다"고 말한 바 있다.107) 북한의 설명에 따르면, 선군 정치는 "견결한 계급의식에 기초한 정치 방식"으로서,108) 그것은 곧 계급투쟁의 정치였던 것이다.

사회주의권의 붕괴에 따라 경제 위기 등 체제의 전반적 위기가 점차 심화되고 있는 상황에서 1990년대 김정일이 권력 승계 과정에서 김일성으로부터 당권이나 정권이 아닌 군권부터 계승한 것도 이러한 맥락에서 이해된다.109) 북한에서 영도권의 핵심은 군권에 있었으며, 군권을 확실히 장악하지 않고서는 후계 체계를 공고화 할 수 없는 것이었다. 군권은 체제 수호와 정권 유지를 위한 최고 수단이자 최후 보루였다.

4. 선군 정치와 일심단결의 정치

그러나 북한의 가장 강력한 안보 수단은 최고지도자(수령)를 유일 중심으로 한 이른바 '혁명 주체 역량의 일심 단결, 즉 단결의 정치에 있다. 다시 말해 북한에서 단결의 정치는 그 어떤 군사력이나 핵무기보다 강력한 핵심 안보 수단이 되고 있으며, 이러한 단결의 정치를 보장하는 핵심 기제가 바로 수령 체제이다. 그리고 이러한 단결의 정치는 북한식 사회주의 건설의 기본 추동력이기도 하다. 여기서 일심단결의 기초는 무엇보다 혁명 주체 역량의 사상적 통일 단결이다. 김정일의 이른바 '사상론'이 그러하듯, 역시 사상이었다.

---

107) 조선노동당출판사, 앞의 책, 297쪽.
108) 김인옥, 앞의 책, 216쪽.
109) 김정일은 1991년 12월 조선인민군 최고사령관에 임명되었으며, 1993년 4월 조선민주주의인민공화국 국방위원장에 추대되었다. 이어 김정일은 1997년 10월 조선노동당 총비서에 추대되었다.

때문에 북한이 가장 심각한 체제 위협 요소로 생각하는 것은 무엇보다 사상의 변질 가능성이다. 북한의 설명에 따르면, 사상이 변질되면 아무리 강력한 군사력이나 경제력도 맥을 출 수 없으며, 따라서 사상은 체제 수호를 위한 "가장 위력한 무기"라는 것이다.110) 그런데 북한에서 사상은 체제 수호만이 아니라, 사회 경제 발전에서도 가장 결정적인 역할을 하는 것으로 위치 지워져 있다. 사상의 위력으로 경제 발전을 추구하는 것은 지금까지 변함없는 북한의 일관된 전략 노선이다.

하지만 앞에서 보았듯이 1990년대 중반 이후 심각한 경제난 속에서 주민들 사이에 사회주의에 대한 신념이 약화되고 사상적 동요 현상이 나타났다. 북한의 입장에서 볼 때, 이러한 사상적 위기는 체제 수호뿐만 아니라, 경제 발전에도 매우 부정적인 영향을 주는 것이었다. 때문에 북한은 경제 회복을 위해 무엇보다 사상부터 재강화해 보고자 하였다. 경제가 풀려야 사상 문제가 해결된다고 하면서, 경제 사업 일면에만 치중하는 것은 매우 유해로운 경향으로 비판되었다.111)

요컨대 체제 수호와 경제 발전에서 북한이 무엇보다 "가장 중요한 원칙"으로 삼고 있는 것이 바로 사상을 중시하고 사상의 역할을 높이는 것이었다.112) 북한에서 "사상 중시는 우리 당의 제일 생명선이며 우리식 사회주의의 근본"이었다.113) 사상은 사회주의 강성대국 건설의 제1 기둥이기도 하다. 여기서 북한은 위기에 처한 사상 문제를 바로 김정일의 선군 정치를 통해 해결해 보고자 하였다. 물론 북한에서 사상 사업의 주체는 당 조직이다. 북한이 견지하고 있는 사상 사업의 가장 중요한 원칙은 사상 사업에 대한 당적 지도를 확고히 보장하는 것이었다.114)

---

110) 최학래, 「사상 중시는 우리 당의 제일생명선」, 『근로자』 2000년 제3호, 15쪽.
111) 편집국, 「강계 정신으로 억세게 싸워 나가자」, 『근로자』 2000년 제5호, 17쪽.
112) 최학래, 앞의 글, 17쪽.
113) 편집국, 앞의 글(2000. 1), 5쪽.
114) 김정일, 「사상 사업을 앞세우는 것은 사회주의 위업 수행의 필수적 요구이다」 (1995. 6. 19).

그러나 경제 위기에 따른 전반적인 체제 위기 속에서 당 조직 역시 위기에 직면에 있었다. 앞에서 보았듯이 사회 내 당 조직들이 맥을 추지 못하고 당 사업이 잘되지 않는 등 사회 내 당 조직의 기능이 크게 약화되고 있었던 것이다. 당 조직 뿐만 아니라, 국가 행정 경제 기관 역시 당 정책을 제대로 집행하지 못하는 등 행정 경제 사업을 잘하지 못하고 있었다.115) 혼란과 무질서 속에 당을 비롯해 정부와 주민들의 사상성(혁명성)과 조직성, 규율성이 전반적으로 크게 약화되고 있었던 것이다. 따라서 사상 문제의 해결을 위해서라도 사상 사업의 주체인 당 조직부터 재강화할 필요가 있었다. 김정일은 이 문제 역시 선군 정치를 통해 해결해 보고자 하였다.

당시 군은 당·정과 달리 여전히 투철한 사상성·조직성·규율성에 바탕하여 수령의 사상과 영도, 당의 노선과 정책을 지지·옹호·관철하는 데서 흔들리지 않고 일사분란한 강한 응집력과 안정성, 통제력을 보여주고 있었다. 위기 대처 능력을 결여한 당·정과 달리 군은 위기 대처 능력이 있었던 것이다. 이에 따라 북한에서 군은 1990년대 중후반 이후 체제 위기를 돌파해 나감에 있어 그 어느 집단보다 핵심적이며 주도적인 역할을 수행하게 된다.116)

즉 김정일은 체제 수호뿐만 아니라 당과 정부, 주민들의 이완된 사상의 재강화 등 체제를 안정, 재강화하고 사회 경제 발전을 추동하기 위한 가장 효과적인 조직으로 군을 주목하고, 군을 "혁명의 주력군", "강성대국 건설의 주력군"으로 하여 선군후로(先軍後勞)의 원칙에서 혁명의 주체 역량을 재편하였던 것이다. 군의 위상과 역할 강화로서, 이에 따라 군은 혁명의 주체 역량 가운데 그 본보기 집단으로 핵심적인 지위를 차지하고, 혁명과 건설에서 주도적이며 선도적인(선봉적인) 역할을

---

115) 홍석형, 앞의 글, 27쪽.
116) 『노동신문』, 1998년 2월 8일.

담당하게 되었다. 다시 말해 선군 정치하에서 군은 혁명의 주력군으로서 혁명의 주체 역량을 조직 사상적으로 통일 단결시키고, 혁명과 건설을 맨 앞에서 추진해 나가면서 다른 사회적 집단들을 고무 추동하는 본보기 집단, 핵심 집단이었던 것이다. 이에 따라 선군 정치하에서 군은 체제 안보를 위한 군사적 기능과 역할 뿐만 아니라, 체제 안정과 재강화를 위한 정치 사상적 기능과 역할을 포함해 경제 건설을 위한 사회 경제적 기능과 역할도 함께 수행하게 되었다. 군의 부상이었다.

그러나 당·정의 기능이 약화된 상태에서 군의 위상과 역할이 크게 강화되었다고 해서, 군이 당·정의 기능을 대신해 통치의 전면에 나서거나 군이 당·정 위에 있거나 군이 당·정 내에서 지배적인 정치 세력이 되었거나 군이 당·정을 지배 통제하는 것은 결코 아니다. 군은 여전히 당의 군대로서 당의 통제하에 있었던 것이다. 김정일의 선군 정치는 곧 "당의 선군 정치"로서 군부 통치와는 다른 것이다. 김정일의 지적대로, "군사 명령 지휘 체계로 군대는 움직일 수 있어도 수백만 대중은 움직일 수 없다. 광범한 군중을 조직 동원하는 것은 당"이다.[117]

김정일이 군을 높이 평가한 것은 군 그 자체가 아니라 군의 당 사업이었다. 즉 김정일은 "군대에서는 당 정치 사업을 활발히 벌이고 있지만, 사회의 당 정치 사업은 맥이 없다"며, 무엇보다 군의 "사상 정신 상태"를 높이 평가하였던 것이다.[118] 당과 군 그 자체의 대별이 아니라, 사회 내 당 조직과 군대 내 당 조직의 대별이었다. 1990년대 북한에서 당의 기능 약화란 전체 당 조직의 기능 약화가 아니라 사회 내 당 조직의 약화 현상으로서, 군내 내 당 조직은 흔들리지 않고 있었던 것이다.

때문에 김정일의 선군 정치하에서 군의 위상과 역할 강화는 무엇보

---

[117] 김정일, 「위대한 수령님을 영원히 높이 모시고 수령님의 위업을 끝까지 완성하자」(1994. 10. 16), 『김정일 선집 13』(평양: 조선노동당출판사, 1998), 437~438쪽.
[118] 김정일, 앞의 글(1996. 12. 7), 309~310쪽 참조.

다 수령의 사상과 영도, 당의 노선과 정책을 지지·옹호·관철하는 데서 보여준 군대 내 당 사업의 모범을 전당·전국·전민이 따라 배우도록 함으로써 군대 내 당 사업의 모범을 전사회적으로 확산시키기 위한 것이었다.[119] 당을 비롯해 정부와 주민들이 군에서 따라 배워야 할 모범 가운데 가장 중요한 것은 군의 사상성(혁명성), 즉 이른바 '혁명적 군인 정신'이었다. 북한에서 혁명적 군인 정신은 이른바 "선군 시대"의 시대 정신이었다. 여기서 혁명적 군인 정신이란 '고난의 행군' 시기에 발휘된 군의 이른바 '수령 결사 옹위 정신', '결사 관철의 정신', '영웅적 희생 정신'을 그 기본 내용으로 하고 있다. 이러한 혁명적 군인정신은 1996년 6월 김정일이 안변청년발전소 건설 현장을 현지 지도하는 과정에서 창조되었다.

김정일은 이러한 군의 '혁명적 군인 정신'을 전사회적으로 확산, 일반화시킴으로써 그동안 약화된 당·정과 주민들의 사상(혁명성)을 재강화해 보고자 하였다. 군의 혁명성을 통한 전 사회의 혁명성 재강화였다. 이에 따라 전사회적 차원에서 "혁명적 군인 정신을 따라 배우는 운동"이 전개되었다. 북한의 설명에 따르면, 김정일의 선군 정치는 군대를 사상과 신념의 강자로 만들고, 이를 바탕으로 당과 주민을 사상과 신념의 강자로 만드는 것이었다.[120] 전당, 전국, 전민의 '혁명적 군인 정신화'였다.

특히 북한은 '혁명적 군인 정신'을 통해 그동안 약화된 당 조직의 혁명성(사상성)을 재강화하기 위해 '혁명적 군인 정신'으로 무장된 군 출신 간부들로 당 간부 대열을 재구성하는 "적극적인 조치"를 취하였다. 전당의 '혁명적 군인 정신화'로서, 군 출신으로 당 간부 대열을 재구성한 이와 같은 조치는 "우리 내부에서 어떠한 반당적 요소도 배겨낼 수

---

[119] 물론 군의 위상과 역할 강화는 군의 지지를 확보하기 위한 목적도 있는 것으로 보아야 할 것이다.
[120] 편집국, 앞의 글(2000. 5), 16쪽.

없게" 한 것으로 평가되었다.[121] 또 북한은 군대 내 당 사업 방법과 작풍(군풍)을 전당에 일반화함으로써, 사회 내 당 사업에서 새로운 전환을 도모하고자 하였다. 군을 본보기로 한 당 조직의 정치적 기능과 역할의 재강화였다.

나아가 북한은 '혁명적 군인 정신'에 기초하여 군대와 주민의 사상과 기풍의 일치 즉 '군-민 일치'를 추구하였다. 이를 위해 북한은 국가 보위 현장에도 군과 주민을 함께 세우고, 경제 건설 현장에도 군과 주민을 함께 참여시키고 있는데, 이것은 주민들로 하여금 당의 사상과 위업을 받들어 나가는 군의 정신과 기풍을 따라 배우도록 하기 위한 것이었다.[122] 물론 이것은 '혁명적 군인 정신'에 바탕하여 당을 중심으로 한 군대와 주민의 정치사상적 통일 단결을 재강화하기 위한 것이었다.[123] 다시 말해 김정일의 선군 정치는 혁명적 군인 정신에 기초하여 혁명 주체 역량의 일심 단결을 재강화하기 위한 것이었다. 이렇듯 김정일은 혁명의 주력군으로서 군을 먼저 강화하고 이를 통해 혁명화된 군을 핵심으로, 본보기로 하여 당과 대중의 통일 단결을 재강화해 나갔던 것이다.

이와 관련하여 김정일은 "선군시대에 우리의 혁명 대오는 한층 더 굳게 결속되고 우리 사회의 일심단결이 더욱 강화되었다"고 한다.[124] 북한은 이러한 단결을 수령-당-군대-대중의 통일체로서 "선군혁명 단결"이라 명명하고, 이것을 "선군 정치의 결정체"로 평가하고 있다. 또 북한의 주장에 따르면, "제국주의와의 대결에서 승리의 결정적 요인은 강력한 총대와 혁명적 단결이다. 단결은 총대의 위력을 배가한다. 총대 더하기 단결, 바로 여기에 반미 대결전에서의 백전백승의 비결이

---

[121] 조연준, 앞의 글, 8쪽.
[122] 조연준, 위의 글, 6쪽.
[123] 이상의 당군 관계에 대해서는, 조연준, 위의 글, 8~10쪽 참조.
[124] 김봉호, 『위대한 선군시대』(평양: 평양출판사, 2004), 98쪽.

있다"고 한다.125)

5. 선군 정치와 사회 경제 발전

선군 정치하에서 군은 경제 발전을 위한 사회 경제적 기능과 역할까지 포괄하고 있는바, 북한의 설명에 따르면 군은 사회주의 건설에서도 주력군의 지위와 역할을 한다. "조국 보위도 사회주의 건설도 우리가 다 맡자"는 구호에서 보듯, 군이 체제 수호와 경제 건설을 다 맡아하고 있는 것이다.126) 먼저 북한에서 군은 경제 건설에 대한 직접적인 참가자, 적극적인 지원자로서 중요한 사회 경제적 기능과 역할을 수행하고 있다. 하지만 이것은 이미 1970년대부터 본격화되었던 것이다. 1970년대부터 각종 경제 건설 현장에 군이 동원된 것이 그것이다.

그러나 1990년대 중반 이후 김정일의 선군 정치하에서 군은 그 이전과는 전혀 다른 사회 경제적 기능과 역할을 부여받고 있는바, 경제 건설의 주력군으로서 군의 주도적이며 선도적 역할을 통해 경제 건설의 전반을 적극 고무 추동해 나가는 것이 그것이다. 즉 선군 정치하에서 군대는 "당의 경제 정책을 제일 먼저 받아 물고 그 정당성을 실천으로 확증하는 기수로, 혁명적 군인 정신으로 전민을 감화시키고 투쟁과 위훈에로 힘 있게 떠밀어 나가는 고무자"였던 것이다.127)

첫째, 선군 정치하에서 군은 경제 건설의 맨 앞장에서 가장 어렵고 힘든 부문을 맡아 진격의 돌파구를 열어나가는 선도자로서 그 전위대, 선봉대, 돌격대 역할을 수행하고 있다.128) 이에 따라 북한에서 군은 전력, 석탄, 철도, 농업을 비롯한 경제 건설의 여러 부문에서 가장 어렵

---

125) 『노동신문』, 「선군은 우리 시대 자주 위업의 위대한 기치이다」, 2006년 7월 19일.
126) 『노동신문』, 1999년 4월 9일.
127) 『노동신문』, 2000년 3월 27일.
128) 박광수, 「총대 중시는 국사 중의 제일 국사」, 『철학연구』 2000년 제2호, 18쪽.

고 힘든 부문을 맡아 경제 회복의 돌파구를 열어 나갔다. '혁명적 군인 정신'이 창조되었다고 하는 안변청년발전소를 비롯하여, 월비산발전소, 태천수력발전종합기업소 건설에 군이 동원되었으며, 각 지역의 탄광에 대한 군의 지원도 이루어졌다. 김정일은 금수산기념궁전 조성 사업도 군에 맡겼다.

또 군은 예성강-연백벌 물길공사, 평양-개성 고속도로공사, 원산-금강산 철도공사, 평양-남포 고속도로공사, 평양-향산 관광도로공사, 대동강 청류다리 2단계 공사, 금릉2동굴공사, 9·9절 거리 등 각종 기반 기설 공사에도 동원되었으며, 그밖에 승리자동차종합공장확장공사, 동평양대극장, 정방산과 구월산 유원지, 4·25예술영화촬영소, 원산 갈마휴양소 건설 공사 등에도 군이 동원되었다. 제조업 생산을 군이 직접 지원하는 경우도 있다. 1999년 5월 김정일이 자동차 생산 근로자들을 지원한 김철 소속 부대에 감사를 전달한 것이 그 예이다.[129] 김정일은 주요 기업소들의 생산 정상화를 위한 과업과 현대적인 본보기 공장 기업소를 건설하는 데서도 군이 앞장서 나가도록 지도하였다.

모내기 등 영농 작업, 강원도와 평안북도, 황해남도의 토지 정리 사업, 그 외 목장과 양어장 건설 등 농업 부문에도 군이 동원되었다. 돼지 사육과 감자 농사를 대규모로 하기 위한 양강도 삼지연 포태종합농장을 군이 주도적으로 조성하기도 하였다. 농업 기자재 기증을 통한 군의 농업 생산 지원도 이루어졌다.[130] 특히 김정일은 1997년의 경우 농사를 통째로 군에 맡겼다. 이렇듯 선군 정치하에서 군은 식량 문제와 전력 문제 해결을 위해 맨 앞장에서 그 돌파구를 열어 나가는 등 여러 부문에서 북한의 경제 회복을 위한 김정일의 돌격대, 선봉대, 전위대

---

[129] 〈조선중앙방송〉, 1999년 5월 20일(『연합뉴스』, 1999년 5월 20일).
[130] 1997년 1월 인민무력부가 트럭 100대분의 비료를 평양시 사동구역 장천협동농장에 기증하고, 1999년 4월 군이 강원도 협동농장에 트랙터와 비료를 전달하고, 양강도 대홍단군 종합농장에 트랙터를 기증한 것 등이 그 예이다.

역할을 수행하였다.

둘째, 선군 정치하에서 군은 근로 대중을 경제 건설에 적극 고무 추동하는 선도자, 고무자, 추동력으로서의 역할을 수행하고 있다. 혁명적 군인 정신과 같은 군의 투쟁 정신과 투쟁 기풍 등 본보기 집단으로서 군의 모범을 전사회가 따라 배우도록 함으로써 경제 건설에서 근로 대중의 창조적 역할을 최대한 발양시켜 보고자 하는 것이 그것이다.[131] 김정일의 선군 정치는 "인민군대를 핵심으로 하여 혁명 대오를 튼튼히 꾸리고 혁명적 군인 정신을 무기로 하여 사회주의 건설을 밀고 나가는 것"이었다.[132] 다시 말해 경제 건설에서 전체 근로 대중을 인민군대의 투쟁 정신과 투쟁 기풍으로 무장시키고 인민군대처럼 살며 투쟁해 나가도록 한다는 것이었다. 이를 위해 북한은 군의 혁명 정신과 투쟁 기풍, 생활 문화 기풍을 전사회적으로 확산, 일반화시켜 나가고 있다.[133]

그런데 북한에서 혁명적 군인 정신이 전사회적 차원으로 확산·일반화되기 시작한 것은 1996년 9~10월경이었다.[134] 그리고 1998년 1월 김정일이 자강도를 현지지도 하는 과정에서 이른바 "강계 정신"이 창조되었다. 북한의 설명에 따르면, 강계 정신은 김정일의 선군 정치에 의해 창조된 혁명 정신으로, "혁명적 군인 정신이 사회에 구현되어 창조된 정신이며 선군 정치의 위대한 결실"이라고 한다.[135] 다시 말해 강계 정

---

[131] 『노동신문』,「우리 당의 선군 정치는 필승 불패이다」(『노동신문』,『근로자』 공동 논설), 1999년 6월 16일.
[132] 『노동신문』,「올해를 강성 대국 건설의 위대한 전환의 해로 빛내이자」(1999년 신년 공동 사설), 1999년 1월 1일.
[133] 『조선중앙통신』, 1998년 12월 22일.
[134] 북한의 설명에 따르면, 금강산 유역에 건설된 안변청년발전소는 1986년 8월에 공사에 들어가 2000년 10월 20일 2단계 공사를 마친 설비 용량 81만kw의 초대형발전소이다. 북한은 1996년 9~10월에 걸쳐 안변청년발전소 1단계 공사 완공 기념행사를 대대적으로 추진하였는데, 바로 이 시기부터 혁명적 군인 정신이 전사회적으로 확산되기 시작했다.
[135] 편집국, 앞의 글(2000. 5), 15~16쪽.

신은 김정일의 선군 정치에 따라 군의 혁명적 군인 정신을 따라 배우기 위한 운동이 전사회적 차원에서 힘 있게 전개되는 과정에서,136) 그리고 자강도의 당 조직과 당 간부들이 혁명적 군인 정신과 그 기풍으로 대중을 지도해 나가는 과정에서137) 창조되었다는 것이다. 군의 모범이 자강도의 모범으로 이어지고, 군의 혁명적 군인 정신이 자강도의 강계 정신으로 이어졌던 것이다.

이후 북한은 자강도의 모범과 강계 정신을 전사회적 차원으로 확산·일반화하기 위한 운동을 대대적으로 추진하였으며, 이 과정에서 강계 정신과 자강도의 모범을 따라 전국에서 경제 회복을 위한 투쟁이 본격적으로 전개되었다.138) 혁명적 군인정신과 강계 정신에 기초한 제2의 천리마운동, 제2의 천리마대진군운동이 그것이었다.139) 경제 회복을 추진하는 북한의 기본 방식 역시 대중 운동, 즉 사상 동원 운동이었다. 북한에서 대중 운동은 "사회주의 경제 건설의 추동력"이었다.140)

1956년 12월 강선제강소에 대한 김일성의 현지 지도 과정에서 '강선 정신'에 바탕한 천리마운동이 시작되어 북한의 사회주의 건설에 새로운 전환적 국면을 열었듯이, 김정일은 1998년 1월 자강도 현지 지도 과정에서 혁명적 군인 정신에 바탕한 강계 정신을 창조하고 이 정신을 전체 인민들이 따라 배우도록 함으로써 사회주의 건설에서 새로운 전환을 도모하였던 것이다. 강계 정신은 "강선 정신의 계승"으로서,141) 그것은 1950년대의 천리마 정신과 그 기백으로 일할 것을 요구하는 것이

---

136) 리종산, 앞의 글, 21쪽.
137) 조연준, 앞의 글, 10쪽. 북한은, "당의 사상과 영도는 천리마대진군의 생명선"이라고 평가하고 있다. 채규빈, 「새로운 천리마대진군은 경제 부흥의 추동력」, 『근로자』 2000년 제1호, 17쪽.
138) 편집국, 앞의 글(2000. 5), 12쪽.
139) 채규빈, 앞의 글, 18쪽.
140) 김승일, 「대중 운동은 사회주의 경제 건설의 위대한 추동력」, 『경제연구』 1989년 제4호, 11쪽.
141) 『노동신문』, 1998년 2월 27일.

었다. 강계 정신은 "오늘의 천리마 정신"이었다.[142] 이러한 강계 정신은 이른바 '성강의 봉화', '라남의 봉화'로 이어졌다.

이렇듯 북한은 1988년 강계정신을 창조하고 이를 전사회적으로 확산, 일반화하는 과정에서 마침내 경제 회복에 주력하게 되는데, 김정일의 선군 정치에 기반한 사회주의 강성 대국론이 그것이었다. 특히 1998년 이후 경제 발전은 "강성 대국 건설에서 가장 중요한 과업",[143] "최대의 힘을 넣어야 할 주되는 전선"[144]이 되었다. 김정일 역시 1998년부터 경제 사업에 관여하기 시작했다. 경제 부문에 대한 김정일의 현지 지도가 그것이다. 이에 따라 북한 경제는 1998년 바닥을 치고 마침내 1999년 이후 완만하게나마 플러스 성장세로 돌아서게 된다.

이렇게 볼 때, 북한의 경제 회복은 무엇보다 사상 회복에 기초한 것이었으며, 사상 회복이 이루어지면서 경제 회복도 본격화되었던 것으로 평가된다. 북한은 체제 수호와 체제 안정뿐만 아니라 경제 발전의 추동력도 역시 혁명적 군인 정신과 강계 정신 등 사상에서 찾았던 것이다. 이것은 경제 건설을 포함해 모든 분야에서 무엇보다 사람의 사상을 기본으로 하고 사람의 사상을 앞세우는 김정일의 이른바 '사상론'에 따른 것이었다.[145] 북한에서 김정일은 무엇보다 사상의 지도자였다.

6. 선군 정치의 제도화와 선군 체제의 확립

북한의 역사에서 1998년은 '전환의 해'였으며, 김정일 시대가 본격적

---

[142] 최상벽, 「토지 정리는 천지개벽의 새력사를 창조해 나가는 보람찬 사업」, 『근로자』 2000년 제4호, 35쪽.
[143] 장명호, 「농업 생산은 강성 대국 건설의 천하지대본」, 『경제연구』 1999년 제1호, 13쪽.
[144] 리기성, 앞의 글(1998. 2), 2쪽.
[145] 리창근, 「경애하는 김정일 동지는 사회주의, 공산주의 경제 건설 사상을 완벽하게 밝혀주신 위대한 사상 리론가이시다」, 『경제연구』 1998년 제4호, 3쪽.

으로 개막되는 해였다. 북한에서 선군 정치의 개념이 처음 등장한 것도 1998년이었으며, 사회주의 강성 대국론이 제기된 것도 1998년이었다. 특히 강계 정신에 바탕하여 북한이 경제 회복에 본격적으로 나선 것도 1998년이었다. 북한은 이러한 경제 회복 노력에 바탕하여 1998년부터 그동안 이완된 체제를 새롭게 재정비해 나갔다. 1998년 9월에 있은 헌법 개정을 통한 국가 권력 구조의 개편 등이 그것이었다. 1990년대 중반의 심각한 체제 위기에서 어느 정도 벗어나 일정한 체제 안정을 도모하고 있었던 것이다. 1994년 7월 김일성 사망 이후 근 4년이 걸렸다. 북한으로서는 정말 '고난의 행군'이었을 것이다.

그 결과 많은 희생이 있었지만, 북한식 사회주의는 일단 수호되었다. 이 과정에서 보여준 김정일의 행보는 매우 독특한 것이었다. 김정일은 경제 위기 해소에 주력하기보다 우선 관심을 군에 집중시켰으며, 특히 사상에 집중시켰다. 김정일의 위기 해소 전략은 선군 정치에 바탕하여 사상 문제를 해결하고 이를 바탕으로 경제 문제를 해결하는 것이었다. 군대 강화 → 사상 강화 → 경제 강화의 문제 접근 방식으로서, 김정일의 강성 대국 건설 방식은 사상과 군대를 강화하고 그 위력으로 경제 발전을 이룩하는 것이었다.[146]

다시 말해 김정일의 선군 정치와 강성대국 건설은 군사 선행의 원칙에 입각하여 군대를 혁명의 주력군으로 내세우고 군대를 선차적으로 강화하며, 군대의 위력으로 체제 수호와 체제 안정, 경제 발전을 추구하는 것이었다.[147] 이를 위해 북한은 현재 인민군대의 투철한 혁명 정신과 투쟁 기풍, 사업 방법과 작풍, 도덕과 문화, 생활 양식을 정치, 경

---

[146] 『노동신문』, 「강성 대국」, 1998년 8월 22일.
[147] 리종산, 앞의 글, 21쪽 ; 고상진, 「위대한 영도자 김정일 동지의 선군 정치의 근본 특징」, 『철학연구』 1999년 제1호, 17쪽. 김일성종합대학 경제학부 김재서 부학부장은 선군 정치를 "적대 세력의 침략으로부터 나라를 보위하기 위한 정치일 뿐 아니라 나라의 경제 건설을 위한 효과적인 방도까지도 집대성하고 있는 정치 방식"으로 설명하고 있다. 『조선신보』, 2000년 1월 11일.

제, 사회, 문화 등 북한 사회 전반에 걸쳐 철저히 구현해 나가도록 하고 있다.148)

선군 정치하에서 북한이 추구하는 사회는 군대의 풍모를 닮은 사회, 즉 군대가 창조한 사상과 도덕, 생활과 문화가 온 사회에 확고히 지배하는 사회였다.149) 사상뿐만 아니라, 도덕과 생활과 문화 예술에까지 군의 모범을 확산시키고 있는 것이다. "생산도 학습도 생활도 인민군대처럼!"이라는 당의 구호에서 보듯, "온사회의 선군사상화"였다. 전사회의 군사화로서 '선군사회주의', '선군체제'라 할만하다.150)

그런데 북한의 설명에 따르면, 김정일의 선군 정치는 "완성된 사회주의 정치 방식"으로서,151) '제국주의'가 존재하는 한 "앞으로도 영원히 변함이 없다"고 한다.152) 김정일의 선군 정치는 일시적인 위기 관리 체제가 아니라, 이른바 '주체 혁명 위업'의 완성을 위한 장기 지속의 새로운 전략적 노선이었던 것이다. 이러한 김정일의 선군 정치는 1998년 9월 헌법 개정을 통해 제도화되었다.

1998년 9월 헌법 개정을 통한 권력 구조 개편의 기본 방향은 김정일의 선군 정치에 따라 군의 위상과 역할을 높이고 당의 군사 중시 노선을 철저히 구현할 수 있는 구조를 만드는 것이었다. 국방위원회를 국가 주권의 최고 군사 지도 기관이며 전반적인 국방 관리 기관으로 그

---

148) 북한의 평가에 따르면, "선군 정치로 하여 군사는 물론 나라의 정치, 경제, 문화의 모든 부문에서는 근본적인 변혁이 일어났으며 인간도 사회도, 투쟁도 생활도 새롭게 일신한 선군 시대라는 완전한 하나의 새 시대가 개척되었다"고 한다. 『노동신문』, 「우리는 영원히 잊지 않으리라」, 2000년 10월 3일.
149) 『노동신문』, 「혁명적 군인 정신으로 우리식 사회주의 위업을 힘차게 전진시켜 나가자」, 1997년 5월 19일.
150) 그러나 북한의 선군 체제는 당은 당대로, 정권은 정권대로 각자 자신의 고유한 기능과 역할을 그대로 수행하고 있다는 점에서, 군이 통치의 전면에 나서는 군사 통치와는 전혀 다른 것이다.
151) 편집국, 앞의 글(2000. 1), 4쪽.
152) 『노동신문』, 2000년 1월 1일.

위상과 권한을 더욱 강화하고, 국방위원장을 나라의 정치, 군사, 경제 역량의 총체를 통솔 지휘하며 나라의 방위력과 전반적 국력을 강화 발전시키는 사업을 조직 영도하는 "국가의 최고 직책"으로 규정한 것이 그것이다.153)

북한에서 혁명 무력의 최고사령관은 전반적 혁명 위업의 최고사령관이었던 것이다.154) 이에 따라 국방위원회는 국가기관들 가운데서 기본으로, 혁명의 중추 기관으로 되었으며, 나라의 전반적 국력을 강화하는 데서 제기되는 모든 문제들도 국방위원회에 집중시켜 풀어 나가게 되었다.155) 이에 대해 북한은, "군사 중시의 우리의 국가 기구 체계는 무적의 군사력에 의거하여 나라의 정치적 자주권을 확고히 담보하고 경제 발전과 나라의 부흥을 힘 있게 추동하는 가장 우월한 우리식의 정치 체제"라고 자평하고 있다.156) 선군체제의 확립이었다.

---

153) 『노동신문』, 「위대한 영도자를 높이 모신 우리 공화국은 영원히 필승 불패이다」, 1998년 9월 7일.
154) 『노동신문』, 1995년 12월 24일.
155) 사회과학출판사, 『위대한 령도자 김정일 동지께서 밝히신 선군혁명령도에 관한 독창적 사상』(평양: 사회과학출판사, 2002), 19·84쪽 참조.
156) 『노동신문』, 「우리 당의 선군 정치는 필승 불패이다」(『노동신문』, 『근로자』 공동 논설), 1999년 6월 16일.

제4절 북한의 경제 재건 전략:
사회주의 원칙과 실리주의 원칙의 결합

1. 혁명적 경제 전략에서 혁명적 경제 정책으로의 전환

　북한은 김정일의 선군 정치를 통해 실용주의적 개혁 노선을 배격하고 체제 위기를 극복해 나가면서 1998년 이후 그동안 이완된 북한식 사회주의 체제를 복원, 재강화하는 방향에서 정책, 제도, 리더십 등 기존의 체제를 새롭게 재정비해 나갔다.
　먼저 경제 정책에서 중요한 변화가 있었다. 기존의 '혁명적 경제 전략'에서 '혁명적 경제 정책'으로의 전환이 그것이었다. 선군 정치하에서 경제 정책의 변화는 거의 불가피한 것이었다. 1998년 김정일에 의해 "사회주의 강성 대국 건설의 전투적 기치"로[157] 제시된 혁명적 경제 정책은 국방공업 중심의 중공업 우선 전략이었다. 선군 정치하에서 북한의 경제 건설 노선은 국방공업이 주도적이며 핵심적인 역할을 하는 국방 공업 우선의 농업·경공업 동시 발전 노선이었다.[158] 경공업과 주

---

[157] 『노동신문』, 2000년 1월 19일.
[158] 국방공업은 중공업에 기초하고 있다는 점에서, 국방공업 우선의 원칙이 전통적인 중공업 우선의 원칙을 포괄하는 것으로 해석될 수 있다. 하지만 중공업 가운데 국방공업과 직접 관련된 중공업 부문(군수 부문 중공업)을 우위에 두면서 국방공업과 직접 관련이 없는 중공업 부문(민수 부문 중공업)에 대해서는 그 자체보다 오히려 농업과 경공업을 강조하는 것으로 해석될 수도 있다. 이것이 사실이라면 북한의 전통적인 중공업 우선 노선의 중요한 변화라 할

민 생활 문제가 정책의 우선 순위에서 다시 밀려난 것이다.159) 혁명적 경제 정책의 기본 원칙은 국방과 자립 경제를 우선시하는 바탕 위에서 주민 생활 문제를 해결해 나가는 것이었다.160)

이것은 기존의 혁명적 경제 전략하에서의 소비와 균형과 소비재 생산(경공업) 우선 정책이 혁명적 경제 정책하에서 다시 축적과 속도(불균형)와 생산 수단 생산(중공업) 우선 정책으로 회귀하였음을 보여준다. 이에 따라 기계 금속 공업에 대한 투자 비중도 다시 증대되었으며, 기본 건설에 대한 투자 비중도 다시 증대되었다. 선군 정치하에서 북한은 군사 강국의 물질적 기초로서 "중공업 특히 국방 공업을 발전시켜야 한다"고 주장하고 있는데,161) 기계, 금속, 화학 등 중공업은 자립 경제와 자주 국방의 물질적 기초였던 것이다.

이러한 북한의 혁명적 경제 정책은 경제 구조 개편을 추구한 혁명적 경제 전략과는 달리, 중공업 중심의 전통적인 북한식 경제 토대와 경제 구조를 그대로 살리는 방향에서 경제 발전을 추구하는 전략이었다.162) 북한의 설명에 따르면, "우리(북한)의 경제 토대는 자체의 강력한 중공업을 골간으로 하는 자립적 경제 토대이며, 우리 식(북한식)의 경제 구조는 인민 경제의 모든 부문이 다면적으로 발전되고 국방 공업이 중요

수 있을 것이다.
159) 그런데 북한의 설명에 따르면, 국방공업을 우선적으로 발전시키는 것은 국방공업에서의 첨단 과학과 기술의 발전이 다른 경제 부문의 발전도 추동한다고 한다. 다시 말해 국방공업의 우선적 발전은 그와 직접 관련된 과학 기술 및 중공업의 발전에 커다란 영향을 미치고 경제의 다른 모든 부문의 발전도 적극 추동하여 나라의 경제 발전을 떠밀어 나간다는 것이다. 이에 대해서는 김인옥, 앞의 책, 237쪽 참조.
160) 김희남, 「위대한 령도자 김정일 동지의 현명한 령도 하에 우리 인민이 누리고 있는 집단주의적 경제 생활」, 『경제연구』 1998년 제4호, 7쪽.
161) 리창근, 「사회주의 경제 건설은 강성 대국 건설의 가장 중요한 과업」, 『경제연구』 1999년 제1호, 3쪽.
162) 박송봉, 「당의 혁명적 경제 정책은 사회주의 경제 강국 건설의 전투적 기치」, 『근로자』 2000년 제3호, 45~46쪽.

한 자리를 차지하는 특수한 경제 구조이다."163) 이와 같은 자립과 국방, 중공업 우선의 경제 정책은 "제국주의의 포위 속에서" 북한 자체의 힘으로 경제를 발전시키기 위한 것으로 설명되었다.164) 이에 따라 "인민 생활을 높인다고 하면서 중공업을 소홀히 하거나, 외화가 있어야 경제 문제를 풀 수 있다고 하면서 대외 무역에만 치중하는" 것은 "옳은 방도로 될 수 없다"고 비판되었다.165)

이것은 국내 생산(자립)보다 대외 무역(개방)을 더 강조하는 조강일류의 다음과 같은 견해에 대한 비판으로 해석된다. 비록 간접적인 방식이긴 하지만 조강일은 당의 무역제일주의 방침을 설명하면서, 자립보다 사실상 개방을 더 강조하는 주장을 펴고 있다. 즉 "오늘 국제 경제 무대에서는 개별적 민족 국가들의 세계적인 경제 연계가 날을 따라 더욱 더 밀접해지고 있다. 이에 따라 모든 나라들이 국제 경제 교류와 대외 무역에 보다 중요한 의의를 부여하고 있으며 매개 나라들의 경제 발전에서 대외 무역이 차지하는 지위는 급격히 높아지고 있다. 많은 나라들에서 대외 무역의 장성 속도는 공업 총생산액 장성 속도를 넘어서고 있으며 대외 무역이 차지하는 비중도 산업에서 창조한 소득을 훨씬 능가하고 있다."166)

이에 대해 조민철은, 북한의 자립 경제는 세계 다국적 기업이 이식하는 수출 산업에 기대를 걸지 않으며 자본주의 세계 경제의 국제화와 상호 의존성에 명줄을 걸고 있는 살림살이와 결코 인연이 없다고 주장하고, 자립 경제를 포기하는 것은 곧 사회주의를 포기하는 것이라고 주장하였다.167) 또 북한은 고난의 행군 시기에 다른 나라에 손을 내미

---

163) 리영화, 「경제에 대한 국가의 중앙집권적 통일적 지도는 사회주의 경제 강국 건설의 근본 담보」, 『경제연구』 1999년 제3호, 10쪽.
164) 『노동신문』, 2000년 1월 1일 ; 박송봉, 앞의 글, 45~46쪽.
165) 『노동신문』, 「자립적 민족 경제 건설 노선을 끝까지 견지하자」, 1998년 9월 17일.
166) 조강일, 「무역제일주의 방침은 사회주의 경제 건설에서 일대 앙양을 일으키게 하는 혁명적 방침」, 『경제연구』 1994년 제2호, 12쪽.

는 쉬운 길이 아니라 제 힘으로 살아나가는 어려운 길을 선택했다며, "자주, 자립의 원칙을 앞으로도 철저히 고수해 나갈 것"이라고 역설하였다.168)

물론 이것은 대외 무역에만 치중하는 현상을 비판하는 것이지, 대외 무역 자체를 부정하는 것은 아니다. 김정일은 대외 무역을 발전시키는 것은 자립 경제에 모순되지 않으며, 반대로 대외 무역은 경제적 자립성을 공고히 하고 인민 경제의 주체화, 현대화, 과학화를 위한 중요한 담보가 된다고 지적하고 있다.169) 북한은 경제 자립성을 강화하는 방향에서, 비록 그 보완적 수단으로 제한적이긴 하지만, 대외 경제 관계를 꾸준히 확대 발전시켜 왔던 것이다.

1980년대까지 북한의 대외 경제 관계는 사회주의권을 기본 대상으로 하였다. 그러나 사회주의 시장의 붕괴는 그 대체물로 자본주의 시장에 대한 진출의 필요성을 크게 부각시켰다. 사회주의 시장 붕괴에 따라 대외 경제 관계가 축소되고 경제난이 심화되고 있는 상황에서, 자본주의 시장 진출은 북한의 경제 발전을 위한 사활적인 조건이 되었다. 자본주의권과의 경제적 연계 강화는 불가피한 것이었다. 이에 따라 북한은 종래 사회주의권을 기본 대상으로 하던 대외 경제 정책에서 자본주의권을 기본 대상으로 하는 대외 경제 정책으로 방향 전환을 추진하였다.170)

그러나 사회주의 시장에 비해 자본주의 시장의 장벽은 대단히 높은 것이었다. 사회주의권과 하던 종래의 방법으로는 그 장벽을 도저히 넘을 수 없는 것이었다. 자본주의 시장 개척을 위한 보다 적극적인 노력

---

167) 리민철, 「위대한 수령 김일성 동지께서 쌓아 올리신 자립 경제 건설의 력사적 공적과 그 영원한 생명력」, 『경제연구』 1997년 제2호, 7·18쪽.
168) 편집국, 앞의 글(2000. 5), 15쪽.
169) 김정일, 「당과 혁명 대오의 강화 발전과 사회주의 경제 건설의 새로운 앙양을 위하여」(1986. 1), 『김정일선집 8』(평양: 조선노동당출판사, 1996), 344쪽.
170) 김일성, 「현시기 정무원 앞에 나서는 중심 과업에 대하여」(1992. 12), 『김일성 저작집 44』(평양: 조선노동당출판사, 1996), 16쪽.

이 필요했다. 자본주의 시장의 속성에 맞게 무역 방법도 바꾸고 자본과 기술의 도입 방법도 바꾸어야 했으며, 시장 경제에 대한 학습도 필요했다. 나진 선봉 지대의 개방도 추진했다.[171]

북한의 자립 경제 노선에도 중요한 변화가 있었다. 비록 제한적이지만, 실리주의 원칙의 적용이 그것이다. 1990년대 초중반 북한의 정책 갈등은 경공업의 구조 조정 문제에서도 나타났다. 자립론자인 리기성은 당시 경제 구조 개선에서 중요한 것은 국내에서 요구되는 소비재를 자체로 더 많이 생산 보장할 수 있도록 소비재 생산 구조를 높은 수준에서 완비하는 것이라고 주장하였다.[172] 이에 비해 개방론자인 조강일은 기본적이며 많이 요구되는 것은 자체로 생산하고, 적게 요구되거나 북한이 생산하기 힘든 소비품은 수입해야 한다고 주장하였다.[173]

이러한 정책 갈등은 리기성의 견해가 기각되고 조강일의 견해가 수용되는 방향에서 정리되었다. 경공업 정책에 있어 '생산의 전문화'가 그것이었다. 즉 북한은 인민 생활에 절실히 필요하고 중요한 의의를 가지는 소비품만을 자체의 생산으로 보장하도록 하고, 여기에 노력과 설비, 원료, 자재를 집중하는 전문화의 원칙에서 살릴 것은 살리고 정리할 것은 정리하는 경공업 구조 개선(조정)을 추진하였다. 치약, 세수 비누, 화장품, 법랑 그릇, 초물 제품, 기초 식료품 등이 그것으로서, 북한은 이들 소비품을 독점 지표로 설정하고 그 생산을 증대시키는 데 역량을 집중하였다. 자전거와 재봉기 생산도 전문화가 추진되었다. 그러나 그밖의 소비품에 대해서는, 즉 실리주의 원칙에서 경제적 효과성을 타산하여 경제적으로 유익한 일부 소비품에 대해서는 자체 생산이 아

---

[171] 오승렬은 북한이 나진 선봉 지대를 대외 경제의 연결 '창구'보다는 북한 경제의 부족한 부분을 메꾸는 '창고'로서의 기능을 부여하고 있다고 평가하고 있다. 오승렬, 『북한 경제 개혁의 최적 방향 연구』(민족통일연구원, 1996), 116쪽.
[172] 리기성, 앞의 글(1994. 1), 5쪽.
[173] 조강일, 앞의 글, 12쪽.

니라 무역을 통해 수요를 충족시키는 방향에서 경공업 구조 개선(조정)을 추진하였다. 또 북한은 다른 나라에서 원자재를 수입하여 생산하는 것보다 완제품을 수입하는 것이 경제적으로 유익할 경우, 그러한 소비품은 완제품을 수입하도록 하였다.174)

경공업 부문의 대외 무역에서 실리주의 원칙의 적용으로, 이것은 중요한 변화라 아니 할 수 없다. 비록 경공업의 일부 품목에 제한되어 있긴 하지만, 대외 무역에 수익성의 원칙, 비교 우위의 원칙을 적용함으로써 자기 완결적인 재생산 구조의 추구에서 한발 물러서고 있는 것이다. 이것은 경공업의 경우, 대외 무역이 자립 경제의 보완적 수단의 위치에서 한 단계 발전하여 경공업 발전의 중요한 하나의 축으로 그 위치가 격상되고 있음을 보여준다. 북한의 표현대로, "경공업 발전의 새로운 전환"이라 할 만한다. 그러나 북한은 경공업 부문과는 달리, "금속 공업을 비롯한 기간 공업 부문의 생산을 다른 나라에 의존하는 것은 경제의 명줄을 남에게 거는 것이나 같다"고 하여 중공업 부문의 개방에 대해서는 여전히 부정적인 입장을 취하고 있다.175)

또 소비재 생산과 관련하여, 북한의 자립 경제는 군(郡) 단위 자립 경제를 더욱 강화하는 방향에서 추진되었다. 군(郡) 단위 자립 경제란 군(郡) 경제를 군(郡) 자체의 힘으로 발전시켜 나가는 것으로서, 그것은 식량과 소비품 등 군(郡)내 인민 생활 문제를 군(郡)이 전적으로 책임지고 보장하는 것을 의미한다. 군(郡) 단위 지방 경제에서 가장 중요한 것은 농업과 경공업(지방공업)이며, 농업과 경공업(지방 공업)을 군(郡) 자체로 발전시키는 데 필요한 원료, 연료, 자재, 동력 등 일부 생산수단도 군(郡) 자체로 생산 보장하도록 하였다. 예컨대 군(郡) 단위의 중소

---

174) 리연수, 「인민 소비품 문제를 푸는 것은 우리 당의 확고한 결심」, 『근로자』 2000년 제6호, 48~50쪽 ; 리주오, 「제품의 질을 높이는 것은 경공업 부문 앞에 나서는 중요 과업」, 『근로자』 2000년 제5호, 36쪽.
175) 리연수, 위의 글, 48~49쪽.

형발전소 건설을 통해 전력을 군 자체로 해결하도록 한 것이나, 모든 군에서 국가 공급 원료의 몫을 줄이고 군(郡) 자체의 원료 공급 비중을 높이는 방향에서 군(郡) 자체의 자립적인 원료 생산 기지를 조성하도록 한 것이 그것이었다.

또 북한은 군(郡) 단위로 자체의 수출품 생산 기지를 조성하고 이를 통해 번 외화는 철저히 군(郡) 자체로 군(郡) 내 인민소비품과 지방 경제 발전에 필요한 설비와 원료, 자재를 수입하는데 쓰도록 하였다. 요컨대 군(郡) 단위 자립 경제란 군(郡)을 단위로 지방 경제를 종합적으로 발전시켜, 군(郡) 단위로 생산 순환이 완결될 수 있는 경제 구조를 추구하는 것이었다. 이와 같은 군(郡) 단위 자립 경제는 심각한 경제난으로 인해 국가 공급 능력이 현저히 약화된 상황에서 국가에 의존하지 않고 군(郡) 자체의 내부 자원을 최대한 동원 이용하여 모든 것을 군(郡) 자체의 힘으로 해결해 나가는 자력갱생을 요구하는 것이었다. 이것은 결국 국가의 추가적 투자 없이 군(郡) 단위 자립 경제, 군(郡) 단위 자력갱생을 통해 소비재 생산의 많은 부분을 지방 경제에 맡겨, 소비재 생산에 대한 국가의 재정적 부담을 줄이면서 기간 공업 즉 국방 공업과 중공업에 국가적 투자와 축적을 증대시키기 위한 것이었다.[176]

2. 당-정 관계 재편과 당 조직의 기능 복원

또 북한은 1998년 이후 헌법 개정을 통해 김정일의 선군 정치를 제

---

[176] 이상의 군 단위 자립 경제에 대해서는 김성금, 「군 경제의 종합적 발전은 사회주의 경제 건설을 다그치기 위한 중요한 요구」, 『경제연구』 1999년 제4호, 13~14쪽 ; 김성금, 「지방 공업의 부문 구조를 개선 완비하는 것은 군 경제 발전의 중요한 요구」, 『경제연구』 1999년 제3호, 32~35쪽 ; 리기반, 「군을 단위로 지방 경제를 종합적으로 발전시키는 것은 올해 경제 건설의 기본 과업을 성과적으로 수행하기 위한 중요한 방도」, 『경제연구』 1999년 제2호, 8~9쪽 ; 김순재, 「지방 경제의 발전은 사회주의, 공산주의 건설의 합법칙적 요구」, 『경제연구』 2000년 제1호, 8쪽 참조.

도화하고 국가 권력 구조를 재편하는 등 그동안 이완된 체제를 새롭게 재정비해 나갔다. 먼저 북한의 체제 재정비는 그동안 약화된 당·정 기능을 복원·재강화하는 것으로 나타났다. 앞에서 보았듯이, 당 조직의 재강화는 군대 내 당 사업의 모범을 전당에 일반화하는 방식으로 진행되었다. 특히 북한은 그동안 약화된 당의 권위와 지도적 역할을 재강화하기 위해 "당은 곧 수령이라는 확고한 관점"을 가지고, 당의 영도적 역할을 백방으로 강화하며 당의 영도를 높이 받들어 나갈 것을 촉구하였다.[177] 그러나 북한의 당 조직 재정비는 종래와 달리 행정 경제 사업에서 당 조직의 기능과 역할을 일부 재조정하는 방향에서 이루어졌다. 당-정 관계의 재편이 그것이었다.

1990년대 초까지 북한은 행정 경제 사업에 대한 전적인 책임을 해당 단위 당 조직에 부여하고, 당의 정치적·정책적 지도 밑에 행정 경제 사업이 진행되도록 하였다. 그러나 행정 경제 사업에 대한 당적 지도는 그 폐해도 적지 않은 것이었다. 당의 행정 대행 현상이 그것이었다. 당의 행정 대행에 따른 폐해는 첫째, 당이 행정 경제 실무 사업에 매달려 본연의 사업인 당 정치 사업을 제대로 할 수 없게 하며 둘째, 행정 경제 사업에서 행정 경제 기관의 책임성, 적극성, 창발성, 능동성을 약화시키는 것이었다.[178] 당의 행정 대행이 당 정치 사업도 망치고 경제 사업도 망친다는 것이다.

그러나 경제난이 심화되는 상황에서 당의 행정 대행에 따른 경제적 합리성과 효율성, 전문성 약화는 문제가 아닐 수 없었다. 특히 사회주의권의 붕괴와 심각한 경제난에 따라 사상적 동요가 나타나고 있는 상황에서, 당의 행정 대행에 따른 당 정치 사업의 약화는 더욱 심각한 문제가 아닐 수 없었을 것이다. 물질 그 자체보다 사상을 더 중시하는

---

[177] 편집국, 앞의 글(2000. 1), 6쪽.
[178] 강정윤, 「당 일군들은 행정 경제 사업을 당적 방법으로 밀어주어야 한다」, 『근로자』 1990년 제7호, 46쪽.

북한으로서는 경제난 그 자체보다 사상적 동요가 더 심각한 문제였을 것이다. 이러한 상황에서 당은 행정 경제 사업 그 자체보다 우선 그 본연의 임무인 당 정치 사업에 주력할 필요가 있었다.

이러한 배경 속에서 1993년 김정일은 당이 당 내부 사업을 소홀히 하고 경제 사업에 매달리면 당 사업에 빈틈이 생겨 당 자체를 위험에 빠뜨릴 수 있다고 지적하고, 당은 경제 사업을 경제 지도 기관에 대담하게 맡기고 당은 당 내부 사업에 첫째가는 관심을 돌려야 한다고 역설하였다.179) 이에 따라 북한은 당의 행정 대행 현상을 없애고 당 조직들로 하여금 그 본연의 사업인 정치 사업에 주력하도록 하기 위해 당-정 관계를 재편하게 되는데, 경제 지도 기관에 경제 사업의 책임을 전적으로 맡기는 정무원 책임제, 정무원 중심제가 그것이었다. 행정 경제 기관의 권한과 책임 강화였다.180)

이와 같은 1990년대 초중반의 당-정 관계 재편은 1998년 9월 헌법 개정을 통해 기존의 정무원 책임제, 정무원 중심제보다 그 권한과 책임이 더욱 강화된 내각 책임제, 내각 중심제로 제도화되었다.181) 즉 북

---

179) 김정일, 「당 사업과 경제 사업에 힘을 넣어 사회주의 위력을 더욱 강화하자」 (1993. 2. 17), 『김정일선집 13』(평양: 조선노동당출판사, 1998), 316~317·332쪽.
180) 김정일, 「당 사업을 잘하여 사회주의 혁명 진지를 더욱 튼튼히 다지자」(1994. 1. 1), 『김정일선집 13』(평양: 조선노동당출판사, 1998), 400쪽 ; 김정일, 앞의 글(1994. 10. 16), 436~437쪽 ; 홍성남, 「정무원 책임제, 정무원 중심제를 강화하여 사회주의 경제 건설에서 새로운 전환을 일으키자」, 『근로자』 1996년 제7호, 65쪽 참조.
181) 내각 책임제, 내각 중심제란 "내각이 나라의 경제 사업에 대하여 책임진 주인으로서 당의 경제 정책과 방침에 따라 경제 사업 전반을 통일적으로 조직 진행하며 경제 사업에서 제기되는 모든 문제를 내각에 집중시키고 내각의 주관 하에 풀어 나가는 제도와 질서"를 말한다. 다시 말해 내각 책임제, 내각 중심제란 경제 관리 운영에서 내각의 중앙집권적인 사업 체계로서, 모든 경제 사업이 내각의 통일적인 지도와 통제 밑에 진행되도록 하는 엄격한 중앙집권적 규율과 질서를 확립하는 것을 의미한다. 곽범기, 「내각 책임제, 내각 중심제를 강화하는 것은 강성 대국 건설의 필수적 요구」, 『근로자』 2000년 제2호, 52~54쪽.

한은 1998년 헌법 개정을 통해 중앙인민위원회를 폐지하고 종래 중앙인민위원회가 갖고 있던 경제 관련 주요 권한을 내각으로 이양하여 종래의 정무원에 비해 내각의 권한과 책임을 크게 강화하였다. 또 종래에는 지방 행정 경제 사업에 대한 당적 지도를 강화하기 위해 도당책임비서가 도인민위원장을 겸임하도록 하였었다. 그러나 북한은 1998년 9월 헌법 개정을 통해 도행정경제위원회를 폐지하여 이를 도인민위원회에 통합시키고, 도당책임비서와 도인민위원장을 분리하여 도인민위원회를 내각의 통제하에 두도록 하였다. 이것은 지방 행정 경제 사업에 대한 내각의 중앙집권적 지도를 강화하는 것으로서, 결국은 지방 행정 경제 사업에 대한 당적 지도의 약화를 의미했다. 행정 경제 사업에서 당의 기능과 역할 약화, 국가 행정 경제 기관의 기능과 역할 강화였다.

　이러한 당-정 관계의 재편은 당의 행정 대행 현상을 근절하여 첫째, 사상적 동요가 있는 상황에서 당 조직으로 하여금 무엇보다 당 정치 사업에 주력하도록 하기 위한 것이었으며 둘째, 경제 위기 상황에서 경제 지도 기관의 권한과 책임을 강화하여 경제 사업에서 합리성과 효율성, 전문성을 강화하기 위한 것이었다. 북한의 표현을 빌면, "경제 지도 일군들의 책임성과 역할을 높이는 것이 오늘처럼 중요하게 제기된 때는 일찍이 없었다."[182] 1998년 9월 헌법 개정 당시 전문 관료로 내각을 전면 교체한 것도 경제 사업에서 합리성과 전문성을 제고하기 위한 것이었다.[183]

---

[182] 박송봉, 앞의 글, 48쪽.
[183] 북한의 중공업 우선 노선은 당시 내각 개편에서도 확인된다. 즉 1998년 9월 내각 개편에서 전 국가계획위원장인 홍성남이 총리로, 그리고 채굴과 기계공업 전문가로 알려진 조창덕과 곽범기가 부총리로 선출되고, 인민 생활을 담당하던 두 명의 부총리 김복신과 공태진은 경질되었다. 사카이 다카시, 「경제 개혁 개방의 의의와 현황: 강성 대국 건설 노선 하에서의 재조정」, 오코노기 마사오 편저, 강성윤·이종국·조진구 옮김, 『김정일과 현대 북한』(을유문화사, 2000), 100쪽.

하지만 이러한 내각 책임제, 내각 중심제가 행정 경제 사업에 대한 당의 정치적 지도, 정책적 지도 그 자체를 부정하는 것은 아니었다. 여전히 북한은 경제에 대한 정치 우위의 원칙에 입각하여, 경제에 대한 당의 정치적 지도를 "사회주의 경제 관리의 생명선"으로 인식하고 있다.[184] 경제에 대한 정치적 지도가 보장되지 못하면 "경제 우위, 경제 실무주의"에 빠져 실패할 수밖에 없다는 인식이다.[185] 때문에 북한은 여전히 당 경제 정책 관철을 위한 당적 지도를 강조하고, 당 정치 사업의 성과가 경제 사업에서 나타나도록 조직 정치 사업을 짜고 들것을 요구하고 있는 것이다.[186] 북한의 설명에 따르면, "경제 사업에서의 성과는 당 조직들의 조직 정치 사업에 달려 있다"는 것이다.[187]

물론 여기서 조직 정치 사업이란 당 조직이 경제 실무 사업을 직접 맡아 하는 것이 아니라, 행정 경제 사업을 적극 지원하는 것을 의미한다. 즉 북한은 현재 당 조직으로 하여금 사상 사업을 통해 대중의 자각적 열성을 발동시켜 대중 운동을 적극 추동하고, 행정 경제 간부들을 적극 내세워 주고 잘 도와 주며, 경제 사업에서 규율과 질서를 강하게 세우고, 행정 경제 간부들이 사업을 창발적으로, 적극적으로 해나가도록 잘 이끌어주며, 행정 경제 사업에서 사회주의 원칙이 철저히 구현되도록 하는데 힘을 집중하도록 하고 있다. 여기서 특히 북한은 제2의 천리마대진군운동 등 대중 운동을 위해 무엇보다 당 조직들의 역할을 결정적으로 높일 것을 요구하고 있다. 북한에서 대중 운동은 사상 동원 운동이며, 대중의 사상을 발동하는 것은 당의 기본 임무이기 때문이다.[188] 당이 경제 실무 사업을 직접 맡아 하지 말라는 것이지, 경

---

[184] 한득보, 「경제 관리에서 주체성을 고수하는 것은 위대한 령도자 김정일 동지의 드팀없는 의지」, 『경제연구』 1998년 제1호, 5쪽.
[185] 최중극, 앞의 글, 8쪽.
[186] 박송봉, 앞의 글, 48쪽.
[187] 안필흠, 「경제 사업에서 걸린 문제를 풀기 위한 구역당위원회의 조직 정치 사업」, 『근로자』 2000년 제3호, 52쪽.

제 사업에 대한 당의 정치적 지도, 정책적 지도는 여전히 필요하다는 인식이다.

3. 내각 중심제: 국가 통제 시스템과 계획 경제 시스템의 복원

그러나 내각 책임제, 내각 중심제가 갖는 보다 중요한 특성은 당-정 관계의 재편을 통해 국가의 기능과 역할이 크게 강화되었다는데 있다기보다, 각급 생산(경제) 단위와의 행정 경제 사업에서 그동안 사실상 와해되어 있었던 국가의 중앙집권적인 지도와 통제가 다시 복원되었다는데 있다. 내각의 기본 임무는 무엇보다 경제 사업에 대한 국가의 중앙집권적 지도를 실현하는 데 있었던 것이다.[189]

김정일의 지적대로 당시 국가 행정 경제 사업은 사실상 무정부 상태나 다름없었다. 체제의 전반적 위기 속에서 행정 경제 사업에도 규율과 질서가 없이 혼란과 무질서가 나타났던 것이다. 앞에서 보았듯이 1990년대 중반 심각한 경제난으로 기존의 중앙집권적인 국가 통제 시스템과 계획 경제 시스템이 사실상 와해되면서 각급 단위에서 자력갱생이 요구되었다. 이에 따라 경제 각 부문, 지역, 단위는 각기 자신의 개별적 이익을 추구하는 '기관 본위주의'(조직 이기주의, 지역 이기주의 등)에 바탕하여 사실상 분권화, 자유화, 독자화 상태에 처해 있었다. 원자재와 에너지 공급 부족으로 경제 각 부문, 공장, 기업소들 사이의 생산적 연계도 제대로 보장되지 못하고 있었다. 일반적으로 사회주의 사회에서 국가의 자원 공급 능력 부족은 개별 단위의 기관 본위주의를 더욱 조장하고, 이는 다시 국가의 자원 공급 능력 부족을 더욱 심화시킨다. 기관 본위주의는 계획 경제의 정상적인 운용을 저해하는 가장 중

---

[188] 김평해, 「강성 대국 건설의 새로운 앙양의 계기를 마련한 력사적인 현지 지도」, 『근로자』 2000년 제4호, 24쪽 ; 박송봉, 앞의 글, 48쪽.
[189] 리영화, 앞의 글, 11쪽.

요한 요인의 하나였던 것이다.

　이러한 상황에서 북한은 경제 회복을 위해 무엇보다 먼저 행정 경제 사업에서 그동안 문란해진 규율과 질서부터 바로 잡고자 하였다. 모든 경제 사업에 대한 국가의 중앙집권적인 지도와 통제를 복원하는 것이 그것이었다. 북한의 입장에서 보면, 모든 경제 사업이 내각의 통일적인 지도와 통제 밑에 진행되도록 중앙집권적 규율을 "엄격히" 세우는 것은 당시 "매우 절실한 요구"였다. 이에 따라 북한은 내각 사업을 근본적으로 개선 강화하고 위원회, 성 등 경제 지도 기관들의 책임성과 역할을 높여 공장, 기업소의 관리 운영 사업을 짜고 들며, 각급 단위에서는 내각의 결정과 지시를 무조건 철저히 집행하며 내각의 지도와 통제에 복종하는 질서 정연한 사업 체계를 재확립해 나갔다. 이를 위해 북한은 종래와 같이 내각과 위원회, 성, 공장, 기업소들이 경제 지도와 기업 관리를 되는대로 하는 현상, 각급 단위에서 내각과 위원회, 성의 결정과 지시를 제대로 집행하지 않는 현상, 특히 자기 단위의 특수성을 내세우면서 경제 사업과 관련된 문제를 내각을 거치지 않고 제멋대로 처리하는 현상 등을 철저히 배격해 나가도록 하였다.

　내각이 아래에 지시하고 과업만 주면서 자력갱생을 통해 다 자체로 해결하라고 내리먹이는 것은 내각의 책임 있는 자세가 아니며, 또 각급 단위에서 자력갱생으로 생산을 정상화 한다 하여 제멋대로 경제를 관리 운영하는 것은 국가적 견지에서 실리를 보장할 수 없고 오히려 무질서와 혼란만 가져오는 것으로 비판되었다. 특히 북한은 내각의 중앙집권적 규율 확립을 위해 기관 본위주의를 철저히 배격할 것을 요구하였다. 국가의 중앙집권적 지도가 약화된 상태에서 기관본위주의가 만연해 있었던 것이다. 그런데 북한의 설명에 따르면, 기관 본위주의의 "해독성과 위험성은 단순히 자기 기관의 이익만 추구하는 정도에 있는 것이 아니라, 비사회주의적 요소를 부식시키는 온상으로, 사회주의 경제를 좀먹는 위험한 요소로 된다는 데 있다." 또 무역 등 외국과의 경

제 거래도 철저히 국가의 통제 밑에 해나가도록 했다.190)

　대내외 경제 활동 전반에 걸쳐 국가의 중앙집권적인 지도와 통제가 복구, 재강화되었던 것이다. 2000년에 있은 연합기업소의 일부 구조 개편이나 1998년 9월 헌법 개정을 통해 대외 경제 기구(대외경제위원회 등)를 무역성으로 통합한 것도 이러한 맥락에서 이해된다. 그동안 약화된 국가 통제 시스템의 복원으로서, 분권화의 배격과 중앙 집권화의 재추진이었다.191) 이에 대해 1999년 7월 북한의 조창덕 내각 부총리는 『조선신보』와의 회견에서, 1998년 9월 헌법 개정을 통해 정무원이 내각으로 개편된 이후, 경제 사업에 대한 중앙집권적 지도, 통일적 지도, 국가 기관의 결정과 지시를 무조건 집행하는 규율이 확립되었다고 평가하였다.192) 또 북한은 경제 사업에서 내각의 권한과 책임을 일층 강화한 1998년 9월의 헌법 개정에 대해, "경제 사업에 대한 국가의 중앙집권적 통일적 지도를 실현하는데서 역사적인 전환"을 가져온 것으로 평가하고 있다.193)

　국가의 중앙집권적인 통제 시스템의 복원은 곧 그동안 사실상 와해 상태에 있던 중앙집권적인 계획 경제 시스템의 복원을 의미한다. 북한에서 "생산의 정상화는 곧 계획 수행의 정상화"를 의미하기 때문이다.194) 북한은 자신의 독특한 계획 시스템인 '계획의 일원화·세부화 체계'를 "변함없이 고수하고 철저히 관철하려는 것은" 북한의 "확고한 결심이며 의지"라고 재천명하였다. 경제 사업에 대한 국가의 중앙집권적인 통일적·계획적 관리 원칙에서 한걸음도 물러설 수 없으며, 이 길에서 사소한 양보나 동요를 절대로 허용하지 않겠다는 것이었다.195)

---

190) 이상의 내용에 대해서는 곽범기, 앞의 글, 53~55쪽 참조.
191) 사회주의 경제에서 일반적으로 소비와 균형, 경공업이 분권화와 선택적 친화력이 있다면, 속도와 축적, 중공업은 중앙집권화와 선택적 친화력이 있다.
192) 『연합뉴스』, 1999년 8월 20일·8월 26일.
193) 리영화, 앞의 글, 11쪽.
194) 리경재, 앞의 글, 56쪽.

사회주의 계획 경제에 대한 북한의 이러한 의지는 1998년에 채택된 '인민경제계획법'에 전면적으로 구현되어 있다. 북한의 양형섭 최고인민회의 상임위원회 부위원장은 1999년 4월 최고인민회의 제10기 제2차회의에서 인민경제계획법을 채택함에 대한 보고에서, 인민경제계획법은 경제를 국가가 통일적으로 장악하고 유일적인 계획에 따라 관리 운영할 데 대한 정책적 입장을 규제하고 있으며, 북한은 경제의 계획적 관리에서 그 어떤 분권화나 자유화도 허용하지 않고 지난날과 마찬가지로 앞으로도 국가의 중앙집권적인 통일적 지도 원칙을 변함없이 고수해 나갈 것이라고 천명하였다.[196]

이러한 인민경제계획법에 따라 북한은 계획 경제 시스템을 복원하기 위해 전국가적 범위에서 다시 유일적인 경제 계획을 세우고,[197] 그동안 단절되어 있던 경제 각 부문과 지역, 공장, 기업소들 사이의 생산적 연계를 회복해 나갔다.[198] 또 북한은 경제 모든 부문과 공장, 기업소들에서 기업 관리 운영을 국가 계획에 기초하여 진행하는 기풍을 세워, 국가 계획을 일별, 순별, 월별, 분기별, 지표별로 어김없이 수행하는 강한 규율을 세워 나가도록 하였다.[199]

물론 계획 수행에 대한 국가의 중앙집권적 지도는 모든 공장, 기업소들의 생산 경영 활동을 국가가 다 장악하고 통제한다는 것을 의미하지 않는다. 공장, 기업소들의 수가 많아지고 그들 사이의 생산 소비적 연계가 복잡하고 다양해진 조건에서 모든 단위의 구체적인 생산 지도를 국가가 중앙의 계획적 지도권에 다 포함시킬 수는 없기 때문이다. 그러나 북한은, 각급 단위의 창발성을 높인다고 하여 그들의 자립성

---

[195] 리영화, 앞의 글, 12쪽.
[196] 『조선중앙통신』, 1999년 4월 9일.
[197] 곽범기, 앞의 글, 53쪽.
[198] 리영화, 앞의 글, 10쪽.
[199] 리창근, 앞의 글(1999. 1), 4쪽.

(독자성)을 지나치게 장려하는 것은 전반적 생산에 대한 국가의 계획적 지도를 실현할 수 없게 하는 것으로 인식한다.

때문에 북한은, 계획 수행에 대한 국가의 계획적 지도를 전반적 생산에서 중요한 의의를 가지는 대상과 지표들의 수행에 대한 통일적인 장악과 통제에 집중시키고, 그 테두리 안에서 국가 계획에 따라 공장, 기업소들의 자립성과 창발성을 최대한 발양시키도록 하였다.[200] 국가의 통일적·계획적 지도하에서 각급 생산 단위의 자립성과 창발성의 발양이며, 계획 경제의 틀 안에서 개별 기업의 상대적 독자성과 자율성이었다.

4. 계획 경제의 합리화: 계획-이데올로기 경제에서 계획-합리성 경제로

그러나 북한이 기존의 중앙집권적인 국가 통제 시스템과 계획 경제 시스템을 복원, 재강화해 나갔다고 해서, 경제 관리 방법에서 전혀 변화가 없는 게 아니었다. 1990년대 후반 이후 북한의 체제 재정비는 사회주의적 원칙을 철저히 지키면서 최대한 실리를 보장하는 방향에서 이루어졌다.[201] 북한은 국가의 중앙집권적인 통일적 지도와 사회주의적 생산 관계의 틀 내에서, 생산력 발전을 위해 개별 생산 단위의 책임성과 창발성을 최대한 발양시켜 경제적 합리성과 효율성을 증진시켜 보고자 하였던 것이다.

즉 북한은 여전히 집단적 합리성을 우위에 두면서도 여기에 개인적 합리성을 최대한 결합 증진시켜 보고자 하였으며, 또 혁명성·정치성·노동계급성을 우위에 두면서도 여기에 전문성·합리성·효율성을 최대

---

[200] 김명철, 「전반적 생산에 대한 계획적 지도를 집단주의적 원칙에 맞게 보장하기 위한 중요 문제」, 『경제연구』 2000년 제2호, 15~16쪽.
[201] 김재서, 앞의 글(1999. 3), 8쪽.

한 결합 증진시켜 보고자 하였던 것이다. 이것은 북한이 실용주의적 개혁 노선을 배격하면서도, 그 합리적 핵심을 사회주의 계획 경제의 틀 내에서 최대한 수용해 보고자 하는 것으로 평가된다. 계획 경제 우위의 최대 실리 보장의 원칙이다.

북한에서 실리 보장의 원칙은 1990년대 초부터 이미 강조되어 온 것이지만, 1990년대 후반 이후 더욱 강조되고 있다. 김정일 역시 "경제 사업에서는 결정적으로 실리주의로 나가야" 한다고 역설하였다.[202] 이것은 기존의 외연적 성장 방식의 한계에서 탈피하여 내포적 성장을 추구하는 것으로 평가되며, 기존의 계획-이데올로기 경제에서 탈피하여 계획-합리성 경제를 추구하는 것으로 평가된다. 당시 북한이 경제 합리성과 효율성을 증진하기 위해 무엇보다 강조했던 것이 바로 '경제 관리의 합리화'와 '과학 기술 혁명'이었다.

먼저 과학 기술 혁명과 관련하여 북한은, 사회주의 강성 대국은 곧 과학 기술의 강국이며, 경제 강국 건설과 군사 강국 건설도 과학 기술 발전에 달려 있다고 보고 과학 기술 중시 정책을 강성 대국 건설의 "전략적 노선"으로 위치지웠다.[203] 북한이 과학 기술을 사회주의 강성 대국 건설의 3대 기둥의 하나로 규정하고 있는 것은 과학 기술 발전을 경제 효율성과 합리성 증진(내포적 성장)을 위한 가장 핵심적인 수단으로 간주하고 있음을 보여준다.

김정일 역시 과학 기술 발전을 강성 대국 건설의 "근본 열쇠로, 힘있는 추동력으로" 규정하고, 그에 의거하여 경제를 재건해 보고자 하였다.[204] 1950년대의 천리마운동과 달리, 제2의 천리마대진군운동 역시

---

[202] 리상우, 「상업의 최량성 규준과 그 리용」, 『경제연구』 1999년 제4호, 33쪽에서 재인용.
[203] 『노동신문』, 「과학 중시 사상을 틀어쥐고 강성 대국을 건설하자」(『근로자』, 『노동신문』 공동 논설), 2000년 7월 4일.
[204] 리창근, 「과학 기술 중시 로선을 틀어쥐고 나가는 것은 강성 대국 건설의 중요한 담보」, 『경제연구』 2000년 제1호, 9~10쪽. 한편 김정일은 1999년 1월 첫

"당의 과학 기술 중시 사상의 위력으로 전진하는 진군"으로 규정되었다.[205] 자력갱생 역시 종래와 달리, 현대적인 과학 기술에 기초한 자력갱생을 강조하였다. 대중 운동과 자력갱생 역시 과학 기술 혁명을 요구하였던 것이다. 여기서 북한의 과학 중시 사상, 과학 기술 중시 정책이란 과학 기술 발전을 선차적인 문제로 모든 사업에 확고히 앞세우고 여기에 최대의 힘을 기울이며 사회주의 건설에서 제기되는 모든 문제를 과학 기술에 의거하여 풀어 나가는 것을 의미한다.[206]

지난 2001년 김정일이 주창한 바 있는 "새로운 관점" 역시 과학기술 혁명에 대한 새로운 관점을 의미하는 것으로서, 그것은 곧 "과학 선행 사상", "과학 중시 사상"을 의미한다. 다시 말해 김정일의 '과학 중시 사상', '과학 중시 정치'는 과학 기술 발전을 모든 것에 선행시키고 "나라의 모든 힘을 과학 기술 발전에 집중"시켜 나가는 "과학 선행 사상"이었다. 그것은 경제 형편이 어려워 공장이 멈춰서고 주민 생활이 어렵더라도 과학 기술 발전을 최우선시하고, 나라의 모든 경제 사업과 교육 사업의 제1차적 지향점 역시 과학 기술 혁명에 둔다는 것을 의미한다. 공장 기업소의 경우 과학 기술 발전을 최우선시 한다는 것은, 종래와 달리 과학 기술 발전 계획을 먼저 세우고 그에 기초하여 생산 계획을 세우며, 보장 사업도 과학 기술 발전 사업부터 먼저 진행하며 경영 평가도 과학 기술 발전 계획 수행을 선차적으로 고려한다는 것을 의미한다.

이러한 북한의 과학 기술 혁명의 목표는 인민 경제의 현대화, 과학

현지지도를 과학원에서 하고, 1999년 3월 도·시·군 인민회의 대의원 선거 투표를 과학원 함흥 분원에서 하면서 과학 기술 발전에 지대한 관심을 보여주었으며, 1999년을 '과학의 해'로, 2000년을 '과학 중시의 해'로 지정한 바 있다.

[205] 채규빈, 앞의 글, 18쪽.
[206] 리광호, 「주체 과학 발전의 일대 전성기를 열어 놓은 탁월한 령도」, 『근로자』 2000년 제1호, 52쪽 ; 리창근, 앞의 글(2000. 1), 9쪽.

화, 특히 "인민 경제의 정보화"에 있으며, 이를 위해 북한이 가장 주력하고 있는 분야가 바로 컴퓨터 산업 등 정보 기술(IT) 산업이다. 북한의 전략은 국가 주도하에, 과학 기술 발전의 순차적 단계를 뛰어넘어 단숨에 21세기 정보 산업 시대로 비약하는 '단숨 도약 전략(압축 성장 전략)이다. 이에 따라 북한은 현재 과학 기술을 최단 기간 내에 세계적 수준으로 발전시킨다는 야심찬 목표를 갖고 IT 산업을 중심으로 한 과학 기술 발전에 전국가적 힘을 집중하고 있다.

또 경제 관리의 합리화와 관련하여, 북한은 실리주의 원칙에서 독립채산제를 더욱 강화하고 원가, 가격, 수익성과 같은 경제 범주를 보다 적극적으로 활용하여 경제 관리를 합리화해 보고자 하였다. 1998년 9월 헌법 개정을 통해 독립채산제와 원가, 가격, 수익성과 같은 가치 범주를 더욱 강조하고 있는 것이 그것이었다. 실리주의 원칙은 상품 화폐 관계와 가치 법칙의 보다 적극적인 이용을 전제로 하는 것이었다. 가령 독립채산제는 국가의 중앙집권적인 통일적 지도 밑에 기업의 책임성과 창발성, 독자성을 결합시켜 국가 계획 과제 수행에서 기업 관리를 합리화하여 경제적 효과성을 높이기 위한 것으로서, 그것은 물질적 관심성의 원칙과 가치 법칙의 보다 적극적인 이용을 전제로 하는 것이다.

북한의 『민주조선』 보도에 따르면, 1999년 말 재정성 독립채산지도국은 각 성, 중앙 기관, 각 도인민위원회 해당 부문 일군들에게 경제적 타산을 바로 하는 문제 등 실리 보장에 대해 강습하고 해당 규정을 작성하여 시달하는 등 지도 사업을 강화하였다고 한다. 또 이 신문은 2000년 상반기 안에 중앙 기관 및 모든 시, 군들에서 현실 발전의 요구에 맞게 독립채산제를 더욱 강화하고 심화 발전시키기 위한 시범 단위를 구성하고 이를 일반화할 예정이라고 보도한 바 있다.[207] 독립채산제의 강화는 실리주의의 강화를 의미한다.

---

[207] 『민주조선』, 2000년 2월 23일.

북한의 실리주의 원칙은 경제 정상화를 추진하는 방법에도 적용되었다. 즉 경제적 효과성을 타산하여 실리주의적 원칙에서 이익이 큰 부문부터 하나씩 추켜세우는 방법으로 인민 경제를 정상화해 나간 것이 그것이다.208) 북한 경제가 전반적으로 와해된 상태에서, 모든 부문이 정상화의 대상이며, 따라서 모든 부분이 투자의 대상이었다. 하지만 생산을 정상화하는 데 필요한 원자재와 에너지, 자본과 설비, 기술 등이 전반적으로 부족했다.

북한은 이러한 현실적 제약 속에서 모든 부문을 일시에 정상화하는 것이 아니라, 경제 전반에 관건적 의의를 가지는 석탄, 전력, 금속, 철도 운수 등 기간 산업 부문에 투자를 집중하여 그 돌파구를 열어나가며, 그것도 중요한 공장들부터 하나씩 하나씩 정상화해 나가는 방식을 택하였다.209) 이와 같은 방법으로 북한은 경제 발전에서 관건적 의의를 가지는 부문들을 중심 축으로 하여, 그동안 와해 상태에 있었던 산업 부문간, 지역간, 부문 내부간의 생산적 연계를 다시 회복해 나갔다.210)

북한의 실리주의 원칙은 '인민 경제 현대화' 사업에도 적용되었다. 북한의 인민 경제 현대화 사업은 전면적인 기술 개건과 설비 갱신을 추구하는 것이었다. 노후화되고 낙후된 기존 설비의 재가동이 아니라, 새로운 기술에 기반한 전면적인 설비 갱신이 그것이었다. 북한의 설명에 따르면, "갱신 주기가 지난 기술 장비와 재래식 생산 공정은 경제 사업에서 이익을 주는 것보다 손해를 주게 된다. 뒤떨어진 기술 장비와 생산 공정은 막대한 사회적 낭비를 가져오며 투자의 효과성을 높일 수 없게 한다."211)

---

208) 리중서, 앞의 글, 3쪽 ; 김재서, 「경제 건설은 강성 대국 건설의 가장 중요한 과업」,『경제연구』1999년 제2호, 7쪽.
209) 송국남, 「자립적 민족 경제는 가장 효율적인 경제」,『경제연구』1999년 제1호, 19쪽.
210) 리영화, 앞의 글, 10쪽.
211) 전승훈, 「인민 경제의 현대화는 경제 강국 건설의 필수적 요구」,『근로자』

다시 말해 새로운 과학 기술 성과에 기초한 기술적 개선이 동반되지 않는 기계 설비의 유지와 이용은 생산의 양적 및 질적 수준의 저하, 원가 초과, 운영비 증대, 산노동 지출의 증대를 동반하면서 생산과 건설의 집약적 발전(내포적 성장)에서 기계 설비의 역할을 저하시키지 않을 수 없다는 것이다.212) 이에 따라 북한은 경제 발전에서 관건적 의의를 갖고 실리가 있는 대상들은 하나하나씩 새로운 기술과 설비에 기초하여 대담하게 현대화해 나가는 한편, 낡은 생산 설비와 생산 공정으로 자원 낭비와 경영 손실을 가져오는 대상들을 대담하게 조절하고, 원자재와 에너지 공급 부족 등으로 제대로 가동되지 않고 있는 대상들을 전문화의 원칙에서 종합 정리해 나갔다.213) "살릴 것은 살리고 자를 것은 대담하게 자르는 원칙"이었다.214) 천리마제강소, 김책제철소, 검덕광업기업소, 흥남비료공장 등은 경제 발전에 관건적 의의를 가지는 대상들을 하나하나씩 현대화, 정상화해 나간 본보기 공장들이며,215) 구성공작기계공장 역시 마찬가지였다.

또 북한은 각급 단위별로 자력갱생한다고 하면서 국가적 이익에 맞지 않는 공장과 생산 공정을 건설하거나 낡고 비효율적인 것을 고집하는 것도 경제적 효과성을 떨어뜨려 결국은 경제 건설을 저해하는 것으로 비판하였다. 자원이 전반적으로 부족한 상황에서, "그 어느 때보다 실리"가 요구되었던 것이다.216) 특히 북한은 실리주의 원칙에서, 물리적 마멸을 당한 기계 설비뿐만 아니라, 도덕적 마멸을 당한 기계 설비

    2000년 제5호, 31~32쪽.
212) 김만실, 「과학 기술 성과에 기초한 기계 설비 성능의 체계적인 개선은 설리리용률 제고의 필수적 요구」, 『경제연구』 2000년 제1호, 12쪽.
213) 리영민, 「현시기 노동 행정 사업을 개선하는 데서 나서는 문제」, 『근로자』 2000년 제7호, 52쪽 ; 리주오, 앞의 글, 39쪽.
214) 곽범기, 앞의 글, 53쪽.
215) 전승훈, 앞의 글, 32쪽.
216) 리경재, 앞의 글, 57쪽.

도 갱신의 대상에 포함시키고 있다.[217]

다시 말해 도덕적으로 마멸된 설비는 제때에 보다 능률적인 설비로 철저히 갱신해야 한다는 것이었다.[218] 이것은 도덕적으로는 좀 낡았다 하더라도 물리적으로 아직 견고하고 근로 대중의 힘을 증대시키는 데 유익하다면, 그러한 고정 재산은 폐기하는 것이 아니라 새로운 고정 재산에 의해 교체될 때까지 효과적으로 이용된다고 하던 종래의 인식과는 전혀 다른 것이었다.[219] 종래 북한은 효율성이 떨어지더라도 사용 가치를 생산하는 한, 생산을 계속 지속시켰던 것이다.

경공업의 정상화, 현대화도 예외가 아니었다. 북한은 경공업도 하나하나씩 정상화, 현대화해 나간다는 방침하에, 부문별·지역별로 현대화된 표준 경공업 공장을 조성하고 그것을 본보기로 하여 다른 경공업 공장들을 순차적으로 현대화해 나갔다.[220] 각도에 건설된 기초식료품공장들을 비롯하여 평양방직공장, 신의주화장품공장, 함흥영예군인수지일용품공장의 현대화, 정상화가 그 실례들이다.

물질적 자극도 강화되었다. 북한에서 사회주의적 분배는 개인적 노동에 의한 분배와 국가적 및 사회적 혜택에 의한 분배로 이루어져 있다. 1990년대 초까지 북한은 개인적 노동에 의한 분배 몫의 증대를 "중

---

[217] 김재서, 앞의 글(1999. 2), 7쪽.
[218] 문영걸, 「절약 예비 탐구에서 설비의 합리적 리용이 가지는 중요성」, 『경제연구』 1999년 제1호, 28쪽. 물론 자원이 전반적으로 부족한 상황에서 기존 설비를 동시에 갱신하기는 어렵다. 때문에 북한은 현존 설비들을 기술적으로 개조하여 그 생산성을 높이도록 하면서, 점진적으로 그 현대화 수준을 증대시켜 나가도록 하고 있다(리진수, 「기술 혁신은 내부 예비 동원의 중요 방도」, 『경제연구』 1999년 제1호, 33쪽). 그리고 도덕적 마멸이 일어나지 않은 설비의 경우에는 그 수명을 늘이는 것이 절약 투쟁에서 매우 중요한 의의를 가지며 사회적으로 경제적 효과를 증대시키는 결과를 가져온다고 한다(문영걸, 같은 글, 28쪽).
[219] 최미경, 「사회주의 경제 운영에서 고정 재산 대보수의 지위」, 『경제연구』 1991년 제4호, 29쪽.
[220] 리주오, 앞의 글, 36쪽.

요시하면서도", 국가 및 사회의 추가적 혜택에 "커다란 의의"를 부여해 왔다.[221] 그 결과 1990년대 초까지 북한에서는 개인적 노동에 의한 분배 몫보다 국가와 사회의 추가적 혜택에 의한 분배 몫이 더 많았다. 그런데 국가와 사회의 추가적 혜택은 다시 개인적 소비에 충당되는 부분과 사회적 공동 소비에 충당되는 부분으로 나뉘어지며, 이 가운데 후자의 몫이 훨씬 크다. 때문에 1990년대 초까지 북한에서 "아직은 근로자들의 개인적 소비에서 노동에 의한 분배몫이 많은 비중을 차지"하고 있었다.[222]

당시 북한의 분배 정책은 근로자들 사이에 생활비 차이를 적게 두고 그것을 더욱 줄여 나가며,[223] 노동에 의한 분배에서의 차이를 점차 줄이고 국가와 사회의 추가적 혜택을 끊임없이 증대시켜 인민들의 생활수준을 고르게 높이는 것이었다.[224] 이것은 정치 도덕적 자극을 우위에 두고, 개인적 노동에 의한 분배에서의 차이를 줄이고, 분배 몫에서 개인적 노동에 의한 분배 몫이 차지하는 비중보다 국가와 사회의 추가적 혜택에 의한 분배 몫이 차지하는 비중을 높이고, 개인적 소비 몫에서도 개인적 노동에 의한 분배 몫이 차지하는 비중보다 개인적 소비에 돌려지는 국가와 사회의 추가적 혜택에 의한 분배 몫이 차지하는 비중을 높여 나간다는 것을 의미하는 것으로 해석된다.

물론 북한이 사회주의적 노동 보수제에서 견지하고 있는 기본 원칙은 정치 도덕적 자극을 위주로 하면서, 분배에서 평균주의를 해서도 안되고 지나친 차이를 두어서도 안된다는 것이었다.[225] 그러나 현실적으로 정치 도덕적 자극(사상 교양 사업) 하나만으로는 생산자 대중을 경

---

[221] 김응준, 앞의 글, 16쪽.
[222] 서승환, 앞의 글(1990. 2), 17쪽.
[223] 허창렬, 「우리나라 사회주의 제도는 근로자들에게 집단주의적 경제생활을 보장해 주는 가장 우월한 사회 제도」, 『경제연구』 1992년 제3호, 4쪽.
[224] 김양호, 앞의 글(1995. 4), 18쪽.
[225] 리용수, 「인민 봉사 노동과 노동 보수 조직」, 『경제연구』 1996년 제3호, 36쪽.

제 발전에 적극 추동할 수 없는 것이었다. 때문에 북한은 사상 교양을 강화하는 것을 기본으로 하면서 일한 것만큼, 번 것만큼 "철저히 계산해 주어야 한다"고 역설하고 있다.226) 이것은 노동에 의한 분배에서의 일정한 차이를 보다 철저히 적용하는 것으로서, 결국은 물질적 자극을 강화하는 것을 의미했다.

특히 북한의 설명에 따르면, 개인적 노동에 의한 분배를 "기본 수단"으로 하면서 국가와 사회의 추가적 혜택을 "보충적 수단"으로 이용하고 있다고 한다. 이것은 노동에 의한 분배 몫을 개인 소비의 기본 원천으로 삼는 것으로서, 이는 곧 개인적 소비 몫 가운데서 노동에 의한 분배 몫이 "압도적 비중을 차지한다는 것을 의미한다."227) 이것은 앞서 살펴본 1990년대 초반의 정책과 비교할 때, 분배 정책의 큰 변화로서, 물질적 자극의 강화를 의미한다. 북한은 여전히 사회와 집단의 이익 속에서 개인의 이익을 찾는 사회주의적인 물질적 관심성의 원칙을 견지하고 있지만,228) 그러한 틀 내에서 물질적 자극을 더욱 강화해 나가고 있는 것이다. 1998년 9월 헌법 개정을 통해 개인 소유 영역과 처분권을 확대한 것도 물질적 자극을 강화하는 의미를 지닌다.

그러나 북한에서 원가, 가격, 이윤, 수익성과 같은 가치 범주는 여전히 경제 관리를 합리화하기 위한 "보조적 수단"으로 이용되고 있음에 유의할 필요가 있다.229) 앞에서 보았듯이, 북한에서 경제 관리를 합리화하기 위한 기본 수단은 계획 범주이며, 가치 범주는 계획 범주에 종속되어 있다. 다시 말해 북한에서 실리주의 원칙이란 계획 경제의 틀 안에서 원가, 가격, 이윤, 수익성 등과 같은 가치 범주를 보다 적극적으

---

226) 리경재, 앞의 글, 57쪽.
227) 김광일, 「사회주의 사회의 분배 형태들과 그 지위」, 『경제연구』 1999년 제3호, 18쪽.
228) 리용수, 앞의 글, 36쪽.
229) 리상우, 앞의 글, 35쪽.

로 활용하여 최대한 실리를 보장하는 것을 의미한다. 독립 채산제 역시 계획 경제의 틀 안에 있는 것이다. 북한에서는 "계획적인 기준이 곧 실리를 따지는 기준"이다.[230]

이러한 계획 우위의 실리 추구는 자기 단위의 이익보다 국가적 이익을 더 많이 보장할 것을 요구하는 것이다.[231] 북한에서 실리 보장의 원칙은 "국가적 이익을 중시하면서 개별적 단위의 이익도 다 같이 보장하는 원칙"에서 이루어지며, 이 가운데 기본은 사회적 이익, 국가적 이익이다. 다시 말해 "경제적 실리 보장의 참다운 의미는 국가적 이익, 사회 공동의 이익의 보장이다."[232] 때문에 북한은 자기 단위의 이익이 아니라 국가적 이익을 먼저 고려하여, 자기 단위에서는 이익이 얼마 없어도 국가적 이익에서 경제적 효과성을 있는지 없는지 그 실리를 먼저 타산하여 보고 거기에 맞으면 철저히 관철해 나가도록 하고 있다.[233]

요컨대 북한이 추구하는 실리주의 원칙은 계획적 경제 관리 원칙을 철저히 관철하는 기초 위에서 수익성을 최대한 보장하고, 국가적·사회적 이익을 우위에 두고 여기에 개별 단위의 이익을 밀접히 결합시키는 방향에서 개별 단위의 수익성을 증대시키는 것이다. 때문에 북한은 개별 기업들이 계획적 경제 관리 원칙을 무시하고 "수익성만 내세우면" 국가적·사회적 이익보다 개별 기업의 이익에 더 관심을 두는 기관 본위주의와 개인 이기주의가 조장된다며 강하게 비판하고 있다.[234]

때문에 북한이 가치 범주에서 무엇보다 중시하고 있는 것은 이윤 범주, 가격 범주, 수익성 범주 그 자체가 아니라 원가 범주이다. 실리 보장, 이윤 보장, 수익성 보장에서 기본은 무엇보다 원가 절감 등 최대한

---

[230] 리창승, 「경제적 손실을 없애는 것은 현시기 경제를 활성화하기 위한 중요한 요구」, 『경제연구』 2000년 제2호, 11쪽.
[231] 리경재, 앞의 글, 57쪽.
[232] 리창승, 앞의 글, 10~12쪽.
[233] 송국남, 앞의 글, 19쪽 ; 리상우, 앞의 글, 33쪽.
[234] 리상우, 앞의 글, 35쪽.

의 절약이라는 것이다. 가격 인상 등 유통 과정에서의 이윤과 수익성 추구를 배격하고, 생산 과정에서 절약을 통한 이윤과 수익성 증대를 추구하고 있는 것이다. 때문에 북한은 종래와 달리 증산 그 자체보다 절약을 무엇보다 강조하고 있으며, 절약을 통한 증산을 독려하고 있다. 자원의 효율적 이용을 통한 내포적 성장의 추구이다.

이렇듯 북한은 가격, 이윤, 수익성을 강조하면서도 가격 본위, 이윤 본위, 수익성 본위로 나가는 것을 엄격히 제한하고 있다. 북한은 경제 관리에서 지방 분권화와 기업의 자유화, 물질적 자극만을 내세우고 수익성과 이윤을 기업 활동의 기준으로 삼는 것은 "현대 수정주의자들의 반혁명적 입장의 산물"로 평가하고, 북한에서 이와 "같은 현상은 절대로 허용될 수 없다"고 못박고 있다.[235] 또 북한은 경제에 대한 당과 국가의 지도를 부인하는 이론, 사회주의적 소유를 사적 소유로 전환시킬 데 대한 이론, 자유 상품 경제론, 자본주의적 경제 관리 방법의 도입을 합리화하는 이론 등은 모두 자본주의로의 복귀를 추구하는 반동적인 이론들로 강하게 비판하고 있다.[236] 요컨대 북한은 시장 경제적 개혁 노선을 철저히 배격하고 있는 것이다.[237]

북한의 기본 입장은 상품 화폐 관계(가치 법칙)의 이용을 자본주의적 요소라고 부정하면 기업 관리를 합리화할 수 없으며, 그렇다고 하여 상품 화폐 관계(가치 법칙)의 이용을 절대화하면 사회주의 계획 경제는 자본주의 시장 경제로 변질된다는 것이다.[238] 이러한 입장에서 북한은 "시장 경제에 대한 그 어떤 환상도 철저히 배격"하면서,[239] 최대한 실리

---

[235] 조선노동당출판사, 『위대한 수령 김일성 동지의 불멸의 혁명 업적 15』(평양: 조선노동당출판사, 1999), 122~123쪽.
[236] 정광수, 「기회주의 경제 리론에 대한 력사적 고찰 (2)」, 『경제연구』 1999년 제3호, 46쪽.
[237] 1990년대 북한 내부에서 나타난 시장 경제적 개혁 성향에 대한 북한의 비판은 리명호, 앞의 글, 49~52쪽 참조.
[238] 김재서, 앞의 글(1999. 3), 8쪽.

를 보장하는 원칙에서 원가, 가격, 이윤, 수익성과 같은 가치 범주와 상품 화폐 관계, 독립채산제, 물질적 자극 등을 더욱 확대 강화해 나가고 있다.[240] 사회주의적 원칙을 철저히 고수하면서 여기에 실리주의 원칙을 최대한 결합시킨다는 방침이었다.

북한은 이렇듯 김정일의 선군 정치를 통해 1990년대 후반 이후 체제를 어느 정도 재정비한 바탕 위에서 마침내 지난 2002년 경제 관리를 합리화하기 위한 보다 획기적인 조치를 취하게 되는데, '7·1경제관리개선조치'가 바로 그것이었다. 물론 이것은 1990년대 후반 이후 북한이 추구해온 경제 관리의 합리화 조치의 연장선상에 있으면서 보다 발전된 것이었다. 즉 그것은 사회주의적 원칙을 철저히 고수하면서 여기에 실리주의 원칙을 최대한 결합시킨다는 방침에 기초하는 것이었으며, 가치 범주와 물질적 자극의 강화 등 1990년대 초중반의 정책 갈등에서 나타난 실용주의적 개혁 노선의 합리적 핵심을 최대한 수용해 보고자 한 것으로 평가된다.

---

[239] 황경오, 「위대한 령도자 김정일 동지께서 밝히신 시장 경제의 본질적 특성」, 『경제연구』 1997년 제2호, 12쪽.

[240] 그런데 당시 북한은 생산 수단과 소비재의 생산과 유통에서 일부 생산물의 가격을 그 가치로부터 분리시켜 그 편차를 국가 재정에서 보전해 주는 '보상금 제도'를 시행하고 있었는데, 이러한 보상금 제도는 등가 교환이라는 가치 법칙의 본질적 요구에 어긋나는 것으로서, 결국은 독립채산제의 요구를 불완전하게 반영하는 불합리성이었다. 최윤식, 「보상금의 본질적 특성」, 『경제연구』 2000년 제2호, 26~28쪽 참조. 다시 말해 보상금 제도는 원가, 가격, 이윤, 수익성 등과 같은 가치 범주에 기초한 독립채산제를 강화하는 데 부정적인 역할을 하였던 것이다.

제6장 맺음말

수령 체제와 선군 체제, 그 가능성과 한계

제6장 맺음말: 수령 체제와 선군 체제, 그 가능성과 한계

수령 체제와 선군 체제, 그 가능성과 한계

　지금까지 필자는 1950년대와 1960년대, 그리고 1990년대 있은 북한의 경제 위기로부터 북한의 정치 갈등을 분석하고, 그 귀결로서 북한의 사회 제도 변화를 설명하는 방법으로 수령 체제와 선군 체제 형성의 사회 정치적 배경을 분석하였다.
　그 연구 결과에 따르면, 역사적으로 실재했던 현실 사회주의가 공통적으로 직면했던 가장 보편적인 근본 모순은 집단주의에 바탕하여 사회적 공동 이익을 추구하는 사회주의 계획 경제 제도와 개인주의에 바탕하여 개별적 이익을 추구하는 개인(개별 집단)의 행위 사이의 모순과 갈등이었다. 본 논문은 1950년대 중반과 1960년대 중반 북한의 경제 침체와 위기의 근본 원인을 바로 이 모순과 갈등에서 찾았다. 자본주의 시장 경제와 달리 사회주의 계획 경제에서 개인주의와 조직 이기주의에 바탕한 각 개인과 개별 집단의 개별적 이익 행동은 기술 혁신 등 내포적 성장에 대한 무관심, 최소 산출 과제 – 최대 자원 투입과 같은 외연적 성장의 추구, 소극 보수 경영, 당 정책과 국가 계획의 자의적인 수정과 변경 등을 통해 경제 효율성 저하, 자원 낭비, 계획 수립과 집행에서 차질과 혼란 등을 야기하고 궁극적으로는 공산주의적 목표 그 자체를 위협하는 것이었다.
　그렇다면 북한은 이러한 모순과 갈등을 과연 어떻게 극복해 보고자 하였던가? 1960년대 소련은 합리적이며 이기적인 개인의 존재라는 현실적 제약에 따라 시장적·자본주의적 요소를 도입하는 실용주의적인

제도 개혁을 통해 경제 제도와 개인의 행위 사이의 모순을 극복해 보고자 한 것으로 평가된다. 개인의 의식과 행위에 비해 너무 앞서 나간 계획 경제 제도를 후퇴·약화시켜, 개인의 의식과 행위에 부합되는 수준으로 끌어내리는 것이었다. 이에 비해 모택동의 급진적인 유토피아 노선은 유토피아 이데올로기에 따라 경제 제도와 개인의 행위 모두를 일시에 공산주의적으로 변형시킴으로써 제도와 행위 사이의 모순을 극복해 보고자 한 것으로 평가된다. 유토피아적 목표에 비해 뒤떨어진 경제 제도와 개인의 행위 모두를 급진적으로 변형시켜, 문자 그대로 공산주의에 부합되는 수준으로 일시에 끌어올리는 것이었다.

북한의 경우, 계획경제의 모순과 경제 위기에 대한 대응 방안을 둘러싼 정치 갈등은 김일성의 주체 노선이 관철되는 것으로 귀결되었는데, 소련 및 중국과 구별되는 김일성 주체 노선의 가장 중요한 특징은 제도와 행위의 급진적인 유토피아적 변형이나 제도의 실용주의적 개혁 없이 점진적이지만 개인의 의식과 행위를 집단주의적으로 변형하는데 주안점을 두고 경제 제도와 개인의 행위 사이의 모순을 극복해 보고자 하였다는데 있다. 계획 경제 제도에 비해 뒤떨어진 개인의 의식과 행위를 변형시켜, 제도에 부합되는 수준으로 끌어올리는 것이었다. 개인의 의식과 행위의 집단주의적 변형이었다.

이러한 김일성의 주체 노선은 실용주의적 목표와 수단을 우위에 둔 소련과 달리 이데올로기적 목표와 수단을 우위에 두고 있다는 점에서 중국의 모택동과 유사한 점이 있지만, 중국의 모택동이 이데올로기적 목표와 수단을 절대화하여 실용주의적 목표와 수단을 배격한 반면, 북한은 이데올로기를 결코 절대화하지 않았으며 실용주의를 결코 배제하지 않았다는 점에서 중국의 모택동과 일정한 차이점이 있다. 북한은 이데올로기적 목표와 수단을 우위에 두고 여기에 실용주의적 목표와 수단을 밀접히 결합시키고자 했던 것이다. 즉 김일성의 주체 노선은 공산주의적 인간(의식) 개조를 우위에 두고 여기에 경제 발전을 밀접히 결합시켜 양자를 동시적으로 추구함으로써 공산주의를 실현한다는 것이었으며, 경제(생산력) 발전을 추구함에 있어서도 공산주의적 인간(의식) 개조를 우위에 두고 여기에 물질적 유인을 밀접히 결합시키고자 하였으며, 물질적 유인에서도 집단적 유인을 개인적 유인보다 우위에 두었다.

북한에서 공산주의적 인간(의식) 개조는 '사상 혁명'을 통해 추구되었으며, 그것은 곧 집단주의를 추구하는 것이었다. 북한에서 집단주의란 "개인의 이익을 사회적 이익에 자각적으로 복종시키는 동지적 협조와 단결의 사상"을 의미하며, 동지적 협조와 통일 단결의 근본 목적은 당 정책과 국가 계획을 수립하고 집행함에 있어 행동의 통일성 즉 제도 반응적인 집단 행동, 공동 행동을 보장하는 데 있었다. 집단주의적 통일 단결의 추구였다. 이것은 개인주의와 조직 이기주의에 바탕한 각 개인과 개별 집단의 개별적 이익 행동과 이익 갈등을 배제하고 사회적 공동 이익을 중심으로 각 개인과 개별 집단간의 상호 동지적 협조와 단결에 바탕한 행동의 높은 통일성을 추구하는 것이었으며, 이것이야말로 김일성 주체 노선의 핵심이자 김일성 주체 사상의 핵심이었다.

이러한 김일성의 주체 노선은 사적 유물론에 기초하여 생산력 발전을 우위에 두고 물질적 유인을 통해 급속한 경제 발전을 추구함으로써 결국은 1990년대 이후 자본주의 시장 경제로 복귀한 소련과 다른 것이며, 또 모순론에 기초하여 계급 투쟁을 우위에 두고 유토피아 이데올로기를 통해 급진적으로 공산주의를 추구함으로써 결국은 사회 분열과 혼란을 야기한 중국의 모택동과도 다른 것이었다. 모순의 개념에 기초한 모택동의 철학이 대립과 투쟁의 철학이었다면, 주체의 개념에 기초한 김일성의 철학은 통일과 단결의 철학이었다. 소련이나 중국과 달리 북한에서 생산력 발전과 계급 투쟁의 기본(주요) 형식과 내용은 모두 '사상 혁명'을 기축으로 한 당과 대중의 집단주의적 통일 단결로 집약되었던 것이다.

수령 체제는 이와 같은 북한식의 독특한 집단주의적 발전 전략의 역사적 귀결로서 김일성 주체 노선의 제도적 총결이었으며, 그것은 수령을 유일 중심으로 당과 대중의 집단주의적 통일 단결을 추구하는 체제였다. 이것이 북한의 이른바 "우리식 사회주의"의 핵심 요체이다. 이 체제에서 수령은 개인주의와 조직 이기주의에 대한 반명제로서 집단주의의 상징이었다. 그리고 1967년 수령 체제의 공식 확립은 북한식의 독특한 집단주의적 발전 전략을 제도화·구조화시키는 역사적 전환점이 되었으며, 그에 따라 북한 사회의 조직 운영 원리는 근본적으로 재편되었다. 수령의 유일 중심으로 당과 대중의 집단주의적 통일 단결을 "전면적으로 심화 완성"시키는 방향에서 권력, 조직, 이데올로기, 리더십 등 북한의 사회 체계를 전면적으로 재편성한 것이 그것이었다.

하지만 당시 수령 체제는 제도적으로 완성되어 있는 것이 아니었다. 따라서 수령 체제의 제도적 완성은 1970년대 북한이 달성해야 할 가장 중요한 국가적 목표였다. 그것은 1970년대 김정일에 의해 이루어졌다. 1970년대 북한 정치의 가장 중요한 사건은 역시 후계자 김정일의 등장이라 할 수 있으며, 김정일 후계 체제의 확립은 1970년대 북한의 가장 중요한 정치적 목표였다. 따라서 1970년대 김정일 후계 체제의 확립 과정은 곧 수령 체제의 제도적 완성 과정이기도 했다. 물론 그 과정은 북한 사회 체계의 전반적인 변화를 수반하는 것이었으며, 김정일에 의해 김일성의 주체노선이 이데올로기, 조직, 권력, 리더십 등의 측면에서 더욱 발전 심화되어 나가는 과정이기도 했다.

특히 1970년대 수령 체제의 제도적 완성 과정과 김정일 후계 체제의 확립 과정은 북한 사회의 완전한 조직화를 기반으로 하여 성립되는 것이었다. 조직 사회주의였다. 이와 같은 북한 사회의 완전한 조직화는 1970년대 김정일 후계 체제 구축 과정에서 나타난 북한 사회 체계의 가장 중요한 변화라 할 수 있으며, 그것은 오늘날까지 큰 변화없이 그 기본틀이 그대로 유지되고 있다. 그런 만큼 1970년대 김정일의 등장에 따른 북한 체제의 변화는 오늘날의 북한 체제의 사실상의 원형이 형성된 시기라 할 만하다.

　하지만 수령 체제 역시 사회주의 계획 경제의 내적 모순을 완전히 극복할 수는 없는 것이었다. 그것은 1950~1960년대의 연장선상에서 사회주의 계획 경제의 내적 한계가 여전히 지속되고 있음을 의미하며, 따라서 경제 외적인 자원 제약 현상이 부가되면 언제든지 경제 위기로 발전할 수 있는 가능성을 내포하고 있는 것이었다. 이것은 1990년대 다시 한번 현실화되었다. 1990년대 경제 위기로부터 파생된 북한 체제의 전반적 위기 상황이 그것이며, 여기서 북한은 또 한번 체제 변화를 모색하게 되는데 김정일에 의한 선군 체제로의 전환이 바로 그것이었다.

　역사적으로 볼 때, 1950년대 중반의 경제 위기 상황에서 기존의 국가 행정 관료적 지도 체계에서 당적 지도 체계로의 전환은 단기적으로 위기 돌파와 재도약에 성공하였다. 또 1960년대 중후반의 경제 위기 상황에서 기존의 당-국가 시스템에서 수령 체제로의 전환 역시 단기적으로 위기 돌파와 재도약에 성공하였다. 그러나 1950년대 후반의 당적 지도 체계와 1960년대 후반의 수령 체제 역시 궁극적인 해결책이 되지 못하고 다시 한계에 직면하였다. 1990년대 중후반의 위기 상황이 그것이다. 이러한 상황에서 김정일의 선군 정치에 따라 북한 체제는 선군 체제로 전환되었다. 수령 체제가 북한 사회 시스템의 제1차 구조물이라면, 선군 체제는 그 위에 구축된 제2차 구조물이라 할 만하다.

　김정일의 선군 정치는 군의 사상성(혁명성), 조직성, 규율성을 통해 그동안 당 조직과 국가 행정 관료 조직의 한계 속에서 이완된 전당·전국·전민의 사상성(혁명성), 조직성, 규율성을 재강화해 보고자 하는 것이었다. 전사회적 차원에서 군대식 사상성(혁명성), 군대식 조직성, 군대식 규율성의 추구였다. 이러한 김정일의 선군 정치는 단기적으로 보면, 그동안 이완된 당·정·민의 사상성(혁명성)과 조직성·규율성을 재강화함으로써 경제 위기 해소에 어느 정도 성공할 가능성이 있는 것으로 평가된다.

하지만 이 역시 결국에는 일정한 한계에 직면할 가능성이 높은 것으로 평가된다. 선군 정치하에서 생산자들에 대한 군대식 조직성과 규율성 강화는 생산자들의 자율성(자발성)과 창의성(창발성)을 약화시키고, 결국은 경제적 합리성과 효율성을 약화시킬 수 있다. 과학 기술 혁명을 위해서는 자율성과 창의성이 필요하지만, 상명하복의 군대식 논리는 자율성이나 창의성과 거리가 있을 수 있다는 것이다. 군대식 사상성(혁명성) 역시 이와 마찬가지일 것이다. 북한이 추구하는 경제 관리의 합리화 역시 선군 정치하에서 정책, 제도, 리더십 등의 측면에서 일정한 제약을 받고 있다.

국방 우선, 중공업 우선, 자립 경제 노선에 따른 자원 배분에서 합리성의 일정한 제약, 당적 지도 등 경제에 대한 사상과 정치 우위의 원칙에 따른 합리성의 일정한 제약, 국가의 중앙집권적 지도 강화에 따른 개별 생산 단위의 책임성과 창발성에서의 일정한 제약, 생산력에 대한 생산 관계 우위의 원칙에 따른 합리성의 일정한 제약, 계획 우위에 따른 실리 원칙과 독립채산제 적용에서의 일정한 제약, 물질적 자극에 대한 정치 도덕적 자극의 우위의 원칙에 따른 합리성의 일정한 제약, 개인적 합리성에 대한 집단적 합리성의 우위의 원칙에 따른 합리성의 일정한 제약 등이 그것이다.

게다가 군대 논리는 최소 비용으로 최대 산출을 추구하는 효율성(efficiency) 보다, 비용에 관계 없이 목표 달성 정도를 의미하는 효과성(effectiveness)을 추구하는 경향이 있다. 다시 말해 정치 논리와 마찬가지로 군대 논리 역시 외연적 성장에는 어느 정도 부합될지 모르나, 내포적 성장에는 잘 부합되지 않는다는 것이다. 요컨대 선군 정치와 선군 체제하에서 경제적 합리성과 효율성 증대, 즉 경제 관리의 합리화와 과학 기술 혁명에는 일정한 한계가 있을 수 있다는 것이다.

그러나 선군 체제의 미래와 관련하여 보다 중요한 문제는 군 그 자체의 변질 가능성이다. 물론 현재 북한에서 군(軍)은 그 어느 집단보다 사상성(혁명성)과 조직성, 규율성이 가장 투철한 집단으로 평가받고 있다. 그러나 역사적으로 볼 때, 당 조직과 국가 행정 관료 조직은 초기의 혁명성을 상실하고 점차 실용주의화 되는 경향성을 보여주었다. 이것은 소련과 중국에서도 마찬가지였다. 북한에서 당 조직과 국가 행정 관료 조직의 혁명성 약화와 실용주의화 경향은 이미 1950~1960년대를 지나면서 나타나기 시작하였으며, 수령 체제는 그에 대한 반동이었다. 현금의 선군 체제 역시 당·정의 혁명성 약화와 실용주의화 경향에 대한 반동으로 평가된다.[1]

그러나 수령 체제하에서도 당·정의 혁명성 약화와 실용주의화 경향은 막을 수 없는 것이었다. 이것은 1996년 12월 어느 한 비밀 연설에서 김정일이 당 조직이 혁명적으로 일하지 못하고 있다고 비판한 것이나, 1990년대 실용주의적 개혁 성향이 확산되었던 사실을 통해 어느 정도 확인할 수 있다. 그렇다면 선군 체제하에서 북한은 과연 당·정의 실용주의화 경향을 근절하고 당·정의 혁명성을 계속 유지 강화해 나갈 수 있을 것인가? 특히 군이 현재의 혁명성을 상실하고 실용주의화 경향을 보여줄 가능성은 전혀 없는 것일까?

일반적으로 사회주의 국가에서 당의 경제 개입은 결국 당의 부정 부패를 조장하고, 군의 경제 개입은 결국 군의 부정 부패를 조장하였다. 북한에서도 당의 경제 개입은 당 조직 자체의 경제적 이익 추구로 인해 각급 단위에서 당-정 융합을 통해 당 조직 자체가 기관 본위주의, 지방 본위주의에 함몰되는 경향을 가져왔다. 국가적 이익의 관점에 서야 할 당 조직 자체가 개별적 이익의 관점에서 상호 경쟁하며 사실상 분

---

[1] 1960년대 후반 김일성은 당·정의 혁명성 약화와 실용주의화 경향을 극복하기 위해 각급 당위원회에 생산 현장에서 노동하는 핵심 노동자 당원들을 많이 넣는 방향으로 각급 당 조직을 재구성하였다. 노동계급성을 통한 당·정의 혁명성 재강화였다. 이에 비해 김정일은 혁명적 군인 정신으로 무장된 군 출신 간부들로 당 간부 대열을 재구성하는 방식을 통해 약화된 당·정의 혁명성을 재강화해 보고자 하였다.

열되고 있었던 것이다. 이것은 각급 당 조직에 대한 중앙당과 최고 지도자의 리더십(통제력)을 제약하는 가장 중요한 요인의 하나이다.

　소련이나 중국, 북한에서 당·정의 혁명성 약화와 실용주의화 경향은 결코 위로부터의 통제가 약해서 발생한 것이 아니었다. 위로부터의 지도와 통제의 강약에 관계없이 자기 단위의 현실적 이익에 따라 당·정의 혁명성 약화와 실용주의화 경향은 나타날 수 있다는 것이다. 그렇다면 북한에서 군의 경제 개입은 과연 어떠한 결과를 가져올 것인가? 당과 동일한 경로를 밟을 것인가?

　중국의 경우, 군의 경제 개입은 군의 경제적 이익 추구로 인해 각급 군 조직간의 경쟁에 기반한 분파주의와 당-군 지도자간의 동맹을 야기하고, 군에 대한 당의 통제와 군의 혁명성을 약화시켰다. 중국의 지도부는 이러한 위험성을 간파하고 군의 경제 활동을 제한해 보고자 하였으나, 그 효과는 거의 없었다.[2] 북한 역시 이로부터 자유로울 수 없을 것이다. 다시 말해 북한에서도 군의 경제 개입은 당 조직의 전례와 같이, 그리고 중국의 경험과 같이 군에 대한 당과 수령의 리더십(통제력)을 제약하고 혁명성을 약화시킬 가능성이 있다는 것이다.

　따라서 현재와 같은 군의 강력한 응집력과 안정성, 통제력을 계속 유지 강화할 수 있는 가장 중요한 조건의 하나는 군의 경제 활동, 특히 이익 활동을 엄격히 제한, 통제하는 것이다. 그렇지 않으면 군 역시 경제적 이익을 위해 상호 경쟁하며 사실상 분열되어 결국은 군의 응집력과 안정성, 통제력을 약화시킬 가능성도 있다. 당·정·민 등 사회 전반적으로 혁명성이 약화되고 실용주의적 경향이 유포되고 있는 상황에서, 군의 혁명성은 당·정·민의 혁명성을 유지 강화할 수 있는 마지막 유일 대안이다. 따라서 군이 혁명성을 상실하고 실용주의화 경향을 보일 경우, 북한식 사회주의는 마침내 기로에 서게 될 것이다.

---

[2] Ellis Joffe, "Party-Army Relation in China : Retrospect and Prospect", *The China Quarterly*, June 1996, number 146, pp.311~312.

참고문헌

1. 북한 문헌

1) 정기 간행물, 신문, 사전류

『조선중앙연감』.
『근로자』.
『경제건설』.
『경제연구』.
『노동신문』.
『정치학사전』(평양: 사회과학출판사, 1973).
『경제사전』(평양: 사회과학출판사, 1970).
『경제사전』(평양: 사회과학출판사, 1985).
『재정금융사전』(평양: 사회과학출판사, 1995).
『조선말대사전』 1, 2(평양: 사회과학출판사, 1992).
『민주조선』.
『조선신보』.

2) 김일성·김정일 저작

『김일성 선집』 1~6권(평양: 조선노동당출판사, 1960).
『김일성저작집』 1~44권(평양: 조선노동당출판사, 1979~1996).
『김일성저작선집』 1~10권(평양: 조선노동당출판사, 1967~1994).
『김정일선집』 1~13권(평양: 조선노동당출판사, 1992~1998).
김정일, 『주체혁명위업의 완성을 위하여』 1~5권 (평양: 조선노동당출판사, 1987~1988).

3) 단행본

과학백과사전종합출판사, 『조선노동당의 사회주의 건설 령도사』(평양: 과학백과사전종합출판사, 1995).
과학백과사전출판사, 『조선전사 32』(평양: 과학백과사전출판사, 1982).
국립농업출판사, 『농촌 경제 연구반 참고 자료』(평양: 국립농업출판사, 1957).
금성청년출판사, 『위대한 수령 김일성 동지의 청년운동 영도사』(평양: 금성청년출판사, 1995).
김남진 외, 『향도의 태양 김정일 장군』(평양: 평양출판사, 1995).
김봉호, 『위대한 선군시대』(평양: 평양출판사, 2004), 98쪽.
김석빈, 『우리나라 농촌 문제 해결의 역사적 경험』(평양: 사회과학출판사, 1988).
김인숙 『민족의 운명과 김정일 령도자』(평양: 평양출판사, 1995).
김인옥, 『김정일 장군 선군정치 리론』(평양: 평양출판사, 2003).
김일성, 『김일성동지 회고록, 세기와 더불어 7』(평양: 조선노동당출판사, 1996).
김일성, 『김일성동지 회고록, 세기와 더불어 8』(평양: 조선노동당출판사, 1998).
김한길, 『현대 조선 역사』(평양: 사회과학원 역사연구소, 1983).
리기성, 『주체의 사회주의 정치경제학의 법칙과 범주 1』(평양: 사회과학출판사, 1992).
리상걸, 『주체의 당 건설 이론의 전면적 발전』(평양: 사회과학출판사, 1984).
리진규, 『21세기-김정일 시대』(평양: 평양출판사, 1995).
리창근, 『노동 행정 사업 경험』(평양: 사회과학출판사, 1989).
리창근, 『우리 당에 의한 노동 행정 이론의 심화 발전』(평양: 과학백과사전종합출판사, 1992).
림수웅 편, 『우리나라 사회주의 건설에서의 천리마작업반운동』(평양: 조선노동당출판사, 1961).
문명진, 『당 사업 경험』(평양: 사회과학출판사, 1987).
박영근 외, 『주체의 경제 관리 이론』(평양: 사회과학출판사, 1992).
박영호, 『농촌 테제의 광휘로운 빛발아래 이룩된 위대한 전변』(평양: 농업출판사, 1994).
사회과학백과사전종합출판사, 『조선노동당의 사회주의 건설 영도사』(평양: 사회과학백과사전종합출판사, 1995).
사회과학원 역사연구소, 『조선전사 31』(평양: 과학백과사전출판사, 1982).
사회과학출판사, 『우리 당의 사회주의 경제 관리 정책』(평양: 사회과학출판사,

1973).
사회과학출판사, 『주체사상에 기초한 3대혁명이론』(평양: 사회과학출판사, 1975).
사회과학출판사, 『주체의 사회주의 헌법 이론』(평양: 사회과학출판사, 1977).
사회과학출판사, 『조선노동당의 반수정주의 투쟁 경험』(평양: 사회과학출판사, 1995).
사회과학출판사, 『위대한 령도자 김정일 동지께서 밝히신 선군혁명령도에 관한 독창적 사상』(평양: 사회과학출판사, 2002).
사회과학출판사, 『4대제일주의는 강성대국건설의 영원한 구호』(평양: 사회과학출판사, 2004).
안광즙, 『우리나라 인민 경제에서의 사회주의적 축적』(평양: 사회과학원출판사, 1964).
조선노동당 편, 『중공업 발전을 위한 우리 당의 정책』(평양: 조선노동당출판사, 1961).
조선노동당출판사, 『상급학습반 참고 자료 3』(평양: 조선노동당출판사, 1958).
조선노동당출판사, 『조선노동당 제1차 대표자회 문헌: 학습 참고 자료 1』(평양: 조선노동당출판사, 1958).
조선노동당출판사, 『전후 우리 당 경제 건설의 기본 노선』(평양: 조선노동당출판사, 1961).
조선노동당출판사, 『조선노동당역사교재』(평양: 조선노동당출판사, 1964).
조선노동당출판사, 『조선로동당역사』(평양: 조선노동당출판사, 1991).
조선노동당출판사, 『위대한 수령 김일성 동지의 불멸의 혁명 업적』 1~15권(평양: 조선노동당출판사, 1996~1999).
조선노동당출판사, 『주체 혁명 위업의 위대한 령도자 김정일 동지 2: 위대한 정치가』(평양: 조선노동당출판사, 2001).
최성욱, 『우리 당의 주체사상과 사회주의적 애국주의』(평양: 조선노동당출판사, 1966).
최중국, 『사회주의 경제와 균형』(평양: 과학백과사전종합출판사, 1990).
평양출판사, 『위대한 령도자 김정일 장군 략력』(평양: 평양출판사, 1996).
한득보, 『주체의 사회주의 정치경제학의 법칙과 범주 2』(평양: 사회과학출판사, 1992).
한석봉, 『조선민주주의인민공화국의 국가 사회 제도』(평양: 과학백과사전출판사, 1984).
한재만, 『김정일: 인간·사상·영도』(평양: 평양출판사, 1994).

허영익, 『공업에 대한 지도와 관리 경험』(평양: 사회과학출판사, 1987).
홍승은, 『자립 경제 리론』(평양: 사회과학출판사, 1984).

4) 논문

「당 중앙위원회 4월 전원회의 결정 집행을 위한 몇 가지 문제」, 『근로자』 1955년 제7호.
「3개년 인민 경제 계획을 2년 8개월에 완수하자」, 『경제건설』 1956년 제7호.
「일군들의 정치 실무 수준 제고는 모든 문제 해결의 중심 고리다」, 『근로자』 1959년 제12호.
「모든 힘을 다하여 여섯 개 고지를 점령하자」, 『근로자』 1962년 제1호.
「대중 속에서의 문화 교양」, 『근로자』 1962년 5월 제7호.
「하반년 전투에서 보다 큰 성과를 달성하기 위하여」, 『근로자』 1962년 8월(상) 제12호.
강병모, 「농업 근로자들 속에서 주인된 자각과 태도를 배양하자」, 『근로자』 1966년 3월 제4호.
고상진, 「위대한 영도자 김정일 동지의 선군 정치의 근본 특징」, 『철학연구』 1999년 제1호.
김봉률, 「조선인민군은 민족의 보위자이며 혁명의 보위자」, 『근로자』 1957년 제1호.
김상섭, 「지도와 대중과의 결합」, 『근로자』 1959년 제5호.
김성태, 「현물 평가제의 본질과 우월성」, 『근로자』 1965년 11월(상) 제21호.
김성태, 「김일성 동지께서 창조하신 대안의 사업 체계의 위대한 생활력」, 『근로자』 1967년 제11호.
김성태, 「끊임없이 전진하고 끊임없이 높은 속도로 발전하는 것은 사회주의 경제법칙」, 『근로자』 1968년 제11호.
김신숙, 「사회주의적 생활 양식을 확립하는 것은 사회주의, 공산주의 건설의 필수적 요구」, 『근로자』 1971년 제10호.
김양선, 「도시와 농촌간의 본질적 차이를 없앨 데 대한 맑스 레닌주의」, 『근로자』 1962년 9월(하) 제15호.
김양선, 「사회주의 제도의 본질적 우월성」, 『근로자』 1965년 8월(상) 제15호.
김왈룡, 「혁명 발전의 새로운 요구와 천리마작업반운동」, 『근로자』 1967년 제3호.
김 일, 「조성된 정세에 대처하여 경제건설과 국방건설을 더 잘하기 위한 1968년 인민 경제 발전 계획에 대하여」, 『노동신문』 1968년 4월 22일.

김　일, 「농촌 경리를 더욱 발전시킬 데 대한 보고」(최고인민회의 제1기 제10차 회의, 1955. 12), 국토통일원, 『북한 최고인민회의 자료집 제1집』(1988).
김　일, 「조선민주주의인민공화국 인민 경제 발전 6개년(1971~1976) 계획에 대하여」(조선노동당 제5차 대회, 1970. 11), 국토통일원, 『조선노동당대회 자료집 제3집』(1988).
김재은, 「대중적 기업 관리 방법으로서의 작업반 내부 채산제」, 『근로자』 1963년 4월(하) 제8호.
김정일, 「사상 사업을 앞세우는 것은 사회주의 위업 수행의 필수적 요구이다」(1995. 6. 19).
김정일, 「우리는 지금 식량 때문에 무정부 상태가 되고 있다」(1996. 12. 7), 『월간조선』 1997년 4월호.
김정일, 「주체 철학은 독창적인 혁명 철학이다」(1996. 7. 26).
김종성, 「현지 교시 관철을 위한 공장당위원회의 사업」, 『근로자』 1967년 제9호.
김종항, 「우리나라에서의 기술 인재 양성 사업에 대하여」, 『근로자』 1962년 5월 제7호.
김초석, 「당 단체를 튼튼히 꾸리고 그의 전투력을 가일층 제고하자」, 『근로자』 1959년 제10호.
김형일, 「긍정적 모범에 의한 감화는 공산주의 교양의 가장 힘 있는 방법」, 『근로자』 1961년 제6호.
로병훈, 「작업반은 군중 속에서의 사상 사업의 거점이다」, 『근로자』 1961년 제7호.
리광실, 「당의 경제 정책 관철에서 지방 당위원회 경제 부서들의 역할」, 『근로자』 1962년 7월(하) 제11호.
리덕일, 「인민들의 물질적 복리 향상을 위한 조선노동당과 공화국 정부의 부단한 배려」, 『경제건설』 1957년 제8호.
리명서, 「중공업의 우선적 장성과 경공업 및 농업의 동시적 발전에 대한 우리 당의 경제 정책」, 과학원 경제 법학 연구원, 『우리나라에서의 사회주의 경제 건설』(평양: 과학원출판사, 1958).
리상태, 「공산주의적 새 인간 형성에서의 문학 예술의 역할」, 『근로자』 1962년 8월(상) 제12호.
리석록, 「농업협동조합경영위원회의 조직은 농촌 경리의 새로운 앙양을 위한 역사적 계기」, 『근로자』 1962년 제2호.
리석록, 「새로운 농업 지도 체계의 우월성과 생활력」, 『근로자』 1962년 12월(상) 제20호.

리선담, 「상품 주문제의 본질과 특성」, 『근로자』 1966년 제7호.
리종옥, 「인민 경제 발전 제1차 5개년 계획 실행 총화에 대하여」(1960. 11), 국토통일원, 『북한 최고인민회 자료집 제2집』(1988).
리종옥, 「조선노동당 3차 대회에서 한 토론」(1956. 4. 24), 국토통일원, 『조선노동당대회 자료집 제1집』(1988).
리종환, 「인민 경제 모든 부문에서 절약 제도를 더욱 강화하기 위하여」, 『근로자』 1967년 제9호.
리지린, 「사대주의는 낡은 사회의 유물이다」, 『근로자』 1967년 제2호.
리형우, 「사회주의 도덕과 부르죠아 도덕」, 『근로자』 1957년 제3호.
림수웅, 「공업 관리에서의 대안 체계」, 『근로자』 1962년 12월(상) 제20호.
민 훈, 「근로자들 속에서의 사회주의적 애국주의 교양」, 『근로자』 1967년 제6호.
박광수, 「총대 중시는 국사 중의 제일 국사」, 『철학연구』 2000년 제2호.
박민수, 「계획화에서 군중 노선의 구현을 위한 제원칙」, 『근로자』 1963년 1월(하) 제2호.
박병석, 「도급 임금제 적용의 확대를 위한 제방도」, 『경제건설』 1957년 제9호.
방호식, 「현 기술적 개건기에 있어서의 기계 제작 공업의 임무」, 『근로자』 1958년 제8호.
백석곤, 「노동 행정 사업에서 청산리 방법을 철저히 관철하자」, 『근로자』 1962년 6월 제8호.
백재욱, 「당의 영도와 천리마운동」, 『근로자』 1961년 제11호.
서을현, 「당 정책과 지방적 창발성」, 『근로자』 1960년 제6호.
서창엽, 「인민 경제 계획은 법이다」, 『근로자』 1962년 8월(상) 제12호.
손경준, 「생산의 정상화는 사회주의 공업 발전의 중요 예비」, 『근로자』 1966년 1월(하) 제2호.
신동섭, 「기계 공업을 한 계단 더 높은 수준에로 끌어올리는 것은 현시기 경제 발전의 절박한 요구」, 『근로자』 1969년 제3호.
신수근, 「대안의 사업 체계를 철저히 관철하기 위한 공장당위원회의 사업」, 『근로자』 1969년 제12호.
오성묵, 「농업 생산력의 발전에 상응하게 관리 운영 수준을 제고하자」, 『근로자』 1966년 1월(상) 제1호.
유건양, 「생산에 대한 당적 지도와 담당지도원」, 『근로자』 1962년 제3호.
유관칠, 「협동농장경영위원회에 대한 군당위원회의 지도에서의 몇 가지 문제」, 『근로자』 1963년 1월(상) 제1호.

장기형, 「군 당단체의 사업 체계와 방법을 개선하는 기본 고리」, 『근로자』 1960년 제9호.
장길준, 「편지 토의 사업에서 얻은 성과와 그를 공고 발전시키기 위한 몇 가지 문제」, 『근로자』 1959년 제2호.
전석담, 「조선노동당의 영도 하에 전후 사회주의 건설에서 조선 인민이 달성한 성과와 그 의의」, 과학원 역사연구소 근세 및 최근세사 연구실, 『역사논문집 4(사회주의건설편)』(평양: 과학원출판사, 1960).
전정희, 「기술 혁명 수행을 위한 우리 당의 방침」, 『근로자』 1963년 9월(상) 제17호.
전추호, 「분조관리제의 혁명적 본질과 우월성」, 『근로자』 1968년 제5호.
정기련, 「현 시기 청소년 학생들 속에서의 계급 교양」, 『근로자』 1963년 4월(상) 제7호.
정룡린, 「가격 제정의 원칙」, 『근로자』 1962년 11월(하) 제19호.
정지환, 「간부들에 대한 개별 교양 체계의 철저한 확립을 위하여」, 『근로자』 1962년 6월 제8호.
정혁남, 「인민 생활의 향상을 위한 우리 당 정책의 빛나는 구현」, 『근로자』 1965년 9월(하) 제18호.
조성대, 「새 체계 하에서 1년간의 사업을 통하여 얻은 몇 가지 경험」, 『근로자』 1963년 1월(상) 제1호.
조재선, 「도시와 농촌의 균형적 발전을 위한 우리 당의 경제 정책」, 『근로자』 1963년 3월(하) 제6호.
주학필, 「농민 혁명화와 집단주의 교양」, 『근로자』 1969년 제7호.
지근수, 「계획 규율의 강화는 금년도 인민 경제 계획의 성과적 수행을 위한 필수 조건」, 『근로자』 1961년 제2호.
최상묵, 「당위원회의 집체적 영도와 당원 대중의 통제」, 『근로자』 1962년 9월(하) 제15호.
최성근, 「대중 정치 교양에서의 5호 담당제」, 『근로자』 1962년 11월(하) 제19호.
최안국, 「당 교양 사업에 대한 당위원회들의 지도를 개선 강화하자」, 『근로자』 1958년 제8호.
최윤수, 「국가 재정 토대의 가일층의 공고화를 위하여」, 『근로자』 1962년 제3호.
최재우, 「우리나라에서 자립적 민족 경제의 건설에 대하여」, 『근로자』 1962년 제4호.
최재우, 「기술 혁명 수행을 위한 우리 당의 영도」, 『근로자』 1965년 10월(상) 제19호.

최중극,「생산력의 발전과 관리 체계」,『근로자』1962년 제2호.
최중극,「축적과 소비의 균형적 장성을 위한 우리 당의 정책」,『근로자』1966년 제12호.
최창익,「1956년 예산 보고에 관한 토론」, 국토통일원,『북한 최고인민회의 자료집 제1집』(1988).
편　성,「나라의 살림살이와 사회주의 애국주의」,『근로자』1967년 제10호.
편광성,「경제 예비 동원에서 제기되는 몇 가지 문제」,『근로자』1968년 제8호.
편집국,「당의 공고화는 우리 혁명 승리의 확고한 기초」,『근로자』1958년 제10호.
편집국,「혁명적 군중 관점을 확립하며 당의 군중 노선을 관철할 데 대한 김일성 동지의 교시」,『근로자』1960년 제3호.
편집국,「초급 당단체들의 전투력을 더욱 강화하자」,『근로자』1961년 제1호.
편집국,「간부들의 이론 실무 수준 제고 — 이것은 중요한 혁명 과업이다」,『근로자』1961년 제2호.
편집국,「당 규약은 당 조직들의 활동 준칙이며 당생활의 기본 표준이다」,『근로자』1961년 제10호.
편집국,「공산주의 교양에서의 중요한 거점」,『근로자』1961년 제12호.
편집국,「경제 사업에 대한 당적 지도의 강화를 위하여」,『근로자』1962년 4월 제5호.
편집국,「계급 의식 제고는 공산주의 교양의 기본이다」,『근로자』1962년 5월 제6호.
편집국,「창성 연석 회의와 그 의의」,『근로자』1962년 8월(하) 제13호.
편집국,「후방 공급 사업을 가일층 개선 강화하기 위하여」,『근로자』1962년 11월(하) 제19호.
편집국,「우리 혁명의 현 단계와 근로자들에 대한 계급 교양」,『근로자』1963년 4월(상) 제7호.
편집국,「계급 교양의 강화는 혁명 진지를 공고화하는 중요 담보」,『근로자』1963년 4월(하) 제8호.
편집국,「공산주의 도덕 교양」,『근로자』1963년 5월(상) 제9호.
편집국,「변혁과 창조의 20년」,『근로자』1965년 8월(상) 제15호.
편집국,「농업 근로자들 속에서 사상 교양 사업을 강화하자」,『근로자』1965년 12월(상) 제23호.
편집국,「협동농장들에서의 분조도급제」,『근로자』1965년 12월(하) 제24호.
편집국,「사회주의 건설과 나라 살림살이」,『근로자』1966년 1월(상) 제1호.
편집국,「책임성과 창발성」,『근로자』1966년 제5호.

편집국, 「우리나라에서 자립적 민족 공업의 건설을 위하여」, 『근로자』 1966년 제8호.
편집국, 「김일성 동지의 사회주의 농촌 문제 해결을 위한 위대한 구상과 그 빛나는 구현」, 『근로자』 1968년 제2호.
편집국, 「혁명의 탁월한 수령 김일성 동지는 백전백승의 조선로동당의 창건자이며 령도자이시다」, 『근로자』 1971년 제5호.
한재환, 「현시기 공장 기업소들에서 노동 생산 능률 제고의 예비는 어데 있는가」, 『근로자』 1963년 3월(하) 제6호.
허일훈, 「형식주의의 퇴치는 당 기관 지도 방법 개선의 중심 고리」, 『근로자』 1958년 제8호.
홍순권, 「기술 경제 지식의 소유는 간부들의 긴절한 임무」, 『근로자』 1962년 제3호.
홍순권, 「사회주의 건설의 앞장에 서는 것은 청년들의 영예로운 임무」, 『근로자』 1963년 3월(하) 제6호.
홍순권, 「10대 과업 관철에서의 청년들의 임무」, 『근로자』 1964년 11월(하) 제22호.
홍승은, 「대규모 기업소와 중소규모 기업소의 배합」, 『근로자』 1967년 제1호.
황도연, 「인민 경제 제예비의 적발 동원에 관한 경제 통계적 고찰」, 『경제건설』 1957년 제7호.
황성철, 「나라의 살림살이와 근로자들에 대한 계급 교양」, 『근로자』 1965년 9월(상) 제17호.

2. 국내 문헌

1) 자료집

『북한연구자료총서』 1~11권(고려대 아세아문제연구소, 1969~1983).
『조선노동당대회 자료집』 1~4권(국토통일원, 1988).
『북한 최고인민회의 자료집』 1~4권(국토통일원, 1988).
『북한에서의 정치 숙청』(국토통일원, 1977).
『북괴군사전략자료집』(극동문제연구소, 1974).
『북한의 정치 경제』(국토통일원, 1988).
『북한 정치 숙청사』(국토통일원, 1976).
『소련과 북한과의 관계』(국토통일원, 1987).
『북한 경제 통계집』(통일원, 1996).

2) 단행본, 번역본

경남대 극동문제연구소,『북한무역론』(1979).
고지마 도모유끼(小島朋之), 백완승·장미희 역,『중국 정치와 대중 노선』(논장, 1989).
구영록,『한국의 국가이익』(법문사, 1995).
권중달 저, 문명숙 편역,『문화대혁명 전후의 중국 역사 해석』(집문당, 1991).
김일평,『북한 정치 경제 입문』(한울, 1987).
김진계,『조국』하(현장문학사, 1990).
김창순,『북한 15년사』(지문각, 1961).
김태환 편,『비교 공산주의』(중앙교육문화, 1989).
김현식·손광주,『다큐멘터리 김정일』(천지미디어, 1997).
나탈리아 바자노바, 양준용 역,『기로에 선 북한 경제』(한국경제신문사, 1992).
데이비드 레인, 이용필 역,『소련 사회의 불평등 구조』(교육과학사, 1983).
디이터 젱하스, 한상진·유팔무 역,『유럽의 교훈과 제3세계』(나남, 1990).
레닌,『공산주의 운동과 좌익 소아병』(분서).

레닌, 김민호 역, 『무엇을 할 것인가』(백두, 1988).
레닌, 김영철 역, 『국가와 혁명』(논장, 1988).
리하르트 로렌쯔, 윤근식·박형중 역, 『소련사회사 I: 1917~1945』(성균관대학교 출판부, 1987).
모리스 돕, 임휘철 역, 『소련경제사』(형성사, 1989).
모리스 마이스너, 김광린·이원웅 역, 『모택동 사상과 마르크스주의』(소나무, 1988).
민족통일연구원, 『남북한 경제 지표 편람』(1995).
바질 께르블레, 최재현 역, 『오늘의 소련 사회』(창작과 비평사, 1988).
박찬욱 외, 『미래 한국의 정치적 리더쉽』(미래인력연구센터, 1997).
방인후, 『북한 조선노동당의 형성과 발전』(고려대 아세아문제연구소, 1967).
브룬 허쉬, 김해성 역, 『사회주의 북한』(지평, 1988).
서대숙, 서주석 역, 『북한의 지도자 김일성』(청계연구소, 1989).
송두율, 『소련과 중국』(한길사, 1990).
스즈키 마사유키, 유영구 옮김, 『김정일과 수령제 사회주의』(중앙일보사, 1994).
스칼라피노·이정식 공저, 한홍구 역, 『한국 공산주의 운동사 III』(돌베개, 1987).
안드레이 란코프 저, 김광린 역, 『북한 현대 정치사』(오름, 1995).
안병영, 『현대 공산주의 연구』(한길사, 1982).
알렉 노브, 김남섭 역, 『소련경제사』(창작과 비평사, 1998).
역사문제연구소, 『1950년대 남북한의 선택과 굴절』(역사비평사, 1998).
오승렬, 『북한 경제 개혁의 최적 방향 연구』(민족통일연구원, 1996).
와다 하루끼, 고세현 역, 『역사로서의 사회주의』(창작과 비평사, 1994).
와다 하루끼, 이종석 역, 『김일성과 만주 항일 전쟁』(창작과 비평사, 1992).
유영구, 『한반도 절반의 상속인 김정일』(중앙일보사, 1994).
이상우·하영선 共編, 『현대 국제 정치학』(나남출판사, 1992).
이정식, 김성환 역, 『조선노동당약사』(이론과 실천, 1991).
이종석, 『조선노동당 연구』(역사비평사, 1995).
이종석, 『현대 북한의 이해: 사상·체제·지도자』(역사비평사, 1995).
이종석 편, 『북한의 근로단체 연구』(세종연구소, 1998).
이태섭, 『김일성 리더십 연구』(들녘, 2001).
임혁백, 『시장·국가·자본주의』(나남출판사, 1994).
자슬라프스키, 최숭 편역, 『소비에트 사회론』(슬라브연구사, 1986).
정정길, 『정책학 원론』(대명출판사, 1997).
정진위, 『북방삼각관계』(법문사, 1985).

정창현, 『곁에서 본 김정일』(토지, 1999).
중국공산당 중앙문헌연구실 편, 「중국공산당의 역사 문제에 관한 결의」, 허헌 역, 『정통 중국 현대사』(사계절, 1990).
중앙일보 특별취재반, 『한반도 절반의 상속인 김정일』(중앙일보사, 1994).
최 명, 『현대 중국의 정치: 전체주의 정치 체제의 현실과 특색』(법문사, 1974).
최 성, 『현대 사회주의 비교 연구』(학민글밭, 1990).
한광수 편역, 『현대 중국의 정치 구조』(온누리, 1988).
함택영, 『국가 안보의 정치경제학』(법문사, 1998).
江副敏生, 『過渡期についての 中ソ 論爭 — 現代社會主義社會 再檢討』(東京: 中央大學出版部, 1979), 교양강좌 편찬회 역, 『사회구성체 이행 논쟁』(세계, 1986).
高昇孝, 『現代朝鮮經濟入門』(東京: 新泉社, 1989), 이태섭 역, 『현대 북한 경제 입문』(대동, 1993).
鐸木昌之, 『北朝鮮: 社會主義ど傳統の共鳴』(東京: 東京大出版社, 1992), 유영구 역, 『김정일과 수령제 사회주의』(중앙일보사, 1994).
Elder, Charles D. & Cobb, Roger W., 유영옥 역, 『상징의 정치적 이용』(홍익제, 1993).
Hall, Richard H., *Organizations: Structure and Processs* (3rd ed. New Jersey: Prentice-Hall Inc., Englewood Cliffs, 1982), 정우일·이왕재 공역, 『조직론—구조와 과정』(대영문화사, 1986).
Hardin, Russell, *Collective Action* (Baltimore: The Johns Hopkins University Press, 1982), 황수익 역, 『집합 행동』(나남출판사, 1995).
Harmon, Michael M., and Richard T. Mayer, *Organization Theory for Public Adminstation* (Little, Brown and Company, 1986), 최창현 역, 『조직 행정 이론』(대영문화사, 1991).
Hofstede, Geert, *Cultures and Organizations: Software of the mind* (Institute for Research on Intercultural Cooperation: University of Limburg at Maastricht, The Netherlands, 1991), 차재호·나은역 역, 『세계의 문화와 조직』(학지사, 1995).
Lindblom, Charles E., *Politics and Markets: The World's political-Economic Systems* (New York: Basic Books, 1977), 주성수 옮김, 『정치와 시장』(인간사랑, 1989).
Marx & Engels, *The German Ideology*, 박재희 역, 『독일 이데올로기 I』(청년사, 1988).

Olson, Mancur, *The Logic of Collective Action* (Cambridge, Mass.: Harvard University Press, 1965), 윤여덕 역, 『집단행동의 논리』(청림출판사, 1987).
Tilly, Charles, *From Mobilization to Revorution* (Reading, Massachusetts: Addison-Wesley Publishing Company, 1978), 양길현 외 공역, 『동원에서 혁명으로』(서울프레스, 1995).
Tucker, Robert C., *Politics as Leadership* (Columbia & London, University of Missouri Press, 1981), 안청시·손봉숙 옮김, 『리더쉽과 정치』(까치, 1983).
Wang, James C. F., 이문규 역, 『현대 중국 정치론』(인간사랑, 1988).
Wilczynski, J., *The Economics of Socialism* (London: George Allen & Unwin, 1970), 배연수 역, 『사회주의 경제학』(영남대 출판부, 1986).

3) 논문

길일성, 「신제도학파 경제사의 성과와 한계」, 『사회비평』 제11호, 1994.
김광용, 「북한 수령제 정치 체제의 구조와 특성에 관한 연구」(한양대 박사학위논문, 1995).
김광운, 「북한 권력 구조의 형성과 간부 충원: 1945.8~1947.3」(한양대 박사학위논문, 1999).
김근식, 「북한 발전 전략의 형성과 변화에 관한 연구」(서울대 박사학위논문, 1999).
김남식, 「북한의 공산화 과정과 계급 노선」, 『북한 공산화 과정』(고려대 아세아문제연구소, 1972).
김달중, 「동구의 대소 관계」, 김달중·정갑영·성백남 공저, 『동구의 정치 경제』(법문사, 1992).
김연철, 「북한의 산업화 과정과 공장 관리의 정치(1953~1970)」(성균관대 박사학위논문, 1996).
김학준, 「소련의 정부 구조와 정치 과정」, 김학준 편, 『현대 소련의 해부』(한길사, 1981).
김홍우, 「현상학과 정치학 그리고 한국정치」, 『문학과 사회』 1995년 가을호.
박현모, 「正祖의 聖王論과 更張政策에 관한 연구」(서울대 박사학위논문, 1999).
백준기, 「정전 후 1950년대 북한의 정치 변동과 권력 재편」, 경남대 북한대학원, 『현대 북한 연구』 제2권 제2호, 1999.
서동만, 「50년대 북한의 곡물 생산량 통계에 관한 연구」, 『통일경제』 1996년 2호.
신경완, 「곁에서 본 김정일 上, 下」, 『월간 중앙』 1991년 6·7호.

안청시, 「폴라니의 정치 경제학」, 안청시·정진영 엮음, 『현대 정치 경제학의 주요 이론가들』(아카넷, 2000).
안청시·김근식, 「사회주의 시민사회론과 북한 시민사회의 형성 가능성」, 서울대 사회과학연구소, 『사회과학과 정책 연구』 제16권 제3호, 1994.
염재호, 「국가 정책과 신제도주의」, 『사회비평』 제11호, 1994.
이계희, 「소련 체제의 변화와 연구 방법의 모색」, 김학준 편, 『현대 소련의 해부』(한길사, 1981).
이재열, 「개인의 합리성에서 제도의 신화까지」, 『사회비평』 제11호, 1994.
이종석, 「조선로동당의 지도 사상과 구조 변화에 관한 연구: 주체 사상과 유일 지도 체계를 중심으로」(성균관대 박사학위논문, 1993).
이종석, 「북한의 유일 체제와 주체사상의 기능」, 『한국 정치의 지배 지배이데올로기와 대항 이데올로기』(역사비평사, 1994).
이종석, 「북한 체제의 성격 규명: 유일 체제론의 관점에서」, 『현대 한국 정치론』(사회비평사, 1996).
이태섭, 「북한 경제의 구조적 변화에 관한 연구」, 평화문제연구소, 『통일 문제 연구』 제8권 1호, 1996.
이호철, 「사회, 국가, 그리고 제도: 정치 경제의 제도론적 접근」, 『한국과 국제정치』 제9권 2호, 1993.
장달중, 「북한의 정책 결정 구조와 과정」, 서울대 사회과학연구소, 『사회과학과 정책 연구』 제15권 제2호, 1993.
장달중, 「남북한 정치 체제의 이념과 현실」, 박기덕·이종석 편, 『남북한 체제 비교와 통합 모델의 모색』(세종연구소, 1995).
장달중, 「냉전 체제와 남북한의 국가 발전」, 경남대 극동문제연구소 편, 『분단 반세기 남북한의 정치와 경제』(경남대 극동문제연구소, 1996).
장달중, 「김정일 체제와 주체 비젼: 이데올로기, 당 그리고 군중을 중심으로」, 고려대 아세아문제연구소, 『아세아 연구』 제42권 제1호, 1999.
정영철, 「김정일 체제 형성의 사회 정치적 기원: 1967~1982」(서울대 박사학위논문, 2001).
정호근, 「집단주의와 개인주의의 이중성」, 『사회비평』 제22호, 1999.
최주활, 「김정일 30년 노력 끝에 군부 완전 장악」, 『월간WIN』 1996년 6월호.
황장엽, 「개혁과 개방 문제」, 『월간 조선 특별 부록: 황장엽 비밀 파일』(조선일보사, 1997년 4월).
황장엽, 「사회 발전과 관련된 몇 가지 문제에 대하여」, 『월간 조선 특별 부록: 황장엽 비밀 파일』(조선일보사, 1997년 4월).

사카이 다카시, 「김정일의 권력 기반: 그 형성 과정을 중심으로」, 박한식 편, 『북한의 실상과 전망』(동화연구소, 1991).
사카이 다카시, 「경제 개혁 개방의 의의와 현황: 강성 대국 건설 노선 하에서의 재조정」, 오코노기 마사오 편저, 강성윤·이종국·조진구 옮김, 『김정일과 현대 북한』(을유문화사, 2000).
오코노기 마사오, 「북한의 위기와 일본의 대응」, 오코노기 마사오 편저, 강성윤·이종국·조진구 옮김, 『김정일과 현대 북한』(을유문화사, 2000).
폴 M. 스위지, 「사회주의로의 이행」, 박성규 편역, 『사회주의 이행 논쟁』(들녘, 1989).
Bernholz, Peter, 「사회주의에 있어서 합리적인 경제적 계산」, Svetozar Pejovich eds., 정성철 역, 『사회주의: 제도적·철학적·경제적 이슈』(박영사, 1990).
Cumings, Bruce, "Corporatism in North Korea", *Journal of Korean Studies 4* (1982~1983), 김동춘 편, 『한국현대사연구 I』(이성과 현실사, 1988).
Kowalski, Jan S., 「합리적 기대: 중앙 계획 경제의 경우」, Svetozar Pejovich eds., 정성철 역, 『사회주의: 제도적·철학적·경제적 이슈』(박영사, 1990).
Skilling, H. Gordon, 「Interest Groups and Communist Politics」, Stephen White & Daniel Nelson, eds., *Communist Politics* (New York: New York University Press, 1986), 도성달·이명남 역, 『비교 공산주의 정치론』(인간사랑, 1990).

3. 외국 문헌

1) 단행본

Allison, Graham, *Essence of Decision: Explaining the Cuban Missile Crisis* (Boston: Little, Brown, 1971).
Bahro, Rudolf, *The Alternative in Eastern Europe* (New York: Schocken, 1981).
Brzezinski, Zbigniew, and Samuel P. Huntington, *Political Power: USA / USSR* (New York: The Viking Press).
Chung, Joseph Sang-hoon, *The North Korean Economy: Structure and Development* (Stanford: Hoover Institution Press, 1974).
Day, Alan J., *China and the Soviet Union 1949~1984* (London: Longman House, 1985).
Gerth, Hans, and Wright Mills, eds., *From Max Weber: Essays in Sociology* (New York: Oxford University Press, 1958).
Hirschman, Albert, *Exit, Voice, and Royalty: Response to Decline in Firms, Organizations, and States* (Cambridge: Harvard University Press, 1970).
Horowitz, Irving, *Three Worlds of Development* (New York: Oxford University Press, 2nd ed., 1972).
Johnson, Chalmers, eds., *Change in Communist Systems* (Stanford, California: Stanford University Press, 1970).
Katzenstein, Peter, *Between Power and Plenty: Foreign Economic Policies of Advanced Industrial States* (Madison: University of Wisconsin, 1978).
Kornai, Janos, *The Socialist System: The Political Economy of Communism* (Princeton: Princeton Univ. Press, 1988).
Kwon, Hyuk-Bum, *The Politics of Transition to Socialism in Cuba and North Korea* (Ph. D. Dissertation: Massachusetts University, 1990).
Levi, Margaret, *Of Rule and Revenue* (Berkeley: University of California, 1988).
Linden, Carl A., *Khrushchev and the Soviet Leadership: 1957~1964* (Baltimore: The Johns Hopkins Press, 1966).

Lodge, Milton C., *Soviet Elite Attitudes Since Stalin* (Columbus: Charles E. Merril, 1960).
Lowenhardt, John, *Decision Making in Soviet Politics* (London: Macmillan, 1981).
March, James, and Johan Olsen, *Rediscovering Institutions: The Organizational Basis of Politics* (New York: Free Press, 1989).
Merleau-Ponty, M., *Humanism and Terror: An Essay on the Communist Problem* (Boston: Beacon Press, 1969).
Meyer, Alfred, *The Soviet Political System: An Interpretation* (New York: Random House, 1963)
North, Douglass, *Institutions, Institutional Change and Economic Performance* (Cambridge: Cambridge University Press, 1990).
Post, Ken, and Phil Wright, *Socialism and Underdevelopment* (London and New York: Routledge, 1989).
Schurmann, Franz, *Ideology and Organization in Communist China* (Berkeley and Los Angeles, University of California Press, 1968).
Skilling, H. Gorden, and Franklyn Griffiths, eds., *Interest Groups in Soviet Politics* (Princeton, N. J.: Princeton University Press, 1971).
Steinmo, Sven, Kathleen Thelen, and Frank Longstreth, eds., *Structuring Politics: Historical Institutionalism in Comparative Analysis* (Cambridge: Cambridge University Press, 1992).
石川昌, 『金正日書記の人と業績』(東京: 雄山閣, 1987).
小此木政夫 編, 『岐路に立つ北朝鮮』(東京: 日本國際問題研究所, 1988).
井上周人, 『現代朝鮮と金正日書記』(東京: 雄山閣, 1983).
조총련, 『김정일 장군 략사』(동경: 조총련, 1994).
和田春樹, 『歷史としての 社會主義』(東京: 岩波書店, 1992).

2) 논문

Cotton, James, "Changes to the State-Society Relationship in North Korea under Kim Jong-il", 서울대 사회과학연구소, 『사회과학과 정책연구』, 제16권 2호(1994. 6).
Cumings, Bruce, "Kim's Korean Communism", *Ploblems of Communism*, March/April 1974.
Ellis Joffe, "Party-Army Relation in China : Retrospect and Prospect", *The China*

Quarterly, June 1996, number 146.

Ikenbery, John, "Conclusion: An Institutional Approach to American Foreign Economic Policy", John Ikenbery, David Lake, Michael Mastanduno, eds., *The State and American Foreign Economic Policy* (Ithaca: Cornell University Press, 1988).

Kassof, Allen, "The Administered Society: Totalitarianism without Terror", *World Politics,* Vol. XVI, No. 4 (July, 1964).

Lowenthal, Richard, "Development vs. Utopia in Communist Policy", Charlmers Johnson, eds., *Change in Communist Systems* (Stanford University Press, 1970).

March, James, and Johan Olsen, "The New Institutionalism: Organizational Factors in Political Life", *American Political Science Review*, Vol.78, No.3(Sep.).

McCormack, Gavan, "Kim's Country: Hard Times in North Korea", *New Left review*, No.198, March/April 1993.

Meyer, Alfred, "The Comparative Study of Communist Political Systems", *Slavic Review*, Vol. XXVI, No. 1 (March 1967).

Meyer, Alfred, "Theories of Convergence", in Chalmers Johnson ed., *Change in Communist Systems* (Stanford, California: Stanford University Press, 1970).

Nee, Victor, and David Stark, "Toward an Institutional Analysis of State Socialism", Victor Nee & David Stark, eds., *Remaking the Economic Institution of Socialism: China and Eastern Europe* (California: Stanford University Press, 1989).

Rigby, T. H., "Traditional, Market, and Organizational Societies and the U.S.S.R", *World Politics*, Vol. XVI, No. 4 (July, 1964).

Skilling, H. Gorden, "Soviet and Communist Politics: A Comparative Approach", *The Journal of Politics*, Vol. 22, No. 2 (May 1960).

Thelen, Kathleen, and Sven Steinmo, "Historical Institutionalism in Comparative Politics", in Sven Steinmo, Kathleen Thelen and Frank Longstreth, eds., *Structuring Politics: Historical Institutionalism in Comparative Analysis* (Cambridge: Cambridge University Press, 1992).

Tucker, Robert, "On the Comparative Study of Communism", *World Politics*, Vol. XIX, No. 2 (January 1967).

Tucker, Robert, "Towards a Comparative Politics of Movement Regimes", *Ameriacn Political Science Review*, Vol. IX, No. 1 (March 1961).

徐東晩,「北朝鮮における社會主義 體制の成立 1945~61」(東京大 박사학위논문, 1995).
小此木政夫,「北朝鮮における對ソ自主性の萌芽」,『アジア經濟』, 12券 2號(1972).
和田春樹,「遊擊隊 國家の成立と展開」,『世界』, 1993년 10월호(東京: 岩波書店, 1993).
ブルース カミングス,「北朝鮮とはどのような國か」,『世界』, 1992年 4月號, 臨時增刊號(東京: 岩波書店, 1992).